v.8 COLEÇÃO SINOPSES PARA
CARREIRAS FISCAIS
Coordenadores: Alan Martins e Henrique Correia

LEGISLAÇÃO TRIBUTÁRIA FEDERAL II

Imposto sobre Produtos Industrializados – IPI

abdr
Respeite o direito autoral

COLEÇÃO SINOPSES PARA CARREIRAS FISCAIS

v. 8

Coordenadores: Alan Martins e Henrique Correia

Gedir Silva de Souza
João Francisco Sampaio Garcia

LEGISLAÇÃO TRIBUTÁRIA FEDERAL II

Imposto sobre Produtos Industrializados – IPI

2016

EDITORA *jus*PODIVM

www.editorajuspodivm.com.br

EDITORA JusPODIVM
www.editorajuspodivm.com.br

Rua Mato Grosso, 175 – Pituba, CEP: 41830-151 – Salvador – Bahia
Tel: (71) 3363-8617 / Fax: (71) 3363-5050
E-mail: fale@editorajuspodivm.com.br

Copyright: Edições JusPODIVM

Conselho Editorial: Dirley da Cunha Jr., Leonardo de Medeiros Garcia, Fredie Didier Jr., José Henrique Mouta, José Marcelo Vigliar, Marcos Ehrhardt Júnior, Nestor Távora, Robério Nunes Filho, Roberval Rocha Ferreira Filho, Rodolfo Pamplona Filho, Rodrigo Reis Mazzei e Rogério Sanches Cunha.

Capa: Rene Bueno e Daniela Jardim *(www.buenojardim.com.br)*

Diagramação: SBNigri Artes e Textos Ltda. *(sbnigri@centroin.com.br)*

Todos os direitos desta edição reservados à Edições JusPODIVM.

É terminantemente proibida a reprodução total ou parcial desta obra, por qualquer meio ou processo, sem a expressa autorização do autor e da Edições JusPODIVM. A violação dos direitos autorais caracteriza crime descrito na legislação em vigor, sem prejuízo das sanções civis cabíveis.

NOTA DOS AUTORES

A legislação do Imposto sobre Produtos Industrializados ganhou considerável dinamismo durante as últimas décadas, tendo em vista que o imposto passou a ser utilizado mais intensamente como instrumento de incentivo fiscal, no âmbito das políticas setoriais de desenvolvimento industrial.

Neste contexto, a tarefa de escrever um livro sobre a legislação do IPI torna-se especialmente complexa, pois além da necessidade de sistematização e apresentação de forma didática dos principais conteúdos, é necessário dotar o trabalho de um mecanismo que garanta o acesso à informação de forma atualizada, quando da apresentação de cada assunto.

O livro foi idealizado para a orientação, apresentação e discussão dos principais conteúdos cobrados em concursos públicos, que abordam a matéria legislação do IPI, notadamente, os de ingresso nos quadros da Receita Federal do Brasil.

O conteúdo apresentado sob a forma de sinopse visa a uma abordagem objetiva e prática dos pontos mais frequentes em concursos públicos da área de Auditoria-Fiscal Federal, sem, entretanto, se descuidar da profundidade com que os temas têm sido apresentados nesses certames.

A estrutura do livro compõe-se de vinte capítulos. Cada capítulo apresenta: um texto de conteúdo básico; quadros lógicos, que facilitam a compreensão e estimulam a memória visual do leitor; questões retiradas dos últimos concursos, para familiarizar o leitor com a prova, e um resumo final do conteúdo do capítulo, como forma de revisão e organização dos pontos tratados.

Todos os capítulos trazem, sistematicamente, a referência da legislação em que se apoia o conteúdo apresentado, como forma de referenciar o leitor e de alertá-lo em relação a possíveis alterações da legislação não captadas até a edição de fechamento do livro.

Os autores, todos Auditores-Fiscais da Receita Federal do Brasil, com vasta experiência na tributação do IPI, agradecem a oportunidade dispensada pela editora e oferecem ao leitor um livro objetivo, prático e completo sobre a legislação do Imposto sobre Produtos Industrializados cobrada em concursos da área pública.

SUMÁRIO

Capítulo I
NORMAS GERAIS APLICADAS AO IPI
1.1. Disposições constitucionais sobre o IPI 15
    1.1.1. Princípios constitucionais tributários 16
    1.1.2. Imunidades tributárias... 18
    1.1.3. Princípios específicos do IPI 20
    1.1.4. Repartição das receitas tributárias... 21
1.2. Disposições sobre o IPI no Código Tributário Nacional – CTN 23
1.3. Legislação do IPI 25

Capítulo II
BENS DE CAPITAL E BENS DE PRODUÇÃO
2.1. Bens de capital 29
2.2. Bens de produção 30

Capítulo III
INCIDÊNCIA
3.1. Introdução... 35
3.2. Conceito de produto industrializado e de industrialização............... 35
    3.2.1. Produto industrializado 36
    3.2.2. Industrialização: característica e modalidades 36
3.3. Exclusões do conceito de industrialização.. 38

Capítulo IV
ESTABELECIMENTO
4.1. Estabelecimentos industriais 43
4.2. Estabelecimentos equiparados a industrial... 43

Capítulo V
SUJEITO PASSIVO
5.1. Introdução 51
5.2. Contribuintes 52
5.3. Responsáveis 53
5.4. Domicílio tributário 57

Capítulo VI
FATO GERADOR
6.1. Hipóteses de ocorrência do fato gerador do IPI 63
6.2. Hipóteses em que não ocorrerá o fato gerador do IPI 65

Capítulo VII
SUSPENSÃO
7.1. Introdução 69
7.2. Suspensão facultativa 70
7.3. Suspensão obrigatória 72

Capítulo VIII
ISENÇÃO
8.1. Introdução 83
8.2. Casos de isenção do IPI 84
8.3. Isenção – táxis e veículos para deficientes físicos 88
8.4. Isenção – equipamentos e materiais esportivos 89
8.5. Isenção – entidades beneficentes de assistência social ... 90

Capítulo IX
LANÇAMENTO
9.1. Introdução 95
9.2. Lançamento por homologação 96
    9.2.1. Quanto ao momento 96
    9.2.2. Quanto ao documento 98
    9.2.3. Pagamento 98

9.2.4. Lançamento antecipado 98
9.2.5. Presunção de lançamento não efetuado 99
9.2.6. Homologação 99
9.3. Lançamento de ofício 100
9.4. Decadência 100

Capítulo X
CÁLCULO E RECOLHIMENTO DO IMPOSTO

10.1. Alíquota 105
    10.1.1. Alíquota *ad valorem* 105
    10.1.2. Alíquota específica 106
    10.1.3. Regime especial – cigarros de tabaco 108
10.2. Valor tributável 113
    10.2.1. Produtos de procedência estrangeira 113
    10.2.2. Produtos nacionais 113
    10.2.3. Valor tributável mínimo 115
    10.2.4. Arbitramento do valor tributável 116
10.3. Redução e majoração do imposto 117
10.4. Apuração do imposto 119
    10.4.1. Período de apuração 119
    10.4.2. Importância a recolher 120
10.5. Recolhimento 120

Capítulo XI
SISTEMA DE CRÉDITOS

11.1. Não cumulatividade do IPI 129
11.2. Crédito básico 130
11.3. Créditos por devolução ou retorno de produtos 131
11.4. Créditos a título de incentivo fiscal 134
11.5. Créditos por cancelamento da nota fiscal 135
11.6. Créditos pela diferença do imposto devido à redução de alíquota 135

11.7. Crédito Presumido do IPI 136
    11.7.1. Sistemáticas de apuração do crédito presumido 136
    11.7.2. Outras disposições relativas ao crédito presumido 137
11.8. Crédito presumido do setor automotivo 138
11.9. Crédito-Prêmio do IPI 140
11.10. Créditos do REINTEGRA 141
11.11. Escrituração dos créditos do IPI 143
11.12. Correção monetária dos créditos do IPI 147

Capítulo XII
CLASSIFICAÇÃO DE PRODUTOS

12.1. Sistema Harmonizado 155
12.2. Nomenclatura Comum do Mercosul 157
12.3. TIPI – Tabela de Incidência do IPI 158

Capítulo XIII
REGIMES FISCAIS

13.1. Regimes fiscais regionais 163
    13.1.1. Zona Franca de Manaus (ZFM) 164
    13.1.2. Amazônia Ocidental 173
    13.1.3. Áreas de Livre Comércio – ALC 176
        13.1.3.1. Tabatinga – ALCT 177
        13.1.3.2. Guajará-Mirim – ALCGM 178
        13.1.3.3. Boa Vista – ALCBV e Bonfim – ALCB 180
        13.1.3.4. Macapá e Santana – ALCMS 181
        13.1.3.5. Brasiléia – ALCB e Cruzeiro do Sul – ALCCS 183
        13.1.3.6. Disposições comuns às Áreas de Livre Comércio . 184
    13.1.4. Zona de Processamento de Exportação (ZPE) 188
13.2. Regimes fiscais setoriais 192
    13.2.1. Setor automotivo 192
    13.2.2. Setor de bens de informática 197
    13.2.3. Indústria de Semicondutores (PADIS) 203
    13.2.4. Indústria de Equipamentos para a TV Digital (PATVD) 206

13.2.5. Regime fiscal especial para a modernização e ampliação da estrutura portuária (REPORTO) 209
13.2.6. Regime especial de tributação para a Plataforma de Exportação de Serviços de Tecnologia da Informação (REPES) 211

Capítulo XIV
ROTULAGEM E MARCAÇÃO DOS PRODUTOS

14.1. Introdução 223
14.2. Exigências de rotulagem e marcação 224
14.3. Punção 227
14.4. Falta de rotulagem ou marcação 228
14.5. Dispensa de rotulagem ou marcação 228
14.6. Proibições 229

Capítulo XV
SELO DE CONTROLE

15.1. Introdução 233
15.2. Fornecimento dos selos aos usuários 234
15.3. Ressarcimento de custos 235
15.4. Registro, controle e apuração do estoque de selos de controle 236
15.5. Aplicação dos selos de controle 236
15.6. Devolução dos selos de controle 237
15.7. Falta de selo nos produtos ou uso indevido 237
15.8. Apreensão e destinação de selo irregular 238
15.9. Bebidas alcoólicas 239
15.10. Cigarros 244
15.11. Relógios de pulso e de bolso 248

Capítulo XVI
OBRIGAÇÕES DOS TRANSPORTADORES, ADQUIRENTES E DEPOSITÁRIOS

16.1. Introdução 259
16.2. Obrigações dos transportadores 260
16.3. Obrigações dos adquirentes e depositários 261

Capítulo XVII
REGISTRO ESPECIAL

17.1. Papel imune 265
17.2. Cigarros 267
17.3. Bebidas 271
17.4. Biodiesel 274

Capítulo XVIII
CIGARROS

18.1. Exportação de cigarros 279
18.2. Importação de cigarros 280
18.3. SCORPIOS – Sistema de Controle e Rastreamento da Produção de Cigarros 284

Capítulo XIX
BEBIDAS

19.1. Remessa de bebidas para o comércio de varejo 291
19.2. Exportação de bebidas 291
19.3. Medidores de vazão e aparelhos de controle da produção 292
    19.3.1. Controle da produção 293
19.4. SICOBE – Sistema de Controle da Produção de Bebidas 294

Capítulo XX
INDUSTRIALIZAÇÃO POR ENCOMENDA

20.1. Conceito 299
20.2. Suspensão ou destaque do imposto 300
20.3. Obrigações acessórias e documentos fiscais 302
20.4. Conflito de competência – incidência de outros impostos (LC 116/2003) 305

BIBLIOGRAFIA CONSULTADA **311**

Parte

1

O IPI – Imposto sobre Produtos Industrializados no Sistema Tributário Brasileiro

Capítulo I

NORMAS GERAIS APLICADAS AO IPI

Sumário: 1.1. Disposições constitucionais sobre o IPI; 1.1.1. Princípios constitucionais tributários; 1.1.2. Imunidades tributárias; 1.1.3. Princípios específicos do IPI; 1.1.4. Repartição das receitas tributárias; 1.2. Disposições sobre o IPI no Código Tributário Nacional – CTN; 1.3. Legislação do IPI.

1.1. DISPOSIÇÕES CONSTITUCIONAIS SOBRE O IPI

A instituição do Imposto sobre Produtos Industrializados – IPI **compete à União**, conforme dispõe o artigo 153, IV, da Constituição Federal de 1988. Tal competência implica atribuir ao referido ente estatal as prerrogativas de *criar, legislar, cobrar e promover a fiscalização do imposto*.

A fim de assegurar o equilíbrio da relação jurídico-tributária, o texto constitucional estabeleceu um conjunto de normas para a proteção dos direitos e para dar garantias aos contribuintes, cominando ao ente estatal limitações ao seu poder de tributar, bem como definindo princípios aplicáveis especificamente ao IPI, que deverão ser observados para o exercício regular da competência conferida à União.

As limitações ao poder de tributar concentram-se nos artigos de 150 a 152 do texto constitucional, ocorrendo, contudo, de forma mais esparsa ao longo de todo o capítulo 1, título VI da Constituição Federal – CF, que trata do sistema tributário nacional.

Quando tais mandamentos possuem alcance geral, prestando-se à interpretação das demais normas de natureza tributária, as **limitações ao poder de tributar** adquirem o *status* de *princípios constitucionais tributários*. Quando dirigidos especificamente a determinados entes, pessoas ou bens, constituem as *imunidades tributárias*.

1.1.1. Princípios constitucionais tributários

Os princípios constitucionais tributários, como já frisado, são de caráter geral, alcançando, portanto, todas as espécies tributárias, ressalvadas as exceções constitucionais. Disciplinam a atuação dos entes estatais por seu conjunto (como no art. 150 da CF/1988); da União individualmente (como no art. 151 da CF/1988) ou dos estados, do Distrito Federal – DF e dos municípios (como no art. 152 da CF/1988), tudo conforme o estabeleça a redação do texto constitucional.

O Imposto sobre Produtos Industrializados, consoante as disposições da Constituição Federal, está sujeito à aplicação dos seguintes princípios de natureza tributária: **isonomia tributária, irretroatividade, noventena, não confisco** e **uniformidade geográfica**.

Todavia, um dos aspectos mais importantes do imposto, em relação aos princípios constitucionais tributários, é, justamente, o fato de que o _IPI constitui exceção_ aos princípios da **legalidade** e da **anterioridade**.

- **Princípio da isonomia tributária**

É vedado à União e aos demais entes federados instituir tratamento desigual entre contribuintes que se encontrem em situação equivalente, proibida qualquer distinção em razão de ocupação profissional ou função por eles exercida, independentemente da denominação jurídica dos rendimentos, títulos ou direitos (art. 150, II, da CF/1988).

- **Princípio da irretroatividade (anterioridade da lei)**

É vedado à União, estados, Distrito Federal e municípios cobrar _tributos_ em relação a fatos geradores, ocorridos antes do início da vigência da lei que os houver instituído ou aumentado (art. 150, III, "a", da CF/1988).

- **Princípio da noventena (anterioridade nonagesimal)**

É vedado à União, estados, Distrito Federal e municípios cobrar _tributos_ antes de decorridos noventa dias da data em que haja sido publicada a lei que os instituiu ou aumentou (art. 150, III, "c", da CF/1988).

Contudo, é controversa a aplicação do princípio da anterioridade nonagesimal no caso de elevação da alíquota do IPI de um determinado produto. A Procuradoria da Fazenda Nacional, por meio do Parecer PGFN/CAT/ nº 690/2006, manifestou-se no sentido de que nos casos de majoração da alíquota do imposto, mediante decreto, nos limites pré-estabelecidos em lei, ou seja, em até 30 (trinta) unidades percentuais, não se sujeitaria o IPI à anterioridade nonagesimal. Entretanto, o Supremo Tribunal Federal vem estabelecendo entendimento em contrário.

Capítulo I • NORMAS GERAIS APLICADAS AO IPI

- **Princípio do não confisco**

  É vedado à União, estados, Distrito Federal e municípios utilizar <u>tributo</u> com efeito de confisco (art. 150, IV, da CF/1988).

- **Princípio da uniformidade geográfica**

  É vedado à União instituir <u>tributo</u> que não seja uniforme em todo o território nacional ou que implique distinção ou preferência em relação a estado, ao DF ou a município, em detrimento de outro, admitida a concessão de incentivos fiscais destinados a promover o equilíbrio do desenvolvimento socioeconômico entre as diferentes regiões do país (art. 151, I, da CF/1988).

- **Princípio da legalidade**

  É vedado à União, estados, Distrito Federal e municípios exigir ou aumentar <u>tributo</u> sem que a lei o estabeleça (art. 150, I, da CF/1988). Deve ser observado que a Medida Provisória, atendidos aos requisitos do art. 62 da Constituição Federal, constitui uma espécie normativa com força de lei e, portanto, pode ser usada para instituir ou aumentar tributos.

  ➢ **IPI – exceção ao princípio da legalidade**

  O ponto mais importante a ser destacado sobre o princípio da legalidade, quando aplicado ao IPI, é, justamente, que o imposto constitui exceção a tal princípio, posto que, o § 1º do art. 153 da CF/1988 determina que, <u>atendidas as condições e os limites estabelecidos em lei, é facultado ao poder executivo alterar as alíquotas do IPI</u>[1]. Os atos do poder executivo, que se prestam à alteração das alíquotas do IPI, são o **Decreto Presidencial** ou a **Portaria do Ministro da Fazenda**.

  O fundamento da exceção apresentada é o de que o IPI tem repercussões sobre a política industrial e de comércio exterior (função extrafiscal), atuando sobre o preço regulador da atividade econômica nestes setores.

- **Princípio da anterioridade (anterioridade do exercício)**

  É vedado à União, estados, Distrito Federal e municípios cobrar <u>tributos</u> no mesmo exercício financeiro da publicação da lei que os instituiu ou aumentou (art. 150, III, "b", da CF/1988).

---

1. O Poder Executivo, quando se tornar necessário para atingir os objetivos da política econômica governamental, mantida a seletividade em função da essencialidade do produto, ou, ainda, para corrigir distorções, poderá reduzir alíquotas do imposto até zero ou majorá-las até 30 (trinta) unidades percentuais (art. 69 do RIPI/2010).

➤ **IPI – exceção ao princípio da anterioridade**

Nos termos do artigo 150, III, "b", da CF, o princípio da anterioridade não se aplica ao IPI. O fundamento, mais uma vez, reside na natureza extrafiscal do IPI.

```
                    PRINCÍPIOS CONSTITUCIONAIS TRIBUTÁRIOS - IPI

    ISONOMIA      IRRETROATIVIDADE    NOVENTENA        NÃO        UNIFORMIDADE
    TRIBUTÁRIA                        (Controverso)    CONFISCO   GEOGRÁFICA

                    EXCEÇÕES: LEGALIDADE e ANTERIORIDADE
```

1.1.2. Imunidades tributárias

As imunidades tributárias também são classificadas no campo das limitações constitucionais ao poder de tributar. São, portanto, hipóteses de *não incidência constitucional ou qualificada*, podendo ser dirigidas a entes, pessoas ou a determinados bens.

São **imunes ao IPI**:

I – os livros, jornais, periódicos e o papel destinado à sua impressão;

II – os fonogramas e videofonogramas musicais produzidos no Brasil;

III – as exportações;

IV – o ouro como ativo financeiro ou instrumento cambial;

V – as operações relativas a energia elétrica, serviços de telecomunicações, derivados de petróleo, combustíveis e minerais do país.

• **Imunidade dos livros, jornais e periódicos**

É vedado à União, estados, Distrito Federal e municípios instituir *Imposto* sobre livros, jornais, periódicos e o papel destinado à sua impressão (art. 150, VI, "d", da CF/1988).

• **Imunidade dos fonogramas e videofonogramas musicais produzidos no Brasil**

É vedado à União, estados, Distrito Federal e municípios instituir *Imposto* sobre fonogramas e videofonogramas musicais produzidos no Brasil contendo obras musicais ou literomusicais de autores brasileiros e/ou obras em geral interpretadas por artistas brasileiros bem como os suportes materiais ou arquivos digitais que os contenham, salvo na etapa de replicação industrial de mídias ópticas de leitura a laser (art. 150, VI, "e", da CF/1988, incluída pela Emenda Constitucional nº 75/2013).

- **Imunidade das exportações**

O IPI não incidirá sobre produtos industrializados destinados ao exterior (art. 153, § 3º, inciso III, da CF/1988). O espírito da Constituição foi desonerar as exportações a fim de promover a melhoria dos saldos da balança comercial.

- **Imunidade do ouro como ativo financeiro ou instrumento cambial**

O IPI não incide sobre o ouro, quando definido em lei como ativo financeiro ou instrumento cambial, o qual se sujeita, exclusivamente, à incidência do IOF (CF/1988, art. 153, § 5º).

- **Imunidade das operações relativas à energia elétrica, serviços de telecomunicações, derivados de petróleo, combustíveis e minerais do país**

O IPI não incide sobre as operações relativas à energia elétrica, serviços de telecomunicações, derivados de petróleo, combustíveis e minerais do país. Estas operações estão sujeitas somente à incidência do imposto de importação, do imposto de exportação e do ICMS (art. 155, § 3º da CF/1988).

Consideram-se como derivados do petróleo os produtos decorrentes da transformação do petróleo, por meio de um conjunto de processos genericamente denominado refino ou refinação, classificados quimicamente como hidrocarbonetos (Lei nº 9.478/1997, art. 6º, incisos III e V). Estes produtos encontram-se relacionados na Tabela de Incidência do Imposto sobre Produtos Industrializados – TIPI, como não tributados, "NT". Outros produtos compostos de petróleo, os quais não atendam a essa definição, não se beneficiam da imunidade e encontram-se relacionados na TIPI com alíquota, positiva ou zero, sujeitando-se à incidência do imposto, conforme a respectiva alíquota que lhes for atribuída.

IMUNIDADES TRIBUTÁRIAS - IPI					
LIVROS, JORNAIS E PERIÓDICOS (papel de sua impressão)	FONOGRAMAS E VIDEOFONOGRAMAS MUSICAIS	EXPORTAÇÕES	OURO ATIVO FINANCEIRO OU INSTRUMENTO CAMBIAL	ENERGIA ELÉTRICA, TELECOMUNICAÇÕES, PETRÓLEO, COMBUSTÍVEIS E MINERAIS DO PAÍS

> **Como esse assunto foi cobrado em concurso?**

(Esaf – Auditor-Fiscal – RFB/2014) São imunes da incidência do Imposto sobre Produtos Industrializados, exceto:

a) o ouro, quando definido em lei como ativo financeiro ou instrumento cambial.
b) os livros, jornais e periódicos e o papel destinado à sua impressão.
c) os produtos industrializados destinados ao exterior.
d) as aeronaves de uso militar vendidas à União.
e) a energia elétrica, derivados do petróleo, combustíveis e minerais do país.

Comentário:
Gabarito oficial: alternativa "d".

1.1.3. Princípios específicos do IPI

As limitações ao poder de tributar, estabelecidas pelos princípios constitucionais tributários e pelas imunidades, conforme apresentado, representam vedações constitucionais à incidência do imposto.

Entretanto, a Constituição Federal determina que o IPI deverá obedecer, também, a alguns princípios próprios ou específicos, os quais não definem propriamente a incidência ou a não incidência do imposto, mas a forma ou gradação com que se dará tal incidência.

Os **princípios específicos do IPI**[2] são:

I – **seletividade**;

II – **não cumulatividade**;

III – **impacto reduzido sobre a aquisição de bens de capital pelo contribuinte do imposto**[3].

- **Seletividade**

O princípio da **seletividade** implica que o ônus do imposto seja diferente em razão da *essencialidade do produto*. A seletividade do IPI se expressa pela diferenciação de suas alíquotas, de modo que, quanto mais essencial o produto menor será a sua alíquota, ao passo que, produtos supérfluos deverão ter alíquotas maiores.

---

2. Art. 153, § 3º, incisos I, II e IV da Constituição Federal.
3. Art. 153, § 3º, inciso IV da CF, incluído pela Emenda Constitucional nº 42 de 19.12.2003.

Neste sentido, o leite integral do código 0402.21.10 da TIPI é tributado à alíquota zero, ao tempo que, o cigarro de tabaco da posição 2402.20.00 da TIPI é gravado à alíquota de 300% (trezentos por cento).

- **Não cumulatividade**

O princípio da não cumulatividade do IPI é efetivado por seu sistema de créditos. Deste modo o montante do imposto devido pelos produtos saídos do estabelecimento industrial, ou equiparado, deverá ser compensado com aquele pago por ocasião da entrada das matérias-primas, produtos intermediários e materiais de embalagem aplicados à sua produção. O imposto será devido sempre que a mencionada diferença for positiva (art. 225 do Regulamento do IPI, aprovado pelo Decreto nº 7.212/2010 – RIPI/2010).

- **Impacto reduzido na aquisição de bens de capital por contribuinte**

A Emenda Constitucional nº 42/2003, alterou o texto da Constituição para inserir o princípio a partir do qual ficou estabelecido que o IPI terá reduzido o seu impacto sobre a aquisição de bens de capital pelo contribuinte do imposto, na forma da lei.

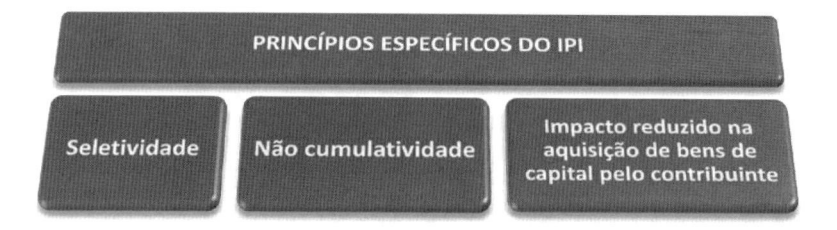

PRINCÍPIOS ESPECÍFICOS DO IPI

- Seletividade
- Não cumulatividade
- Impacto reduzido na aquisição de bens de capital pelo contribuinte

1.1.4. Repartição das receitas tributárias

- **Repartição das receitas do IR e do IPI – fundos de participação de estados, DF e municípios**

O texto constitucional, alterado pela Emenda Constitucional nº 84/2014, estabelece que 49% (quarenta e nove por cento) do produto da arrecadação do Imposto de Renda e do Imposto sobre Produtos Industrializados deverá ser entregue pela União aos estados, municípios e fundos de desenvolvimento regionais da seguinte forma[4]:

---

4. Art. 159, I, da Constituição Federal.

a) 21,50 % (vinte um e meio por cento) ao Fundo de Participação dos Estados e do Distrito Federal;

b) 22,50 % (vinte dois e meio por cento) ao Fundo de Participação dos Municípios;

c) 3,00 % (três por cento), para aplicação em programas de financiamento ao setor produtivo das Regiões Norte, Nordeste e Centro-Oeste, por meio de suas instituições financeiras de caráter regional, de acordo com os planos regionais de desenvolvimento, ficando assegurada ao semiárido do Nordeste a metade dos recursos destinados à Região, na forma que a lei estabelecer;

d) 1,00 % (um por cento) ao Fundo de Participação dos Municípios, que será entregue no primeiro decêndio do mês de dezembro de cada ano (Emenda Constitucional nº 55/2007);

e) 1,00% (um por cento) ao Fundo de Participação dos Municípios, que será entregue no primeiro decêndio do mês de julho de cada ano (Emenda Constitucional nº 84/2014).

REPARTIÇÃO DAS RECEITAS TRIBUTÁRIAS: 49% DO IR E DO IPI

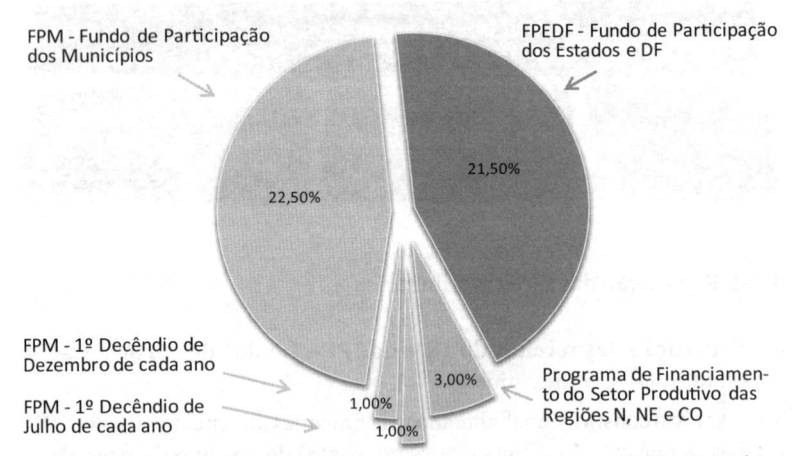

FPM - Fundo de Participação dos Municípios

FPEDF - Fundo de Participação dos Estados e DF

21,50%

22,50%

FPM - 1º Decêndio de Dezembro de cada ano

FPM - 1º Decêndio de Julho de cada ano

3,00%

1,00%

1,00%

Programa de Financiamento do Setor Produtivo das Regiões N, NE e CO

- Metade dos recursos do Programa de Financiamento do Setor Produtivo da Região NE é assegurada ao semi-árido.
- 1% do IR e do IPI será entregue ao FPM no primeiro decêndio de _Julho_ e _Dezembro_ de cada ano.
- O total dos recursos destinados ao FPM é de 24.50 %.

- Repartição das receitas do IPI – proporcional às exportações de estados e DF

➢ **Estados e Distrito Federal**

A Constituição Federal determina, ainda, que a União deverá entregar 10% (dez por cento) do produto da arrecadação do IPI aos estados e ao DF, proporcionalmente ao valor das respectivas exportações de produtos industrializados. Deve ser observado que a nenhuma unidade da federação poderá ser destinada parcela superior a 20% (vinte por cento) do referido montante e o eventual excedente deverá ser distribuído entre os demais participantes, mantido, em relação a esses, o critério de partilha nele estabelecido (art. 159, II e § 2º da CF/1988).

➢ **Municípios**

Os estados, por sua vez, deverão entregar aos respectivos municípios 25% (vinte e cinco por cento) dos recursos que receberem, relativos ao IPI proporcional às exportações. Deverão ser observados, ainda, os critérios estabelecidos no art. 158, parágrafo único, I e II da CF/1988, ou seja, as parcelas da receita pertencentes aos municípios serão creditadas conforme os seguintes critérios: I – três quartos, no mínimo, na proporção do valor adicionado nas operações relativas à circulação de mercadorias e nas prestações de serviços, realizadas em seus territórios e II – até um quarto, conforme disposição de lei estadual ou de lei federal nos Territórios (art. 159, § 3º da CF/1988).

1.2. DISPOSIÇÕES SOBRE O IPI NO CÓDIGO TRIBUTÁRIO NACIONAL – CTN

O Código Tributário Nacional, Lei nº 5.172 de 1966, estabelece, em seu artigo 46, que o Imposto sobre Produtos Industrializados tem como fato gerador (relativamente ao produto):

I – o seu desembaraço aduaneiro, quando de procedência estrangeira;

II – a sua saída dos estabelecimentos a que se refere o parágrafo único do artigo 51 do CTN;

III – a sua arrematação, quando apreendido ou abandonado e levado a leilão.

- **Produto industrializado**

Produto industrializado, para o efeito da incidência do IPI, é aquele que tenha sido submetido a qualquer operação que lhe modifique a natureza ou a finalidade, ou o aperfeiçoe para o consumo (art. 46, parágrafo único do CTN).

- **Base de cálculo**

    Nos termos do artigo 47 do CTN, a base de cálculo do IPI será:

    I – no desembaraço aduaneiro, o preço normal[5] do produto, acrescido do montante:

    a) do imposto sobre a importação;

    b) das taxas exigidas para entrada do produto no país;

    c) dos encargos cambiais efetivamente pagos pelo importador ou dele exigíveis;

    II – na saída do estabelecimento (industrial ou equiparado):

    a) o valor da operação de que decorrer a saída da mercadoria;

    b) na falta do valor a que se refere a alínea anterior, o preço corrente da mercadoria, ou sua similar, no mercado atacadista da praça do remetente;

    III – no caso da arrematação em leilão, o preço da arrematação.

- **Produtos remetidos a outro estado**

    Os produtos sujeitos ao imposto, quando remetidos de um para outro estado ou para o Distrito Federal, serão acompanhados de nota fiscal de modelo especial, emitida em séries próprias e contendo, além dos elementos necessários ao controle fiscal, os dados indispensáveis à elaboração da estatística do comércio por cabotagem e demais vias internas (art. 50 do CTN).

- **Contribuinte**

    Nos termos do artigo 51 do CTN, o contribuinte do IPI será:

    I – o importador ou quem a lei a ele equiparar;

    II – o industrial ou quem a lei a ele equiparar;

    III – o comerciante de produtos sujeitos ao imposto, que os forneça aos contribuintes definidos no inciso anterior;

    IV – o arrematante de produtos apreendidos ou abandonados, levados a leilão.

    A tributação do IPI ocorrerá por estabelecimento, nos termos do parágrafo único do art. 51 do CTN, cuja redação determina que, para os efeitos do IPI, considera-se contribuinte autônomo qualquer estabelecimento de importador, industrial, comerciante ou arrematante.

---

5. Preço normal que o produto, ou seu similar, alcançaria, ao tempo da importação, em uma venda em condições de livre concorrência, para entrega no porto ou lugar de entrada do produto no país, quando a alíquota for do tipo ad valorem (CTN, artigo 20, inciso II).

Capítulo I • NORMAS GERAIS APLICADAS AO IPI

DISPOSIÇÕES SOBRE O IPI NO CTN

FATO GERADOR	BASE DE CÁLCULO	CONTRIBUINTE	OUTRAS DISPOSIÇÕES
O produto sujeito ao IPI tem como fato gerador: I - o desembaraço aduaneiro (importação); II - a saída do estabelecimento importador, industrial, comerciante ou arrematante; III - a sua arrematação (apreendido ou abandonado e levado a leilão).	I - no desembaraço aduaneiro, o preço nor-mal, acrescido: a) do imposto de importação; b) das taxas exigidas para entrada do produto no país; c) dos encargos cambiais efetivamente pagos pelo importador ou dele exigíveis; II – na saída do estabelecimento (industrial ou equiparado): a) o valor da operação de que decorrer a saída da mercadoria; b) na falta do valor a que se refere a alínea anterior, o preço corrente da mercadoria, ou sua similar, no mercado atacadista da praça do remetente; III - no caso da arrematação em leilão, o preço da arrematação.	I - o importador ou quem a lei a ele equiparar; II - o industrial ou quem a lei a ele equiparar; III - o comerciante de produtos sujeitos ao imposto, que os forneça aos contribuintes definidos no inciso anterior; IV - o arrematante de produtos apreendidos ou abandonados, levados a leilão.	TRIBUTAÇÃO POR ESTABELECIMENTO Considera-se contribuinte autônomo qualquer estabelecimento de importador, industrial, comerciante ou arrematante. PRODUTOS REMETIDOS A OUTRO ESTADO OU AO DF Serão acompanhados de nota fiscal de modelo especial, emitida em séries próprias e contendo, além dos elementos necessários ao controle fiscal, os dados indispensáveis à elaboração da estatística do comércio por cabotagem e demais vias internas.
PRODUTO INDUSTRIALIZADO Aquele submetido a qualquer operação que lhe modifique a natureza ou a finalidade, ou o aperfeiçoe para o consumo.			

1.3. LEGISLAÇÃO DO IPI

Além da Constituição Federal de 1988 e do Código Tributário Nacional, a legislação do IPI tem por fundamento a Lei nº 4.502/1964, que, embora tenha passado por diversas alterações, ainda mantém os princípios básicos que regem o IPI.

Com base na referida Lei, o Presidente da República decreta os regulamentos do IPI. Atualmente está vigendo o RIPI/2010.

Além do RIPI, o Presidente da República, mediante um Decreto, aprova a Tabela de Incidência do Imposto sobre Produtos Industrializados – TIPI. Atualmente, está em vigor a TIPI/2011, aprovada pelo Decreto nº 7.660/2011, que produz efeitos a partir de 01/01/2012.

Base legal

Constituição Federal (BRASIL, 1988)
Art. 150, I, II, III (a, b, c), IV, VI (d, e);
Art. 150, §§§§ 1º, 5º, 6º e 7º;
Art. 151, I;
Art. 153, IV;
Art. 153, §§§ 1º, 3º (I, II, III e IV) e 5º;
Art. 155, § 3º;
Art. 159, I (a, b, c, d, e) e II;
Art. 159, §§ 2º e 3º.

Código Tributário Nacional (BRASIL, 1966)
Art. 46, I, II e III;
Art. 47, I (a, b, c), II (a, b) e III;
Art. 50;
Art. 51, I, II, III e IV;
Art. 51, § único.

RIPI – Regulamento do Imposto sobre Produtos Industrializados (BRASIL, 2010)
Art. 3º;
Art. 4º;
Art. 18, I, II, III e IV;
Art. 18, §§§§ 1º, 2º, 3º e 4º;
Art. 24, § único;
Art. 69;
Art. 225;
Art. 256, *caput*;
Art. 256, § 1º.

Resumo do capítulo 1

IMPOSTO SOBRE PRODUTOS INDUSTRIALIZADOS

LIMITAÇÕES CONSTITUCIONAIS AO PODER DE TRIBUTAR

PRINCÍPIOS CONSTITUCIONAIS TRIBUTÁRIOS – IPI

- **Legalidade**
  - IPI – exceção ao princípio da legalidade
- **Isonomia tributária**
- **Irretroatividade** (anterioridade da lei)
- **Anterioridade** (anterioridade do exercício)
  - IPI – exceção ao princípio da anterioridade
- **Noventena** (controverso)
  STF tem julgado que o IPI está sujeito à noventena;
  PFN tem parecer de que a anterioridade não se aplica ao IPI.
- **Não Confisco**
- **Uniformidade geográfica** (União)

IMUNIDADES – IPI (Impostos)

- **livros, jornais e periódicos**
- **Fonogramas e videofonogramas musicais produzidos no Brasil**
- **Exportações**
- **Ouro ativo financeiro ou instrumento cambial**
- **Operações relativas a energia elétrica, serviços de telecomunicações, derivados de petróleo, combustíveis e minerais do país**

PRINCÍPIOS ESPECÍFICOS DO IPI

- **Seletividade:** quanto mais essencial o produto menor será a sua alíquota.
- **Não cumulatividade:** o imposto devido na saída dos produtos deverá ser compensado com o pago na entrada das matérias primas, insumos e produtos intermediários.
- **Impacto reduzido na aquisição de bens de capital pelo contribuinte**

REPARTIÇÃO DAS RECEITAS TRIBUTÁRIAS

- 49,00 % do produto da arrecadação do IR e do IPI deverão ser entregues pela União aos estados, municípios e fundos de desenvolvimento regionais da seguinte forma:
  a) 21,50 % ao Fundo de Participação dos Estados e do Distrito Federal;
  b) 22,50 % ao Fundo de Participação dos Municípios;
  c) 3,00 %, para aplicação em programas de financiamento ao setor produtivo das Regiões N, NE e CO, por meio de suas instituições financeiras de caráter regional, de acordo com os planos regionais de desenvolvimento, ficando assegurada ao semiárido do Nordeste a metade dos recursos destinados à Região, na forma que a lei estabelecer;
  d) 1,00 % (um por cento) ao Fundo de Participação dos Municípios, que será entregue no primeiro decêndio do mês de dezembro de cada ano;
  e) 1,00% (um por cento) ao Fundo de Participação dos Municípios, que será entregue no primeiro decêndio do mês de julho de cada ano.

DISPOSIÇÕES SOBRE O IPI NO CTN

FATO GERADOR – IPI (produto):
I – o seu desembaraço aduaneiro, quando de procedência estrangeira;
II – a sua saída dos estabelecimentos a que se refere o § único do art. 51 do CTN (contribuinte autônomo do IPI);
III – a sua arrematação, quando apreendido ou abandonado e levado a leilão.

- **Produto industrializado**
  Aquele que tenha sido submetido a qualquer operação que lhe modifique a natureza ou a finalidade, ou o aperfeiçoe para o consumo.
- **Base de cálculo**
  I – no desembaraço aduaneiro o seu preço normal, acrescido:
  a) do imposto sobre a importação;
  b) das taxas exigidas para entrada do produto no país;
  c) dos encargos cambiais efetivamente pagos pelo importador ou dele exigíveis;
  II – na saída do estabelecimento (industrial/equiparado):
  a) o valor da operação de que decorrer a saída da mercadoria;

b) na falta do valor a que se refere a alínea anterior, o preço corrente da mercadoria, ou sua similar, no mercado atacadista da praça do remetente;

III – no caso da arrematação em leilão, o preço da arrematação.

• **Produtos remetidos a outro estado ou ao DF**

Serão acompanhados de nota fiscal de modelo especial, emitida em séries próprias e contendo, além dos elementos necessários ao controle fiscal, os dados indispensáveis à elaboração da estatística do comércio por cabotagem e demais vias internas.

• **Contribuinte**

I – o importador ou quem a lei a ele equiparar;

II – o industrial ou quem a lei a ele equiparar;

III – o comerciante de produtos sujeitos ao imposto, que os forneça aos contribuintes definidos no inciso anterior;

IV – o arrematante de produtos apreendidos ou abandonados, levados a leilão.

• **Tributação por estabelecimento**

Considera-se contribuinte autônomo qualquer estabelecimento de importador, industrial, comerciante ou arrematante.

Capítulo II

BENS DE CAPITAL E BENS DE PRODUÇÃO

Sumário: 2.1. Bens de capital; 2.2. Bens de produção.

A Emenda Constitucional nº 42/2003 trouxe grande importância ao conceito de bem de capital, ao estabelecer, já em seu artigo primeiro, que o IPI terá reduzido o seu impacto sobre a aquisição dos bens de capital, quando tal aquisição se der pelo contribuinte do imposto, na forma da lei.

2.1. BENS DE CAPITAL

O conceito de bens de capital vem da ciência econômica, servindo para designar os bens utilizados na produção de outros bens ou na prestação de serviços, sem que haja a sua incorporação direta ao produto e sem que ocorra a sua transformação durante o processo produtivo.

A literatura usualmente toma como exemplos de bens de capital as _máquinas e equipamentos_, as _instalações das fábricas_, os _veículos_, bem como o _material utilizado no transporte da produção_.

Do ponto de vista contábil, classificam-se no ativo imobilizado, ou seja, como bens tangíveis, utilizados nas atividades operacionais da empresa e que, por isto, não devam ser convertidos em dinheiro ou consumidos no curso de tais atividades.

Diferem-se das matérias primas, dos produtos intermediários e dos materiais de embalagem, posto que estes são consumidos ou transformados durante o processo produtivo, classificando-se, do ponto de vista contábil, como estoques (ativo circulante).

Não obstante à existência do mandamento constitucional trazido pelo artigo 1º da Emenda Constitucional nº 42/2003, a legislação ainda não estabeleceu, precisamente, o conceito de "bens de capital" para os efeitos tributários, motivo pelo qual, persistem dúvidas acerca da identidade entre este conceito (bens de capital) e o conceito de bens de produção[1].

Talvez por este motivo, os regimes especiais de tributação de redução e de isenção do imposto não façam referência ao termo "bens de capital", mas utilizem termos como "bens para incorporação ao ativo permanente" ou mesmo a designações mais específicas como máquinas, equipamentos, aparelhos, instrumentos etc.

Deve ficar claro, contudo, que embora a legislação não defina com precisão o conceito de bens de capital, há referência normativa em relação ao mesmo, bem como ao termo bens de produção, o que sujege a diferença dos conceitos.

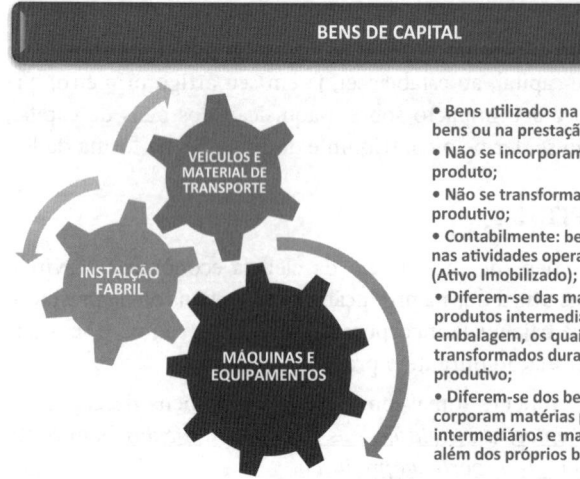

BENS DE CAPITAL

- VEÍCULOS E MATERIAL DE TRANSPORTE
- INSTALAÇÃO FABRIL
- MÁQUINAS E EQUIPAMENTOS

- Bens utilizados na produção de outros bens ou na prestação de serviços;
- Não se incorporam diretamente ao produto;
- Não se transformam durante o processo produtivo;
- Contabilmente: bens tangíveis, utilizados nas atividades operacionais da empresa (Ativo Imobilizado);
- Diferem-se das matérias primas, dos produtos intermediários e dos materiais de embalagem, os quais são consumidos ou transformados durante o processo produtivo;
- Diferem-se dos bens de produção, que incorporam matérias primas, produtos intermediários e materiais de embalagem, além dos próprios bens de capital.

2.2. BENS DE PRODUÇÃO

O conceito de bens de produção, por sua vez, está perfeitamente definido no artigo 610 do RIPI/2010. O artigo faz referência a algo mais amplo do que o conceito usual de bens de capital, ou seja, engloba a todos os bens utilizados na produção de um bem ou produto final, não apenas os bens de capital, mas também as matérias-primas, os produtos intermediários e os materiais de embalagem.

---

1. Alguns autores consideram bens de capital como sinônimo de bens de produção. Já outros incluem, entre os bens de produção, todos os bens utilizados na produção de um bem ou produto final – não apenas os bens de capital, mas também os bens intermediários e matérias-primas (SANDRONI, 2002, p. 51.).

Nos termos do art. 610 do RIPI/2010, considera-se **bens de produção**:

I – as matérias-primas;

II – os produtos intermediários, inclusive os que, embora não integrando o produto final, sejam consumidos ou utilizados no processo industrial;

III – os produtos destinados a embalagem e acondicionamento;

VI – as ferramentas, empregadas no processo industrial, exceto as manuais;

V – as máquinas, instrumentos, aparelhos e equipamentos, inclusive suas peças, partes e outros componentes, que se destinem a emprego no processo industrial.

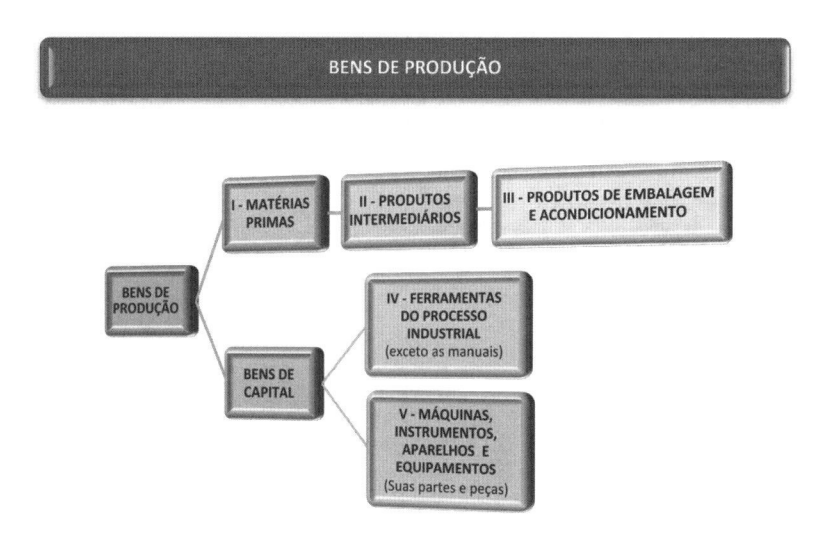

Base Legal

Constituição Federal (BRASIL, 1988)
Art. 153, IV.

RIPI – Regulamento do Imposto sobre Produtos Industrializados (BRASIL, 2010)
Art. 610, I, II, III, IV e V.

Resumo do capítulo 2

IMPOSTO SOBRE PRODUTOS INDUSTRIALIZADOS

BENS DE CAPITAL E BENS DE PRODUÇÃO

- **Bens de capital:**

São bens usados na produção de outros bens sem que haja a sua incorporação direta ao produto e sem que ocorra a sua transformação durante o processo produtivo.

Contabilmente: bens tangíveis, utilizados nas atividades operacionais da empresa (Ativo Imobilizado).

Diferem-se das matérias-primas, dos produtos intermediários e dos materiais de embalagem, que são consumidos ou transformados durante o processo produtivo.

Diferem-se dos bens de produção, que abrangem matérias primas, produtos intermediários e materiais de embalagem, além dos próprios bens de capital.

Exemplo de bens de capital:
Máquinas, equipamentos, instalações das fábricas, veículos e material de transporte.

- **Bens de produção:**

I – matérias-primas;

II – produtos intermediários, inclusive os que, embora não integrando o produto final, sejam consumidos ou utilizados no processo industrial;

III – produtos destinados a embalagem e acondicionamento;

IV – ferramentas, empregadas no processo industrial, exceto as manuais e

V – as máquinas, instrumentos, aparelhos e equipamentos, inclusive suas peças, partes e outros componentes, que se destinem a emprego no processo industrial.

Parte 2

Imposto sobre produtos industrializados – IPI

Capítulo III

INCIDÊNCIA

Sumário: 3.1. Introdução; 3.2. Conceito de produto industrializado e de industrialização; 3.2.1. Produto industrializado; 3.2.2. Industrialização: característica e modalidades; 3.3. Exclusões do conceito de industrialização.

3.1. INTRODUÇÃO

O IPI, conforme disposição do art. 2º do RIPI/2010, incide sobre produtos industrializados, nacionais ou estrangeiros, obedecidas as especificações da TIPI. O campo de incidência do imposto abrange todos os produtos com alíquota, ainda que zero, relacionados na TIPI, excluídos aqueles a que correspondem à notação "NT" (não tributado).

Dessa forma, para a inclusão no campo de incidência do IPI são necessárias duas condições cumulativas: que o produto seja industrializado e que conste da TIPI, na qual deverá corresponder a uma alíquota.

Por outro lado, estão excluídos do campo de incidência do IPI os produtos relacionados na TIPI como "NT" (art. 2º, § único, do RIPI/2010), ainda que para outros efeitos, o produto possa ser considerado industrializado.

Também estão excluídos do campo de incidência do IPI os produtos imunes por determinação constitucional, ainda que constem na TIPI com alíquota do imposto, e os produtos excluídos do conceito de industrialização pelo próprio RIPI.

3.2. CONCEITO DE PRODUTO INDUSTRIALIZADO E DE INDUSTRIALIZAÇÃO

Os conceitos de produto industrializado e de industrialização constantes do RIPI são os únicos que interessam na aplicação da legislação do IPI, ainda que existam outros conceitos e definições divergentes.

3.2.1. Produto industrializado

Produto industrializado é o resultante de qualquer operação definida no Regulamento do IPI como industrialização, mesmo incompleta, parcial ou intermediária (art. 3º do RIPI/2010).

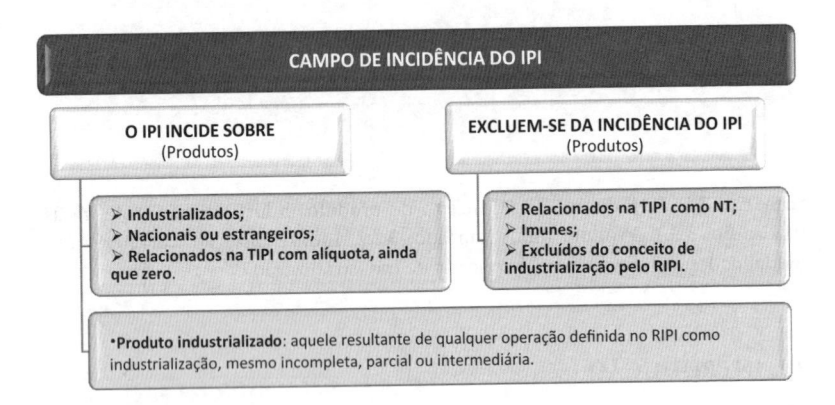

CAMPO DE INCIDÊNCIA DO IPI

O IPI INCIDE SOBRE (Produtos)
- Industrializados;
- Nacionais ou estrangeiros;
- Relacionados na TIPI com alíquota, ainda que zero.

EXCLUEM-SE DA INCIDÊNCIA DO IPI (Produtos)
- Relacionados na TIPI como NT;
- Imunes;
- Excluídos do conceito de industrialização pelo RIPI.

•**Produto industrializado**: aquele resultante de qualquer operação definida no RIPI como industrialização, mesmo incompleta, parcial ou intermediária.

3.2.2. Industrialização: característica e modalidades

Industrialização é toda operação que modifique a natureza, o funcionamento, o acabamento, a apresentação ou a finalidade do produto, ou o aperfeiçoe para consumo. Para caracterizar a operação como industrialização são irrelevantes o processo utilizado para obtenção do produto e as condições do estabelecimento quanto à localização, instalações físicas e equipamentos empregados (art. 4º do RIPI/2010).

O RIPI define como modalidades de industrialização:

I – transformação;

II – beneficiamento;

III – montagem;

IV – acondicionamento ou reacondicionamento;

V – renovação ou recondicionamento.

- **Transformação**

Operação na qual resulta produto novo a partir de ação exercida sobre matérias primas ou produtos intermediários (art. 4º, I, do RIPI/2010). Característica da transformação é que o produto final obtido possui classificação fiscal diversa da classificação fiscal dos materiais aplicados em sua fabricação.

Exemplos: fabricação de móveis, de calçados, de máquinas.

- **Beneficiamento**

    Operação que modifica, aperfeiçoa ou altera o funcionamento, a utilização, o acabamento ou a aparência de um determinado produto (art. 4º, II, do RIPI/2010). No beneficiamento a ação é exercida sobre produto novo e tem como resultado o mesmo produto modificado ou aperfeiçoado, com a mesma classificação fiscal do produto original.

    Exemplos: tingimento de tecidos, envernizamento de móveis.

- **Montagem**

    Consiste na reunião de produtos, peças ou partes para obter um produto novo, ainda que sob a mesma classificação fiscal (art. 4º, III, do RIPI/2010).

    Exemplos: montagem de automóvel, montagem de óculos.

- **Acondicionamento ou reacondicionamento**

    Alteração da forma de apresentação do produto, pela colocação de embalagem, ainda que em substituição à embalagem original (art. 4º, IV, do RIPI/2010). O produto final obtido é o mesmo original, porém, com nova apresentação.

    Exemplo: acondicionamento de açúcar em embalagens de 1 kg (um quilograma) para venda a varejo.

    Não se considera industrialização, na modalidade de acondicionamento ou reacondicionamento, quando a embalagem colocada se destinar apenas ao transporte de mercadorias.

    Embalagem de transporte é aquela que se destina ao transporte dos produtos, realizado em caixas, engradados, latas, tambores e assemelhados, sem acabamento e sem rotulagem de função promocional, com capacidade superior a vinte quilos ou superior àquela quantidade que o produto é comumente vendido no varejo (art. 6º do RIPI/2010).

- **Renovação ou recondicionamento**

    Ação exercida sobre produtos usados ou parte remanescente de produto deteriorado ou inutilizado, restaurando-os para nova utilização (art. 4º, V, do RIPI/2010). O produto obtido é o mesmo produto original, só que renovado para uso.

    A renovação diferencia-se do beneficiamento porque a ação é exercida sobre produto usado.

    Exemplos: recauchutagem de pneus para revenda e recondicionamento de motores.

```
                    ┌─────────────────────────────────┐
                    │  MODALIDADES DE INDUSTRIALIZAÇÃO │
                    └─────────────────────────────────┘
```

| TRANSFORMAÇÃO | BENEFICIAMENTO | MONTAGEM | ACONDICIONAMENTO OU REACONDICIONAMENTO | RENOVAÇÃO OU RECONDICIONAMENTO |

➢ **Como esse assunto foi cobrado em concurso?**

(ESAF – ATRFB – 2012) Avalie os itens a seguir e assinale a opção correta.

I. Para fins da incidência do Imposto sobre Produtos Industrializados, a industrialização é caracterizada como qualquer operação que modifique a natureza, o funcionamento, o acabamento, a apresentação ou a finalidade do produto.

II. O aperfeiçoamento para consumo é considerado como industrialização, para fins da incidência do Imposto sobre Produtos Industrializados, dependendo do processo utilizado para obtenção do produto e da localização e condições das instalações ou equipamentos empregados.

III. A alteração da apresentação do produto pela colocação de embalagem, ainda que em substituição da original, salvo quando a embalagem colocada se destine apenas ao transporte da mercadoria, é caracterizado como industrialização para fins da incidência do Imposto sobre Produtos Industrializados.

a) Somente o item I está correto.
b) O item I e o item II estão corretos.
c) Os itens I, II e III estão corretos.
d) Os itens II e III estão corretos.
e) Os itens I e III estão corretos.

Comentário:
Gabarito oficial: alternativa "e".

3.3. EXCLUSÕES DO CONCEITO DE INDUSTRIALIZAÇÃO

A legislação do IPI expressamente exclui do conceito de industrialização algumas operações que poderiam enquadrar-se em uma das modalidades já mencionadas (art. 5º do RIPI/2010). Nestes casos os produtos resultantes não são considerados produtos industrializados e os estabelecimentos que as executam, em relação a estas operações, não são considerados estabelecimentos industriais. São elas:

I – o preparo de produtos alimentares, não acondicionados em embalagem de apresentação: (i) na residência do preparador ou em restaurantes, bares, sorveterias, confeitarias, padarias, quitandas e semelhantes, desde que os produtos se destinem a venda direta a consumidor ou (ii) em cozinhas industriais, quando destinados à venda direta a pessoas jurídicas e a outras entidades, para consumo de seus funcionários, empregados ou dirigentes;

II – o preparo de refrigerantes, à base de extrato concentrado, por meio de máquinas, automáticas ou não, em restaurantes, bares e estabelecimentos similares, para venda direta a consumidor;

III – a confecção ou preparo de produto de artesanato[1];

IV – a confecção de vestuário, por encomenda direta do consumidor ou usuário, em oficina[2] ou na residência do confeccionador;

V – o preparo de produto, por encomenda direta do consumidor ou usuário, na residência do preparador ou em oficina, desde que, em qualquer caso, seja preponderante[3] o trabalho profissional;

VI – a manipulação em farmácia, para venda direta a consumidor, de medicamentos oficinais e magistrais, mediante receita médica;

VII – a moagem de café torrado, realizada por estabelecimento comercial varejista como atividade acessória;

VIII – a operação efetuada fora do estabelecimento industrial, consistente na reunião de produtos, peças ou partes e de que resulte edificação (casas, edifícios, pontes, hangares, galpões e semelhantes, e suas coberturas), instalação de oleodutos, usinas hidrelétricas, torres de refrigeração, estações e centrais telefônicas ou outros sistemas de telecomunicação e telefonia, estações, usinas e redes de distribuição de energia elétrica e semelhantes, e fixação de unidades ou complexos industriais ao solo (não estão excluídos do conceito de industrialização os produtos, partes ou peças utilizados nestas operações);

IX – a montagem de óculos, mediante receita médica (a montagem de óculos sem receita médica caracteriza-se como industrialização);

---

1. Produto de artesanato é o proveniente de trabalho manual realizado por pessoa natural, nas seguintes condições: (i) quando o trabalho não contar com o auxílio ou a participação de terceiros assalariados e (ii) quando o produto for vendido a consumidor, diretamente ou por intermédio de entidade de que o artesão faça parte, ou seja, assistido (art. 7º, I, "a" e "b", do RIPI/2010).
2. Oficina é o estabelecimento que empregar, no máximo, cinco operários e, quando utilizar força motriz não dispuser de potência superior a cinco quilowatts (art. 7º, II, "a", do RIPI/2010).
3. Trabalho preponderante é o que contribuir no preparo do produto, para formação de seu valor, a título de mão de obra, no mínimo com sessenta por cento (art. 7º, II, "b", do RIPI/2010).

X – o acondicionamento de produtos classificados nos Capítulos 16 a 22 da TIPI[4], adquiridos de terceiros, em embalagens confeccionadas sob a forma de cestas de natal e semelhantes;

XI – o conserto, a restauração e o recondicionamento de produtos usados, nos casos em que se destinem ao uso da própria empresa executora ou quando essas operações sejam executadas por encomenda de terceiros não estabelecidos com o comércio de tais produtos, bem como o preparo, pelo consertador, restaurador ou recondicionador, de partes ou peças empregadas exclusiva e especificamente naquelas operações, por exemplo, a recauchutagem de pneus por uma empresa transportadora, para uso próprio, não se caracteriza como industrialização, entretanto, a recauchutagem de pneus visando a revenda, enquadra-se como industrialização na modalidade de renovação;

XII – o reparo de produtos com defeito de fabricação, inclusive mediante substituição de partes e peças, quando a operação for executada gratuitamente, em virtude de garantia dada pelo fabricante;

XIII – a restauração de sacos usados, executada por processo rudimentar, ainda que com emprego de máquinas de costura;

XIV – a mistura de tintas entre si, ou com concentrados de pigmentos, sob encomenda do consumidor ou usuário, realizada em estabelecimento comercial varejista, efetuada por máquina automática ou manual, desde que fabricante e varejista não sejam empresas interdependentes, controladora, controlada ou coligadas;

XV – a operação de que resultem os produtos relacionados na Subposição 2401.20 da TIPI[5], quando exercida por produtor rural pessoa física.

Base legal

RIPI – Regulamento do Imposto sobre Produtos Industrializados (BRASIL, 2010).

Art. 2º, *caput* e parágrafo único;

Art. 3º;

Art. 4º, I, II, III, IV e V;

Art. 5º;

Art. 6º.

---

4. Os Capítulos de 16 a 22 da TIPI incluem as preparações de carne, de peixes ou de crustáceos, de moluscos ou de outros invertebrados aquáticos; os açúcares e produtos de confeitaria; o cacau e suas preparações; as preparações à base de cereais, farinhas, amidos, féculas ou leite; produtos de pastelaria; preparações de produtos hortícolas, de frutas ou de outras partes de plantas; preparações alimentícias diversas; e bebidas, líquidos alcoólicos e vinagres.
5. A Subposição 2401.20 da TIPI refere-se ao tabaco total ou parcialmente destalado.

Resumo do capítulo 3

IMPOSTO SOBRE PRODUTOS INDUSTRIALIZADOS

INCIDÊNCIA - IPI

- **IPI incide sobre:**
  - ➢ Produtos industrializados;
  - ➢ Nacionais ou estrangeiros;
  - ➢ Relacionados na TIPI com alíquota, ainda que zero.
- **Produtos excluídos do campo de incidência do IPI:**
  - ➢ Relacionados na TIPI como NT;
  - ➢ Imunes;
  - ➢ Excluídos do conceito de industrialização pelo RIPI.
- **Produto industrializado**: resultante de qualquer operação definida no RIPI como industrialização, mesmo incompleta, parcial ou intermediária.
- **Industrialização:** operação que modifique a natureza, o funcionamento, o acabamento, a apresentação ou a finalidade do produto, ou o aperfeiçoe para consumo.
- **São irrelevantes p/ caracterizar a operação como de industrialização:** o processo utilizado para obtenção do produto e as condições do estabelecimento quanto à localização, instalações físicas e equipamentos empregados.

MODALIDADES DE INDUSTRIALIZAÇÃO

- **Transformação:** operação resulta produto novo a partir de ação exercida sobre matérias primas ou produtos intermediários. Produto final possui classificação fiscal diversa da dos materiais aplicados na fabricação.
- **Beneficiamento:** modifica, aperfeiçoa ou altera o funcionamento, a utilização, o acabamento ou a aparência de um produto. A ação é exercida sobre produto novo, e tem como resultado o mesmo produto modificado ou aperfeiçoado, com a mesma classificação fiscal do produto original.
- **Montagem:** reunião de produtos, peças ou partes para obter um produto novo, ainda que sob a mesma classificação fiscal.

- **Acondicionamento ou reacondicionamento:** alteração da apresentação do produto, pela colocação de embalagem, ainda que em substituição à embalagem original (produto final é o mesmo com nova apresentação).
  - ➢ Não se considera acondicionamento a colocação de embalagem destinada apenas ao transporte da mercadoria.
- **Renovação ou recondicionamento:** ação exercida sobre produtos usados ou parte remanescente de produto deteriorado ou inutilizado, restaurando-os para nova utilização. O produto obtido é o mesmo produto original, só que renovado para uso.

EXCLUSÕES DO CONCEITO DE INDUSTRIALIZAÇÃO

I – o preparo de produtos alimentares, não acondicionados em embalagem de apresentação:

a) na residência do preparador ou em restaurantes, bares, sorveterias, confeitarias, padarias, quitandas e semelhantes, desde que os produtos se destinem a venda direta a consumidor ou

b) em cozinhas industriais, quando destinados à venda direta a pessoas jurídicas e a outras entidades, para consumo de seus funcionários, empregados ou dirigentes;

II – o preparo de refrigerantes, à base de extrato concentrado, por meio de máquinas, automáticas ou não, em restaurantes, bares e estabelecimentos similares, para venda direta a consumidor;

III – a confecção ou preparo de produto de artesanato;

IV – a confecção de vestuário, por encomenda direta do consumidor ou usuário, em oficina ou na residência do confeccionador;

V – o preparo de produto, por encomenda direta do consumidor ou usuário, na residência do preparador ou em oficina, desde que, em qualquer caso, seja preponderante o trabalho profissional;

VI – a manipulação em farmácia, para venda direta a consumidor, de medicamentos oficinais e magistrais, mediante receita médica;

VII – a moagem de café torrado, realizada por estabelecimento comercial varejista como atividade acessória;
VIII – a operação efetuada fora do estabelecimento industrial, consistente na reunião de produtos, peças ou partes e de que resulte:
a) edificação (casas, edifícios, pontes, hangares, galpões e semelhantes, e suas coberturas);
b) instalação de oleodutos, usinas hidrelétricas, torres de refrigeração, estações e centrais telefônicas ou outros sistemas de telecomunicação e telefonia, estações, usinas e redes de distribuição de energia elétrica e semelhantes;
c) fixação de unidades ou complexos industriais ao solo;
IX – a montagem de óculos, mediante receita médica;
X – o acondicionamento de produtos classificados nos Capítulos 16 a 22 da TIPI, adquiridos de terceiros, em embalagens confeccionadas sob a forma de cestas de natal e semelhantes;
XI – o conserto, a restauração e o recondicionamento de produtos usados, nos casos em que se destinem ao uso da própria empresa executora ou quando essas operações sejam executadas por encomenda de terceiros não estabelecidos com o comércio de tais produtos, bem como o preparo, pelo consertador, restaurador ou recondicionador, de partes ou peças empregadas exclusiva e especificamente naquelas operações;
XII – o reparo de produtos com defeito de fabricação, inclusive mediante substituição de partes e peças, quando a operação for executada gratuitamente, ainda que por concessionários ou representantes, em virtude de garantia dada pelo fabricante;
XIII – a restauração de sacos usados, executada por processo rudimentar, ainda que com emprego de máquinas de costura;
XIV – a mistura de tintas entre si, ou com concentrados de pigmentos, sob encomenda do consumidor ou usuário, realizada em estabelecimento comercial varejista, efetuada por máquina automática ou manual, desde que fabricante e varejista não sejam empresas interdependentes, controladora, controlada ou coligadas e
XV – a operação de que resultem os produtos relacionados na Subposição 2401.20 da TIPI, quando exercida por produtor rural pessoa física.

Capítulo IV

ESTABELECIMENTO

Sumário: 4.1. Estabelecimentos industriais; 4.2. Estabelecimentos equiparados a industrial.

4.1. ESTABELECIMENTOS INDUSTRIAIS

Estabelecimento industrial é o que executa qualquer das operações definidas como industrialização (transformação, beneficiamento, montagem, acondicionamento ou reacondicionamento e renovação ou recondicionamento) de que resulte produto tributado, ainda que de alíquota zero ou isento (art. 8º do RIPI/2010). O estabelecimento é considerado industrial ainda que a operação de industrialização seja incompleta, parcial ou intermediária.

Por outro lado, não são considerados estabelecimentos industriais, no que concerne à legislação do IPI, os estabelecimentos que executem operações que resultem em produtos classificados na TIPI como "NT" e os que realizam operações excluídas do conceito de industrialização pelo RIPI/2010.

4.2. ESTABELECIMENTOS EQUIPARADOS A INDUSTRIAL

Estabelecimento equiparado a industrial é aquele definido como contribuinte do IPI, por expressa disposição legal, ainda que não execute qualquer das operações definidas como industrialização.

Deve cumprir todas as obrigações atribuídas aos estabelecimentos industriais. Saliente-se que somente ocorre a equiparação a estabelecimento industrial, quando o produto esteja no campo de incidência do IPI.

O instituto da equiparação de um estabelecimento à condição de estabelecimento industrial proporciona igual tratamento tributário a situações similares, mas que operadas por estabelecimentos de naturezas distintas, produziriam efeitos muito diversos.

A título de exemplo, vale observar que ao produzir e dar saída a um produto tributável o estabelecimento industrial: I – estará sujeito ao pagamento do IPI, que repercutirá no preço final do produto e II – poderá utilizar-se dos créditos relativos ao imposto pago na entrada de matérias-primas, produtos intermediários e materiais de embalagem, empregados na produção, a fim de arcar apenas com o imposto relativo à sua etapa produtiva.

Note, agora, que o mesmo estabelecimento, ao importar um produto similar ao que fora produzido e dar saída ao mesmo, perde a condição de industrial, pois deixa de executar a operação de industrialização. Não fosse a equiparação deste estabelecimento a industrial: I – a operação não estaria sujeita ao pagamento do IPI, não havendo também a repercussão do imposto no preço final do produto e II – o estabelecimento não poderia utilizar-se do crédito do IPI pago na importação mediante o sistema de créditos, assumindo, portanto, este ônus.

Destaca-se que, a prevalecer a hipótese da não equiparação no exemplo acima, o produto importado ao sair do estabelecimento do importador, sem a incidência do imposto, concorreria de forma desleal com o produto produzido internamente.

No caso em tela, a simples equiparação a industrial do estabelecimento importador do produto de procedência estrangeira, que deu saída a esse produto, tal qual a hipótese do art. 9º, I, do RIPI/2010, foi suficiente para restabelecer os efeitos esperados caso o produto fosse produzido e vendido internamente. Daí a importância do conceito de estabelecimento equiparado a industrial para a tributação do IPI.

Os estabelecimentos equiparados a industrial estão relacionados nos artigos 9º, 10 e 11 do RIPI/2010. São eles:

I – os estabelecimentos importadores de produtos de procedência estrangeira, que derem saída a esses produtos;

II – os estabelecimentos, ainda que varejistas, que receberem, para comercialização, diretamente da repartição que os liberou, produtos importados por outro estabelecimento da mesma firma;

III – as filiais e demais estabelecimentos que exercerem o comércio de produtos importados, industrializados ou mandados industrializar por outro estabelecimento da mesma firma, salvo se aqueles operarem exclusivamente na venda a varejo e não estiverem enquadrados na hipótese do item anterior;

IV – os estabelecimentos comerciais de produtos cuja industrialização tenha sido realizada por outro estabelecimento da mesma firma ou de terceiro, mediante a remessa, por eles efetuada, de matérias-primas, produtos intermediários, embalagens, recipientes, moldes, matrizes ou modelos;

V – os estabelecimentos comerciais de produtos do Capítulo 22 da TIPI[1], cuja industrialização tenha sido encomendada a estabelecimento industrial, sob marca ou nome de fantasia de propriedade do encomendante, de terceiro ou do próprio executor da encomenda;

VI – os estabelecimentos comerciais atacadistas dos produtos classificados nas Posições 71.01 a 71.16 da TIPI[2];

VII – os estabelecimentos atacadistas e cooperativas de produtores que derem saída a bebidas alcoólicas e demais produtos, de produção nacional, classificados nas Posições 22.04, 22.05, 22.06 e 22.08 da TIPI e acondicionados em recipientes de capacidade superior ao limite máximo permitido para venda a varejo, com destino a estabelecimentos industriais que utilizarem os produtos mencionados como matéria-prima ou produto intermediário na fabricação de bebidas, estabelecimentos atacadistas e cooperativas de produtores ou engarrafadores dos mesmos produtos;

VIII – os estabelecimentos comerciais atacadistas que adquirirem de estabelecimentos importadores produtos de procedência estrangeira, classificados nas Posições 33.03 a 33.07 da TIPI[3];

IX – os estabelecimentos, atacadistas ou varejistas, que adquirirem produtos de procedência estrangeira, importados por encomenda ou por sua conta e ordem, por intermédio de pessoa jurídica importadora;

X – os estabelecimentos atacadistas dos produtos da Posição 87.03 da TIPI[4];

XI – os estabelecimentos comerciais atacadistas dos produtos classificados nos Códigos e Posições 2106.90.10 Ex 02, 22.01, 22.02, exceto os Ex 01 e Ex

---

1. O Capítulo 22 da TIPI compreende as bebidas, líquidos alcoólicos e vinagres.
2. As Posições 71.01 a 71.16 da TIPI compreendem as pérolas naturais ou cultivadas, diamantes, pedras preciosas ou semipreciosas, pedras sintéticas ou reconstituídas, pó de diamantes, prata, metais comuns folheados ou chapeados de prata, ouro, metais comuns ou prata, folheados ou chapeados de ouro, platina, metais comuns, prata ou ouro, folheados ou chapeados de platina, desperdícios e resíduos de metais preciosos, artefatos de joalheria e suas partes, artefatos de ourivesaria e suas partes, outras obras de metais preciosos e obras de pérolas naturais ou cultivadas.
3. As Posições 33.03 a 33.07 da TIPI compreendem os perfumes e águas-de-colônia, produtos de beleza ou de maquiagem, preparações para conservação ou cuidados da pele (incluindo as preparações antissolares e os bronzeadores), preparações para manicuros e pedicuros, preparações capilares, preparações para higiene bucal ou dentária, fios dentais em embalagens individuais para venda a retalho, preparações para barbear, desodorantes, preparações para banhos, depilatórios e desodorizantes de ambiente.
4. A Posição 87.03 refere-se aos automóveis de passageiros e outros veículos automóveis principalmente concebidos para transporte de pessoas, incluindo os veículos de uso misto (*station wagons*) e os automóveis de corrida.

02 do Código 2202.90.00, e 22.03, da TIPI[5], de fabricação nacional, sujeitos ao imposto conforme regime geral de tributação de que trata o art. 222 do RIPI/2010, ou seja, regime pelo qual o imposto é calculado pela aplicação da alíquota de IPI prevista na TIPI, sobre o valor da operação (destaca-se que não há mais a previsão de regime especial para as operações com este tipo de produto);

XII – os estabelecimentos comerciais dos produtos relacionados no item anterior, cuja industrialização tenha sido por eles encomendada a estabelecimento industrial, sob marca ou nome de fantasia de propriedade do encomendante, de terceiro ou do próprio executor da encomenda;

XIII – os estabelecimentos comerciais varejistas que adquirirem os produtos mencionados nos itens acima, diretamente de estabelecimento industrial, ou de encomendante equiparado na forma do item anterior;

XIV – os estabelecimentos comerciais atacadistas dos produtos mencionados nos itens acima, de procedência estrangeira, sujeitos ao imposto conforme regime geral de tributação de que trata o art. 222 do RIPI/2010;

XV – os estabelecimentos comerciais varejistas que adquirirem os produtos de que trata os itens anteriores, diretamente de estabelecimento importador;

XVI – os estabelecimentos industriais quando realizam operações de revenda de matéria-prima, produto intermediário e material de embalagem, com destino a outros estabelecimentos, para industrialização ou nova revenda (nessas operações, mesmo não ocorrendo a industrialização de produtos, há a equiparação a estabelecimento industrial e a consequente tributação da operação);

XVII – equiparam-se a estabelecimento industrial, por opção, os estabelecimentos comerciais que derem saída a bens de produção, para estabelecimentos industriais ou revendedores, e as cooperativas que se dedicarem à venda em comum de bens de produção, recebidos de seus associados para comercialização.

- **Estabelecimentos ligados a pessoas jurídicas que industrializam ou importam as "bebidas quentes"**

Nos termos do art. 4º da Lei nº 13.241/2015, **serão equiparados a industrial**, nas saídas das "bebidas quentes", classificadas nas posições

---

5. O Código 2106.90.10 Ex 02 e as Posições 22.01, 22.02 e 22.03 correspondem às preparações compostas, não alcoólicas (extratos concentrados ou sabores concentrados), para elaboração de bebida refrigerante do Capítulo 22, águas e outras bebidas não alcoólicas (exceto sucos de frutas ou de produtos hortícolas).

22.04, 22.05, 22.06 e 22.08 (exceto o código 2208.90.00, Ex 01) da TIPI, o estabelecimento de pessoa jurídica:

I – caracterizada como controladora, controlada ou coligada de pessoa jurídica que industrializa ou importa as "bebidas quentes" em referência acima, na forma definida no art. 243 da Lei nº 6.404/1976;

II – caracterizada como filial de pessoa jurídica que industrializa ou importa as mencionadas "bebidas quentes";

III – que, juntamente com pessoa jurídica que industrializa ou importa as referidas "bebidas quentes", estiver sob controle societário ou administrativo comum;

IV – que apresente sócio ou acionista controlador, em participação direta ou indireta, que seja cônjuge, companheiro ou parente consanguíneo ou afim, em linha reta ou colateral, até o terceiro grau, de sócio ou acionista controlador de pessoa jurídica que industrializa ou importa as "bebidas quentes" mencionadas acima;

V – que tenha participação no capital social de pessoa jurídica que industrializa ou importa as "bebidas quentes" acima referidas, exceto nos casos de participação inferior a 1% (um por cento) em pessoa jurídica com registro de companhia aberta na CVM;

VI – que possuir, em comum com pessoa jurídica que industrializa ou importa as "bebidas quentes" em referência, diretor ou sócio que exerçam funções de gerência, ainda que essas funções sejam exercidas sob outra denominação;

VII - que tiver adquirido ou recebido em consignação, no ano anterior, mais de 20% (vinte por cento) do volume de saída da pessoa jurídica que industrializa ou importa as "bebidas quentes" tratadas nesta seção.

IPI - ESTABELECIMENTO

INDUSTRIAL
- Executa operações de industrialização (mesmo que incompleta, parcial ou intermediária);
- Não são industriais, quando derem saída a produto NT ou a operação não for de industrialização.

EQUIPARADO A INDUSTRIAL
- Contribuinte do IPI, por disposição de lei, mesmo que não execute operações de industrialização;
- Deve cumprir todas as obrigações dos estabelecimentos industriais;
- Equiparação somente quando o produto estiver no campo de incidência do IPI.

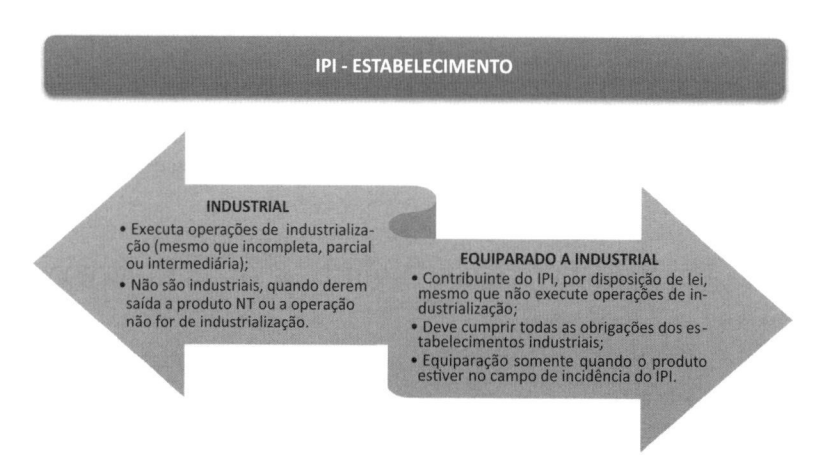

> **Como esse assunto foi cobrado em concurso?**

(ESAF – ATRFB – 2012) Avalie os itens a seguir e assinale a opção correta.

São equiparados aos estabelecimentos industriais para fins de incidência do Imposto sobre Produtos Industrializados:

I. Os estabelecimentos que comercializam produtos cuja industrialização tenha sido realizada por outro estabelecimento da mesma firma ou de terceiro, mediante a remessa, por eles efetuada, de matérias-primas, produtos intermediários, embalagens, recipientes, moldes, matrizes ou modelos.

II. Os estabelecimentos, ainda que varejistas, que receberem, para comercialização, diretamente da repartição que os liberou, produtos importados por outro estabelecimento da mesma firma.

III. Os estabelecimentos atacadistas e cooperativas de produtores que derem saída a bebidas alcoólicas.

a) Somente o item I está correto.
b) O item I e o item II estão corretos.
c) Os itens I, II e III estão corretos.
d) Os itens II e III estão corretos.
e) Os itens I e III estão corretos.

Comentário:
Gabarito oficial: alternativa "c".

Base legal

Lei nº 13.241/2015 (BRASIL, 2015b)
Art. 1º;
Art. 4º.

RIPI – Regulamento do Imposto sobre Produtos Industrializados (BRASIL, 2010).
Art. 8º;
Art. 9º, I, II, III, IV, V, VI, VII (a, b, c), VIII, IX, X, XI, XII, XIII, XIV, XV;
Art. 9º, § 1º, § 2º, § 3º, § 4º, § 5º, § 6º, § 7º e § 8º;
Art. 10, *caput*;
Art. 10, §§ 1º e 2º;
Art. 11, I e II.

Resumo do capítulo 4

IMPOSTO SOBRE PRODUTOS INDUSTRIALIZADOS

ESTABELECIMENTO – IPI

- **Estabelecimento industrial:**
Aquele que executa qualquer das operações definidas como industrialização, da qual resulte produto tributado, ainda que à alíquota zero ou isento, e ainda que a operação de industrialização seja incompleta, parcial ou intermediária.
  - ➢ Não são considerados industriais, os estabelecimentos que executem operações que resultam em produtos classificados na TIPI como NT ou que realizam operações excluídas do conceito de industrialização pelo RIPI/2010.
- **Estabelecimento equiparado a industrial:**
É aquele definido como contribuinte do IPI, por disposição expressa de lei, mesmo que não execute as operações definidas como industrialização.
  - ➢Os estabelecimentos equiparados a industrial devem cumprir todas as obrigações atribuídas aos estabelecimentos industriais (somente ocorre a equiparação a estabelecimento industrial quando o produto estiver no campo de incidência do IPI).
- **São estabelecimentos equiparados a industrial (arts. 9º, 10 e 11 do RIPI/2010):**
I – os estabelecimentos importadores de produtos de procedência estrangeira, que derem saída a esses produtos;
II – os estabelecimentos, ainda que varejistas, que receberem, para comercialização, diretamente da repartição que os liberou, produtos importados por outro estabelecimento da mesma firma;
III – as filiais e demais estabelecimentos que exercerem o comércio de produtos importados, industrializados ou mandados industrializar por outro estabelecimento da mesma firma, salvo se aqueles operarem exclusivamente na venda a varejo e não estiverem enquadrados na hipótese do item anterior;

IV – os estabelecimentos comerciais de produtos cuja industrialização tenha sido realizada por outro estabelecimento da mesma firma ou de terceiro, mediante a remessa, por eles efetuada, de matérias-primas, produtos intermediários, embalagens, recipientes, moldes, matrizes ou modelos;
V – os estabelecimentos comerciais de produtos do Capítulo 22 da TIPI, cuja industrialização tenha sido encomendada a estabelecimento industrial, sob marca ou nome de fantasia de propriedade do encomendante, de terceiro ou do próprio executor da encomenda;
VI – os estabelecimentos comerciais atacadistas dos produtos classificados nas Posições 71.01 a 71.16 da TIPI;
VIII – os estabelecimentos comerciais atacadistas que adquirirem de estabelecimentos importadores produtos de procedência estrangeira, classificados nas Posições 33.03 a 33.07 da TIPI;
IX – os estabelecimentos, atacadistas ou varejistas, que adquirirem produtos de procedência estrangeira, importados por encomenda ou por sua conta e ordem, por intermédio de pessoa jurídica importadora;
X – os estabelecimentos atacadistas dos produtos da Posição 87.03 da TIPI;
XI – os estabelecimentos comerciais atacadistas dos produtos classificados nos Códigos e Posições 2106.90.10 Ex. 02, 22.01, 22.02, exceto os Ex. 01 e Ex. 02 do Código 2202.90.00, e 22.03, da TIPI, de fabricação nacional, sujeitos ao imposto conforme regime geral de tributação de que trata o art. 222 do RIPI/2010, ou seja, regime pelo qual o imposto é calculado pela aplicação da alíquota de IPI prevista na TIPI, sobre o valor da operação;
XII – os estabelecimentos comerciais dos produtos relacionados no item anterior, cuja industrialização tenha sido por eles encomendada a estabelecimento industrial, sob marca ou nome de fantasia de propriedade do encomendante, de terceiro ou do próprio executor da encomenda;

XIII – os estabelecimentos comerciais varejistas que adquirirem os produtos mencionados nos itens acima, diretamente de estabelecimento industrial, ou de encomendante equiparado na forma do item anterior;

XIV – os estabelecimentos comerciais atacadistas dos produtos mencionados nos itens acima, de procedência estrangeira, sujeitos ao imposto conforme regime geral de tributação de que trata o art. 222 do RIPI/2010;

XV – os estabelecimentos comerciais varejistas que adquirirem os produtos de que trata os itens anteriores, diretamente de estabelecimento importador;

XVI – os estabelecimentos industriais quando realizam operações de revenda de matéria-prima, produto intermediário e material de embalagem, com destino a outros estabelecimentos, para industrialização ou nova revenda;

XVII – equiparam-se a estabelecimento industrial, por opção, os estabelecimentos comerciais que derem saída a bens de produção, para estabelecimentos industriais ou revendedores, e as cooperativas que se dedicarem à venda em comum de bens de produção, recebidos de seus associados para comercialização.

- **Estabelecimentos ligados a pessoas jurídicas que industrializam ou importam as "bebidas quentes"**

Nos termos do art. 4º da Lei nº 13.241/2015, **serão equiparados a industrial**, nas saídas das "bebidas quentes", classificadas nas posições 22.04, 22.05, 22.06 e 22.08 (exceto o código 2208.90.00, Ex 01) da TIPI, o estabelecimento de pessoa jurídica:

I – caracterizada como controladora, controlada ou coligada de pessoa jurídica que industrializa ou importa as "bebidas quentes" em referência acima, na forma definida no art. 243 da Lei nº 6.404/1976;

II – caracterizada como filial de pessoa jurídica que industrializa ou importa as mencionadas "bebidas quentes";

III – que, juntamente com pessoa jurídica que industrializa ou importa as referidas "bebidas quentes", estiver sob controle societário ou administrativo comum;

IV – que apresente sócio ou acionista controlador, em participação direta ou indireta, que seja cônjuge, companheiro ou parente consanguíneo ou afim, em linha reta ou colateral, até o terceiro grau, de sócio ou acionista controlador de pessoa jurídica que industrializa ou importa as "bebidas quentes" mencionadas acima;

V – que tenha participação no capital social de pessoa jurídica que industrializa ou importa as "bebidas quentes" acima referidas, exceto nos casos de participação inferior a 1% (um por cento) em pessoa jurídica com registro de companhia aberta na CVM;

VI – que possuir, em comum com pessoa jurídica que industrializa ou importa as "bebidas quentes" em referência, diretor ou sócio que exerçam funções de gerência, ainda que essas funções sejam exercidas sob outra denominação;

VII – que tiver adquirido ou recebido em consignação, no ano anterior, mais de 20% (vinte por cento) do volume de saída da pessoa jurídica que industrializa ou importa as "bebidas quentes" tratadas nesta seção.

Capítulo V

SUJEITO PASSIVO

Sumário: 5.1. Introdução; 5.2. Contribuintes; 5.3. Responsáveis; 5.4. Domicílio tributário.

5.1. INTRODUÇÃO

Sujeito passivo da obrigação tributária principal é a pessoa obrigada ao pagamento do imposto ou penalidade pecuniária (art. 21 do RIPI/2010), ao passo que o sujeito passivo da obrigação tributária acessória é a pessoa obrigada às prestações que constituam o seu objeto (art. 22 do RIPI/2010), tais como a escrituração de livros fiscais e a apresentação de declarações à Secretaria da Receita Federal do Brasil – RFB.

O sujeito passivo da obrigação tributária principal pode ser dividido, conforme o caso, em contribuinte ou responsável. É contribuinte quando tem relação pessoal e direta com a situação definida como fato gerador da obrigação (art. 21, I, do RIPI/2010) e responsável quando, sem revestir a condição de contribuinte, sua obrigação decorre de expressa determinação legal (art. 21, II, do RIPI/2010).

Ressalte-se ainda que a definição do sujeito passivo da obrigação não poder ser modificada por convenções particulares relativas à responsabilidade pelo pagamento do imposto (art. 23 do RIPI/2010).

```
SUJEITO
PASSIVO
├── OBRIGAÇÃO PRINCIPAL (pgto. do imposto ou penalidade pecuniária)
│   ├── • Contribuinte: Relação pessoal e direta com a situação definida como fato gerador da obrigação.
│   └── • Responsável: Sem revestir a condição de contribuinte, sua obrigação decorrer de lei.
└── OBRIGAÇÕES ACESSÓRIAS (obrigações outras decorrentes da legislação)
```

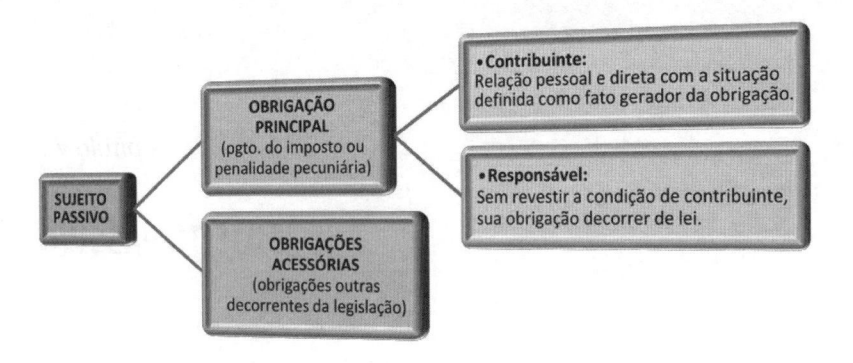

5.2. CONTRIBUINTES

Inicialmente, cabe relembrar que o IPI, nos termos do art. 51 do CTN, é regido pelo princípio da autonomia dos estabelecimentos, ou seja, considera-se contribuinte autônomo qualquer estabelecimento de importador, industrial, comerciante ou arrematante.

Neste sentido, cada estabelecimento de uma mesma empresa é considerado contribuinte autônomo, devendo apurar o imposto separadamente, bem como manter escrituração fiscal no próprio estabelecimento, sendo vedada a centralização.

Considera-se estabelecimento, para efeito de apuração do IPI, o prédio em que são exercidas atividades geradoras de obrigações. Nele são compreendidos, unicamente, as dependências internas, galpões e áreas contínuas muradas, cercadas ou isoladas por outra forma, em que sejam, normalmente, executadas operações industriais, comerciais ou de outra natureza (art. 609, III, do RIPI/2010).

O art. 24 do RIPI/2010 estabelece quatro tipos de contribuintes do IPI:

I – o estabelecimento industrial;

II – o estabelecimento equiparado a industrial;

III – o importador, em relação ao fato gerador decorrente do desembaraço aduaneiro de produto de procedência estrangeira[1];

IV – os que consumirem ou utilizarem em outra finalidade, o papel destinado à impressão de livros, jornais e periódicos, quando alcançado pela imunidade.

---

1. O importador de produtos de procedência estrangeira que revende os produtos no mercado interno figura como contribuinte em duas situações: na importação, no ato do desembaraço aduaneiro, e na revenda destes produtos no mercado interno, em que é definido como estabelecimento equiparado a industrial pelo inciso I, do art. 9º do RIPI/2010.

- Estabelecimento Industrial;
- Estabelecimento equiparado a industrial;
- Importador;
- Os que consumirem ou utilizarem em outra finalidade, o papel destinado à impressão de livros, jornais e periódicos, quando alcançado pela imunidade.

CONTRIBUINTE Imposto sobre Produtos Industrializados

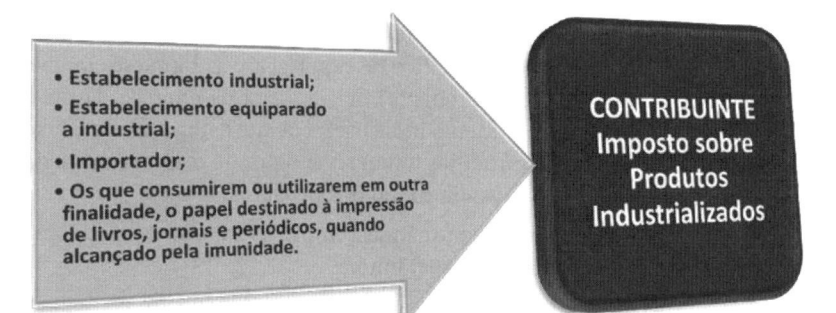

5.3. RESPONSÁVEIS

A legislação prevê a transferência de responsabilidade para o cumprimento da obrigação tributária. São obrigados ao pagamento do imposto como reponsáveis (art. 25 do RIPI/2010):

I – o transportador, em relação aos produtos tributados que transportar, desacompanhados da documentação comprobatória de sua procedência;

II – o possuidor ou detentor, em relação aos produtos tributados que possuir ou mantiver para fins de venda ou industrialização, desacompanhados da documentação comprobatória de sua procedência;

III – o estabelecimento adquirente de produtos usados cuja origem não possa ser comprovada;

IV – o proprietário, o possuidor, o transportador ou qualquer outro detentor de bebidas e cigarros de produção nacional, saídos do estabelecimento industrial com imunidade ou suspensão do imposto, para exportação, encontrados no País em situação diversa, salvo se em trânsito, quando destinados a uso ou consumo de bordo, em embarcações ou aeronaves de tráfego internacional, destinados a lojas francas, adquiridos por empresa comercial exportadora, com o fim específico de exportação, ou remetidos a recintos alfandegados ou a outros locais onde se processe o despacho aduaneiro de exportação;

V – os estabelecimentos que possuírem produtos tributados ou isentos, sujeitos a serem rotulados ou marcados, ou, ainda, ao selo de controle, quando não estiverem rotulados, marcados ou selados;

VI – os que desatenderem as normas e requisitos a que estiver condicionada a imunidade, a isenção ou a suspensão do imposto;

VII – a empresa comercial exportadora, em relação ao imposto que deixou de ser pago, na saída do estabelecimento industrial, referente aos produtos por ela adquiridos com o fim específico de exportação, na hipótese em que tenha transcorrido 180 (cento e oitenta) dias da data da emissão da nota fiscal de venda pelo estabelecimento industrial sem que tenha sido efetivada a exportação, ou em que os produtos forem revendidos no mercado interno, ou ocorrer a destruição, o furto ou roubo dos produtos;

VIII – a pessoa física ou jurídica que não seja empresa jornalística ou editora, em cuja posse for encontrado o papel imune;

IX – o estabelecimento comercial atacadista de produtos sujeitos ao regime de que trata a Lei nº 7.798/1989[2], que possuir ou mantiver produtos desacompanhados da documentação comprobatória de sua procedência, ou que a eles der saída;

X – os *estabelecimentos industriais, comerciais* e *importadores* pelo imposto devido pelos estabelecimentos equiparados de que tratam os incisos XI, XII, XIII, XIV e XV do art. 9º do RIPI/2010[3], quanto aos produtos a estes fornecidos, na hipótese de aplicação do regime geral de tributação de bebidas previsto no art. 222 (regime pelo qual o imposto é calculado pela aplicação da alíquota de IPI prevista na TIPI, sobre o valor da operação).

- **Responsáveis por substituição**

É ainda responsável, por substituição, o industrial ou equiparado a industrial, mediante requerimento, em relação às operações anteriores, concomitantes ou posteriores às saídas que promover, nas hipóteses e condições estabelecidas pela Secretaria da RFB (art. 26 do RIPI/2010).

---

2. A Lei nº 7.798/1989 refere-se, preponderantemente, à tributação de bebida alcóolicas tais como vinho, uísque, cachaça, vodka etc.
3. Art. 9º. Equiparam-se a estabelecimento industrial:
   XI – os estabelecimentos comerciais atacadistas dos produtos classificados nos Códigos e Posições 2106.90.10 Ex 02, 22.01, 22.02, exceto os Ex 01 e Ex 02 do Código 2202.90.00, e 22.03, da TIPI, de fabricação nacional, sujeitos ao imposto conforme regime geral de tributação de que trata o art. 222;
   XII – os estabelecimentos comerciais varejistas que adquirirem os produtos de que trata o inciso XI, diretamente de estabelecimento industrial, ou de encomendante equiparado na forma do inciso XIII;
   XIII – os estabelecimentos comerciais de produtos de que trata o inciso XI, cuja industrialização tenha sido por eles encomendada a estabelecimento industrial, sob marca ou nome de fantasia de propriedade do encomendante, de terceiro ou do próprio executor da encomenda;
   XIV – os estabelecimentos comerciais atacadistas dos produtos classificados nos Códigos e Posições 2106.90.10 Ex 02, 22.01, 22.02, exceto os Ex 01 e Ex 02 do Código 2202.90.00, e 22.03, da TIPI, de procedência estrangeira, sujeitos ao imposto conforme regime geral de tributação de que trata o art. 222; e
   XV – os estabelecimentos comerciais varejistas que adquirirem os produtos de que trata o inciso XIV, diretamente de estabelecimento importador.

- **Responsabilidade solidária**

O artigo 27 do RIPI/2010 estabelece as hipóteses em que a responsabilidade do terceiro em relação ao pagamento do IPI é solidária. Nos termos do artigo em questão, são solidariamente responsáveis:

I – o contribuinte substituído, na hipótese do art. 26 do RIPI/2010 (responsabilidade por substituição), pelo pagamento do imposto em relação ao qual estiver sendo substituído, no caso de inadimplência do contribuinte substituto;

II – o adquirente ou cessionário de mercadoria importada beneficiada com isenção ou redução do imposto pelo seu pagamento e dos acréscimos legais;

III – o adquirente de mercadoria de procedência estrangeira, no caso de importação realizada por sua conta e ordem, por intermédio de pessoa jurídica importadora, pelo pagamento do imposto e acréscimos legais;

IV – o encomendante predeterminado que adquire mercadoria de procedência estrangeira de pessoa jurídica importadora, na operação a que se refere o § 3º do art. 9º do RIPI/2010[4], pelo pagamento do imposto e acréscimos legais;

V – o estabelecimento industrial de produtos classificados no código 2402.20.00 da TIPI (cigarros que contenham tabaco), com a empresa comercial exportadora, na hipótese de operação de venda com o fim específico de exportação, pelo pagamento do imposto e dos respectivos acréscimos legais, devidos em decorrência da não efetivação da exportação (aplica-se também aos produtos destinados a uso ou consumo de bordo, em embarcações ou aeronaves em tráfego internacional, inclusive por meio de *ship's chandler*);

VI – o encomendante de produtos sujeitos ao regime de que trata a Lei nº 7.798/1989 (produtos sujeitos ao IPI por unidade), com o estabelecimento industrial executor da encomenda, pelo cumprimento da obrigação principal e acréscimos legais;

VII – o beneficiário de regime aduaneiro suspensivo do imposto, destinado à industrialização para exportação, pelas obrigações tributárias decorrentes da admissão de mercadoria no regime por outro beneficiário, mediante sua anuência, com vistas na execução de etapa da cadeia industrial do produto a ser exportado;

VIII – o encomendante dos produtos sujeitos ao imposto conforme o regime de tributação de que trata o art. 222 do RIPI/2010 (bebidas sujeitas a regime

---

4. Art. 9º, § 3º do RIPI/2010. Considera-se promovida por encomenda, nos termos do inciso IX, não configurando importação por conta e ordem, a importação realizada com recursos próprios da pessoa jurídica importadora que adquira mercadorias no exterior para revenda a encomendante predeterminado, participando ou não o encomendante das operações comerciais relativas à aquisição dos produtos no exterior, ressalvado o disposto na alínea "b" do inciso I do § 1º.

geral de tributação) com o estabelecimento industrial executor da encomenda, pelo imposto devido nas formas estabelecidas nos mesmos artigos.

- **Responsabilidade solidária – acionistas controladores e os diretores, gerentes ou representantes de pessoas jurídicas de direito privado**

    Nos termos do art. 28 do RIPI/2010, são solidariamente responsáveis com o sujeito passivo, no período de sua administração, gestão ou representação, os acionistas controladores e os diretores, gerentes ou representantes de pessoas jurídicas de direito privado, pelos créditos tributários decorrentes do não recolhimento do imposto no prazo legal.

- **Responsabilidade solidária – curadores**

    São solidariamente responsáveis, conforme disposto no art. 29 do RIPI/2010, os curadores quanto ao imposto que deixar de ser pago, em razão da isenção de que trata o inciso IV do art. 55 do mesmo Regulamento, qual seja, a isenção para aquisição de veículos para pessoas portadoras de deficiência física, visual, mental severa ou profunda, ou autistas, diretamente ou por intermédio de seu representante legal.

- **Responsabilidade pela infração**

    O artigo 30 do RIPI/2010 estabelece que o adquirente de mercadoria de procedência estrangeira responde conjunta ou isoladamente pela infração: I – no caso de importação realizada por sua conta e ordem, por intermédio de pessoa jurídica importadora (art. 27, III, do RIPI/2010) e II – no caso de encomendante predeterminado, que adquire mercadoria de procedência estrangeira de pessoa jurídica importadora, na operação a que se refere o § 3º do art. 9º do RIPI/2010 (importação por encomenda com recursos próprios, art. 27, III, do RIPI/2010).

> ➤ **Como esse assunto foi cobrado em concurso?**
>
> **(ESAF – ATRFB – 2012)** São responsáveis solidários pelo pagamento do Imposto sobre Produtos Industrializados
>
> a) os possuidores ou detentores, em relação os produtos tributados que possuírem ou mantiverem para fins de venda ou industrialização, acompanhados ou não de documentação comprobatória de sua procedência.
>
> b) os adquirentes de mercadorias de procedência estrangeira, no caso de importação realizada por sua conta e ordem, por intermédio de pessoa jurídica importadora.

c) os transportadores em relação aos produtos tributados que transportarem, acompanhados ou não de documentação comprobatória de sua procedência.

d) os que consumirem ou utilizarem em outra finalidade, ou remeterem a pessoas que não sejam empresas jornalísticas ou editoras, o papel destinado à impressão de livros, mesmo que não alcançado pela imunidade prevista no art. 150 da Constituição Federal.

e) os estabelecimentos equiparados a industrial, quanto aos fatos geradores relativos aos produtos que deles saírem, bem como quanto aos demais fatos geradores decorrentes de atos que sejam por eles praticados.

Comentário:
Gabarito oficial: alternativa "b".

5.4. DOMICÍLIO TRIBUTÁRIO

Para os efeitos do cumprimento da obrigação tributária e de determinação da competência das autoridades administrativas, considera-se domicílio tributário do sujeito passivo (art. 32 do RIPI/2010):

I – das pessoas jurídicas de direito privado, ou firma individual, o lugar do estabelecimento responsável pelo cumprimento da obrigação tributária;

II – das pessoas jurídicas de direito público, o lugar da situação da repartição responsável pelo cumprimento da obrigação tributária;

III – do comerciante ambulante, a sede de seus negócios ou, na impossibilidade de determinação dela, o local de sua residência habitual, ou qualquer dos lugares em que exerça a sua atividade, quando não tenha residência certa ou conhecida ou

IV – das pessoas naturais não compreendidas no item anterior, o local de sua residência habitual ou, sendo esta incerta ou desconhecida, o centro habitual de sua atividade.

Quando não couber a aplicação das regras fixadas acima, considerar-se-á como domicílio tributário do contribuinte ou responsável o lugar da situação dos bens ou da ocorrência dos atos ou fatos que deram origem à obrigação.

DOMICÍLIO TRIBUTÁRIO - IPI

PJ DE DIREITO PRIVADO E FIRMA INDIVIDUAL
- O lugar do estabelecimento responsável pelo cumprimento da obrigação tributária.

PESSOA JURÍDICA DE DIREITO PÚBLICO
- O lugar da situação da repartição responsável pelo cumprimento da obrigação tributária.

COMERCIANTE AMBULANTE
- A sede de seus negócios.

Na impossibilidade de sua determinação:
- O local de sua residência atual.

Quando não tenha residência certa ou conhecida.

PF - NÃO COMERCIANTE AMBULANTE
- O local de sua residência habitual.

Se incerta ou desconhecida:
- O centro habitual de sua atividade.

- Qualquer dos lugares em que exerça a sua atividade.

Quando não couber a aplicação de nenhuma das regras fixadas acima.

O domicílio tributário do contribuinte ou responsável será o lugar da situação dos bens ou da ocorrência dos atos ou fatos que deram origem à obrigação.

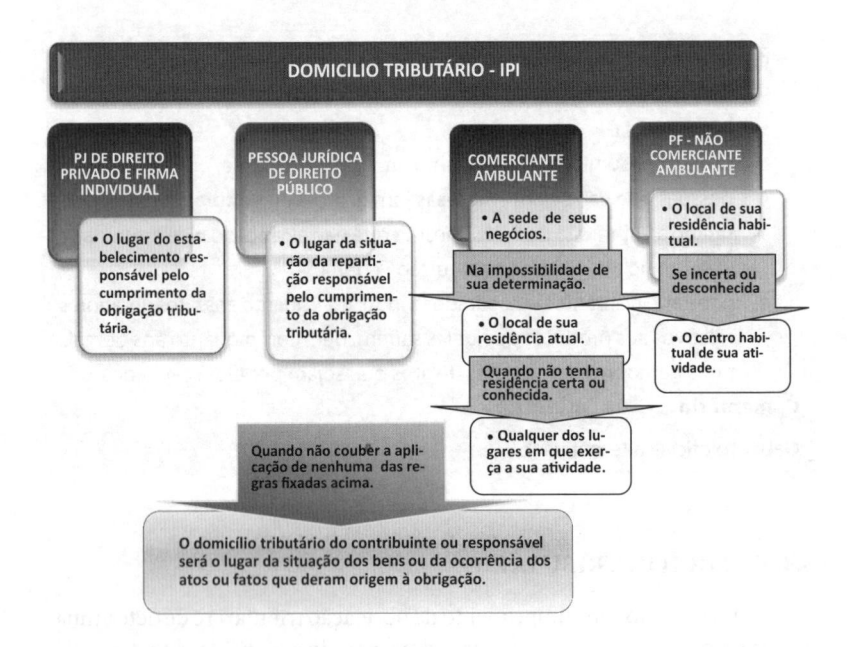

Base legal

Código Tributário Nacional (BRASIL, 1966)

Art. 51, § único;

Art. 121;

Art. 122;

Art. 123.

RIPI – Regulamento do Imposto sobre Produtos Industrializados (BRASIL, 2010)

Art. 21, I e II;

Art. 22;

Art. 23;

Art. 24, I, II, III e IV;

Art. 24, § único;

Art. 25, I, II, III, IV (a, b, c, d), V, VI, VII (a, b, c), VIII, IX, X, XI, XII;

Art. 25, §§ 1º e 2º;

Art. 26;
Art. 27, I, II, III, IV, V, VI, VII e VIII;
Art. 27, §§ 1º e 2º;
Art. 28;
Art. 29;
Art. 30;
Art. 32, I, II, III e IV;
Art. 32, §§ 1º e 2º;
Art. 609, III.

Resumo do capítulo 5

IMPOSTO SOBRE PRODUTOS INDUSTRIALIZADOS	RESPONSÁVEIS PELO IPI
SUJEITO PASSIVO – IPI • **Sujeito passivo da obrigação principal:** pessoa obrigada ao pagamento do imposto ou penalidade pecuniária (**contribuinte** ou **responsável**). • **Sujeito passivo da obrigação acessória:** pessoa obrigada às prestações que constituam o seu objeto (p.ex. escrituração de livros fiscais e apresentação de declarações à RFB). • **Contribuinte:** tem relação pessoal e direta com a situação definida como fato gerador da obrigação. • **Responsável:** quando, sem revestir a condição de contribuinte, sua obrigação decorrer de expressa determinação legal. **CONTRIBUINTES DO IPI** I – o estabelecimento industrial; II – o estabelecimento equiparado a industrial; III – o importador, em relação ao fato gerador decorrente do desembaraço aduaneiro de produto de procedência estrangeira; IV – os que consumirem ou utilizarem em outra finalidade, o papel destinado à impressão de livros, jornais e periódicos, quando alcançado pela imunidade. • **Princípio da autonomia dos estabelecimentos**: considera-se contribuinte autônomo qualquer estabelecimento de importador, industrial, comerciante ou arrematante.	I – o transportador, em relação aos produtos tributados que transportar, desacompanhados da documentação comprobatória de sua procedência; II – o possuidor ou detentor, em relação aos produtos tributados que possuir ou mantiver para fins de venda ou industrialização, desacompanhados da documentação comprobatória de sua procedência; III – o estabelecimento adquirente de produtos usados cuja origem não possa ser comprovada; IV – o proprietário, o possuidor, o transportador ou qualquer outro detentor de bebidas e cigarros de produção nacional, saídos do estabelecimento industrial com imunidade ou suspensão do imposto, para exportação, encontrados no País em situação diversa, salvo se em trânsito, quando destinados a uso ou consumo de bordo, em embarcações ou aeronaves de tráfego internacional, destinados a lojas francas, adquiridos por empresa comercial exportadora, com o fim específico de exportação, ou remetidos a recintos alfandegados ou a outros locais onde se processe o despacho aduaneiro de exportação; V – os estabelecimentos que possuírem produtos tributados ou isentos, sujeitos a serem rotulados ou marcados, ou, ainda, ao selo de controle, quando não estiverem rotulados, marcados ou selados; V – os estabelecimentos que possuírem produtos tributados ou isentos, sujeitos a serem rotulados ou marcados, ou, ainda, ao selo de

controle, quando não estiverem rotulados, marcados ou selados;

VI – os que desatenderem as normas e requisitos a que estiver condicionada a imunidade, a isenção ou a suspensão do imposto;

VII – a empresa comercial exportadora, em relação ao imposto que deixou de ser pago, na saída do estabelecimento industrial, referente aos produtos por ela adquiridos com o fim específico de exportação, na hipótese em que tenha transcorrido cento e oitenta dias da data da emissão da nota fiscal de venda pelo estabelecimento industrial sem que tenha sido efetivada a exportação, ou em que os produtos forem revendidos no mercado interno, ou ocorrer a destruição, o furto ou roubo dos produtos;

VIII – a pessoa física ou jurídica que não seja empresa jornalística ou editora, em cuja posse for encontrado o papel imune;

IX – o estabelecimento comercial atacadista de produtos sujeitos ao regime de que trata a Lei nº 7.798/1989, que possuir ou mantiver produtos desacompanhados da documentação comprobatória de sua procedência, ou que deles der saída;

X – os estabelecimentos industriais, comerciais e importadores pelo imposto devido pelos estabelecimentos equiparados de que tratam os incisos XI, XII, XIII, XIV e XV do art. 9º do RIPI, quanto aos produtos a estes fornecidos, na hipótese de aplicação do regime geral de tributação de bebidas previsto no art. 222 (regime pelo qual o imposto é calculado pela aplicação da alíquota de IPI prevista na TIPI, sobre o valor da operação).

- **Responsáveis por substituição**

O industrial ou equiparado, mediante requerimento, em relação às operações anteriores, concomitantes ou posteriores às saídas que promover, nas hipóteses e condições estabelecidas pela RFB.

- **Responsabilidade solidária**

I – o contribuinte substituído, na hipótese do art. 26 do RIPI/2010 (responsabilidade por substituição), pelo pagamento do imposto em relação ao qual estiver sendo substituído, no caso de inadimplência do contribuinte substituto;

II – o adquirente ou cessionário de mercadoria importada beneficiada com isenção ou redução do imposto pelo seu pagamento e dos acréscimos legais;

III – o adquirente de mercadoria de procedência estrangeira, no caso de importação realizada por sua conta e ordem, por intermédio de pessoa jurídica importadora, pelo pagamento do imposto e acréscimos legais;

IV – o encomendante predeterminado que adquire mercadoria de procedência estrangeira de pessoa jurídica importadora, na operação a que se refere o § 3º do art. 9º, pelo pagamento do imposto e acréscimos legais;

V – o estabelecimento industrial de produtos classificados no código 2402.20.00 da TIPI (cigarros que contenham tabaco), com a empresa comercial exportadora, na hipótese de operação de venda com o fim específico de exportação, pelo pagamento do imposto e dos respectivos acréscimos legais, devidos em decorrência da não efetivação da exportação (aplica-se também aos produtos destinados a uso ou consumo de bordo, em embarcações ou aeronaves em tráfego internacional, inclusive por meio de *ship's chandler*);

VI – o encomendante de produtos sujeitos ao regime de que trata a Lei nº 7.798/1989 (produtos sujeitos ao IPI por unidade), com o estabelecimento industrial executor da encomenda, pelo cumprimento da obrigação principal e acréscimos legais;

VII – o beneficiário de regime aduaneiro suspensivo do imposto, destinado à industrialização para exportação, pelas obrigações tributárias decorrentes da admissão de mercadoria no regime por outro beneficiário, mediante sua anuência, com vistas na execução de etapa da cadeia industrial do produto a ser exportado;

VIII – o encomendante dos produtos sujeitos ao imposto conforme o regime de tributação de que trata o art. 222 do RIPI/2010 (bebidas sujeita a regime geral) com o estabelecimento industrial executor da encomenda, pelo imposto devido nas formas estabelecidas nos mesmos artigos.

- **Responsabilidade solidária – acionistas controladores, e os diretores, gerentes ou representantes de pessoas jurídicas de direito privado** (no período de sua administração, gestão ou representação).
- **Responsabilidade solidária – curadores**
Pelo imposto que deixar de ser pago, em razão da isenção para aquisição de veículos para pessoas portadoras de deficiência física, visual, mental severa ou profunda, ou autistas, diretamente ou por intermédio de seu representante legal.
- **Responsabilidade pela Infração**
O adquirente de mercadoria de procedência estrangeira responde conjunta ou isoladamente pela infração: I – no caso de importação realizada por sua conta e ordem, por intermédio de pessoa jurídica importadora e II – no caso de encomendante predeterminado, que adquire mercadoria de procedência estrangeira de pessoa jurídica importadora, na importação por encomenda.

DOMICÍLIO TRIBUTÁRIO – IPI

I – das pessoas jurídicas de direito privado, ou firma individual, o lugar do estabelecimento responsável pelo cumprimento da obrigação tributária;

II – das pessoas jurídicas de direito público, o lugar da situação da repartição responsável pelo cumprimento da obrigação tributária;

III – do comerciante ambulante, a sede de seus negócios ou, na impossibilidade de determinação dela, o local de sua residência habitual, ou qualquer dos lugares em que exerça a sua atividade, quando não tenha residência certa ou conhecida;

IV – das pessoas naturais não compreendidas no item anterior, o local de sua residência habitual ou, sendo esta incerta ou desconhecida, o centro habitual de sua atividade.

Quando não couber a aplicação das regras acima, considerar-se-á como domicílio tributário do contribuinte ou responsável o lugar da situação dos bens ou da ocorrência dos atos ou fatos que deram origem à obrigação.

Capítulo VI

FATO GERADOR

Sumário: 6.1. Hipóteses de ocorrência do fato gerador do IPI; 6.2. Hipóteses em que não ocorrerá o fato gerador do IPI.

6.1. HIPÓTESES DE OCORRÊNCIA DO FATO GERADOR DO IPI

A obrigação tributária surge com a ocorrência do fato gerador. Assim, não basta que ocorra a industrialização de um produto tributado, é preciso a ocorrência do fato gerador.

O fato gerador da obrigação principal é a situação definida em lei como necessária e suficiente para a sua ocorrência. O art. 35 do RIPI/2010 define as hipóteses em que ocorre o fato gerador do IPI:

I – o desembaraço aduaneiro de produto de procedência estrangeira;

II – a saída de produto do estabelecimento industrial, ou equiparado a industrial.

O desembaraço aduaneiro consiste no procedimento administrativo de verificação da regularidade da importação, mediante o exame da documentação e conferência física da mercadoria.

Observa-se, ainda, que deverá ser presumido como ocorrido o desembaraço aduaneiro da mercadoria que constar como tendo sido importada, mas cujo extravio ou avaria venham a ser apurados pela autoridade fiscal.

A presunção será valida, inclusive, na hipótese de mercadoria sob regime suspensivo de tributação, conforme dispõe o parágrafo único do artigo 35 do RIPI/2010.

Em relação ao estabelecimento industrial e ao equiparado a industrial, o Regulamento refere-se à saída física do produto, ou seja, a obrigação principal do imposto nasce no momento em que o produto deixa, fisicamente, o estabelecimento. Obviamente que o produto deve estar dentro do campo de incidência do IPI. O termo "saída" compreende a venda, locação, doação transferência, testes, demonstração etc.

> **FATO GERADOR – IPI**
> - O desembaraço aduaneiro de produto de procedência estrangeira;
> - A saída de produto do estabelecimento industrial ou equiparado a industrial.

Além das hipóteses de ocorrência do fato gerador, o art. 36 do RIPI/2010 enumera outras situações, nas quais, mesmo que não ocorra a saída física do produto de estabelecimento industrial ou equiparado a industrial, considera-se ocorrido o fato gerador do IPI:

I – na entrega ao comprador, quanto aos produtos vendidos por intermédio de ambulantes;

II – na saída de armazém-geral ou outro depositário do estabelecimento industrial ou equiparado a industrial depositante, quanto aos produtos entregues diretamente a outro estabelecimento;

III – na saída da repartição que promoveu o desembaraço aduaneiro, quanto aos produtos que, por ordem do importador, forem remetidos diretamente a terceiros[1];

IV – na saída do estabelecimento industrial diretamente para estabelecimento da mesma firma ou de terceiro, por ordem do encomendante, quanto aos produtos mandados industrializar por encomenda;

V – na saída de bens de produção dos associados para as suas cooperativas, equiparadas, por opção, a estabelecimento industrial;

VI – no quarto dia da data da emissão da respectiva nota fiscal, quanto aos produtos que até o dia anterior não tiverem deixado o estabelecimento do contribuinte;

VII – no momento em que ficar concluída a operação industrial, quando a industrialização se der no próprio local de consumo ou de utilização do produto, fora do estabelecimento industrial[2];

VIII – no início do consumo ou da utilização do papel destinado à impressão de livros, jornais e periódicos, em finalidade diferente da que é prevista para a imunidade, ou na saída do fabricante, do importador ou de seus estabelecimentos distribuidores, para pessoas que não sejam empresas jornalísticas ou editoras;

---

1. Não confundir com o fato gerador que ocorre no momento do desembaraço aduaneiro, relativo à importação. Este se refere à revenda do produto importado no mercado interno.
2. Nestes casos, considera-se concluída a operação industrial e ocorrido o fato gerador na data da entrega do produto ao adquirente ou na data em que se iniciar o seu consumo ou a sua utilização, se anterior à formalização da entrega.

IX – na aquisição ou, se a venda tiver sido feita antes de concluída a operação industrial, na conclusão desta, quanto aos produtos que, antes de sair do estabelecimento que os tenha industrializado por encomenda, sejam por este adquiridos;

X – na data da emissão da nota fiscal pelo estabelecimento industrial, quanto aos produtos adquiridos por empresa comercial exportadora com o fim específico de exportação, e que não tiverem sido exportados no prazo de 180 (cento e oitenta) dias, ou forem revendidos no mercado interno ou tenham sido destruídos, furtados ou roubados;

XI – no momento da sua venda, quanto aos produtos objeto de operação de venda que forem consumidos ou utilizados dentro do estabelecimento industrial[3];

XII – na saída simbólica de álcool das usinas produtoras para as suas cooperativas, equiparadas, por opção, a estabelecimento industrial;

XIII – na data do vencimento do prazo de permanência da mercadoria no recinto alfandegado, antes de aplicada a pena de perdimento, quando as mercadorias importadas forem consideradas abandonadas pelo decurso do referido prazo.

XIV – na data da saída dos produtos do estabelecimento industrial ou equiparado a industrial, nas hipóteses de venda, exposição à venda, ou consumo no território nacional, de produtos destinados ao exterior;

XV – na data da saída dos produtos do estabelecimento industrial ou equiparado a industrial, na hipótese de descumprimento das condições estabelecidas para a isenção ou a suspensão do imposto.

6.2. HIPÓTESES EM QUE NÃO OCORRERÁ O FATO GERADOR DO IPI

O legislador do IPI estabeleceu exceções às regras de ocorrência do fato gerador, ou seja, elencou situações que, em princípio, seriam geradoras da obrigação principal, mas que, por expressa determinação do Regulamento do IPI, não constituem fato gerador. São elas (art. 38 do RIPI/2010):

I – o desembaraço aduaneiro de produto nacional que retorne ao Brasil: (i) quando enviado em consignação para o exterior e não vendido nos prazos autorizados; (ii) por defeito técnico que exija sua devolução, para reparo ou substituição; (iii) em virtude de modificações na sistemática de importação

---

3. O consumo do produto no próprio estabelecimento, sem que este produto tenha sido objeto de venda, não constitui fato gerador do IPI.

do país importador; (iv) por motivo de guerra ou calamidade pública e (v) por quaisquer outros fatores alheios à vontade do exportador;

II – as saídas de produtos subsequentes à primeira: (i) nos casos de locação ou arrendamento, salvo se o produto tiver sido submetido à nova industrialização ou (ii) quando se tratar de bens do ativo permanente, industrializados ou importados pelo próprio estabelecimento industrial ou equiparado a industrial, destinados à execução de serviços pela própria firma remetente[4];

III – a saída de produtos incorporados ao ativo permanente, após cinco anos de sua incorporação, pelo estabelecimento industrial, ou equiparado a industrial, que os tenha industrializado ou importado;

IV – a saída de produtos por motivo de mudança de endereço do estabelecimento.

> ➤ **Como esse assunto foi cobrado em concurso?**
>
> **(ESAF – ATRFB – 2012)** Avalie os itens a seguir e assinale a opção correta.
>
> I. O desembaraço aduaneiro de produto de procedência estrangeira é fato gerador do Imposto sobre Produtos Industrializados, considerando-se ocorrido o referido desembaraço quando a mercadoria consta como tendo sido importada e o extravio ou avaria venham a ser apurados pela autoridade fiscal, inclusive na hipótese de mercadoria sob regime suspensivo de tributação.
>
> II. Considera-se ocorrido o fato gerador do Imposto sobre Produtos Industrializados na saída de armazém-geral ou outro depositário do estabelecimento industrial ou equiparado a industrial depositante, quanto aos produtos entregues diretamente a outro estabelecimento.
>
> III. Considera-se ocorrido o fato gerador do Imposto sobre Produtos Industrializados na saída do estabelecimento industrial diretamente para estabelecimento da mesma firma ou de terceiro, por ordem do encomendante, quanto aos produtos mandados industrializar por encomenda.
>
> a) Somente o item I está correto.
> b) O item I e o item II estão corretos.
> c) Os itens I, II e III estão corretos.
> d) Os itens II e III estão corretos.
> e) Os itens I e III estão corretos.
>
> **Comentário:**
>
> Gabarito oficial: alternativa "c".

---

4. Nestes casos, o fato gerador já ocorreu na primeira saída do estabelecimento.

Base legal

RIPI – Regulamento do Imposto sobre Produtos Industrializados (BRASIL, 2010)

Art. 35, I e II;
Art. 35, § único;
Art. 36, I, II, III, IV, V, VI, VII, VIII, IX, X, XI, XII e XIII;
Art. 36, § único;
Art. 37;
Art. 38, I (a, b, c, d, e), II (a, b), III, IV;
Art. 39.

Resumo do capítulo 6

IMPOSTO SOBRE PRODUTOS INDUSTRIALIZADOS FATO GERADOR – IPI	OUTRAS HIPÓTESES DE OCORRÊNCIA DO FATO GERADOR DO IPI
• Fato gerador da obrigação principal: situação definida em lei como necessária e suficiente para a sua ocorrência. • Fato gerador do IPI: I – o desembaraço aduaneiro de produto de procedência estrangeira; II – a saída de produto do estabelecimento industrial, ou equiparado a industrial. • Desembaraço aduaneiro: procedimento administrativo de verificação da regularidade da importação, mediante o exame da documentação e conferência física da mercadoria. • Saída de produto do estabelecimento industrial ou equiparado: momento em que o produto deixa, fisicamente, o estabelecimento (Tratando-se de produto dentro do campo de incidência do IPI). • O termo saída compreende a venda, locação, doação transferência, testes, demonstração etc.	I – Na entrega ao comprador: • produto vendido por ambulante. II – Na saída de armazém-geral ou outro depositário do estabelecimento industrial ou equiparado: • produtos entregues diretamente a outro estabelecimento. III – Na saída da repartição de desembaraço aduaneiro: • produtos remetidos diretamente a terceiros por ordem do importador. IV – Na saída do estabelecimento industrializador diretamente para outro estabelecimento da mesma firma ou de terceiro por ordem do encomendante: • produtos mandados industrializar por encomenda. V – Na saída para suas cooperativas, equiparadas a estabelecimento industrial por opção:

- bens de produção dos associados.

VI – No 4º dia da data da emissão da respectiva nota fiscal:
- produtos que até o dia anterior não tiverem deixado o estabelecimento do contribuinte.

VII – No momento em que ficar concluída a operação:
- produto industrializado fora do estabelecimento industrial (no próprio local de consumo ou de utilização).

VIII – Papel destinado à impressão de livros, jornais e periódicos, em finalidade diferente da que é prevista para a imunidade:
- no *início do consumo ou da utilização* por empresas jornalísticas ou editoras;
- na saída do fabricante, do importador ou de seus estabelecimentos distribuidores, para pessoas que não sejam empresas jornalísticas ou editoras.

IX – Na aquisição ou na conclusão da operação (para venda anterior à conclusão da operação industrial):
- produto que, antes de sair do estabelecimento que o industrializou por encomenda, seja por este adquirido.

X – Na data da emissão da nota fiscal para estabelecimento industrial:
- produto adquirido por empresa comercial exportadora com o fim específico de exportação, não exportado no prazo de 180 dias ou revendido no mercado interno, destruído, furtado ou roubado.

XI – No momento da sua venda:
- produto, objeto de operação de venda, consumido ou utilizado dentro do estabelecimento industrial.

XII – Na saída simbólica para suas cooperativas, equiparadas por opção a estabelecimento industrial:
- álcool das usinas produtoras.

XIII – Na data do vencimento do prazo de permanência em recinto alfandegado (antes de aplicada pena de perdimento)**:**
- mercadorias importadas consideradas abandonadas pelo decurso do referido prazo.

XIV – Na data da saída do estabelecimento industrial ou equiparado:
- produtos destinados ao exterior, vendido, exposto à venda ou consumo no território nacional.

XV – Na data da saída do estabelecimento industrial ou equiparado:
- quando descumpridas as condições estabelecidas para a isenção ou a suspensão do imposto.

HIPÓTESES DE NÃO OCORRÊNCIA DO FATO GERADOR DO IPI

I – No desembaraço aduaneiro de produto nacional que retorne ao Brasil:
i) quando enviado em consignação para o exterior e não vendido nos prazos autorizados;
ii) por defeito técnico que exija sua devolução, para reparo ou substituição;
iii) em virtude de modificações na sistemática de importação do país importador;
iv) por motivo de guerra ou calamidade pública;
v) por quaisquer outros fatores alheios à vontade do exportador.

II – Nas saídas de produtos subsequentes à primeira:
i) nos casos de locação ou arrendamento, salvo se o produto tiver sido submetido a nova industrialização;
ii) quando se tratar de bens do ativo permanente, industrializados ou importados pelo próprio estabelecimento industrial ou equiparado, destinados à execução de serviços pela própria firma remetente.

III – Na saída de produtos incorporados ao ativo permanente:
- após cinco 5 anos de sua incorporação, pelo estabelecimento industrial ou equiparado, que os tenha industrializado ou importado.

IV – Na saída de produtos por motivo de mudança de endereço do estabelecimento.

Capítulo VII

SUSPENSÃO

Sumário: 7.1. Introdução; 7.2. Suspensão facultativa; 7.3. Suspensão obrigatória.

7.1. INTRODUÇÃO

Inicialmente, cabe esclarecer que a figura da suspensão do imposto prevista no Regulamento do IPI não se confunde com o instituto jurídico da suspensão preceituado pelo art. 151 do CTN, que visa a suspender a exigibilidade do crédito tributário já constituído.

A suspensão do imposto de que trata o Regulamento do IPI é um mecanismo pelo qual, mesmo tendo ocorrido o fato gerador, dispensa-se o sujeito passivo da obrigação de destacar e recolher o imposto relativo a uma operação. A dispensa está sempre condicionada a um ato ou fato, que ao acontecer, extingue a obrigação tributária suspensa.

No caso do não cumprimento da condição, o agente que deu causa ao descumprimento torna-se responsável pelo pagamento do imposto que deixou de ser destacado e recolhido, sendo que o imposto é considerado devido desde o momento da ocorrência do fato gerador.

Quando não forem satisfeitos os requisitos que condicionaram a suspensão, serão responsáveis pelo pagamento do imposto, o recebedor do produto, no caso de emprego ou destinação diferentes dos que condicionaram a suspensão, ou o remetente do produto, nos demais casos.

Vale ressaltar que somente é permitida a saída ou o desembaraço de produtos com suspensão do imposto quando observadas as normas do Regulamento do IPI e as medidas de controle expedidas pela Secretaria da Receita Federal do Brasil.

O legislador de IPI criou dois grupos distintos de operações para os quais está permitida a saída de produtos com a suspensão do imposto: (i) operações para as quais a saída dos produtos com suspensão do IPI é facultativa, ou seja, o emitente da nota fiscal tem a opção de destacar ou não o imposto no momento da ocorrência do fato gerador e (ii) operações em que a saída dos produtos com suspensão do imposto é obrigatória, razão pela qual, nesses casos, o emitente da nota fiscal não pode destacar o imposto.

Os casos facultativos de suspensão do imposto são identificados no Regulamento pelo emprego pelo legislador do termo "poderão", denotando que os produtos podem ou não sair do estabelecimento com suspensão do imposto. Os casos obrigatórios de suspensão diferenciam-se dos facultativos pelo emprego do termo "sairão".

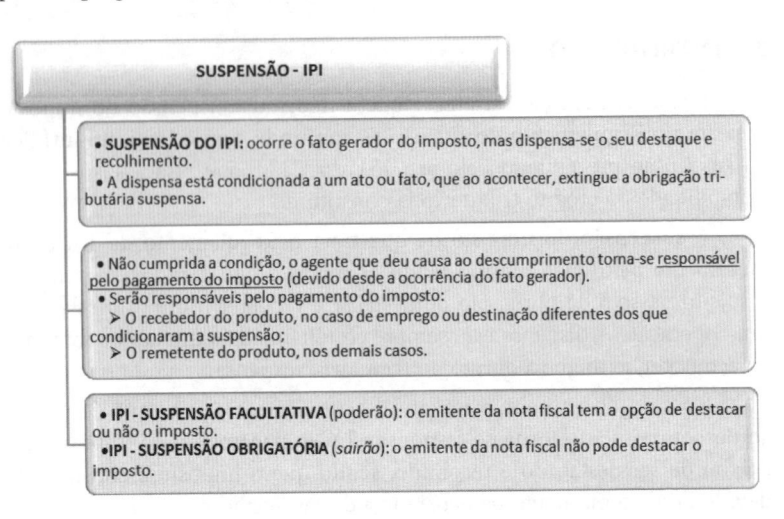

SUSPENSÃO - IPI

- **SUSPENSÃO DO IPI:** ocorre o fato gerador do imposto, mas dispensa-se o seu destaque e recolhimento.
- A dispensa está condicionada a um ato ou fato, que ao acontecer, extingue a obrigação tributária suspensa.

- Não cumprida a condição, o agente que deu causa ao descumprimento torna-se <u>responsável pelo pagamento do imposto</u> (devido desde a ocorrência do fato gerador).
- Serão responsáveis pelo pagamento do imposto:
  › O recebedor do produto, no caso de emprego ou destinação diferentes dos que condicionaram a suspensão;
  › O remetente do produto, nos demais casos.

- **IPI - SUSPENSÃO FACULTATIVA** (poderão): o emitente da nota fiscal tem a opção de destacar ou não o imposto.
- **IPI - SUSPENSÃO OBRIGATÓRIA** (sairão): o emitente da nota fiscal não pode destacar o imposto.

7.2. SUSPENSÃO FACULTATIVA

Os casos de suspensão facultativa do IPI estão previstos no art. 43 do RIPI/2010, que estabelece que **poderão** sair com suspensão do imposto:

I – o óleo de menta em bruto, produzido por lavradores, com emprego do produto de sua própria lavoura, quando remetido a estabelecimentos industriais, diretamente ou por intermédio de postos de compra;

II – os produtos remetidos pelo estabelecimento industrial, ou equiparado a industrial, diretamente a exposição em feiras de amostras e promoções semelhantes;

III – os produtos remetidos pelo estabelecimento industrial, ou equiparado a industrial, a depósitos fechados¹ ou armazéns-gerais², bem como aqueles devolvidos ao remetente;

IV – os produtos industrializados, que contiverem matéria-prima, produto intermediário ou material de embalagem importados submetidos a regime aduaneiro especial (*drawback*), remetidos diretamente a empresas industriais exportadoras para emprego na produção de mercadorias destinadas à exportação direta ou por intermédio de empresa comercial exportadora, atendidas as condições estabelecidas pela Secretaria da Receita Federal do Brasil;

V – os produtos, destinados à exportação, que saiam do estabelecimento industrial para: (i) empresas comerciais exportadoras, com o fim específico de exportação; (ii) recintos alfandegados ou (iii) outros locais onde se processe o despacho aduaneiro de exportação;

VI – as matérias-primas, os produtos intermediários e os materiais de embalagem destinados à industrialização por encomenda, desde que os produtos industrializados sejam enviados ao estabelecimento remetente daqueles insumos;

VII – os produtos que, industrializados na forma do item anterior e em cuja operação o executor da encomenda não tenha utilizado produtos de sua industrialização ou importação, forem remetidos ao estabelecimento de origem e desde que sejam por este destinados a comércio ou a emprego, como matéria-prima, produto intermediário e material de embalagem, em nova industrialização que dê origem à saída de produto tributado;

VIII – as matérias-primas ou os produtos intermediários remetidos por estabelecimento industrial, para emprego em operação industrial realizada fora desse estabelecimento, quando o executor da industrialização for o próprio contribuinte remetente daqueles insumos;

IX – o veículo, aeronave ou embarcação dos Capítulos 87, 88 e 89 da TIPI, que deixar o estabelecimento industrial exclusivamente para emprego em provas de engenharia pelo próprio fabricante, desde que a ele tenha de voltar, não excedido o prazo de permanência fora da fábrica, que será de trinta dias, salvo motivos de ordem técnica devidamente justificados, e constará da nota fiscal expedida para esse fim;

X – os produtos remetidos, para industrialização ou comércio, de um estabelecimento industrial ou equiparado a industrial para outro da mesma firma;

---

1. Depósito fechado é um estabelecimento que não realiza vendas, mas apenas entregas por conta e ordem do depositante dos produtos.
2. Armazém-geral é um estabelecimento organizado na forma da Lei nº 1.102/1903, que recebe produtos para guarda e depósito, por conta e ordem de terceiros, podendo emitir títulos negociáveis.

XI – os bens do ativo permanente (máquinas e equipamentos, aparelhos, instrumentos, utensílios, ferramentas, gabaritos, moldes, matrizes e semelhantes) remetidos pelo estabelecimento industrial a outro estabelecimento da mesma firma, para serem utilizados no processo industrial do recebedor;

XII – os bens do ativo permanente remetidos pelo estabelecimento industrial a outro estabelecimento, para serem utilizados no processo industrial de produtos encomendados pelo remetente, desde que devam retornar ao estabelecimento encomendante, após o prazo fixado para a fabricação dos produtos;

XIII – as partes e peças destinadas ao reparo de produtos com defeito de fabricação, quando a operação for executada gratuitamente por concessionários ou representantes, em virtude de garantia dada pelo fabricante;

XIV – as matérias-primas, os produtos intermediários e os materiais de embalagem, de fabricação nacional, vendidos: (i) a estabelecimento industrial, para industrialização de produtos destinados à exportação ou (ii) a estabelecimento comercial, para industrialização em outro estabelecimento da mesma firma ou de terceiro, de produto destinado à exportação;

XV – produtos para emprego ou consumo na industrialização ou elaboração de produto a ser exportado, adquiridos no mercado interno ou importados.

7.3. SUSPENSÃO OBRIGATÓRIA

Os artigos 44, 45, 46, 48 e 136 do RIPI/2010 determinam as operações nas quais é obrigatória a saída dos produtos com suspensão do imposto. Além das operações elencadas nos mencionados artigos, também sairão obrigatoriamente com suspensão do IPI as operações com produtos destinados à ZFM, Amazônia Ocidental e Zonas de Processamento de Exportação.

- **Bebidas**

Sairão do estabelecimento, com suspensão do imposto as bebidas classificadas nas Posições 22.04, 22.05, 2206.00 e 22.08 da TIPI (bebidas quentes), acondicionadas em recipientes de capacidade superior ao limite máximo permitido para venda a varejo, quando a saída ocorrer nos respectivos estabelecimentos produtores, nos estabelecimentos atacadistas e nas cooperativas de produtores, com destino aos industriais que as utilizem na fabricação de bebidas, ou a atacadistas e cooperativas de produtores ou ainda a engarrafadores destes produtos (art. 44 do RIPI/2010).

Nos termos do art. 45 do RIPI/2010, as **bebidas sujeitas ao regime geral de tributação** (bebidas frias)[3], *sairão com suspensão do imposto*:

---

3. O regime geral de tributação das bebidas encontra-se contemplado no art. 222 do RIPI/2010.

I – do estabelecimento industrial, quando destinados aos estabelecimentos comerciais equiparados a industrial de que tratam os incisos XI, XII e XIII do art. 9º do RIPI/2010, ou seja: (i) ao atacadista (que comercializar águas, refrigerantes, cervejas e seus similares, de fabricação nacional), (ii) ao varejista que os adquirir diretamente do estabelecimento industrial ou encomendante equiparado e (iii) ao estabelecimento que comercializar os mesmos produtos, quando industrializados por encomenda sob marca ou nome de fantasia do encomendante, de terceiro ou do executor;

II – do estabelecimento comercial equiparado a industrial, quando destinados aos estabelecimentos equiparados a industrial de que tratam os incisos XI e XII do art. 9º do RIPI/2010, ou seja: (i) ao atacadista (que comercializar águas, refrigerantes, cervejas e seus similares, de fabricação nacional) e (ii) ao varejista que os adquirir diretamente do estabelecimento industrial ou encomendante equiparado;

III – do estabelecimento importador, quando destinados aos estabelecimentos equiparados a industrial de que tratam os incisos XIV e XV do art. 9º do RIPI/2010, ou seja: (i) ao atacadista (que comercializar águas, refrigerantes, cervejas e seus similares, de procedência estrangeira) e (ii) ao varejista que os adquirir diretamente do estabelecimento importador.

- **Matérias-primas, produtos intermediários, materiais de embalagem, materiais e equipamentos**

Segundo o art. 46 do RIPI/2010, sairão com suspensão do imposto:

I – as matérias-primas, os produtos intermediários e os materiais de embalagem, destinados a estabelecimento que se dedique, preponderantemente[4], à elaboração de produtos classificados nos Capítulos de 2 a 4, de 7 a 12, de 15 a 20, 23 (exceto Códigos 2309.10.00 e 2309.90.30 e Ex-01 no Código 2309.90.90), de 28 a 31 e 64, no Código 2209.00.00, e nas Posições de 21.01 a 2105.00, da TIPI, inclusive aqueles a que corresponde a notação "NT"[5];

---

4. Como regra, considera-se dedicação preponderante o estabelecimento industrial cuja receita bruta decorrente dos produtos ali referidos, no ano-calendário imediatamente anterior ao da aquisição, houver sido superior a 60% (sessenta por cento) de sua receita bruta total no mesmo período.
5. TIPI-Capítulos: 2 - carnes e miudezas, comestíveis; 3 - peixes e crustáceos, moluscos e outros invertebrados aquáticos; 4 - leite e lacticínios, ovos de aves, mel natural, produtos comestíveis de origem animal, não especificados nem compreendidos noutros capítulos; 7 - produtos hortícolas, plantas, raízes e tubérculos, comestíveis; 8 - frutas, cascas de frutos cítricos e de melões; 9 - café, chá, mate e especiarias;10 - cereais; 11 - produtos da indústria de moagem, malte, amidos e féculas, inulina, glúten de trigo; 12 - sementes e frutos oleaginosos, grãos, sementes e frutos diversos, plantas industriais ou medicinais, palhas e forragens; 15 - gorduras e óleos animais ou vegetais, produtos da sua dissociação, gorduras alimentares elaboradas, ceras de origem animal ou vegetal; 16 - preparações de carne, de peixes ou de crustáceos, de moluscos ou de outros invertebrados aquáticos; 17 - açúcares e produtos de confeitaria; 18 - cacau e suas preparações; 19 - preparações à base de cereais, farinhas, amidos, féculas ou leite, produtos de pastelaria; 20 - preparações de produtos hortícolas, de frutas ou de outras partes de plantas; 23 - resíduos e desperdícios das indústrias alimentares, alimentos

II – as matérias-primas, os produtos intermediários e os materiais de embalagem, quando adquiridos por estabelecimentos industriais fabricantes, preponderantemente, de partes e peças destinadas a estabelecimento industrial fabricante de produto classificado no Capítulo 88 da TIPI (aeronaves e aparelhos espaciais);

III – as matérias-primas, os produtos intermediários e os materiais de embalagem, quando adquiridos por pessoas jurídicas preponderantemente exportadoras[6];

IV – os materiais e os equipamentos, incluindo partes, peças e componentes, destinados ao emprego na construção, conservação, modernização, conversão ou reparo de embarcações pré-registradas ou registradas no Registro Especial Brasileiro – REB, quando adquiridos por estaleiros navais brasileiros;

V – mercadorias nacionais adquiridas por qualquer dos beneficiários do regime aduaneiro suspensivo do imposto, destinado à industrialização para exportação, para serem incorporadas ao produto a ser exportado.

- **Desembaraço aduaneiro**

O art. 48 do RIPI/2010 também estabelece situações em que os produtos, obrigatoriamente, devem ser desembaraçados com suspensão do IPI. Portanto, serão desembaraçados com suspensão do imposto:

I – os produtos de procedência estrangeira importados diretamente pelos concessionários das lojas francas;

II – as máquinas, os equipamentos, os veículos, os aparelhos e os instrumentos, sem similar nacional, bem como suas partes, peças, acessórios e outros componentes, de procedência estrangeira, importados por empresas nacionais de engenharia, e destinados à execução de obras no exterior, quando autorizada a suspensão pelo Secretário da Receita Federal do Brasil;

III – os produtos de procedência estrangeira que devam sair das repartições aduaneiras com suspensão do Imposto de Importação, nas condições previstas na respectiva legislação;

IV – as matérias-primas, os produtos intermediários e os materiais de embalagem, importados diretamente por estabelecimento que se dedique, preponderantemente, à elaboração de produtos classificados nos Capítulos de 2 a 4, de 7 a 12, de 15 a 20, 23 (exceto Códigos 2309.10.00 e 2309.90.30 e Ex-01 no

---

preparados para animais; 28 - produtos químicos inorgânicos, compostos inorgânicos ou orgânicos de metais preciosos, de elementos radioativos, de metais das terras raras ou de isótopos; 29 - produtos químicos orgânicos; 30 - produtos farmacêuticos; 31 - adubos (fertilizantes) e 64 - calçados, polainas e artefatos semelhantes, suas partes.

6. Considera-se pessoa jurídica preponderantemente exportadora aquela cuja receita bruta decorrente de exportação para o exterior, no ano-calendário imediatamente anterior ao da aquisição, houver sido superior a 60% (setenta por cento) de sua receita bruta total de venda de bens e serviços no mesmo período, após excluídos os impostos e contribuições sobre a venda.

Código 2309.90.90), de 28 a 31, e 64, no Código 2209.00.00, e nas Posições 21.01 a 2105.00, da TIPI, inclusive aqueles a que corresponde a notação "NT";

V – as matérias-primas, os produtos intermediários e os materiais de embalagem, importados diretamente por pessoas jurídicas preponderantemente exportadoras.

- **Setor automotivo**

Além das operações já elencadas, existe a previsão de obrigatoriedade da saída de mercadorias com suspensão do imposto no regime fiscal do setor automotivo (art. 136 do RIPI/2010):

I – no desembaraço aduaneiro, os chassis, carroçarias, peças, partes, componentes e acessórios, importados sob regime aduaneiro especial, sem cobertura cambial, destinados à industrialização por encomenda dos produtos classificados nas Posições 87.01 a 87.05 da TIPI[7];

II – do estabelecimento industrial, os produtos resultantes da industrialização de que trata o item anterior, quando destinados ao mercado interno para a empresa comercial atacadista, controlada, direta ou indiretamente, pela pessoa jurídica encomendante domiciliada no exterior, por conta e ordem desta;

III – do estabelecimento industrial, os componentes, chassis, carroçarias, acessórios, partes e peças dos produtos autopropulsados classificados nas Posições 84.29, 84.32, 84.33, 87.01 a 87.06 e 87.11 da TIPI[8];

IV – no desembaraço aduaneiro, os componentes, chassis, carroçarias, acessórios, partes e peças, referidos no item anterior, quando importados diretamente por estabelecimento industrial;

V – do estabelecimento industrial, as matérias-primas, os produtos intermediários e os materiais de embalagem, quando adquiridos por estabelecimentos industriais fabricantes, preponderantemente, de componentes, chassis, carroçarias, partes e peças para industrialização dos produtos autopropulsados classificados nos Códigos 84.29, 8432.40.00, 8432.80.00, 8433.20, 8433.30.00, 8433.40.00, 8433.5 e 87.01 a 87.06 da TIPI;

VI – no desembaraço aduaneiro, as matérias-primas, os produtos intermediários e os materiais de embalagem, importados diretamente por estabelecimento industrial de que trata o item anterior.

---

7. Tratores, veículos para transporte de pessoas, automóveis de passageiros, automóveis de corrida, veículos para transporte de mercadorias e veículos para usos especiais (por exemplo, auto socorros, caminhões-guindastes, veículos de combate a incêndio, caminhões-betoneiras, veículos para varrer).
8. Além dos veículos mencionados acima, inclui os Bulldozers, angledozers, niveladores, raspo-transportadores (scrapers), pás mecânicas, escavadores, carregadoras e pás carregadoras, compactadores e rolos ou cilindros compressores, autopropulsados, máquinas e aparelhos de uso agrícola, chassis com motor e motocicletas.

Vale destacar, por fim, que a Lei nº 12.715/2012, instituiu o **Inovar-auto**, regime especial que, dentre outros benefícios, suspende o IPI incidente no desembaraço aduaneiro dos veículos importados pelas empresas habilitadas ao regime, desde que tenham projeto aprovado para a instalação no País de fábricas, novas plantas ou projetos industriais para a produção de novos modelos dos produtos classificados nas posições 87.01 a 87.06 da TIPI (automóveis).

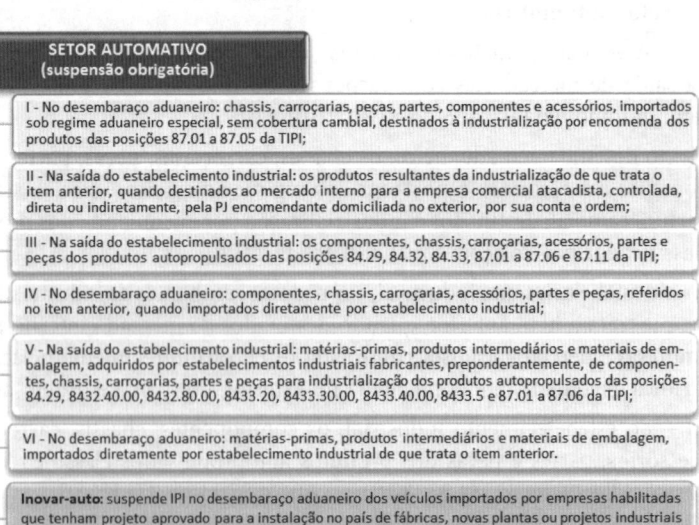

SETOR AUTOMATIVO
(suspensão obrigatória)

I - No desembaraço aduaneiro: chassis, carroçarias, peças, partes, componentes e acessórios, importados sob regime aduaneiro especial, sem cobertura cambial, destinados à industrialização por encomenda dos produtos das posições 87.01 a 87.05 da TIPI;

II - Na saída do estabelecimento industrial: os produtos resultantes da industrialização de que trata o item anterior, quando destinados ao mercado interno para a empresa comercial atacadista, controlada, direta ou indiretamente, pela PJ encomendante domiciliada no exterior, por sua conta e ordem;

III - Na saída do estabelecimento industrial: os componentes, chassis, carroçarias, acessórios, partes e peças dos produtos autopropulsados das posições 84.29, 84.32, 84.33, 87.01 a 87.06 e 87.11 da TIPI;

IV - No desembaraço aduaneiro: componentes, chassis, carroçarias, acessórios, partes e peças, referidos no item anterior, quando importados diretamente por estabelecimento industrial;

V - Na saída do estabelecimento industrial: matérias-primas, produtos intermediários e materiais de embalagem, adquiridos por estabelecimentos industriais fabricantes, preponderantemente, de componentes, chassis, carroçarias, partes e peças para industrialização dos produtos autopropulsados das posições 84.29, 8432.40.00, 8432.80.00, 8433.20, 8433.30.00, 8433.40.00, 8433.5 e 87.01 a 87.06 da TIPI;

VI - No desembaraço aduaneiro: matérias-primas, produtos intermediários e materiais de embalagem, importados diretamente por estabelecimento industrial de que trata o item anterior.

Inovar-auto: suspende IPI no desembaraço aduaneiro dos veículos importados por empresas habilitadas que tenham projeto aprovado para a instalação no país de fábricas, novas plantas ou projetos industriais para a produção de novos modelos dos produtos das posições 87.01 a 87.06 da TIPI (automóveis).

> **Como esse assunto foi cobrado em concurso?**

(ESAF – Auditor-Fiscal– RFB/2014) Leia o texto abaixo:

"Anápolis-GO (17 de outubro de 2013) – O ministro do Desenvolvimento, Indústria e Comércio Exterior disse que o regime automotivo em vigor desde janeiro de 2013 está atingindo os objetivos de atrair tecnologia para o Brasil. "Com o Inovar-Auto, estamos conseguindo atualizar nossas plantas industriais", disse, durante inauguração de uma linha de veículos em fábrica, em Anápolis--GO, na manhã desta quinta-feira. Desde o lançamento do regime automotivo, 11 montadoras anunciaram a construção ou ampliação de plantas industriais e a vinda para o Brasil. O investimento anunciado desde então já soma R$ 8,3 bilhões, parte dele para a produção de veículos do segmento de luxo. O objetivo do governo federal ao lançar o plano é produzir carros mais econômicos e mais eficientes do ponto de vista energético e aumentar a exportação de veículos."

(Texto adaptado. Disponível em: <http://www.mdic.gov.br/sitio/interna/noticia.php?area=1&noticia=12745>)

Com base na legislação tributária, assinale a opção correta quanto ao Programa de Incentivo à Inovação Tecnológica e Adensamento da Cadeia Produtiva de Veículos Automotores (Inovar-Auto).

a) O Inovar-Auto é exemplo de anomalia típica do Imposto sobre Produtos Industrializados, pois desonera a cadeia nacional, reservando toda incidência tributária para o momento da exportação dos veículos.
b) O Inovar-Auto é exemplo de seletividade invertida do Imposto sobre Produtos Industrializados, pois desonera a produção de itens supérfluos, como carros de luxo, ao tempo em que aumenta a incidência do tributo sobre veículos utilitários de uso coletivo, tais como os ônibus.
c) Mediante o cumprimento de certas condições, o Inovar-Auto concede ao contribuinte beneficiado crédito presumido de Imposto sobre Produtos Industrializados e dedutibilidade de percentual investido em tecnologia do Imposto de Renda da Pessoa Jurídica.
d) Assim como em outras políticas públicas, tais como o Programa Nacional de Apoio à Atenção Oncológica (Pronon), o Inovar-Auto busca metas alheias à arrecadação em troca da dedutibilidade de percentuais de certas despesas e custos do Imposto de Renda da Pessoa Jurídica e suspensão da exigência do Imposto sobre Produtos Industrializados.
e) Mediante o cumprimento de certas condições, o Inovar-Auto concede ao contribuinte beneficiado a suspensão de Imposto sobre Produtos Industrializados incidente no desembaraço aduaneiro de alguns veículos importados.

Comentário:
Gabarito oficial: alternativa "e".

Base legal

RIPI – Regulamento do Imposto sobre Produtos Industrializados (BRASIL, 2010)

Art. 27, VII;

Art. 40;

Art. 41;

Art. 42, *caput*;

Art. 42, §§ 1º e 2º (I e II);

Art. 43, I, II, III, IV, V (a, b, c), VI, VII (a, b), VIII, IX, X, XI, XII, XIII, XIV (a, b), XV;

Art. 43, § 1º, § 2º (I e II), § 3º, § 4º, I, II (a, b), III, IV;

Art. 44, I, II e III;

Art. 45, I, II e III;

Art. 45, § único;

Art. 46, I, II, III, IV;

Art. 46, § 1º, § 2º, § 3º, I (a, b, c, d), II, § 4º (I e II), § 5º;

Art. 47;

Art. 48, I, II, III, IV;

Art. 136, I, II, III e IV;

Art. 136, § 1º, § 2º, § 3º (I e II), § 4º, § 5º, § 6º, 7º (I e II).

Lei nº 12.715/2012 (BRASIL, 2012b)

Art. 40, *caput*;

Art. 40, § 1º, § 2º (I, II e III), § 3º, § 4º (I e II), § 5º (I, II, III e IV), § 6º, § 7º;

Art. 41, I, II, III, IV, V, VI, VII e VIII;

Art. 41, § 1º, § 2º, § 3º, § 5º, § 6º, 7º (I e II).

Art. 41-B;

Art. 42, I (a, b), II;

Art. 42, § 1º, § 2º, § 3º, 4º (I e II), § 5º e § 6º.

Resumo do capítulo 7

IMPOSTO SOBRE PRODUTOS INDUSTRIALIZADOS

SUSPENSÃO – IPI

- **Suspensão do IPI:** ocorrido o fato gerador do imposto, dispensa-se o seu destaque e recolhimento em uma operação.
- A dispensa está sempre condicionada a um ato ou fato, que ao acontecer, extingue a obrigação tributária suspensa.
- Não cumprida a condição, o agente que deu causa ao descumprimento torna-se responsável pelo pagamento do imposto que deixou de ser destacado e recolhido. Neste caso, *o imposto será devido desde a ocorrência do fato gerador*.
- Não satisfeitos os requisitos da suspensão, serão responsáveis pelo pagamento do imposto:
  - ➢ O recebedor do produto, no caso de emprego ou destinação diferentes dos que condicionaram a suspensão;
  - ➢ O remetente do produto, nos demais casos.
- **IPI – suspensão facultativa** (*poderão*): o emitente da nota fiscal tem a opção de destacar ou não o imposto no momento da ocorrência do fato gerador.
- **IPI – suspensão obrigatória** (*sairão*): o emitente da nota fiscal não pode destacar o imposto.

HIPÓTESES DE SUSPENSÃO FACULTATIVA

I - Óleo de menta em bruto remetido a estabelecimento industrial:
- produzido por lavradores, c/ produto da própria lavoura.
- remessa direta ou por postos de compra.

II - Exposição em feira de amostras e semelhantes:
- remessa direta por estabelecimento industrial ou equiparado.

III - Depósitos fechados/Armazéns-gerais (remessa/retorno):
- remessa por estabelecimento industrial ou equiparado.

IV - Remessa de produtos com insumos em drawback a industrial exportadora para industrialização e exportação:
- produtos industrializados com MP, PI e ME importados em regime especial de drawback;
- remetidos diretamente a Empresa Industrial Exportadora - EIE para produção de mercadorias destinadas à exportação;
- exportação direta ou por Empresa Comercial Exportadora - ECE.

V - Remessa à ECE, recinto alfandegado ou local onde se processe o despacho de exportação:
- produtos, destinados à exportação (fim específico);
- saídos (remetidos) por estabelecimento industrial.

VI - Remessa de MP, PI e ME para industrialização por encomenda:
- desde que os produtos industrializados sejam enviados ao estabelecimento remetente dos insumos.

VII - Remessa ao encomendante do produto industrializado por encomenda:
- executor da encomenda não poderá ter utilizado produtos de sua industrialização ou importação;
- estabelecimento de origem deverá destinar o produto ao comércio ou a emprego, como MP, PI ou ME na industrialização que dê origem a saída de produto tributado.

VIII - Remessa de MP, PI e ME para industrialização fora do estabelecimento industrial, realizada pelo remetente.

IX - Aeronave ou embarcação que deixar o estabelecimento industrial para emprego em provas de engenharia:
- aeronave ou embarcação dos Cap. 87, 88 e 89 da TIPI;
- propósito exclusivo de emprego em provas de engenharia;
- pelo próprio fabricante, desde que a ele tenha de voltar;
- não excedido o prazo de permanência fora da fábrica (30 dias), salvo motivos de ordem técnica justificados;
- prazo constará da nota fiscal expedida para esse fim.

X - Remessa para industrialização ou comércio entre estabelecimento industrial ou equiparado da mesma firma.

XI - Remessa de bens do AP - Ativo Permanente para utilização no processo industrial do recebedor:
- remessa entre estabelecimentos da mesma firma.

XII - Remessa de bens do AP - Ativo Permanente para utilização em industrialização encomendada pelo remetente:
- bens do AP devem retornar ao estabelecimento encomendante, após o prazo fixado para a fabricação dos produtos.

XIII - Remessa de partes e peças para reparo (produtos com defeito de fabricação):
- operação deve ser executada gratuitamente por concessionários ou representantes;
- deve decorrer de garantia dada pelo fabricante.

XIV - Insumos vendidos a estabelecimento industrial para industrialização de produto destinado à exportação:
- Insumos: MP, PI e ME de fabricação nacional;
- estende-se à venda de insumos a estabelecimento comercial, para industrialização em outro estabelecimento da mesma firma ou de terceiro.

XV - Remessa para emprego ou consumo na industrialização ou elaboração de produto a ser exportado:
- produtos adquiridos no mercado interno ou importados.

HIPÓTESES DE SUSPENSÃO OBRIGATÓRIA

• **BEBIDAS QUENTES**

I – Remessa do estabelecimento produtor, atacadistas e das cooperativas de produtores com destino aos industriais para a fabricação de bebidas, a atacadistas, a cooperativas de produtores ou a engarrafadores destes produtos:
- bebidas das posições 22.04 (vinhos), 22.05 (vermutes), 22.06.00 (outras bebidas fermentadas) e 22.08 (alcool desnaturado, aguardente e outras bebidas espirituosas) da TIPI;
- acondicionadas em recipientes de capacidade superior ao limite máximo permitido para venda a varejo.

• **BEBIDAS SUJEITAS AO REGIME GERAL** (art. 222 do RIPI/2010).

Produtos das posições 2106.90.10 (**preparações p/ bebidas**) Ex 02, 22.01 (**água**), 22.02 (**refrigerantes**), exceto os Ex 01 e Ex 02 do código 2202.90.00, e 22.03 (**cerveja de malte**) da TIPI/2012.

I – Remessa do estabelecimento industrial com destino a comercial atacadista ou comercial varejista ou a estabelecimento comercial (cuja industrialização tenha sido por ele encomendada sob marca ou nome de fantasia do encomendante, de terceiro ou do executor da encomenda).

II – Remessa do estabelecimento comercial (equiparado a industrial) com destino a comercial atacadista ou comercial varejista.

III – Remessa do estabelecimento importador com destino a estabelecimento comercial atacadista ou comercial varejista dos produtos de procedência estrangeira.

• **MATÉRIA-PRIMA, PRODUTO INTERMEDIÁRIO, MATERIAL DE EMBALAGEM, MATERIAL E EQUIPAMENTO**

I – Remessa a estabelecimento que se dedique, preponderantemente, à elaboração de produtos dos capítulos de 2 a 4, de 7 a 12, de 15 a 20, 23 (exceto cód. 2309.10.00 e 2309.90.30 e Ex-01 no cód. 2309.90.90), **de 28 a 31 e 64**, no cód. 2209.00.00, e nas Posições 21.01 a 2105.00, da TIPI, inclusive "NT".

• **MP, PI e ME**

I – MP, PI e ME adquiridos por estabelecimento fabricante, preponderantemente, de partes e peças para estabelecimento industrial fabricante de aeronaves e aparelhos espaciais (cap. 88 TIPI).

II – MP, PI e ME adquiridos por PJ preponderantemente exportadoras.

III – Materiais e equipamentos (incluindo partes, peças e componentes) para emprego na construção, conservação, modernização, conversão ou reparo de embarcações pré-registradas ou registradas no REB – Registro Especial Brasileiro:
- adquiridos por estaleiros navais brasileiros.

IV – Mercadorias nacionais adquiridas por quaisquer beneficiários do regime aduaneiro suspensivo do imposto, destinado à industrialização para exportação, para serem incorporadas ao produto a ser exportado.

• **DESEMBARAÇO ADUANEIRO (Procedência estrangeira)**

I – Importação direta por concessionários de loja franca.

II – Importados por empresas nacionais de engenharia para execução de obra no exterior, quando autorizada a suspensão pelo Secretário da RFB:
- máquinas, equipamentos, veículos, aparelhos e instrumentos, sem similar nacional (suas partes, peças, acessórios e outros componentes).

III – Que devam sair das repartições aduaneiras com suspensão do Imposto de Importação.

IV – MP, PI e ME importados diretamente por estabelecimento que se dedique, preponderantemente, à elaboração de produtos dos cap. 2 a 4, 7 a 12, 15 a 20, 23 (exceto cód. 2309.10.00 e 2309.90.30 e Ex-01 no cód. 2309.90.90), **28 a 31 e 64**, no cód. 2209.00.00, e nas Posições 21.01 a 2105.00, da TIPI, inclusive "NT".

• **Regimes fiscais setoriais – setor automotivo**

I – no desembaraço aduaneiro, os chassis, carroçarias, peças, partes, componentes e acessórios, importados sob regime aduaneiro especial, sem cobertura cambial, destina dos à industrialização por encomenda dos produtos classificados nas Posições 87.01 a 87.05 da TIPI;

II – do estabelecimento industrial, os produtos resultantes da industrialização de que trata o item anterior, quando destinados ao mercado interno para a empresa comercial atacadista, controlada, direta ou indiretamente, pela pessoa jurídica encomendante domiciliada no exterior, por conta e ordem desta;

III – do estabelecimento industrial, os componentes, chassis, carroçarias, acessórios, partes e peças dos produtos autopropulsados classificados nas Posições 84.29, 84.32, 84.33, 87.01 a 87.06 e 87.11 da TIPI;

IV – no desembaraço aduaneiro, os componentes, chassis, carroçarias, acessórios, partes e peças, referidos no item anterior, quando importados diretamente por estabelecimento industrial;

V – do estabelecimento industrial, as matérias-primas, os produtos intermediários e os materiais de embalagem, quando adquiridos por estabelecimentos industriais fabricantes, preponderantemente, de componentes, chassis, carroçarias, partes e peças para industrialização dos produtos autopropulsados classificados nos Códigos 84.29, 8432.40.00, 8432.80.00, 8433.20, 8433.30.00, 8433.40.00, 8433.5 e 87.01 a 87.06 da TIPI;

VI – no desembaraço aduaneiro, as matérias-primas, os produtos intermediários e os materiais de embalagem, importados diretamente por estabelecimento industrial de que trata o item anterior.

Inovar-auto

Suspende o IPI no desembaraço aduaneiro dos veículos importados por empresas habilitadas que tenham projeto aprovado para a instalação no País de fábricas, novas plantas ou projetos industriais para a produção de novos modelos dos produtos das posições 87.01 a 87.06 da TIPI (automóveis).

Capítulo VIII

ISENÇÃO

Sumário: 8.1. Introdução; 8.2. Casos de isenção do IPI; 8.3. Isenção – Táxis e veículos para deficientes físicos; 8.4. Isenção – Equipamentos e materiais esportivos; 8.5. Isenção – Entidades beneficentes de assistência social.

8.1. INTRODUÇÃO

As isenções do IPI podem ter natureza objetiva ou subjetiva. As isenções de natureza objetiva são as que se referem ao produto e não ao contribuinte ou ao adquirente. Como regra, as isenções previstas na legislação do imposto têm natureza objetiva. As isenções subjetivas devem estar expressamente identificadas na legislação (art. 50 do RIPI/2010).

As isenções de natureza subjetiva só excluem o crédito tributário quando o favorecido esteja na condição de contribuinte ou responsável (art. 51 do RIPI/2010).

Da mesma forma que a suspensão, a maioria dos casos de isenção previstos é condicional. Descumprida a condição, o imposto é exigido daquele que a ela tenha dado causa.

O art. 52, *caput*, do RIPI/2010 estabelece que quando a isenção estiver condicionada à destinação do produto e a este for dado destino diverso do previsto, estará o responsável pelo fato sujeito ao pagamento do imposto e da penalidade cabível, como se a isenção não existisse.

Entretanto, se não restar comprovado o intuito de fraude e se a mudança de destinação ocorrer após três anos da ocorrência do fato gerador, o imposto e a penalidade não são devidos; se a mudança ocorrer após um ano do fato gerador, exige-se o imposto sem multa, desde que o recolhimento seja feito espontaneamente antes da mudança e, se a mudança se der antes de um ano, serão devidos o imposto e a multa (art. 52, § 1º do RIPI/2010).

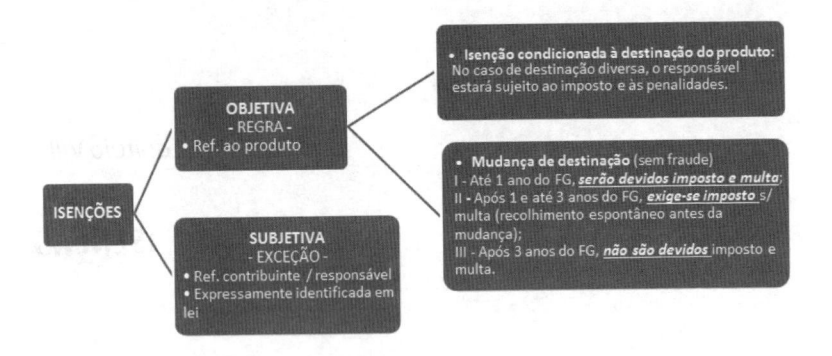

ISENÇÕES
- **OBJETIVA** - REGRA -
  - Ref. ao produto
    - **Isenção condicionada à destinação do produto:** No caso de destinação diversa, o responsável estará sujeito ao imposto e às penalidades.
    - **Mudança de destinação** (sem fraude)
      I - Até 1 ano do FG, *serão devidos imposto e multa*;
      II - Após 1 e até 3 anos do FG, *exige-se imposto* s/ multa (recolhimento espontâneo antes da mudança);
      III - Após 3 anos do FG, *não são devidos* imposto e multa.
- **SUBJETIVA** - EXCEÇÃO -
  - Ref. contribuinte / responsável
  - Expressamente identificada em lei

8.2. CASOS DE ISENÇÃO DO IPI

Os artigos 54 e 55 do RIPI/2010 listam casos de isenção do imposto. São isentos do IPI:

I – os produtos industrializados por instituições de educação ou de assistência social, quando se destinarem, exclusivamente, a uso próprio ou a distribuição gratuita a seus educandos ou assistidos, no cumprimento de suas finalidades;

II – os produtos industrializados por estabelecimentos públicos e autárquicos da União, dos estados, do Distrito Federal e dos municípios, que não se destinarem a comércio (não existe isenção nas vendas de produtos industrializados para entes públicos, a menos que o produto seja isento por outro motivo);

III – as amostras de produtos para distribuição gratuita, de diminuto ou nenhum valor comercial, assim considerados os fragmentos ou partes de qualquer mercadoria, em quantidade estritamente necessária a dar a conhecer a sua natureza, espécie e qualidade: (i) com indicação no produto e no seu envoltório da expressão "Amostra Grátis", em caracteres com destaque; (ii) em quantidade não excedente de 20% (vinte por cento) do conteúdo ou do número de unidades da menor embalagem da apresentação comercial do mesmo produto, para venda ao consumidor e (iii) distribuição exclusivamente a médicos, veterinários e dentistas, bem como a estabelecimentos hospitalares, quando se tratar de produtos da indústria farmacêutica;

IV – as amostras de tecidos de qualquer largura, e de comprimento até 45 (quarenta e cinco) centímetros para os de algodão estampado, e até 30 (trinta) centímetros para os demais, desde que contenham, em qualquer caso, impressa tipograficamente ou a carimbo, a expressão "Sem Valor Comercial", dispensadas desta exigência as amostras cujo comprimento não exceda de 25 (vinte e cinco) centímetros e de 15 (quinze) centímetros nas hipóteses supra, respectivamente;

V – os pés isolados de calçados, conduzidos por viajante do estabelecimento industrial, desde que tenham gravada, no solado, a expressão "Amostra para Viajante";

VI – as aeronaves de uso militar e suas partes e peças, vendidas à União;

VII – os caixões funerários;

VIII – o papel destinado à impressão de músicas;

IX – as panelas e outros artefatos semelhantes, de uso doméstico, de fabricação rústica, de pedra ou barro bruto, apenas umedecido e amassado, com ou sem vidramento de sal;

X – os chapéus, roupas e proteção, de couro, próprios para tropeiros;

XI – o material bélico, de uso privativo das Forças Armadas, vendido à União, na forma das instruções expedidas pelo Secretário da Receita Federal do Brasil;

XII – o automóvel adquirido diretamente de fabricante nacional, pelas missões diplomáticas e pelas repartições consulares de caráter permanente, ou pelos seus integrantes, bem como pelas representações de órgãos internacionais ou regionais de que o Brasil seja membro, e pelos seus funcionários, peritos, técnicos e consultores, de nacionalidade estrangeira, que exerçam funções de caráter permanente, quando a aquisição se fizer em substituição da faculdade de importar o produto com idêntico favor;

XIII – o veículo de fabricação nacional adquirido por funcionário das missões diplomáticas acreditadas junto ao governo brasileiro, ao qual seja reconhecida a qualidade diplomática, que não seja de nacionalidade brasileira e nem tenha residência permanente no País, sem prejuízo dos direitos que lhe são assegurados no inciso anterior, ressalvado o princípio da reciprocidade de tratamento;

XIV – os produtos nacionais saídos do estabelecimento industrial, ou equiparado a industrial, diretamente para lojas francas;

XV – os materiais e equipamentos saídos do estabelecimento industrial, ou equiparado a industrial, para a Itaipu Binacional, ou por esta importados, para utilização nos trabalhos de construção da central elétrica da mesma empresa, seus acessórios e obras complementares, ou para incorporação à referida central elétrica;

XVI – os produtos importados diretamente por missões diplomáticas e repartições consulares de caráter permanente e pelos respectivos integrantes, e por representações, no País, de organismos internacionais de caráter permanente, inclusive os de âmbito regional, dos quais o Brasil seja membro, e pelos respectivos integrantes;

XVII – a bagagem de passageiros desembaraçada com isenção do Imposto de Importação na forma da legislação pertinente;

XVIII – os bens de passageiros procedentes do exterior, desembaraçados com a qualificação de bagagem tributada, com o pagamento do Imposto de Importação, na forma da legislação pertinente;

XIX – os bens contidos em remessas postais internacionais sujeitas ao regime de tributação simplificada para a cobrança do Imposto de Importação;

XX – as máquinas, equipamentos, aparelhos e instrumentos, bem como suas partes e peças de reposição, acessórios, matérias-primas e produtos intermediários, destinados à pesquisa científica e tecnológica, importados pelo Conselho Nacional de Desenvolvimento Científico e Tecnológico – CNPq, por cientistas, pesquisadores e entidades sem fins lucrativos ativas no fomento, na coordenação ou na execução de programas de pesquisa científica e tecnológica ou de ensino devidamente credenciadas pelo CNPq;

XXI – os demais produtos de procedência estrangeira, nas hipóteses previstas pelo art. 2º da Lei nº 8.032 de 1990[1], desde que satisfeitos os requisitos e condições exigidos para a concessão do benefício análogo relativo ao Imposto de Importação;

XXII – os seguintes produtos de procedência estrangeira, nos termos, limites e condições estabelecidos em regulamento próprio:

---

1. Lei nº 8.032/1990:
   Art. 2º As isenções e reduções do Imposto de Importação ficam limitadas, exclusivamente:
   I – às importações realizadas:
   a) pela União, pelos estados, pelo DF, pelos territórios, pelos municípios e pelas respectivas autarquias;
   b) pelos partidos políticos e pelas instituições de educação ou de assistência social;
   c) pelas Missões Diplomáticas e Repartições Consulares de caráter permanente e pelos respectivos integrantes;
   d) pelas representações de organismos internacionais de caráter permanente, inclusive os de âmbito regional, dos quais o Brasil seja membro, e pelos respectivos integrantes;
   e) pelas instituições científicas e tecnológicas;
   f) por cientistas e pesquisadores, nos termos do § 2º do art. 1º da Lei nº 8.010/1990;
   II – aos casos de:
   a) importação de livros, jornais, periódicos e do papel destinado à sua reprodução;
   b) amostras e remessas postais internacionais, sem valor comercial;
   c) remessas postais e encomendas aéreas internacionais destinadas à pessoa física;
   d) bagagem de viajantes procedentes do exterior ou da Zona Franca de Manaus;
   e) bens adquiridos em Loja Franca, no País;
   f) bens trazidos do exterior, referidos na alínea "b" do § 2º do art. 1º do Decreto-Lei nº 2.120/1984;
   g) bens importados sob o regime aduaneiro especial de que trata o inciso III, do art. 78, do DL 37/1966;
   h) gêneros alimentícios de primeira necessidade, fertilizantes e defensivos para aplicação na agricultura ou pecuária, bem assim matérias-primas para sua produção no País, importados ao amparo do art. 4º da Lei nº 3.244/1957;
   i) bens importados ao amparo da Lei nº 7.232/1984 (informática);
   j) partes, peças e componentes destinados ao reparo, revisão e manutenção de aeronaves e embarcações;
   l) importação de medicamentos destinados ao tratamento de aidéticos, bem como de instrumental científico destinado à pesquisa da Síndrome da Deficiência Imunológica Adquirida, sem similar nacional, os quais ficarão isentos, também, dos tributos internos;
   m) bens importados pelas áreas de livre comércio;
   n) bens adquiridos para industrialização nas Zonas de Processamento de Exportações (ZPE).

a) troféus, medalhas, placas, estatuetas, distintivos, flâmulas, bandeiras e outros objetos comemorativos, de procedência estrangeira, recebidos em evento cultural, científico ou esportivo oficial realizado no exterior ou para serem distribuídos gratuitamente como premiação em evento esportivo realizado no País;

b) bens, material promocional, impressos e folhetos de procedência estrangeira destinados a evento esportivo oficial;

c) bens importados por desportistas, desde que tenham sido utilizados por estes em evento esportivo oficial e recebidos em doação de entidade de prática desportiva estrangeira ou da promotora ou patrocinadora do evento;

XXIII – os veículos automotores de qualquer natureza, máquinas, equipamentos, bem como suas partes e peças separadas, quando destinadas à utilização nas atividades dos Corpos de Bombeiros, em todo o território nacional, nas saídas de estabelecimento industrial ou equiparado a industrial;

XXIV – os produtos importados destinados a consumo no recinto de congressos, feiras e exposições internacionais, e eventos assemelhados, a título de promoção ou degustação, de montagem ou conservação de estandes, ou de demonstração de equipamentos em exposição[2];

XXV – os bens de informática destinados à coleta eletrônica de votos, fornecidos diretamente ao Tribunal Superior Eleitoral, bem como os insumos utilizados na industrialização desses bens[3];

XXVI – as partes, peças e componentes importados destinados ao emprego na conservação, modernização e conversão de embarcações registradas no REB, desde que realizadas em estaleiros navais brasileiros;

XXVII – os aparelhos transmissores e receptores de radiotelefonia e radiotelegrafia, os veículos para patrulhamento policial, as armas e munições, quando adquiridos pelos órgãos de segurança pública da União, dos Estados e do Distrito Federal.

---

2. A isenção não se aplica a produtos destinados à montagem de estandes, susceptíveis de serem aproveitados após o evento; está condicionada a que nenhum pagamento, a qualquer título, seja efetuado ao exterior, com relação aos produtos objeto da isenção e está sujeita a limites de quantidades e valor, além de outros requisitos, estabelecidos pelo Ministro de Estado da Fazenda.
3. São abrangidos pela isenção (bens de informática destinados à coleta eletrônica de votos):
   a) as matérias-primas e os produtos intermediários importados para serem utilizados na industrialização desses bens e dos produtos classificados sob os Códigos 8471.60.52, 8471.60.61, 8473.30.49, 8504.40.21 e 8534.00.00 da TIPI a eles destinados (Lei nº 9.359/1996, art. 2º, e Lei nº 9.643/1998, art. 1º);
   b) as matérias-primas, os produtos intermediários e os materiais de embalagem, de fabricação nacional, para serem utilizados na industrialização desses bens (Lei nº 9.359/1996, art. 2º, parágrafo único);

8.3. ISENÇÃO – TÁXIS E VEÍCULOS PARA DEFICIENTES FÍSICOS

Com amparo na Lei nº 8.989/1995, são isentos do IPI os automóveis de passageiros de fabricação nacional, equipados com motor de cilindrada não superior a 2000 (dois mil) centímetros cúbicos, de no mínimo 4 (quatro) portas, movidos a combustíveis de origem renovável ou sistema reversível de combustão, quando adquiridos por motoristas profissionais autônomos titulares de autorização, permissão ou concessão para exploração do serviço de transporte individual de passageiros – táxis (art. 55, I, II e III, do RIPI/2010).

A mesma Lei estabelece ainda que são isentos do IPI os automóveis de passageiros de fabricação nacional quando adquiridos, diretamente ou por intermédio de representante legal, por pessoas portadoras de deficiência física, visual, mental severa ou profunda, ou autistas. Não se aplicam neste caso as restrições sobre os veículos impostas em relação às aquisições de táxis, tais como, limite de cilindradas, número de portas e tipo de combustível (art. 55, IV e § 3º do RIPI/2010).

As isenções mencionadas são por tempo determinado. Atualmente, a sua vigência extende-se até 31 de dezembro de 2016 (art. 29 da Lei nº 12.767/2012).

As isenções não abrangem os acessórios opcionais que não sejam equipamentos originais do veículo adquirido e somente pode ser utilizada a cada 2 (dois) anos (art. 56, *caput* e inciso I do RIPI/2010).

A venda do veículo adquirido com isenção, antes do prazo de 2 (dois) anos, obriga o alienante ao pagamento do imposto. Não havendo o pagamento espontâneo do imposto devido, o alienante sujeita-se à cobrança do imposto, multa e juros de mora (art. 59 do RIPI/2010).

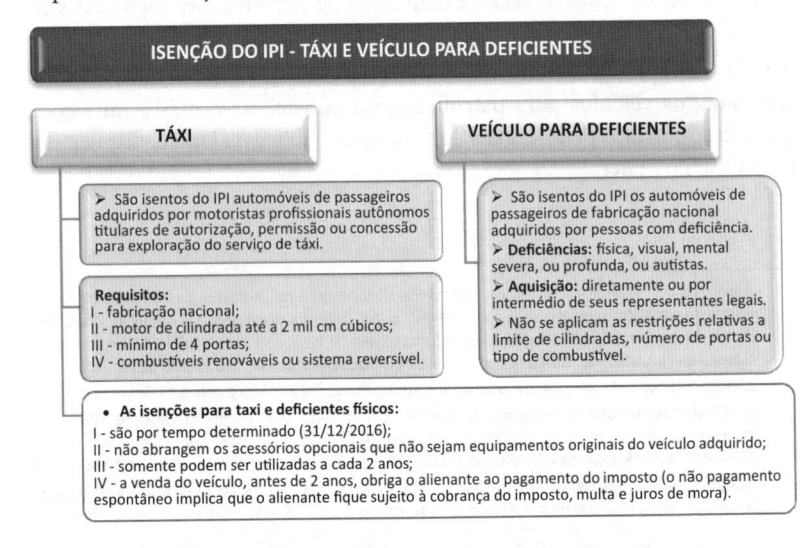

ISENÇÃO DO IPI - TÁXI E VEÍCULO PARA DEFICIENTES

TÁXI
- São isentos do IPI automóveis de passageiros adquiridos por motoristas profissionais autônomos titulares de autorização, permissão ou concessão para exploração do serviço de táxi.
- **Requisitos:**
  I - fabricação nacional;
  II - motor de cilindrada até a 2 mil cm cúbicos;
  III - mínimo de 4 portas;
  IV - combustíveis renováveis ou sistema reversível.

VEÍCULO PARA DEFICIENTES
- São isentos do IPI os automóveis de passageiros de fabricação nacional adquiridos por pessoas com deficiência.
- **Deficiências:** física, visual, mental severa, ou profunda, ou autistas.
- **Aquisição:** diretamente ou por intermédio de seus representantes legais.
- Não se aplicam as restrições relativas a limite de cilindradas, número de portas ou tipo de combustível.

- **As isenções para taxi e deficientes físicos:**
  I - são por tempo determinado (31/12/2016);
  II - não abrangem os acessórios opcionais que não sejam equipamentos originais do veículo adquirido;
  III - somente podem ser utilizadas a cada 2 anos;
  IV - a venda do veículo, antes de 2 anos, obriga o alienante ao pagamento do imposto (o não pagamento espontâneo implica que o alienante fique sujeito à cobrança do imposto, multa e juros de mora).

8.4. ISENÇÃO - EQUIPAMENTOS E MATERIAIS ESPORTIVOS

Vigeu até 31/12/2015 a isenção do IPI sobre as importações de equipamentos ou materiais esportivos, sem similar nacional, homologados pela entidade desportiva internacional, destinados às competições, ao treinamento e à preparação de atletas e equipes brasileiras para jogos olímpicos, paraolímpicos, pan-americanos, parapan-americanos, nacionais e mundiais. São igualmente isentos de IPI, os mesmos materiais quando fabricados no Brasil (art. 8º da Lei nº 10.451/2002, com a redação dada pela Lei nº 12.649/2012).

São beneficiários da isenção os órgãos da União, dos estados, do Distrito Federal e dos municípios e suas respectivas autarquias e fundações, os atletas das modalidades olímpicas e paraolímpicas e os das competições mundiais, o Comitê Olímpico Brasileiro – COB e o Comitê Paraolímpico Brasileiro – CPB, bem como as entidades nacionais de administração do desporto que lhes sejam filiadas ou vinculadas.

O direito à fruição da isenção fica condicionado à prévia manifestação do Minsitério do Esporte.

Os produtos importados ou adquiridos no mercado interno, com isenção de IPI, poderão ser transferidos pelo valor de aquisição, sem o pagamento dos respectivos impostos, para qualquer pessoa e a qualquer título, após o decurso do prazo de 4 (quatro) anos, ou a qualquer tempo, para pessoa física ou jurídica que atenda às condições de fruição do benefício.

As transferências, a qualquer título, que não atendam às condições estabelecidas sujeitarão o beneficiário importador ou adquirente ao pagamento dos impostos que deixaram de ser pagos por ocasião da importação ou da aquisição no mercado interno, com acréscimo de juros e de multa de mora.

ISENÇÃO - EQUIPAMENTOS E MATERIAIS ESPORTIVOS

Equipamentos e materiais isentos:
- Vigeu até 31/12/2015 a isenção do IPI sobre as importações de equipamentos ou materiais esportivos, sem similar nacional, homologados pela entidade desportiva internacional, destinados às competições, ao treinamento e à preparação de atletas e equipes brasileiras para jogos olímpicos, paraolímpicos, pan-americanos, parapan-americanos, nacionais e mundiais.
- São igualmente isentos de IPI, os mesmos materiais quando fabricados no Brasil.

Beneficiários da isenção:
I – órgãos da União, estados, DF e dos municípios e suas respectivas autarquias e fundações;
II – atletas das modalidades olímpicas e paraolímpicas e os das competições mundiais;
III – o Comitê Olímpico Brasileiro – COB, o Comitê Paraolímpico Brasileiro – CPB e as entidades nacionais de administração do desporto a estes filiadas ou vinculadas.

Transferência dos produtos adquiridos com isenção (*sem o pagamento dos respectivos impostos*):
I - para qualquer pessoa e a qualquer título (após 4 anos);
II – para PF ou PJ que atenda às condições de fruição do benefício (a qualquer tempo).

8.5. ISENÇÃO - ENTIDADES BENEFICENTES DE ASSISTÊNCIA SOCIAL

As entidades beneficentes de assistência social, reconhecidas como de utilidade pública, ficam autorizadas a vender em feiras, bazares e eventos semelhantes, com isenção do imposto incidente na importação, produtos estrangeiros recebidos em doação de representações diplomáticas estrangeiras sediadas no País. O produto líquido da venda deve ter como destinação exclusiva o desenvolvimento de atividades beneficentes no País (art. 67 do RIPI/2010).

> ➤ **Como esse assunto foi cobrado em concurso?**
>
> **(ESAF – ATRFB – 2012)** Assinale a opção incorreta.
>
> a) As isenções do Imposto sobre Produtos Industrializados, salvo disposição expressa de lei, referem-se ao produto e não ao contribuinte ou adquirente.
>
> b) A isenção do Imposto sobre Produtos Industrializados, quando possuir caráter subjetivo, só exclui o crédito tributário quando o seu titular estiver na situação de contribuinte ou responsável.
>
> c) Se a isenção do Imposto sobre Produtos Industrializados estiver condicionada à destinação do produto e a este for dado destino diverso do previsto, estará o responsável pelo fato sujeito ao pagamento do imposto e da penalidade cabível.
>
> d) Os produtos desembaraçados como bagagem só poderão ser depositados para fins comerciais ou expostos à venda após comunicação obrigatória à Receita Federal para fins de controle do pagamento posterior do Imposto sobre Produtos Industrializados.
>
> e) O titular da isenção do Imposto sobre Produtos Industrializados poderá renunciar ao benefício, devendo comunicar o fato à unidade da Receita Federal de sua jurisdição.
>
> **Comentário:**
> Gabarito oficial: alternativa "d".

Base legal

RIPI – Regulamento do Imposto sobre Produtos Industrializados (BRASIL, 2010).

Art. 50;

Art. 51, *caput*;

Art. 51, § único;

Art. 52, *caput*;

Art. 52, §§ 1º e 2º;

Art. 53,

Art. 54 I, II, III (a, b, c), IV, V, VI, VII, VIII, IX, X, XI, XII, XIII, XIV, XV, XVI, XVII, XVIII, XIX, XX, XXI, XXII (a, b, c, d), XXIII, XXIV (a, b, c), XXV (a, b), XXVI, XXVII, XXVIII;

Art. 55, I, II, III e IV;

Art. 55, § 3º;

Art. 56, *caput*;

Art. 56, I;

Art. 59;

Art. 67.

Lei nº 10.451/2002 (Brasil, 2002a).

Art. 8º (com redação da Lei nº 12.649/2012);

Art. 9º (com redação da Lei nº 11.827/2008);

Art. 10 (com a redação da Lei nº 11.116/2005);

Art. 11 (com a redação da Lei nº 11.827/2008).

Resumo do capítulo 8

IMPOSTO SOBRE PRODUTOS INDUSTRIALIZADOS

ISENÇÃO – IPI

- **Isenção do IPI:** objetiva (produto) ou subjetiva (referem-se a contribuinte ou adquirente).
- **Regra:** as isenções do IPI têm natureza objetiva.
- **Exceções:** isenções subjetivas (devem estar expressamente identificadas na lei e o favorecido deve ser contribuinte ou responsável pelo imposto).
- A isenção é, em regra, condicionada. Descumprida a condição, o imposto é exigido daquele que a ela der causa.
- **Isenção condicionada à destinação do produto:** quando for dado destino diverso ao produto, o responsável estará sujeito ao pagamento do imposto e da penalidade cabível (como se a isenção não existisse).

➤ Não comprovado o intuito de fraude, se a mudança de destinação ocorrer: I – antes de 1 ano do fato gerador, serão devidos o imposto e a multa; II – após 1 ano (e até 3 anos) do fato gerador, exige-se o imposto sem multa (recolhimento espontâneo antes da mudança) e III – após 3 anos do fato gerador, o imposto e a penalidade não são devidos;

HIPÓTESES DE ISENÇÃO

I – Produtos industrializados por instituições de educação ou de assistência social:
- destinados, exclusivamente, a uso próprio ou à distribuição gratuita a seus educandos ou assistidos;
- deve estar no cumprimento de suas finalidades;

II – Produtos industrializados por estabelecimentos públicos e autárquicos da União, estados, DF e municípios:

- não destinados ao comércio;
III – **Amostras de produtos para distribuição gratuita:**
- diminuto ou nenhum valor comercial;
- indicação no produto e no seu envoltório da expressão "Amostra Grátis", em caracteres com destaque;
- quantidade não excedente a 20% do conteúdo ou do número de unidades de sua menor embalagem de apresentação comercial para venda ao consumidor;
- distribuição exclusiva a médicos, veterinários, dentistas e estabelecimentos hospitalares (produto da indústria farmacêutica);

IV – **Amostras de tecidos:**
- qualquer largura e comprimento até 45 cm (algodão estampado) e até 30 cm (demais tecidos);
- devem conter, impressa tipograficamente ou a carimbo, a expressão "Sem Valor Comercial";
- dispensadas da exigência acima as amostras cujo comprimento não exceda de 25 cm e de 15 cm nas hipóteses supra (algodão estampado e demais tecidos) respectivamente;

V – **Pés isolados de calçados, conduzidos por viajante do estabelecimento industrial com a expressão "Amostra para Viajante" gravada no solado;**

VI – **Aeronaves de uso militar e suas partes e peças, vendidas à União;**

VII – **Caixões funerários;**

VIII – **Papel destinado à impressão de músicas;**

IX – **Panelas e artefatos semelhantes de uso doméstico:**
- fabricação rústica (pedra ou barro bruto, apenas umedecido e amassado, com ou sem vidramento de sal);

X – **Chapéus, roupas e proteção, de couro, para tropeiros;**

XI – **Material bélico, de uso privativo das Forças Armadas:**
- vendido à União, conforme instruções do Secretário da RFB;

XII – **Automóvel adquirido por missões diplomáticas e afins:**
- adquirido diretamente de fabricante nacional;

- Beneficiários:
- missões diplomáticas;
- repartições consulares de caráter permanente ou seus integrantes;
- representações de órgãos internacionais ou regionais de que o Brasil seja membro, bem como seus funcionários, peritos, técnicos e consultores, de nacionalidade estrangeira (em função permanente quando da aquisição);
- aquisição em substituição à faculdade de importar produto com idêntico favor.

XIII – **Veículo adquirido p/ funcionário de missão diplomática:**
- veículo de fabricação nacional;
- missão diplomática acreditada junto ao Governo brasileiro;
- funcionário ao qual seja reconhecida a qualidade diplomática, que não seja de nacionalidade brasileira e nem tenha residência permanente no País;
- sem prejuízo dos direitos assegurados no inciso XII (ressalvado o princípio da reciprocidade de tratamento);

XIV – **Produtos nacionais saídos de estabelecimento industrial ou equiparado, diretamente para lojas francas;**

XV – **Materiais e equipamentos saídos do estabelecimento industrial, ou equiparado, ou importados para Itaipu Binacional:**
- para utilização na construção da central elétrica da empresa, seus acessórios e obras complementares, ou para incorporação à referida central elétrica;

XVI – **Produto importado por missões diplomáticas e afins:**
- importação direta;
- beneficiários:
- missões diplomáticas,
- repartições consulares de caráter permanente e seus integrantes,
- representações no País de organismos internacionais de caráter permanente, inclusive os de âmbito regional, dos quais o Brasil seja membro e respectivos integrantes;

XVII – **Bagagem de passageiros desembaraçada com isenção do II – Imposto de Importação;**

XVIII – **Bens de passageiros procedentes do exterior, desembaraçados como bagagem tributada, com pagamento do II;**

XIX - Bens em remessas postais internacionais sujeitas ao regime de tributação simplificada do II;
XX - Máquinas, equipamentos, aparelhos e instrumentos, suas partes e peças de reposição, acessórios, matérias-primas e produtos intermediários, destinados à pesquisa científica e tecnológica:
- importados pelo CNPq, por cientistas, pesquisadores e entidades sem fins lucrativos ativas;
- objetivo de fomento, coordenação ou execução de programas de pesquisa científica e tecnológica ou de ensino devidamente credenciadas pelo CNPq;

XXI - Produtos de procedência estrangeira, nas hipóteses previstas pelo art. 2º da Lei nº 8.032/90:
- satisfeitos os requisitos e condições para concessão do benefício análogo relativo ao Imposto de Importação;
- Beneficiários:
a) União, estados, DF, territórios, municípios e autarquias;
b) partidos políticos, inst. de educação ou de ass. social;
c) Missões Diplomáticas e Rep. Consulares permanentes;
d) representações de org. internacionais permanentes;
e) instituições científicas e tecnológicas;
f) por cientistas e pesquisadores.

XXII - Produtos de procedência estrangeira, nos termos, limites e condições estabelecidos em regulamento próprio:
- objetos comemorativos (troféus, medalhas, placas, estatuetas, distintivos, flâmulas, bandeiras e outros), de procedência estrangeira, recebidos em evento cultural, científico ou esportivo oficial realizado no exterior ou p/ distribuição gratuita como premiação em evento esportivo realizado no País;

XXIII - Veículos automotores de qualquer natureza, máquinas, equipamentos, suas partes e peças separadas:
- atividades dos Corpos de Bombeiros (Território Nacional);
- saídos de estabelecimento industrial ou equiparado;

XXIV - Produtos importados p/ consumo no recinto de congressos, feiras e exposições internacionais, e assemelhados:
- p/ promoção ou degustação, de montagem ou conservação de estandes, ou demonstração de equipamentos em exposição;

XXV - Bens de informática destinados à coleta eletrônica de votos, fornecidos diretamente ao TSE, bem como os insumos utilizados na industrialização desses bens;

XXVI - Partes, peças e componentes importados p/ emprego na conservação, modernização e conversão de embarcações registradas no REB:
- desde que realizadas em estaleiros navais brasileiros;

XXVII - Aparelhos transmissores e receptores de radiotelefonia e radiotelegrafia, veículos p/ patrulhamento policial, armas e munições:
- adquiridos por órgãos de segurança pública da União, estados e DF.

• **Isenção - Táxis**
São isentos do IPI automóveis de passageiros adquiridos por motoristas profissionais autônomos titulares de autorização, permissão ou concessão para exploração do serviço de táxi. Requisitos: I - fabricação nacional; II - motor de cilindrada não superior a 2 mil centímetros cúbicos; III - mínimo de 4 portas; IV - movidos a combustíveis renováveis ou sistema reversível.

• **Isenção - veículos para deficientes físicos**
São isentos do IPI os automóveis de passageiros de fabricação nacional adquiridos por pessoas com deficiência física, visual, mental severa, ou profunda, ou por autistas (diretamente ou por intermédio de seus representantes legais).
Não se aplicam neste caso as restrições relativas a limite de cilindradas, número de portar e tipo de combustível.

• **As isenções para taxi e deficientes físicos**:
I - são por tempo determinado (31/12/2016);
II - não abrangem os acessórios opcionais que não sejam equipamentos originais do veículo adquirido;
III - somente podem ser utilizadas a cada 2 anos;

IV – a venda do veículo adquirido com isenção, antes de dois anos, obriga o alienante ao pagamento do imposto (o não pagamento espontâneo do imposto devido implica que o alienante fique sujeito à cobrança do imposto, multa e juros de mora).

- Isenção – Equipamentos e materiais esportivos

Equipamentos e materiais isentos:
Vigeu até 31/12/2015 a isenção do IPI sobre as importações de equipamentos ou materiais esportivos, sem similar nacional, homologados pela entidade desportiva internacional, destinados às competições, ao treinamento e à preparação de atletas e equipes brasileiras para jogos olímpicos, paraolímpicos, pan-americanos, Parapan-americanos, nacionais e mundiais.
São igualmente isentos de IPI, os mesmos materiais quando fabricados no Brasil.

Beneficiários da isenção:
I – os órgãos da União, dos estados, do DF e dos municípios e suas respectivas autarquias e fundações;
II – os atletas das modalidades olímpicas e paraolímpicas e os das competições mundiais;
III – o Comitê Olímpico Brasileiro – COB, o Comitê Paraolímpico Brasileiro – CPB e as entidades nacionais de administração do desporto a estes filiadas ou vinculadas.

- Os produtos importados ou adquiridos no mercado interno, com isenção de IPI, poderão ser transferidos pelo valor de aquisição, _sem o pagamento dos respectivos impostos_:
I – para qualquer pessoa e a qualquer título (após 4 anos);
II – para PF ou PJ que atenda às condições de fruição do benefício (a qualquer tempo).
- As transferências, a qualquer título, que não atendam às condições estabelecidas sujeitarão o beneficiário importador ou adquirente ao pagamento dos impostos que deixaram de ser pagos por ocasião da importação ou da aquisição no mercado interno, com juros e de multa de mora ou de ofício.

•Isenção – Entidades beneficentes de assistência social

Entidades beneficentes de assistência social, reconhecidas como de utilidade pública, ficam autorizadas a vender em feiras, bazares e eventos semelhantes, com isenção do imposto incidente na importação, produtos estrangeiros recebidos em doação de representações diplomáticas estrangeiras sediadas no País.
O produto líquido da venda deve ter como destinação exclusiva o desenvolvimento de atividades beneficentes no País.

Capítulo IX

LANÇAMENTO

Sumário: 9.1. Introdução; 9.2. Lançamento por homologação; 9.2.1. Quanto ao momento; 9.2.2. Quanto ao documento; 9.2.3. Pagamento; 9.2.4. Lançamento antecipado; 9.2.5. Presunção de lançamento não efetuado; 9.2.6. Homologação; 9.3. Lançamento de ofício; 9.4. Decadência.

9.1. INTRODUÇÃO

O lançamento do IPI é do tipo lançamento por homologação, que consiste na obrigação do contribuinte antecipar-se à autoridade fiscal e efetuar a apuração e o recolhimento do imposto devido, sem o prévio conhecimento do Fisco.

Para o registro do lançamento do imposto, em cada operação em que ocorra o fato gerador, é exigido que o sujeito passivo destaque o imposto nas notas fiscais emitidas, na declaração de importação ou, excepcionalmente, no DARF.

Segundo o art. 181 do RIPI/2010, o lançamento é o procedimento destinado à constituição do crédito tributário, que se opera de ofício ou por homologação mediante atos de iniciativa do sujeito passivo da obrigação tributária, com o pagamento antecipado do imposto e a devida comunicação à Secretaria da Receita Federal do Brasil.

Tais atos compreendem a descrição da operação que lhe dá origem, a identificação do sujeito passivo, a descrição e classificação do produto, o cálculo do imposto, com a declaração do seu valor e, sendo o caso, a penalidade prevista.

Os atos reportam-se à data da ocorrência do fato gerador da obrigação tributária e regem-se pela lei então vigente, ainda que posteriormente modificada ou revogada.

9.2. LANÇAMENTO POR HOMOLOGAÇÃO

Os atos de iniciativa do sujeito passivo são efetuados sob sua exclusiva responsabilidade. O art. 182 do RIPI/2010 estabelece o momento e o documento em que o lançamento deve ser efetuado.

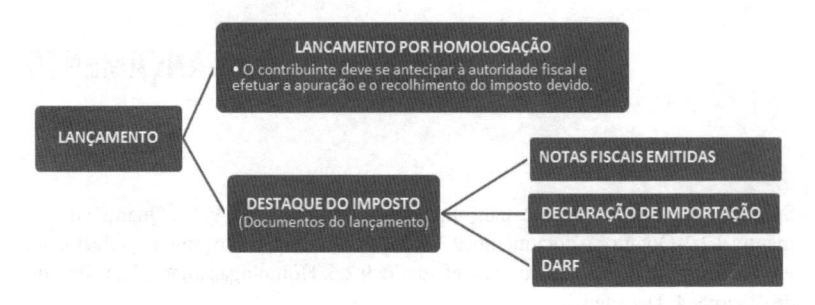

```
LANÇAMENTO
    ├── LANÇAMENTO POR HOMOLOGAÇÃO
    │   • O contribuinte deve se antecipar à autoridade fiscal e
    │     efetuar a apuração e o recolhimento do imposto devido.
    └── DESTAQUE DO IMPOSTO
        (Documentos do lançamento)
            ├── NOTAS FISCAIS EMITIDAS
            ├── DECLARAÇÃO DE IMPORTAÇÃO
            └── DARF
```

9.2.1. Quanto ao momento

O lançamento deve ser efetuado[1]:

I – no registro da declaração de importação no Sistema Integrado de Comércio Exterior – SISCOMEX, quando do despacho aduaneiro de importação de produtos;

II – na saída de produtos tributados do estabelecimento industrial ou equiparado a industrial, excetuando-se os casos em que o produto saia com a suspensão do imposto;

III – na saída do produto de armazém-geral ou outro depositário, diretamente para outro estabelecimento, quando vendido pelo próprio depositante;

IV – na entrega ao comprador, quanto aos produtos vendidos por intermédio de ambulantes;

V – na saída da repartição onde ocorreu o desembaraço, quanto aos produtos que, por ordem do importador, forem remetidos diretamente a terceiros (esta hipótese não trata do IPI incidente no desembaraço aduaneiro, mas sim do imposto incidente na revenda do produto importado no mercado interno);

VI – no momento em que ficar concluída a operação industrial, quando a industrialização se der no próprio local de consumo ou de utilização, fora do estabelecimento industrial (nestes casos, como não há a saída do produto fabricado do estabelecimento industrial, o lançamento deve ser efetuado no momento da conclusão da industrialização);

---

1. Art. 182, inciso I, do RIPI/2010.

VII – descumpridas as condições da imunidade do papel destinado à impressão de livros, jornais e periódicos, o imposto deve ser lançado no início do consumo ou da utilização do papel em finalidade diferente da que lhe é prevista na imunidade, ou na saída do fabricante, do importador, ou de seus estabelecimentos distribuidores, para pessoas que não sejam empresas jornalísticas ou editoras;

VIII – na aquisição ou, se a venda tiver sido feita antes de concluída a operação industrial, na conclusão desta, quanto aos produtos que, antes de sair do estabelecimento que os tenha industrializado por encomenda, sejam por este adquiridos;

IX – no depósito para fins comerciais, na venda ou na exposição à venda, quanto aos produtos trazidos do exterior e desembaraçados com a qualificação de bagagem, com isenção ou com pagamento de tributos;

X – na venda, efetuada em feiras de amostras e promoções semelhantes, do produto que tenha sido remetido pelo estabelecimento industrial, ou equiparado a industrial, com suspensão do imposto (nestes casos, o produto sai do estabelecimento com suspensão do imposto com a expectativa de retorno, mas, realizada a venda, o imposto deve ser imediatamente lançado);

XI – na transferência simbólica da produção de álcool das usinas produtoras às suas cooperativas, equiparadas, por opção, a estabelecimento industrial;

XII – no reajustamento do preço do produto, em virtude do acréscimo de valor decorrente de contrato escrito;

XIII – na apuração, pelo usuário, de diferença no estoque dos selos de controle fornecidos para aplicação em seus produtos (nos produtos sujeitos ao selo de controle, o contribuinte deve manter um controle do estoque de selos, sendo que cada unidade saída do estabelecimento deve ter um, e somente um selo aplicado, de modo que apurada diferença, a maior ou a menor na quantidade de selos em estoque, o contribuinte deve efetuar o lançamento do imposto);

XIV – na apuração, pelo contribuinte, de falta no seu estoque de produtos (nesta hipótese considera-se que o contribuinte deu saída a produtos sem o lançamento do IPI, razão pela qual exige-se que se efetue o lançamento);

XV – na apuração, pelo contribuinte, de diferença de preços de produtos saídos do seu estabelecimento;

XVI – na apuração, pelo contribuinte, de diferença do imposto em virtude do aumento da alíquota, ocorrido após emissão da primeira nota fiscal (pode ocorrer quando o produto é enviado em várias remessas, ou quanto o contribuinte destaca o imposto na nota fiscal de venda para entrega futura);

XVII – quando desatendidas as condições da imunidade, da isenção ou da suspensão do imposto;

XVIII – na venda do produto que for consumido ou utilizado dentro do estabelecimento industrial (por exemplo, as micro cervejarias em que o produto é fabricado e servido dentro do próprio estabelecimento);

XIX – na saída de bens de produção dos associados para as suas cooperativas, equiparadas, por opção, a estabelecimento industrial;

XX – na ocorrência dos demais casos não especificados, em que couber a exigência do imposto.

9.2.2. Quanto ao documento

O lançamento deve ser efetuado[2]:

I – no registro da declaração de importação no SISCOMEX, quando se tratar de desembaraço aduaneiro de produto de procedência estrangeira;

II – como regra, na nota fiscal;

III – no documento de arrecadação, para outras operações, realizadas por firmas ou pessoas não sujeitas habitualmente ao pagamento do imposto.

9.2.3. Pagamento

Nos termos do art. 183 do RIPI/2010, os atos de iniciativa do sujeito passivo, no lançamento por homologação, aperfeiçoam-se com o pagamento ou compensação do imposto, que devem ser efetuados antes de qualquer procedimento de ofício da autoridade administrativa.

Considera-se pagamento: (i) o recolhimento do saldo devedor, após serem deduzidos os créditos admitidos dos débitos, no período de apuração do imposto; (ii) o recolhimento do imposto não sujeito a apuração por períodos, haja ou não créditos a deduzir ou (iii) a dedução dos débitos, no período de apuração do imposto, dos créditos admitidos, sem resultar saldo a recolher.

9.2.4. Lançamento antecipado

É facultado ao sujeito passivo antecipar os atos de sua iniciativa para o momento: (i) da venda, quando esta for à ordem ou para entrega futura do produto ou (ii) do faturamento, pelo valor integral, no caso de produto cuja unidade não possa ser transportada de uma só vez (art. 187 do RIPI/2010).

---

2. Art. 182, inciso II, do RIPI/2010.

LANÇAMENTO ANTECIPADO
(Hipóteses)

MOMENTO DA VENDA
No caso de venda a ordem ou para entrega futura

FATURAMENTO
No caso de produto que não possa ser transportado de uma só vez

9.2.5. Presunção de lançamento não efetuado

A legislação do IPI presume como não efetuado o lançamento quando[3]:

I – o documento for reputado sem valor por lei ou pelo Regulamento do IPI;

II – o produto tributado não se identificar com o descrito no documento;

III – estiver em desacordo com as normas legais, incluindo quando não tiver sido realizado o pagamento do imposto no prazo legal.

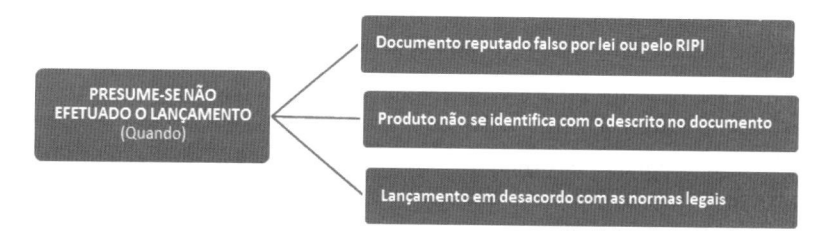

PRESUME-SE NÃO EFETUADO O LANÇAMENTO
(Quando)

- Documento reputado falso por lei ou pelo RIPI
- Produto não se identifica com o descrito no documento
- Lançamento em desacordo com as normas legais

9.2.6. Homologação

Uma vez antecipado o recolhimento do imposto, o lançamento torna-se definitivo com a sua expressa homologação pela autoridade administrativa. Entretanto, caso a autoridade fiscal não se manifeste, e ressalvada a ocorrência de dolo, fraude ou simulação, considera-se homologado o lançamento quando decorridos cinco anos da data da ocorrência do fato gerador da obrigação tributária (art. 185 do RIPI/2010).

---

3. Art. 184 do RIPI/2010

9.3. LANÇAMENTO DE OFÍCIO

Se o sujeito passivo não tomar as iniciativas para o lançamento ou se o mesmo for considerado, por presunção, não efetuado, o imposto será lançado de ofício, ou seja, pela autoridade fiscal.

O documento hábil para a realização do lançamento de ofício é o auto de infração ou a notificação de lançamento, conforme a infração seja constatada, respectivamente, no serviço externo ou no serviço interno da repartição.

O lançamento de ofício é atribuição, em caráter exclusivo, dos ocupantes do cargo de Auditor-Fiscal da Receita Federal do Brasil.

As disposições para o IPI, relativas ao lançamento de ofício encontram-se no artigo 186 do RIPI/2010.

9.4. DECADÊNCIA

O direito da autoridade fiscal constituir o crédito tributário extingue-se após 5 (cinco) anos, contados[4]:

I – da ocorrência do fato gerador, quando, tendo o sujeito passivo antecipado o pagamento do imposto, a autoridade administrativa não homologar o lançamento, salvo se tiver ocorrido dolo, fraude ou simulação;

II – do primeiro dia do exercício seguinte àquele em que o sujeito passivo já poderia ter tomado a iniciativa do lançamento;

III – da data em que se tornar definitiva a decisão que houver anulado, por vício formal, o lançamento anteriormente efetuado.

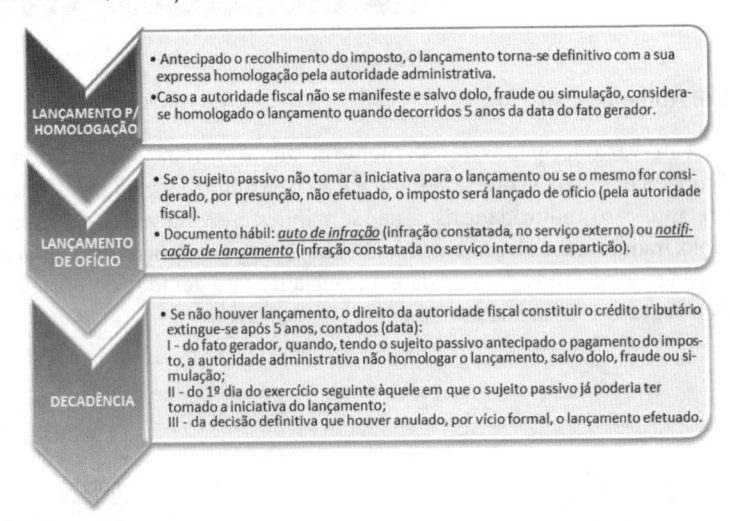

LANÇAMENTO P/ HOMOLOGAÇÃO
- Antecipado o recolhimento do imposto, o lançamento torna-se definitivo com a sua expressa homologação pela autoridade administrativa.
- Caso a autoridade fiscal não se manifeste e salvo dolo, fraude ou simulação, considera-se homologado o lançamento quando decorridos 5 anos da data do fato gerador.

LANÇAMENTO DE OFÍCIO
- Se o sujeito passivo não tomar a iniciativa para o lançamento ou se o mesmo for considerado, por presunção, não efetuado, o imposto será lançado de ofício (pela autoridade fiscal).
- Documento hábil: *auto de infração* (infração constatada, no serviço externo) ou *notificação de lançamento* (infração constatada no serviço interno da repartição).

DECADÊNCIA
- Se não houver lançamento, o direito da autoridade fiscal constituir o crédito tributário extingue-se após 5 anos, contados (data):
  I - do fato gerador, quando, tendo o sujeito passivo antecipado o pagamento do imposto, a autoridade administrativa não homologar o lançamento, salvo dolo, fraude ou simulação;
  II - do 1º dia do exercício seguinte àquele em que o sujeito passivo já poderia ter tomado a iniciativa do lançamento;
  III - da decisão definitiva que houver anulado, por vício formal, o lançamento efetuado.

---
4. Art. 188 do RIPI/2010.

Base legal

Código Tributário Nacional (BRASIL, 1966)

Art. 142, *caput*;

Art. 142, § único.

Art. 144, *caput*;

Art. 144, §§ 1º e 2º;

Art. 150, *caput*;

Art. 150, § 1º, § 2º, § 3º e § 4º;

Art. 173, I e II.

RIPI – Regulamento do Imposto sobre Produtos Industrializados (BRASIL, 2010)

Art. 181, I e II;

Art. 182, I (a, b, c, d, e, f, g, h, I, j, l, m, n, o, p, q, r, s, t, u);

Art. 182, II (a, b, c);

Art. 183, *caput*;

Art. 183, § único (I, II e III);

Art. 184, I, II e III;

Art. 185;

Art. 186, *caput*;

Art. 187, I e II;

Art. 188.

Resumo do capítulo 9

LANÇAMENTO – IPI

- **IPI**: lançamento por homologação (o contribuinte deve antecipar-se à autoridade fiscal e efetuar a apuração e o recolhimento do imposto devido).
- O sujeito passivo deve, em cada operação com incidência do imposto, destacar o imposto nas *notas fiscais emitidas*, na *declaração de importação* ou, excepcionalmente, no *DARF*.
- O lançamento é o procedimento destinado à constituição do crédito tributário, operando-se de ofício ou por homologação mediante atos de iniciativa do sujeito passivo, com o pagamento antecipado do imposto e a devida comunicação à RFB.
- O lançamento compreende a descrição da operação que lhe dá origem, a identificação do sujeito passivo, a descrição e classificação do produto, o cálculo do imposto, com a declaração do seu valor e, sendo o caso, a penalidade prevista.
- Reporta-se à data do fato gerador e rege-se pela lei então vigente.

LANÇAMENTO DO IPI – MOMENTO

I – No Registro da DI no SISCOMEX:
- no despacho aduaneiro de importação.

II – Na saída de produtos tributados:
- de estabelecimento industrial ou equiparado.

III – Na saída do produto vendido pelo depositante:
- de armazém-geral ou outro depositário, diretamente para outro estabelecimento.

IV – Na entrega ao comprador:
- de produtos vendidos por intermédio de ambulantes.

V – Na saída da repartição do desembaraço:
- de produtos remetidos diretamente a terceiros, por ordem do importador.

VI – No momento da conclusão da operação industrial ou da utilização:
- dos produtos industrializados no próprio local de consumo ou fora do estabelecimento industrial.

VII – No início do consumo ou da utilização por empresas jornalísticas ou editoras:
- do papel destinado à impressão de livros, jornais e periódicos (descumpridas as condições da imunidade).

– Na saída do fabricante, do importador ou de seus estabelecimentos distribuidores, por pessoas que não sejam empresas jornalísticas ou editoras:
- do papel destinado à impressão de livros, jornais e periódicos (descumpridas as condições da imunidade).

VIII – Na aquisição ou na conclusão da operação (no caso de venda anterior à conclusão da operação industrial):
- do produto que, antes de sair do estabelecimento que o industrializou por encomenda, seja por este adquirido.

IX – No depósito para fins comerciais, na venda ou na exposição à venda:
- de produtos trazidos do exterior e desembaraçados como bagagem, com isenção ou com pagamento de tributos.

X – Na venda, efetuada em feiras de amostras e promoções semelhantes:
- de produto remetido pelo estabelecimento industrial ou equiparado, com suspensão do imposto.

XI – Na transferência simbólica para suas cooperativas, equiparadas por opção a estabelecimento industrial:
- do álcool das usinas produtoras.

XII – No reajustamento do preço do produto:
- em virtude do acréscimo de valor decorrente de contrato escrito.

XIII – Na apuração da diferença pelo usuário:
- no caso de diferença no estoque dos selos de controle fornecidos para aplicação em seus produtos.

XIV – Na apuração da falta pelo contribuinte:
- no caso de falta no seu estoque de produtos.

XV – Na apuração da diferença pelo contribuinte:
- no caso de diferença de preço de produto saído do seu estabelecimento.

XVI – Na apuração da diferença pelo contribuinte:
- no caso de diferença do imposto em virtude do aumento da alíquota, ocorrido após emissão da primeira nota fiscal.

XVII – Quando desatendidas as suas condições:
- no caso da imunidade, da isenção ou da suspensão do imposto.

XVIII – Na venda do produto:
- no caso de consumo ou utilização dentro do estabelecimento industrial.

XIX – Na saída para suas cooperativas, equiparadas a estabelecimento industrial por opção:
- de bens de produção dos associados.

XX – Na ocorrência dos demais casos não especificados neste artigo, em que couber a exigência do imposto.

• DOCUMENTOS DE LANÇAMENTO DO IPI:
I – no registro da declaração de importação no SISCOMEX;
II – na nota fiscal;
III – no documento de arrecadação (DARF).

• PAGAMENTO
O lançamento por homologação aperfeiçoa-se com o pagamento ou compensação do imposto, que devem ser efetuados antes de qualquer procedimento de ofício.
Pagamento:
I – recolhimento do saldo devedor, após serem deduzidos os créditos admitidos dos débitos, no período de apuração do imposto;

II – o recolhimento do imposto não sujeito a apuração por períodos, haja ou não créditos a deduzir;
III – a dedução dos débitos, no período de apuração do imposto, dos créditos admitidos, sem resultar saldo a recolher.

- **LANÇAMENTO ANTECIPADO** (facultativo)

O sujeito passivo antecipa os atos de sua iniciativa, para o momento:
I – da venda, quando esta for à ordem ou para entrega futura do produto;
II – do faturamento, pelo valor integral, no caso de produto cuja unidade não possa ser transportada de uma só vez.

- **PRESUNÇÃO DE LANÇAMENTO NÃO EFETUADO** (quando):

I – documento reputado sem valor por lei ou pelo RIPI/2010;
II – o produto tributado não se identificar com o descrito no documento;
III – estiver em desacordo com as normas legais (incluindo quando não tiver sido realizado o pagamento do imposto no prazo legal).

- **HOMOLOGAÇÃO**

Antecipado o recolhimento do imposto, o lançamento torna-se definitivo com a sua expressa homologação pela autoridade administrativa. Caso a autoridade fiscal não se manifeste, e salvo dolo, fraude ou simulação, considera-se homologado o lançamento quando decorridos 5 anos da data do fato gerador.

- **LANÇAMENTO DE OFÍCIO** (exclusivo: Auditor-Fiscal da RFB)

Se o sujeito passivo não tomar as iniciativas para o lançamento ou se o mesmo for considerado, por presunção, não efetuado, o imposto será lançado de ofício (pela autoridade fiscal). Documento hábil: *auto de infração* (a infração constatada, no serviço externo) ou *notificação de lançamento* (infração constatada no serviço interno da repartição).

- **DECADÊNCIA**

O direito da autoridade fiscal constituir o crédito tributário extingue-se após 5 anos, contados (data):
I – do fato gerador, quando, tendo o sujeito passivo antecipado o pagamento do imposto, a autoridade administrativa não homologar o lançamento, salvo dolo, fraude ou simulação;
II – do 1º dia do exercício seguinte àquele em que o sujeito passivo já poderia ter tomado a iniciativa do lançamento;
III – da decisão definitiva que houver anulado, por vício formal, o lançamento anteriormente efetuado.

Capítulo X

CÁLCULO E RECOLHIMENTO DO IMPOSTO

Sumário: 10.1. Alíquota; 10.1.1. Alíquota *ad valorem*; 10.1.2. Alíquota específica; 10.1.3. Regime especial – cigarros de tabaco; 10.2. Valor tributável; 10.2.1. Produtos de procedência estrangeira; 10.2.2. Produtos nacionais; 10.2.3. Valor tributável mínimo; 10.2.4. Arbitramento do valor tributável; 10.3. Redução e majoração do imposto; 10.4. Apuração do imposto; 10.4.1. Período de apuração; 10.4.2. Importância a recolher; 10.5. Recolhimento.

10.1. ALÍQUOTA

A legislação determina que a sistemática de cálculo do IPI utilize um dos seguintes tipos de alíquota: *alíquota ad valorem* ou *alíquota específica*[1].

10.1.1. Alíquota *ad valorem*

A **alíquota *ad valorem*** corresponde a um porcentual fixado na TIPI, segundo a classificação fiscal da respectiva mercadoria na NCM – Nomenclatura Comum do Mercosul.

Assim sendo, se um determinado produto consta na TIPI com alíquota de 10%, o imposto a ser destacado será calculado mediante a multiplicação deste percentual pelo valor tributável do produto (valor este definido segundo as disposições dos artigos de 190 a 199 do RIPI/2010).

Abaixo é trazido um exemplo relativo ao produto "tapetes de matérias têxteis", classificados na posição 57.01 da TIPI/2012, tal como é apresentado na mencionada tabela.

---

1. Há, contudo, regime especial que admite a opção do contribuinte pela combinação dos diferentes tipos de alíquotas para a apuração do IPI, conforme dispõe o art. 17 da Lei nº 12.546/2011 (cigarros).

NCM	DESCRIÇÃO	ALÍQUOTA (%)
57.01	Tapetes de matérias têxteis, de pontos nodados ou enrolados, mesmo confeccionados.	
5701.10	- De lã ou de pelos finos	
5701.10.1	De lã	
5701.10.11	Feitos à mão	10
5701.10.12	Feitos à máquina	10
5701.10.20	De pelos finos	10
5701.90.00	- De outras matérias têxteis	10

Fonte: TIPI-NCM/2012, Capítulo 57.

Como regra, a legislação do IPI adota a alíquota do tipo "*ad valorem*" para o cálculo do imposto. É neste sentido que o art. 189 do RIPI/2010 determina que o IPI seja calculado mediante a aplicação das alíquotas, constantes da TIPI, sobre o valor tributável dos produtos, ou seja, alíquotas *ad valorem*.

10.1.2. Alíquota específica

Excepcionalmente, a legislação prevê a possibilidade de que o imposto venha a ser calculado por meio da fixação de **alíquota específica**, que consiste de um valor em reais, estipulado para o IPI, por unidade de produto ou por certa quantidade deste produto.

As alíquotas específicas devem ser previstas em legislação própria e adotadas pela TIPI, mediante notas complementares de capítulos (NC). Tais Notas Complementares servem, então, para destacar as exceções do capítulo, que são tributadas mediante alíquotas específicas.

Até muito recentemente, encontravam-se sujeitos ao IPI a alíquotas específicas, os seguintes produtos:

I – Os **chocolates** da posição 1704.90.10 e das subposições 1806.31, 1806.32 e 1806.90 (conforme a NC 18-1 da TIPI/2012), *com vigência até 30/04/2016*;

II – Os **sorvetes** da posição 2105.00 (conforme NC 21-2 da TIPI/2012), *com vigência até 30/04/2016*;

III – O **fumo picado**, desfiado, migado ou em pó, não destinado a cachimbos, e o fumo em corda ou em rolo, da posição 2403.1 (conforme NC 21-2 da TIPI/2012), *com vigência até 30/04/2016*;

IV – As "**bebidas quentes**", das posições 22.04, 22.05, 22.06 e 22.08 da TIPI, *com vigência até 30/11/2015*;

V – As "**bebidas frias**" (águas, refrigerantes e cervejas) dos capítulos 21 e 22 da TIPI, quando sujeitas a regime especial, *com vigência até 30/04/2015*.

Entretanto, por força da combinação das disposições da MP nº 690/2015 (transformada na Lei nº 13.241/2015), da Lei nº 13.097/2015 e, mais recentemente, do Decreto nº 8.656/2016, a legislação do IPI não mais apresenta casos de produtos sujeitos a alíquota específica.

Deve ser destacado, contudo, que o Poder Executivo poderá incluir ou excluir produtos no regime de tributação do IPI com base em alíquotas específicas, bem como os valores do imposto poderão ser alterados, pelo Ministro de Estado da Fazenda, tendo em vista o comportamento do mercado na comercialização destes produtos[2] (RIPI/2010, art. 200, § 1º e art. 201).

A fixação dos valores do imposto por unidade de medida (alíquota específica), caso tal sistemática venha a ser reeditada para o IPI, somente poderá ser feita até o limite que corresponder ao que resultaria da aplicação da alíquota a que o produto estiver sujeito na TIPI sobre o valor tributável (RIPI/2010, art. 203).

Os produtos, que no futuro possam vir a estar sujeitos ao regime de alíquotas específicas, conforme previsto no art. 204 do RIPI/2010, pagarão o imposto uma única vez:

I – os nacionais, na saída do estabelecimento industrial, ou do seu equiparado;

II – os estrangeiros, por ocasião do desembaraço aduaneiro.

Nos casos de industrialização por encomenda, relativamente aos produtos, que no futuro possam vir a estar sujeitos à alíquota específica, o imposto será devido na saída do produto: (i) do estabelecimento que o industrializar e (ii) do estabelecimento encomendante, se industrial ou equiparado, ainda que para estabelecimento filial. Observa-se, ainda, que o estabelecimento encomendante de que trata este item poderá se creditar do imposto cobrado na saída do estabelecimento executor da industrialização (RIPI/2010, art. 204, §2º).

---

2. A alteração dos valores do IPI sujeito à alíquota específica, pelo Ministro da Fazenda, em face do comportamento do mercado, somente poderá ser feita até o limite que corresponder ao que resultaria da aplicação da alíquota a que o produto estiver sujeito na TIPI sobre o valor tributável. Para o efeito do cálculo, o valor tributável será o preço normal de uma operação de venda, sem descontos ou abatimentos, para terceiros que não sejam interdependentes ou distribuidores, nem empresa interligada. Caso o produto seja de procedência estrangeira, o valor tributável é o previsto no item 10.2.1 (RIPI/2010, art. 202, *caput* e §§ 1º e 2º).

TRIBUTAÇÃO IPI – ALÍQUOTA ESPECÍFICA

Enquadramento:
- **Poder Executivo:** poderá incluir ou excluir produtos sujeitos a alíquotas específicas.
- **Ministro da Fazenda:** poderá alterar os valores do imposto (sujeito a alíquotas específicas) tendo em vista o comportamento do mercado na comercialização dos produtos.
- A fixação dos valores do imposto por unidade de medida será limitada ao que resultaria da aplicação de sua alíquota na TIPI sobre o valor tributável.

Produto tributado uma única vez:
- Produtos pagarão o imposto uma única vez:
I - os nacionais, na saída do estabelecimento industrial ou equiparado;
II - os estrangeiros, por ocasião do desembaraço aduaneiro.

- Na **industrialização por encomenda**, o imposto será devido na saída do produto:
I - do estabelecimento que o industrializar e
II - do estabelecimento encomendante, se industrial ou equiparado, ainda que para sua filial.

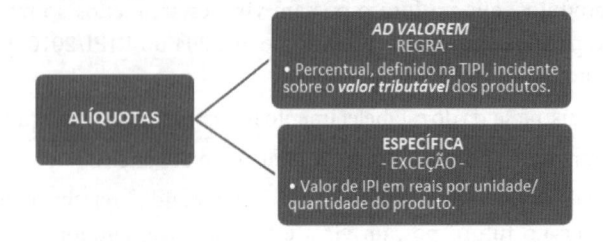

ALÍQUOTAS

AD VALOREM
- REGRA -
- Percentual, definido na TIPI, incidente sobre o *valor tributável* dos produtos.

ESPECÍFICA
- EXCEÇÃO -
- Valor de IPI em reais por unidade/quantidade do produto.

10.1.3. Regime especial – cigarros de tabaco

O artigo 17 da Lei nº 12.546/2011 estabeleceu que a pessoa jurídica industrial ou importadora dos cigarros de tabaco do código 2402.20.00 da TIPI (exceto os feitos à mão) poderá optar por regime especial de apuração e recolhimento do IPI, no qual o valor do imposto será obtido pelo somatório de 2 (duas) parcelas, calculadas mediante a utilização de alíquotas:

I – *ad valorem* (aplicação de uma percentagem, fixada pelo Poder Executivo, sobre o preço de venda no varejo do produto) e

II – específica, fixada em reais por vintena, tendo por base as características físicas do produto.

Dispôs ainda que o Poder Executivo fixaria as alíquotas do referido regime especial:

I – em percentagem não superior a um terço da alíquota de que trata o caput do seu art. 14 (300%), em relação à alíquota *ad valorem* ou

II – em valor não inferior a R$ 0,80 (oitenta centavos de real), em relação à alíquota específica.

O Poder Executivo, no exercício de suas prerrogativas, editou o Decreto nº 7.555/2011[3], que regulamenta a Lei nº 12.546/2011, o qual dispõe, em seu artigo 5º, que o IPI apurado pelo regime especial obedecerá ao cronograma abaixo para a composição das alíquotas *ad valorem* e específica:

VIGÊNCIA	ALÍQUOTAS		
	AD VALOREM	ESPECÍFICA	
		MAÇO	BOX
01/12/2011 a 30/04/2012	0%	R$ 0,80	R$ 1,15
01/05/2012 a 31/12/2012	40,0%	R$ 0,90	R$ 1,20
01/01/2013 a 31/12/2013	47,0%	R$ 1,05	R$ 1,25
01/01/2014 a 31/12/2014	54,0%	R$ 1,20	R$ 1,30
01/01/2015 a 30/04/2016	60,0%	R$ 1,30	R$ 1,30
01/05/2016 a 30/11/2016	63,3%	R$ 1,40	R$ 1,40
A partir de 01/12/2016	66,7%	R$ 1,40	R$ 1,40

Para os fins da aplicação da alíquota *ad valorem*, referida na tabela acima, o **valor tributável** será o que resultar da aplicação do percentual de 15% (quinze por cento) sobre o preço de venda no varejo dos cigarros.

A alíquota específica, em referência na mesma tabela, deverá ser utilizada de acordo com o tipo de embalagem (maço ou rígida) das carteiras de cigarros.

- **Opção pelo regime especial**

A opção pelo regime especial será exercida pela pessoa jurídica em relação a todos os estabelecimentos, até o último dia útil do mês de dezembro de cada ano-calendário, produzindo efeitos a partir do primeiro dia do ano-calendário subsequente ao da opção, bem como será automaticamente prorrogada a cada ano-calendário, salvo se a pessoa jurídica dela desistir, nos termos e condições estabelecidas pela Secretaria da RFB[4].

- **Preço mínimo nacional**

A Lei nº 12.546/2011, por seu art. 20, dispõe que o Poder Executivo poderá fixar preço mínimo de venda no varejo de cigarros classificados no

---

3. Alterado pelo Decreto nº 8.656/2016.
4. No ano-calendário em que o sujeito passivo iniciar atividades de produção ou importação de cigarros, a opção pelo regime especial poderá ser exercida em qualquer data, produzindo efeitos a partir do primeiro dia do mês subsequente ao da opção (art. 18, § 2º da Lei nº 12.546/2011).
   A Secretaria da RFB divulgará, por meio de seu sítio na Internet, o nome dos sujeitos passivos optantes pelo regime especial, bem como a data de início da respectiva opção (art. 18, § 4º da Lei nº 12.546/2011).

código 2402.20.00 da TIPI, válido em todo o território nacional, abaixo do qual fica proibida a sua comercialização.

A prerrogativa foi exercida por meio do art. 7º do Decreto nº 7.555/2011[5], que estabeleceu a tabela abaixo com o cronograma dos preços mínimos dos cigarros do código 2402.20.00 da TIPI, com validade para todo território nacional.

VIGÊNCIA	VALOR POR VINTENA
01/05/2012 a 31/12/2012	R$ 3,00
01/01/2013 a 31/12/2013	R$ 3,50
01/01/2014 a 31/12/2014	R$ 4,00
01/01/2015 a 30/04/2016	R$ 4,50
A partir de 01/05/2016	R$ 5,00

Deve ser destacado que a Secretaria da RFB aplicará **pena de perdimento** aos cigarros comercializados em desacordo com o cronograma de preço mínimo fixado pelo Poder Executivo, sem prejuízo das sanções penais cabíveis na hipótese de produtos introduzidos clandestinamente em território nacional, sendo **vedada a comercialização de cigarros** pela pessoa jurídica enquadrada no referido descumprimento pelo prazo de 5 (cinco) anos-calendário.

- Regime geral

Os sujeitos passivos que não fizerem a opção pelo regime especial, em relação aos cigarros classificados no código 2402.20.00 da TIPI, ficam sujeitos ao **regime geral** de tributação, no qual o IPI será apurado mediante aplicação da alíquota de 300% (trezentos por cento), sobre o valor tributável resultante da aplicação do percentual de 15% (quinze por cento) sobre o preço de venda no varejo dos cigarros[6] (art. 4º, *caput* e §§ 1º e 2º do Decreto nº 7.555/2011).

Nos termos do art. 14, § 1º, da Lei nº 12.546/2011 é facultado ao Poder Executivo alterar a alíquota estabelecida para o regime geral, podendo reduzi-la a 0 (zero) ou majorá-la acrescentando até 30 (trinta) unidades ao percentual de incidência fixado na lei, conforme os limites do art. 4º, I e II do DL nº 1.199/1971.

---

5. Alterado pelo Decreto nº 8.656/2016.
6. Na hipótese de adoção de preços diferenciados em relação a uma mesma marca comercial de cigarro, prevalecerá, para fins de apuração e recolhimento do IPI, o maior preço de venda no varejo praticado em cada Estado ou no Distrito Federal (art. 16, § 1º da Lei nº 12.546/2011).

A Secretaria da RFB divulgará, por meio de seu sítio na internet, o nome das marcas comerciais de cigarros e os preços de venda no varejo de que trata o § 1º, bem como a data de início de sua vigência (art. 16, § 2º da Lei nº 12.546/2011).

O IPI sobre os cigarros, quando sujeito ao regime geral, será apurado e recolhido uma única vez:

I – pelo estabelecimento industrial, em relação às saídas dos cigarros destinados ao mercado interno;

II – pelo importador, no desembaraço aduaneiro dos cigarros de procedência estrangeira (art. 16, *caput*, I e II da Lei nº 12.546/2011).

REGIME ESPECIAL - CIGARROS

PESSOA JURÍDICA OPTANTE:
A pessoa jurídica industrial ou importadora dos cigarros de tabaco do código 2402.20.00 da TIPI, exceto os feitos à mão, poderá optar por regime especial de apuração e recolhimento do IPI.

REGIME ESPECIAL
Imposto obtido pelo somatório de 2 (duas) parcelas, calculadas mediante a utilização de alíquotas:
I – *ad valorem* sobre o preço de venda no varejo do produto e
II – específica, fixada em reais por vintena, tendo por base as características físicas do produto.

- A **alíquota *ad valorem*** incidirá sobre o valor tributável (resultante da aplicação do percentual de 15% sobre o preço de venda no varejo dos cigarros).
- A **alíquota específica** será utilizada de acordo com o tipo de embalagem (maço ou rígida) das carteiras de cigarros.

OPÇÃO PELO REGIME ESPECIAL:
I - será exercida pela PJ em relação a todos os estabelecimentos, até o último dia útil do mês de dezembro de cada ano-calendário, produzindo efeitos a partir do primeiro dia do ano-calendário subsequente ao da opção;
II - automaticamente prorrogada a cada ano-calendário, salvo se a PJ dela desistir, nos termos e condições estabelecidas pela RFB.

Preço mínimo nacional
- O Poder Executivo poderá fixar preço mínimo de venda no varejo de cigarros da posição 2402.20.00 da TIPI, válido em todo o território nacional, abaixo do qual fica proibida a sua comercialização.
- A Secretaria da RFB aplicará **pena de perdimento** aos cigarros comercializados em desacordo com o cronograma de preço mínimo fixado pelo Poder Executivo, sem prejuízo das sanções penais cabíveis na hipótese de produtos introduzidos clandestinamente em território nacional.
- É vedada a comercialização de cigarros pela PJ que descumprir o preço mínimo nacional pelo prazo de 5 anos-calendário.
- Terá cancelado o registro especial de fabricante de cigarros o estabelecimento industrial que:
I – divulgar tabela de preços de venda no varejo em desacordo com a regulamentada pelo Poder Executivo ou
II – comercializar cigarros com PJ que tenha descumprido o preço mínimo nacional.

REGIME GERAL (cigarros)
➤ A PJ que não fizer a opção pelo regime especial, em relação aos cigarros, ficam sujeitos ao regime geral de tributação, no qual o IPI será apurado mediante aplicação da alíquota de 300%, sobre o valor tributável.
➤ **Valor tributável:** o resultante da aplicação do percentual de 15% sobre o preço de venda no varejo dos cigarros.
➤ O Poder Executivo poderá alterar a alíquota estabelecida para o regime geral, nos limites do art. 4º, I e II do DL 1.199/1971.
➤ O IPI sobre os cigarros, quando sujeito ao regime geral, será apurado e recolhido uma única vez:
I – pelo estabelecimento industrial, em relação às saídas dos cigarros destinados ao mercado interno;
II – pelo importador, no desembaraço aduaneiro dos cigarros de procedência estrangeira.

➢ **Como esse assunto foi cobrado em concurso?**

(ESAF – AFRFB –2012) A Lei nº 12.546, de 14 de dezembro de 2011, prevê incidência específica do Imposto sobre Produtos Industrializados (IPI) sobre certos tipos de cigarros (Cigarros que contenham tabaco – classificados no código 2402.20.00 da TIPI, com exceção do EX 01). A respeito desta incidência, assinale a opção incorreta

a) O IPI em questão será apurado e recolhido, uma única vez, pelo estabelecimento industrial, em relação às saídas dos cigarros destinados ao mercado interno, ou pelo importador, no desembaraço aduaneiro dos cigarros de procedência estrangeira.

b) O valor a ser pago a título desse IPI é calculado mediante a aplicação da alíquota do tributo sobre a sua base de cálculo, a qual é obtida mediante aplicação de uma porcentagem, cujo mínimo está previsto em lei, incidente sobre o preço de venda a varejo do produto.

c) O Poder Executivo poderá fixar preço mínimo de venda no varejo dos cigarros de que trata o caput, válido em todo o território nacional, abaixo do qual fica proibida a sua comercialização.

d) O fabricante dos cigarros em questão é obrigado a Registro Especial junto à Secretaria da Receita Federal do Brasil, cuja concessão dar-se--á por estabelecimento industrial e estará, também, na hipótese de produção, condicionada à instalação de contadores automáticos da quantidade produzida, sendo a ausência de regularidade fiscal uma das hipóteses que pode resultar no cancelamento deste Registro Especial.

e) A pessoa jurídica industrial ou importadora dos cigarros referidos poderá optar por regime favorecido de apuração e recolhimento do IPI, caso em que, atendidos certos requisitos, a base de cálculo do tributo será o menor preço de venda a varejo do produto, praticado em cada Estado ou no Distrito Federal.

Comentário:

Gabarito oficial: alternativa "e".

10.2. VALOR TRIBUTÁVEL

As disposições sobre valor tributável no Regulamento do IPI encontram-se consolidadas nos artigos de 190 a 199.

10.2.1. Produtos de procedência estrangeira

- **Desembaraço aduaneiro**

No desembaraço aduaneiro, o valor tributável dos produtos de procedência estrangeira será o valor que servir ou que serviria de base para o cálculo dos tributos aduaneiros, por ocasião do despacho de importação, acrescido do montante desses tributos e dos encargos cambiais efetivamente pagos pelo importador ou dele exigíveis.

- **Saída do estabelecimento importador**

Nas saídas de produtos de procedência estrangeira do estabelecimento importador, o valor tributável será o preço da operação.

Nas saídas em arrendamento mercantil de produtos do estabelecimento do importador, o valor tributável será o preço corrente do mercado atacadista da praça em que o estabelecimento arrendador estiver domiciliado, ou o valor que serviu de base de cálculo do imposto no desembaraço aduaneiro, se for demonstrado que o preço dos produtos importados é igual ou superior ao que seria pago pelo arrendatário se os importasse diretamente.

10.2.2. Produtos nacionais

Na saída de produto nacional do estabelecimento industrial ou equiparado, o valor tributável será o valor total da operação.

O valor total da operação compreende o preço do produto, acrescido do valor do frete e das demais despesas acessórias, cobradas ou debitadas pelo contribuinte ao comprador ou destinatário. Deve ser destacado que o ICMS, como integra o preço da operação, inclui-se no valor tributável do IPI.

O valor do frete será incluído mesmo quando não cobrado do adquirente, nos casos em que o transporte for realizado ou cobrado por firma controladora ou controlada, coligada, ou interligada do estabelecimento contribuinte ou por firma com a qual este tenha relação de interdependência[7].

Não podem ser deduzidos do valor da operação os descontos, diferenças ou abatimentos, concedidos a qualquer título, ainda que incondicionalmente.

Além das regras que definem o valor tributável dos produtos nacionais, a legislação prevê formas especiais de apuração do valor tributável para algumas operações específicas:

I – nas saídas de produtos a título de consignação mercantil, o valor da operação é o preço de venda do consignatário, estabelecido pelo consignante;

II – nos casos de produtos industrializados por encomenda, o industrializador, ao retornar o produto para o encomendante, deve acrescentar ao valor da operação, o valor das matérias-primas, produtos intermediários e materiais de embalagem novos (excluem-se os usados), quando o produto industrializado por encomenda se destinar ao uso ou consumo do próprio encomendante, ou ainda ao acondicionamento de produtos não tributados;

III – nas saídas de produtos do estabelecimento em virtude de locação ou arrendamento mercantil e nas saídas a título gratuito, tais como empréstimos e doações, considera-se valor tributável o preço corrente do produto ou seu similar, no mercado atacadista da praça do remetente;

IV – na industrialização de produtos usados, na modalidade de renovação ou recondicionamento, o valor tributável é a diferença entre o preço de aquisição e o de revenda.

---

7. O art. 612 do RIPI/2010 estabelece que se consideram duas firmas interdependentes quando:

   a) uma delas tiver participação no capital social da outra de quinze por cento ou mais;

   b) as duas tiverem uma mesma pessoa na qualidade de diretor ou sócio com funções de gerência;

   c) uma tiver vendido ou consignado à outra, no ano anterior, mais de vinte por cento no caso de distribuição com exclusividade em determinada área do território nacional, e mais de cinquenta por cento, nos demais casos, do volume das vendas dos produtos tributados, de sua fabricação ou importação;

   d) uma delas for a única adquirente, de um ou de mais de um dos produtos industrializados ou importados pela outra, ainda quando a exclusividade se refira à padronagem, marca ou tipo do produto; ou

   e) uma vender à outra, mediante contrato de participação ou ajuste semelhante, produto tributado que tenha fabricado ou importado.

   Não caracteriza a interdependência dos itens "c" e "d" a venda de matérias-primas e produtos intermediários, destinados exclusivamente à industrialização de produtos do comprador.

VALOR TRIBUTÁVEL - IPI

PRODUTOS DE PROCEDÊNCIA ESTRANGEIRA

- **No desembaraço aduaneiro:** O valor que servir ou que serviria de base para o cálculo dos tributos aduaneiros, por ocasião do despacho de importação, acrescido do montante desses tributos e dos encargos cambiais efetivamente pagos pelo importador ou dele exigíveis.

- **Na saída do estab. importador:** o preço da operação.

- **Nas saídas em arrendamento mercantil de produtos do estabelecimento do importador:**
  I - O preço corrente do mercado atacadista da praça do domicílio do estab. arrendador, ou
  II - O valor que serviu de base de cálculo do imposto no desembaraço aduaneiro, se for demonstrado comprovadamente que o preço dos produtos importados é igual ou superior ao que seria pago pelo arrendatário se os importasse diretamente.

PRODUTOS NACIONAIS

NA SAÍDA DE ESTAB. INDUSTRIAL OU EQUIPARADO

- ***Valor total da operação:*** o preço do produto, acrescido do valor do frete e das demais despesas acessórias, cobradas ou debitadas pelo contribuinte ao comprador ou destinatário.

- **ICMS:** inclui-se no valor tributável do IPI.

- **Frete:** será incluído no valor da operação, ainda que não cobrado do adquirente, quando o transporte for realizado ou cobrado por controladora, controlada, coligada, interligada do estab. contribuinte ou por firma c/ relação de interdependência.

- Não podem ser deduzidos do valor da operação os descontos, diferenças ou abatimentos, concedidos a qualquer título, mesmo incondicionalmente.

OPERAÇÕES ESPECÍFICAS

I - **nas saídas a título de consignação mercantil:** o preço de venda do consignatário, estabelecido p/ consignante;

II - **Na industrialização p/ encomenda,** o industrializador, ao retornar o produto para o encomendante, deve acrescentar ao valor da operação, o valor da MP, PI e ME (exc. usados), quando o produto encomendado destinar-se ao uso ou consumo do encomendante, ou ao acondicionamento de produto NT;

III - **nas saídas p/ locação, arrendamento ou a título gratuito:** o preço corrente do produto ou seu similar, no mercado atacadista da praça do remetente;

IV - **Na renovação ou recondicionamento:** a diferença entre o preço de aquisição e o de revenda.

10.2.3. Valor tributável mínimo

Existem operações em que, pela relação próxima entre fornecedor e adquirente, o legislador do IPI optou por estabelecer valores tributáveis mínimos, a fim de evitar um acordo entre as partes que provocasse a subavaliação do valor da operação. Neste sentido, o art. 195 do RIPI/2010 estabeleceu que o valor tributável não poderá ser inferior:

I – ao preço corrente no mercado atacadista da praça do remetente quando o produto for destinado a outro estabelecimento do próprio remetente ou a estabelecimento de firma com a qual mantenha relação de interdependência;

II – a 90% (noventa por cento) do preço de venda aos consumidores, quando o destinatário for estabelecimento varejista da mesma empresa, sendo que o valor não pode ser inferior ao preço corrente no mercado atacadista da praça do remetente;

III – ao custo de fabricação do produto, acrescido dos custos financeiros e dos de venda, administração e publicidade, bem como do seu lucro normal e das demais parcelas que devam ser adicionadas ao preço da operação, no caso de produtos saídos do estabelecimento industrial, ou equiparado, com destino a comerciante autônomo, para venda direta a consumidor;

IV – a 70% (setenta por cento) do preço da venda a consumidor no estabelecimento moageiro, nas remessas de café torrado a estabelecimento comercial varejista que possua atividade acessória de moagem.

Inexistindo o preço corrente no mercado atacadista, a base de cálculo será, no caso de produto importado, o valor que serviu de base ao Imposto de Importação, acrescido desse tributo e demais elementos componentes do custo do produto, inclusive a margem de lucro normal e, no caso de produto nacional, o custo de fabricação, acrescido dos custos financeiros e administrativos, e do lucro normal, ainda que os produtos hajam sido recebidos de outro estabelecimento da mesma firma que os tenha industrializado.

VALOR TRIBUTÁVEL MÍNIMO (operações em que há relação próxima entre o remetente e o destinatário do produto)	
VALOR TRIBUTÁVEL	DESTINATÁRIO DO PRODUTO
•Preço corrente no mercado atacadista da praça do remetente	•Outro estabelecimento do próprio remetente ou estabelecimento de firma com a qual o mesmo mantenha relação de interdependência.
•90% do preço de venda aos consumidores. Obs: *valor não poderá ser inferior ao preço corrente no mercado atacadista da praça do remetente*.	•Estabelecimento varejista da mesma empresa.
•Custo de fabricação, acrescido dos custos financeiros, de venda, administração, publicidade, do seu lucro normal e demais parcelas que devam ser adicionadas ao preço da operação.	•Comerciante autônomo, para venda direta a consumidor dos produtos saídos de estabelecimento industrial ou equiparado.
•70% do preço da venda a consumidor no estabelecimento moageiro, nas remessas de café torrado.	•Estabelecimento comercial varejista que possua atividade de moagem.

10.2.4. Arbitramento do valor tributável

Quando os documentos expedidos pelas partes não forem confiáveis, o valor tributável pode ser arbitrado pelo Fisco, salvo avaliação pericial em contrário. Também é previsto o arbitramento quando, nas operações a título gratuito, for inviável a apuração do preço corrente do produto ou seu similar, no mercado atacadista da praça do remetente.

O arbitramento deverá utilizar o valor real da operação. Caso impossível, o arbitramento tomará por base o preço médio do produto no mercado do domicílio do contribuinte ou, na sua falta, nos principais mercados nacionais, no trimestre civil mais próximo ao da ocorrência do fato gerador.

Capítulo X • CÁLCULO E RECOLHIMENTO DO IMPOSTO

Na impossibilidade de apuração dos preços, o arbitramento será feito, no caso de produto importado, pelo valor que serviu de base ao Imposto de Importação, acrescido desse tributo e demais elementos componentes do custo do produto, inclusive a margem de lucro normal e, no caso de produto nacional, pelo custo de fabricação, acrescido dos custos financeiros e administrativos, e do lucro normal, ainda que os produtos hajam sido recebidos de outro estabelecimento da mesma firma que os tenha industrializado.

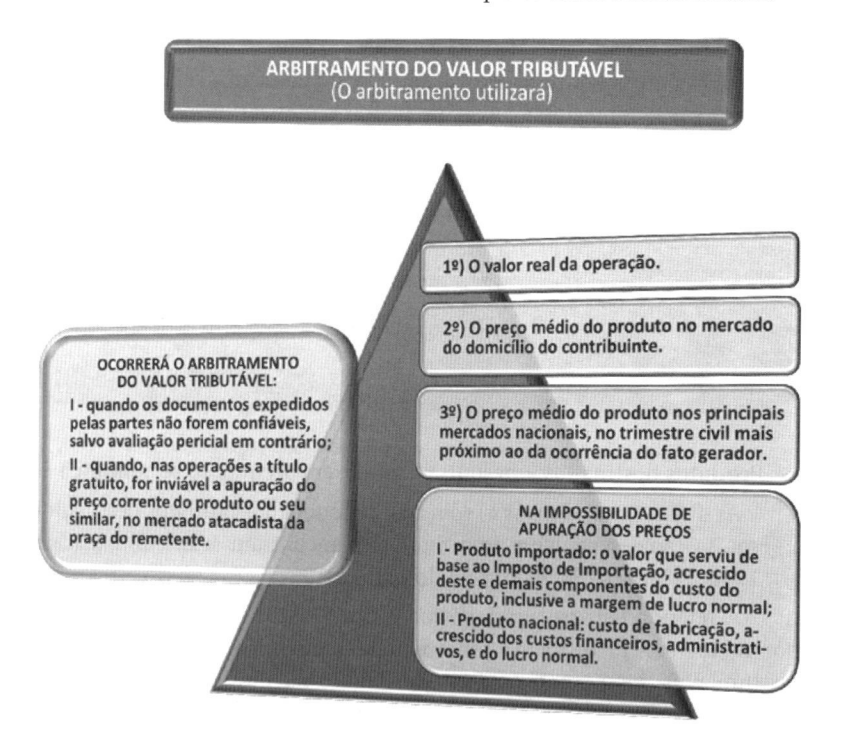

ARBITRAMENTO DO VALOR TRIBUTÁVEL
(O arbitramento utilizará)

OCORRERÁ O ARBITRAMENTO DO VALOR TRIBUTÁVEL:
I - quando os documentos expedidos pelas partes não forem confiáveis, salvo avaliação pericial em contrário;
II - quando, nas operações a título gratuito, for inviável a apuração do preço corrente do produto ou seu similar, no mercado atacadista da praça do remetente.

1º) O valor real da operação.

2º) O preço médio do produto no mercado do domicílio do contribuinte.

3º) O preço médio do produto nos principais mercados nacionais, no trimestre civil mais próximo ao da ocorrência do fato gerador.

NA IMPOSSIBILIDADE DE APURAÇÃO DOS PREÇOS
I - Produto importado: o valor que serviu de base ao Imposto de Importação, acrescido deste e demais componentes do custo do produto, inclusive a margem de lucro normal;
II - Produto nacional: custo de fabricação, acrescido dos custos financeiros, administrativos, e do lucro normal.

10.3. REDUÇÃO E MAJORAÇÃO DO IMPOSTO

Conforme já discorrido no item 1.1.1. (Princípios constitucionais tributários), a Constituição Federal concedeu ao poder executivo a faculdade de reduzir ou majorar as alíquotas do IPI, respeitados os limites estabelecidos em lei. Neste sentido, o art. 4º do Decreto-Lei nº 1.199/71 estabeleceu que o Poder Executivo, quando se tornar necessário para atingir os objetivos da política econômica governamental, mantida a seletividade em função da essencialidade do produto, ou ainda, para corrigir distorções, poderá reduzir as alíquotas do imposto até 0 (zero) ou majorá-las até 30 (trinta) unidades percentuais. Tal mandamento foi repetido no art. 69 do RIPI/2010.

Deve ser destacado que, embora atualmente esteja vigente a TIPI/2012 (aprovada pelo Decreto nº 7.660/2011), para o efeito da majoração ou redução das alíquotas do IPI pelo Poder Executivo, a base será a TIPI/2001, aprovada pelo Decreto nº 4.070/2001 (art. 69, § único, do RIPI/2010 e art. 5º do Decreto nº 7.660/2011).

- **Produtos classificados nos Códigos 71.13, 71.14, 71.16 e 71.17 da TIPI**

O Poder Executivo pode fixar, para o IPI incidente sobre os artefatos de joalheria e suas partes, artefatos de metais preciosos, artefatos de ourivesaria e suas partes, obras de pérolas naturais ou cultivadas, obras de pedras preciosas ou semipreciosas, obras de pedras sintéticas ou reconstituídas e bijuterias, *alíquotas correspondentes às mínimas estabelecidas para o ICMS*, ressalvando-se que as alíquotas fixadas devem ser uniformes em todo o território nacional (art. 71 do RIPI/2010).

> **PRODUTOS CLASSIFICADOS NOS CÓDIGOS 71.13, 71.14, 71.16 E 71.17 DA TIPI**
> • O Poder Executivo pode fixar, para o IPI incidente sobre os artefatos de joalheria e suas partes, artefatos de metais preciosos, artefatos de ourivesaria e suas partes, obras de pérolas naturais ou cultivadas, obras de pedras preciosas ou semipreciosas, obras de pedras sintéticas ou reconstituídas e bijuterias, *alíquotas correspondentes às mínimas estabelecidas para o ICMS*, ressalvado que as alíquotas fixadas devem ser uniformes em todo o território nacional.

- **Produtos destinados à pesquisa e ao desenvolvimento tecnológico**

As disposições relativas à redução de alíquota dos produtos destinados à pesquisa e ao desenvolvimento tecnológico encontram-se disciplinadas no art. 17 da Lei nº 11.196/2005, e 72 do RIPI/2010.

A referida Lei assegura à pessoa jurídica redução de 50% (cinquenta por cento) do IPI incidente sobre equipamentos, máquinas, aparelhos e instrumentos, bem como os acessórios sobressalentes e ferramentas que acompanhem esses bens, quando destinados à pesquisa e ao desenvolvimento tecnológico.

A pessoa jurídica beneficiária do incentivo fiscal fica obrigada a prestar, em meio eletrônico, informações sobre os programas de pesquisa, desenvolvimento tecnológico e inovação ao Ministério da Ciência, Tecnologia e Inovação – MCTI, o qual deve remetê-las à Secretaria da RFB.

O descumprimento de qualquer obrigação assumida para obtenção do incentivo implica a perda do direito ao incentivo ainda não utilizado e a obrigação de recolher o valor correspondente ao imposto não pago em decorrência do incentivo já utilizado, acrescido de juros e multa.

A redução do IPI não se aplica, em relação às mesmas atividades, às pessoas jurídicas que já se beneficiam de outros incentivos fiscais, tais como o incentivo ao setor de informática e automação.

> **PRODUTOS DESTINADOS À PESQUISA E AO DESENVOLVIMENTO TECNOLÓGICO**
> - É assegurado à PJ *redução de 50% do IPI* incidente sobre equipamentos, máquinas, aparelhos, instrumentos, os acessórios sobressalentes e ferramentas que os acompanhem, destinados à pesquisa e ao desenvolvimento tecnológico.
> - A redução do IPI não se aplica, em relação às mesmas atividades, às PJ que já se beneficiam de outros incentivos fiscais, tais como o incentivo ao setor de informática e automação.

- **Produtos adquiridos ou importados por microempresas ou empresas de pequeno porte**

A União pode reduzir a 0 (zero) a alíquota do IPI incidente na aquisição ou na importação de equipamentos, máquinas, aparelhos, instrumentos, acessórios sobressalentes e ferramentas que os acompanhem, na forma definida em regulamento específico, quando adquiridos, ou importados, diretamente por Microempresas – ME ou Empresas de Pequeno Porte – EPP para incorporação ao seu ativo imobilizado (art. 74 do RIPI/2010).

> **PRODUTOS ADQUIRIDOS OU IMPORTADOS POR ME OU EPP**
> - A União pode reduzir a 0 (zero) a alíquota do IPI na aquisição ou na importação de equipamentos, máquinas, aparelhos, instrumentos, acessórios sobressalentes e ferramentas que os acompanhem, quando adquiridos, ou importados, diretamente por **ME ou EPP** para incorporação ao seu ativo imobilizado.

10.4. APURAÇÃO DO IMPOSTO

10.4.1. Período de apuração

O art. 49 do CTN[8] dispõe que o IPI deve ser calculado periodicamente, pela diferença a maior entre o imposto destacado nas saídas de produtos tributados dos estabelecimentos e o imposto pago relativamente aos produtos entrados.

Em consonância com o disposto no CTN, o art. 259 do RIPI/2010 estabeleceu que o período de apuração do IPI incidente nas saídas dos produtos dos estabelecimentos industriais ou equiparados será **mensal**.

A regra não se aplica, unicamente, ao IPI incidente no desembaraço aduaneiro dos produtos importados, o qual deve ser recolhido *a cada processo de importação*.

---

8. Art. 49. O imposto é não cumulativo, dispondo a lei de forma que o montante devido resulte da diferença a maior, em determinado período, entre o imposto referente aos produtos saídos do estabelecimento e o pago relativamente aos produtos nele entrados.
Parágrafo único. O saldo verificado, em determinado período, em favor do contribuinte transfere-se para o período ou períodos seguintes.

10.4.2. Importância a recolher

A importância a recolher de IPI será a resultante da soma do imposto destacado nas saídas dos produtos do estabelecimento durante o período de apuração, deduzidos os créditos decorrentes das entradas no mesmo período.

No caso da importação, o valor a recolher será o resultante do cálculo do imposto constante do registro da declaração de importação no SISCOMEX.

No depósito para fins comerciais, na venda ou na exposição à venda de produtos trazidos do exterior e desembaraçados com a qualificação de bagagem, a importância a recolher será: (i) o valor integral do imposto dispensado, no caso de desembaraço com isenção, ou (ii) o que incidir sobre a diferença apurada entre o valor que serviu de base de cálculo do imposto pago na importação e o preço de venda, no caso de produtos desembaraçados com o tratamento de importação comum nas condições previstas na legislação aduaneira.

Nas operações realizadas por firmas ou pessoas não sujeitas habitualmente ao pagamento do imposto, o valor a recolher será a diferença entre o tributo devido e o consignado no documento fiscal de aquisição do produto (art. 260, inciso III, do RIPI/2010).

As disposições sobre a importância a recolher do IPI encontram-se no art. 260 do Regulamento do imposto.

10.5. RECOLHIMENTO

O recolhimento do imposto deve ser efetuado por meio do DARF – Documento de Arrecadação de Receitas Federais, até o vigésimo quinto dia do mês subsequente ao de ocorrência dos fatos geradores, ou seja, o estabelecimento apura o IPI a ser recolhido em um determinado mês e deve efetuar o pagamento até o dia 25 do mês seguinte.

Excepcionalmente, em relação aos cigarros, o imposto deve ser recolhido até o décimo dia do mês subsequente ao de ocorrência dos fatos geradores (art. 262, inciso II, do RIPI/2010).

Ao contrário do que ocorre com os títulos bancários, se o dia de vencimento do imposto não for dia útil, o vencimento é antecipado para o primeiro dia útil que o anteceder.

No caso da importação de produtos, como a apuração não é mensal, o IPI deve ser recolhido antes da saída do produto da repartição que processar o despacho.

O imposto também deve ser recolhido no ato do pedido de autorização da venda de produtos trazidos do exterior a título de bagagem, despachados com isenção do imposto ou com pagamento de tributos nas condições previstas na legislação aduaneira, nos termos do art. 262, I, do RIPI/2010.

O recolhimento do imposto após os prazos previstos na legislação deve ser efetuado com os acréscimos moratórios (art. 265 do RIPI/2010).

APURAÇÃO DO IPI

PERÍODO DE APURAÇÃO
- **Nas saídas dos produtos dos estabelecimentos industriais ou equiparados:** o período de apuração do IPI é mensal.
- **No desembaraço aduaneiro** (produtos importados): o IPI deverá ser apurado e recolhido a cada processo de importação.

IMPORTÂNCIA A RECOLHER
- A importância a recolher de IPI resulta da soma do imposto destacado nas saídas dos produtos do estabelecimento durante o mês, deduzidos os créditos decorrentes das entradas no mesmo período.
- **Na importação:** o valor a recolher é o resultante do cálculo do imposto constante do registro da declaração de importação no SISCOMEX.
- **No depósito para fins comerciais, na venda ou na exposição à venda de produtos trazidos do exterior e desembaraçados como bagagem,** a importância a recolher será:
  I – o valor integral do imposto dispensado, no caso de desembaraço com isenção ou
  II – o que incidir sobre a diferença apurada entre o valor que serviu de base de cálculo do imposto pago na importação e o preço de venda, no caso de produtos desembaraçados com o tratamento de importação comum.
  Nas operações realizadas por firmas ou pessoas não sujeitas habitualmente ao pagamento do imposto:
  o valor a recolher é a diferença entre o tributo devido e o consignado no documento fiscal de aquisição do produto.

RECOLHIMENTO
- ➢ O imposto deve ser recolhido até o <u>25º dia do mês subsequente ao de ocorrência dos fatos geradores</u>, por meio do DARF – Documento de Arrecadação de Receitas Federais.
- ➢ **Cigarros:** excepcionalmente, o IPI deve ser recolhido até o <u>10º dia do mês subsequente ao de ocorrência dos fatos geradores</u>.
- ➢ **Na importação:** o IPI deve ser recolhido antes da saída do produto da repartição que processar o despacho.
- ➢ **Na venda de produtos trazidos do exterior a título de bagagem, despachados com isenção do imposto ou com pagamento de tributos:** o imposto deve ser recolhido no ato do pedido da autorização para a venda.
- O recolhimento do imposto após os prazos previstos na legislação deve ser efetuado com os acréscimos moratórios.
- **Obs:** ao contrário dos títulos bancários, se o dia de vencimento do imposto não for dia útil, o vencimento é antecipado para o 1º dia útil que o anteceder.

Base legal

RIPI – Regulamento do Imposto sobre Produtos Industrializados (BRASIL, 2010)

Art. 69, *caput* e § único;

Art. 70;

Art. 71, *caput* e § único;

Art. 72, *caput* e § 1º (I e II), § 2º, § 3º, § 4º, § 5º (I e II) e § 6º;
Art. 74;
Art. 189, *caput* e § único;
Art. 190, I (a, b) e II;
Art. 190, § 1º, § 2º, § 3º, § 4º, § 5º e § 6º;
Art. 191, I, II e III;
Art. 192;
Art. 193, I e II;
Art. 194;
Art. 195, I, II, III e IV;
Art. 195, §§ 1º e 2º;
Art. 196, *caput* e § único (I e II);
Art. 197, *caput*;
Art. 197, §§ 1º e 2º;
Art. 198, *caput* e § único;
Art. 199;
Art. 200, *caput* e §§ 1º e 2º;
Art. 201;
Art. 202, *caput* e §§ 1º e 2º;
Art. 203, *caput* e §§ 1º e 2º;
Art. 204, I e II;
Art. 204, § 1º (I e II) e §2º;
Art. 205;
Art. 206, *caput* e § único;
Art. 207;
Art. 208;
Art. 209;
Art. 210, I (a, b, c, d), II;
Art. 210, § 1º, § 2º (I, II, III, IV e V), § 3º, § 4º, § 5º (I e II), § 6º, § 7º, § 8º, § 9º e § 10;
Art. 211, I (a, b, c), II;
Art. 211, § 1º e § 2º (I, II e III);
Art. 222, *caput* e § único;
Art. 223, *caput* e § 1º (I e II), § 2º (I e II), § 3º;

Art. 224;
Art. 259, *caput* e §§ 1º e 2º;
Art. 260, I, II, III e IV;
Art. 261;
Art. 262, I, II, III e IV;
Art. 262, § único;
Art. 263;
Art. 264;
Art. 265;
Art. 266;
Art. 267.

Lei nº 12.546/2011 (BRASIL, 2011b)
Art. 14, *caput* e §§ 1º e 2º;
Art. 15;
Art. 16, I e II;
Art. 16, §§ 1º e 2º;
Art. 17, I e II;
Art. 17, § 1º (I e II), § 2º e § 3º
Art. 18, *caput* e § 1º, § 2º, § 3º e § 4º
Art. 20, *caput* e § 1º, § 2º e § 3º (I e II).

Lei nº 13.097/2015 (BRASIL, 2015a)
Art. 167.

Lei nº 13.241/2015 (BRASIL, 2015b)
Art. 1º;
Art. 2º.

Decreto nº 7.555/2011 (BRASIL, 2011a)
Art. 4º, *caput* e §§ 1º e 2º;
Art. 5º, *caput* e § 1º (I e II) e § 2º;
Art. 6º, *caput* e § 1º, § 2º, § 3º e § 4º;
Art. 7º *caput* e § 1º, § 2º, § 3º (I e II), § 4º e § 5º.

Decreto nº 8.656/2016 (BRASIL, 2016)
Art. 1º (I, II, III);
Art. 7º.

Resumo do capítulo 10

CÁLCULO E RECOLHIMENTO DO IMPOSTO – IPI

ALÍQUOTAS

- **Alíquota *ad valorem*** (regra): percentual, definido na TIPI, incidente sobre o valor tributável dos produtos.
- **Alíquota específica** (exceção): valor de IPI em reais por unidade/quantidade do produto.

TRIBUTAÇÃO IPI – ALÍQUOTA ESPECÍFICA

Poder Executivo: poderá excluir ou incluir produtos sujeitos a alíquotas específicas.
Ministro da Fazenda: poderá alterar os valores do imposto (sujeito a alíquotas específicas) tendo em vista o comportamento do mercado na comercialização dos produtos.

- A fixação dos valores do imposto por unidade de medida será limitada ao que resultaria da aplicação de sua alíquota na TIPI sobre o valor tributável.
- Produtos pagarão o imposto uma única vez:

I – os nacionais, na saída do estabelecimento industrial ou equiparado;
II – os estrangeiros, por ocasião do desembaraço aduaneiro.

- Na industrialização por encomenda, o imposto será devido na saída do produto:

I – do estabelecimento que o industrializar e
II – do estabelecimento encomendante, se industrial ou equiparado, ainda que para sua filial.

- **REGIME ESPECIAL - cigarros de tabaco**

A pessoa jurídica industrial ou importadora dos cigarros de tabaco do código 2402.20.00 da TIPI, exceto os feitos à mão, poderá optar por regime especial de apuração e recolhimento do IPI, no qual o valor do imposto será obtido pelo somatório de 2 (duas) parcelas, calculadas mediante a utilização de alíquotas:

I – *ad valorem* (aplicação de uma percentagem, fixada pelo Poder Executivo, sobre o preço de venda no varejo do produto) e
II – específica, fixada em reais por vintena, tendo por base as características físicas do produto.

Regulamentação do Poder Executivo, art. 5º do Decreto 7.555/2011

VIGÊNCIA	ALÍQUOTAS		
	AD VALOREM	ESPECÍFICA	
		MAÇO	BOX
01/12/2011 a 30/04/2012	0%	R$ 0,80	R$ 1,15
01/05/2012 a 31/12/2012	40,0%	R$ 0,90	R$ 1,20
01/01/2013 a 31/12/2013	47,0%	R$ 1,05	R$ 1,25
01/01/2014 a 31/12/2014	54,0%	R$ 1,20	R$ 1,30
01/01/2015 a 30/04/2016	60,0%	R$ 1,30	R$ 1,30
01/05/2016 a 31/11/2016	63,3%	R$ 1,40	R$ 1,40
A partir de 01/12/2016	60,0%	R$ 1,50	R$ 1,50

- A alíquota *ad valorem* incidirá sobre o **valor tributável** (resultante da aplicação do percentual de 15% sobre o preço de venda no varejo dos cigarros).
- A alíquota específica: será utilizada de acordo com o tipo de embalagem (maço ou rígida) das carteiras de cigarros.
- **Opção pelo regime especial:**

I – será exercida pela PJ em relação a todos os estabelecimentos, até o último dia útil do mês de dezembro de cada ano-calendário, produzindo efeitos a partir do primeiro dia do ano-calendário subsequente ao da opção;
II – automaticamente prorrogada a cada ano-calendário, salvo se a PJ dela desistir, nos termos e condições estabelecidas pela RFB.

- **Preço mínimo nacional**

O Poder Executivo poderá fixar preço mínimo de venda no varejo de cigarros classificados no código 2402.20.00 da TIPI, válido em todo o território nacional, abaixo do qual fica proibida a sua comercialização.

- A Secretaria da RFB aplicará **pena de perdimento** aos cigarros comercializados em desacordo com o cronograma de preço mínimo fixado pelo Poder Executivo, sem prejuízo das sanções penais cabíveis na hipótese de produtos introduzidos clandestinamente em território nacional.
- É vedada a comercialização de cigarros pela PJ enquadrada no referido descumprimento pelo prazo de 5 anos-calendário.
- Estará sujeito ao cancelamento do registro especial de fabricante de cigarros o estabelecimento industrial que:

I – divulgar tabela de preços de venda no varejo em desacordo com a regulamentada pelo Poder Executivo ou
II – comercializar cigarros com PJ que tenha descumprido o preço mínimo nacional.

- **Regime geral (cigarros)**

A PJ que não fizer a opção pelo regime especial, em relação aos cigarros classificados no código 2402.20.00 da TIPI, fica sujeita ao regime geral de tributação, no qual o IPI será apurado mediante aplicação da alíquota de 300%, sobre o valor tributável.

Valor tributável: o resultante da aplicação do percentual de 15% sobre o preço de venda no varejo dos cigarros.

O Poder Executivo poderá alterar a alíquota estabelecida para o regime geral; nos limites do art. 4º, I e II do DL 1.199/1971.

O IPI sobre os cigarros de tabaco do código 2402.20.00 da TIPI, quando sujeito ao regime geral, será apurado e recolhido uma única vez:
I – pelo estabelecimento industrial, em relação às saídas dos cigarros destinados ao mercado interno;
II – pelo importador, no desembaraço aduaneiro dos cigarros de procedência estrangeira.

VALOR TRIBUTÁVEL

- **Produtos de procedência estrangeira**

No desembaraço aduaneiro: valor tributável será o que servir ou que serviria de base para o cálculo dos tributos aduaneiros, por ocasião do despacho de importação, acrescido do montante desses tributos e dos encargos cambiais efetivamente pagos pelo importador ou dele exigíveis.

Na saída do estabelecimento importador: preço da operação.

(*) **Obs:** nas saídas em arrendamento mercantil de produtos do estabelecimento do importador, o valor tributável será o preço corrente do mercado atacadista da praça em que o estabelecimento arrendador estiver domiciliado, ou o valor que serviu de base de cálculo do imposto no desembaraço aduaneiro, se for demonstrado comprovadamente que o preço dos produtos importados é igual ou superior ao que seria pago pelo arrendatário se os importasse diretamente.

- **Produtos nacionais**

Na saída do estabelecimento industrial ou equiparado: o valor total da operação.
  ➢ **Valor total da operação:** o preço do produto, acrescido do valor do frete e das demais despesas acessórias, cobradas ou debitadas pelo contribuinte ao comprador ou destinatário.
  ➢ O **ICMS** integra o preço da operação, portanto, inclui-se no valor tributável do IPI.
  ➢ O valor do **frete** será incluído mesmo quando não cobrado do adquirente, nos casos em que o transporte seja realizado ou cobrado por controladora ou controlada, coligada, ou interligada do estabelecimento contribuinte ou por firma com a qual este tenha relação de interdependência.
  ➢ Não podem ser deduzidos do valor da operação os descontos, diferenças ou abatimentos, concedidos a qualquer título, ainda que incondicionalmente.

Valor tributável dos produtos nacionais em operações específicas:
I – nas saídas de produtos a título de consignação mercantil, o valor da operação é o preço de venda do consignatário, estabelecido pelo consignante;
II – nos casos de industrialização por encomenda, o industrializador, ao retornar o produto para o encomendante, deve acrescentar ao valor da operação, o valor das matérias-primas, produtos intermediários e materiais de embalagem novos (excluem-se os usados), quando o produto industrializado por encomenda se destinar ao uso ou consumo do próprio encomendante, ou ainda ao acondicionamento de produtos não tributados;

III – nas saídas de produtos do estabelecimento em virtude de locação ou arrendamento mercantil e nas saídas a título gratuito, tais como empréstimos e doações, considera-se valor tributável o preço corrente do produto ou seu similar, no mercado atacadista da praça do remetente;

IV – na industrialização de produtos usados, na modalidade de renovação ou recondicionamento, o valor tributável é a diferença entre o preço de aquisição e o de revenda.

• **Valor tributável mínimo**

Em operações em que há relação próxima entre fornecedor e adquirente, a legislação estabelece valores tributáveis mínimos para evitar um acordo entre as partes que provocasse a subavaliação do valor da operação.

O valor tributável não pode ser inferior:

I – ao preço corrente no mercado atacadista da praça do remetente quando o produto for destinado a outro estabelecimento do próprio remetente ou a estabelecimento de firma com a qual mantenha relação de interdependência;

II – a 90% do preço de venda aos consumidores, quando o destinatário for estabelecimento varejista da mesma empresa, sendo que o valor não pode ser inferior ao preço corrente no mercado atacadista da praça do remetente;

III – ao custo de fabricação do produto, acrescido dos custos financeiros e dos de venda, administração e publicidade, bem como do seu lucro normal e das demais parcelas que devam ser adicionadas ao preço da operação, no caso de produtos saídos do estabelecimento industrial, ou equiparado a industrial, com destino a comerciante autônomo, para venda direta a consumidor;

IV – a 70% do preço da venda a consumidor no estabelecimento moageiro, nas remessas de café torrado a estabelecimento comercial varejista que possua atividade acessória de moagem.

(*) **Obs:** inexistindo o preço corrente no mercado atacadista, a base de cálculo será:

I – no caso de produto importado, o valor que serviu de base ao Imposto de Importação, acrescido desse tributo e demais elementos componentes do custo do produto, inclusive a margem de lucro normal;

II – no caso de produto nacional, o custo de fabricação, acrescido dos custos financeiros e administrativos, e do lucro normal, ainda que os produtos hajam sido recebidos de outro estabelecimento da mesma firma que os tenha industrializado.

• **Arbitramento do valor tributável:**

I – Quando os documentos expedidos pelas partes não forem confiáveis, salvo avaliação pericial em contrário;

II – Quando, nas operações a título gratuito, for inviável a apuração do preço corrente do produto ou seu similar, no mercado atacadista da praça do remetente.

• **O arbitramento deverá utilizar:**

1º) O valor real da operação;

2º) O preço médio do produto no mercado do domicílio do contribuinte (caso o 1º seja impossível);

3º) O preço médio do produto nos principais mercados nacionais, no trimestre civil mais próximo ao da ocorrência do fato gerador (na falta do 2º).

• **Na impossibilidade de apuração dos preços, o arbitramento será feito:**

I – no caso de produto importado, pelo valor que serviu de base ao Imposto de Importação, acrescido desse tributo e demais elementos componentes do custo do produto, inclusive a margem de lucro normal;

II – no caso de produto nacional, pelo custo de fabricação, acrescido dos custos financeiros e administrativos, e do lucro normal, ainda que os produtos hajam sido recebidos de outro estabelecimento da mesma firma que os tenha industrializado.

REDUÇÃO E MAJORAÇÃO DO IMPOSTO

O Poder Executivo, quando necessário para atingir os objetivos da política econômica (mantida a seletividade em função da essencialidade do produto) ou ainda para corrigir distorções, poderá reduzir as alíquotas do imposto até zero ou majorá-las até trinta unidades percentuais.

• **Produtos classificados nos Códigos 71.13, 71.14, 71.16 e 71.17 da TIPI**

O Poder Executivo pode fixar, para o IPI incidente sobre os artefatos de joalheria e suas partes, artefatos de metais preciosos, artefatos de ourivesaria e suas partes, obras de pérolas naturais ou cultivadas, obras de pedras preciosas ou semipreciosas, obras de pedras sintéticas ou reconstituídas e bijuterias, *alíquotas correspondentes às mínimas estabelecidas para o ICMS*, ressalvando-se que as alíquotas fixadas devem ser uniformes em todo o território nacional.

- **Produtos destinados à pesquisa e ao desenvolvimento tecnológico**

É assegurado à PJ redução de 50% do IPI incidente sobre equipamentos, máquinas, aparelhos e instrumentos, bem como os acessórios sobressalentes e ferramentas que acompanhem esses bens, destinados à pesquisa e ao desenvolvimento tecnológico.

A PJ beneficiária fica obrigada a prestar, em meio eletrônico, informações sobre os programas de pesquisa, desenvolvimento tecnológico e inovação ao Ministério da Ciência e Tecnologia, o qual deverá remetê-las à Secretaria da RFB.

O descumprimento de qualquer obrigação assumida para obtenção do incentivo implica a perda do direito ao incentivo ainda não utilizado e a obrigação de recolher o valor do imposto não pago em decorrência do incentivo já utilizado, acrescido de juros e multa.

A redução do IPI não se aplica, em relação às mesmas atividades, às PJ que já se beneficiam de outros incentivos fiscais, tais como o incentivo ao setor de informática e automação.

- **Produtos adquiridos ou importados por microempresas ou empresas de pequeno porte**

A União pode reduzir a 0 (zero) a alíquota do IPI incidente na aquisição ou na importação de equipamentos, máquinas, aparelhos, instrumentos, acessórios sobressalentes e ferramentas que os acompanhem, na forma definida em regulamento específico, quando adquiridos, ou importados, diretamente por microempresas ou empresas de pequeno porte para incorporação ao seu ativo imobilizado.

APURAÇÃO DO IMPOSTO

- **Período de apuração**

O período de apuração do IPI incidente nas saídas dos produtos dos estabelecimentos industriais ou equiparados é mensal.

No desembaraço aduaneiro (produtos importados): o IPI deverá ser recolhido a cada processo de importação.

- **Importância a recolher**

A importância a recolher de IPI é a resultante da soma do imposto destacado nas saídas dos produtos do estabelecimento durante o mês, deduzidos os créditos decorrentes das entradas no mesmo período.

Na importação: o valor a recolher é o resultante do cálculo do imposto constante do registro da declaração de importação no SISCOMEX.

No depósito para fins comerciais, na venda ou na exposição à venda de produtos trazidos do exterior e desembaraçados como bagagem, a importância a recolher será:

I – o valor integral do imposto dispensado, no caso de desembaraço com isenção, ou

II – o que incidir sobre a diferença apurada entre o valor que serviu de base de cálculo do imposto pago na importação e o preço de venda, no caso de produtos desembaraçados com o tratamento de importação comum.

Nas operações realizadas por firmas ou pessoas não sujeitas habitualmente ao pagamento do imposto: o valor a recolher é a diferença entre o tributo devido e o consignado no documento fiscal de aquisição do produto.

RECOLHIMENTO

O imposto deve ser recolhido até o 25º dia do mês subsequente ao de ocorrência dos fatos geradores, por meio do DARF – Documento de Arrecadação de Receitas Federais.

Cigarros: excepcionalmente, o IPI deve ser recolhido até o 10º dia do mês subsequente ao de ocorrência dos fatos geradores.

(*) Obs: ao contrário dos títulos bancários, se o dia de vencimento do imposto não for dia útil, o vencimento é antecipado para o 1º dia útil que o anteceder.

Na importação: o IPI deve ser recolhido antes da saída do produto da repartição que processar o despacho.
Na venda de produtos trazidos do exterior a título de bagagem, despachados com isenção do imposto ou com pagamento de tributos: o imposto deve ser recolhido no ato do pedido da autorização para a venda.

O recolhimento do imposto após os prazos previstos na legislação deve ser efetuado com os acréscimos moratórios.

Capítulo XI

SISTEMA DE CRÉDITOS

Sumário: 11.1. Não cumulatividade do IPI; 11.2. Crédito básico; 11.3. Créditos por devolução ou retorno de produtos; 11.4. Créditos a título de incentivo fiscal; 11.5. Créditos por cancelamento da nota fiscal; 11.6. Créditos pela diferença do imposto devido à redução de alíquota; 11.7. Crédito presumido do IPI; 11.7.1. Sistemática de apuração do crédito presumido; 11.7.2. Outras disposições relativas ao crédito presumido; 11.8. Crédito presumido do setor automotivo; 11.9. Crédito-Prêmio do IPI; 11.10. Créditos do REINTEGRA; 11.11. Escrituração dos créditos do IPI; 11.12. Correção monetária dos créditos do IPI.

11.1. NÃO CUMULATIVIDADE DO IPI

A Constituição Federal consagra o princípio da não cumulatividade do IPI, mediante o qual o imposto devido em cada operação deverá ser compensando do montante cobrado nas operações anteriores (art. 153, § 3º, II da CF).

A legislação tributária, a fim de dar efetividade ao princípio da não cumulatividade, utiliza-se do sistema de créditos do IPI, segundo o qual, em um mesmo período de apuração, os créditos relativos aos produtos entrados no estabelecimento deverão ser abatidos do que for devido pelos produtos que dele saírem (art. 225 do RIPI/2010).

O contribuinte do IPI poderá utilizar-se dos seguintes créditos na apuração do imposto devido em cada período de apuração:

I – Crédito básico;

II – Créditos por devolução ou retorno de produtos;

III – Créditos a título de incentivos fiscais;

IV – Créditos pelo cancelamento da nota fiscal;

V – Créditos pela diferença do imposto devido à redução de alíquota (lançamento antecipado);

VI – Credito Presumido.

- O princípio da não cumulatividade do IPI ganha efetividade a partir de seu sistema de créditos.

- Sistema de créditos do IPI: na apuração do imposto os créditos relativos aos produtos entrados no estabelecimento do contribuinte deverão ser abatidos dos débitos referentes aos produtos que dele saírem.

11.2. CRÉDITO BÁSICO

Os créditos básicos do IPI estão relacionados no artigo 226 do RIPI/2010, o qual dispõe que os estabelecimentos industriais ou equiparados poderão creditar-se:

I – do imposto relativo a matéria-prima, produto intermediário e material de embalagem, adquiridos para emprego na industrialização de produtos tributados, incluindo-se, entre as matérias-primas e os produtos intermediários, aqueles que, embora não se integrando ao novo produto, forem consumidos no processo de industrialização, salvo se compreendidos entre os bens do ativo permanente;

II – do imposto relativo à matéria-prima, produto intermediário e material de embalagem, quando remetidos a terceiros para industrialização sob encomenda, sem transitar pelo estabelecimento adquirente;

III – do imposto relativo a matéria-prima, produto intermediário e material de embalagem, recebidos de terceiros para industrialização de produtos por encomenda, quando estiver destacado ou indicado na nota fiscal;

IV – do imposto destacado em nota fiscal relativa a produtos industrializados por encomenda, recebidos do estabelecimento que os industrializou, em operação que dê direito ao crédito;

V – do imposto pago no desembaraço aduaneiro;

VI – do imposto mencionado na nota fiscal que acompanhar produtos de procedência estrangeira, diretamente da repartição que os liberou para estabelecimento, mesmo exclusivamente varejista, do próprio importador;

VII – do imposto relativo a bens de produção recebidos por comerciantes equiparados a industrial;

VIII – do imposto relativo aos produtos recebidos pelos estabelecimentos equiparados a industrial que, na saída destes, estejam sujeitos ao imposto, nos demais casos não compreendidos nos incisos V a VII;

IX – do imposto pago sobre produtos adquiridos com imunidade, isenção ou suspensão quando descumprida a condição, em operação que dê direito ao crédito;

X – do imposto destacado nas notas fiscais relativas a entregas ou transferências simbólicas do produto, permitidas no RIPI/2010.

- **MP, PI e ME adquirido de comerciante atacadista não contribuinte**

Os estabelecimentos industriais ou equiparados poderão creditar-se, também, do imposto relativo à matéria-prima, produto intermediário e material de embalagem, adquiridos de comerciante atacadista não contribuinte, calculado pelo adquirente, mediante *aplicação da alíquota a que estiver sujeito o produto, sobre 50% (cinquenta por cento) do seu valor*, constante da respectiva nota fiscal (DL 400/1968, art. 6º).

- **Remessas para armazém geral ou depósito fechado**

Nas remessas de produtos para armazém-geral ou depósito fechado, o direito ao crédito do imposto, quando admitido, é do estabelecimento depositante (art. 226, § único do RIPI/2010).

Isto porque, sempre que as operações de saída do depósito ou do armazém geral forem tributadas, admitindo-se a ocorrência de débito do imposto, a emissão da nota fiscal com o destaque do imposto (débito) caberá ao estabelecimento depositante, de modo que, para que seja garantida a regra da não cumulatividade, o mesmo estabelecimento deverá ter direito aos créditos pela remessa dos produtos para depósito, quando estes forem admitidos.

Vale lembrar que as operações de remessa e retorno de produtos para depósito em armazém geral, em regra, ocorrem com suspensão do IPI; entretanto, quando os produtos depositados derem saída para outro estabelecimento, ainda que da mesma empresa, ocorre o fato gerador do imposto.

- **Vedação ao aproveitamento dos créditos pela aquisição de produtos de optantes pelo SIMPLES Nacional**

As aquisições de produtos de estabelecimentos optantes pelo Simples Nacional, nos termos do art. 23 da Lei Complementar nº 123/2006, não ensejarão aos adquirentes o direito à fruição de crédito do IPI relativo a matérias-primas, produtos intermediários e materiais de embalagem.

11.3. CRÉDITOS POR DEVOLUÇÃO OU RETORNO DE PRODUTOS

A legislação do IPI permite que o estabelecimento industrial, ou o seu equiparado, possa creditar-se do IPI relativo a produtos tributados recebidos em devolução ou retorno seja este total ou parcial (art. 229 do RIPI/2010).

Na **operação de devolução** pressupõe-se a efetiva entrega do produto ao destinatário, com a consequente escrituração da nota fiscal que acobertou a operação em seus livros fiscais (Entrada, Controle de Produção e Estoque). A devolução irá operar-se por meio da emissão de nota fiscal de devolução pelo destinatário, anulando-se assim os efeitos da operação anterior; motivo pelo qual nesta operação deverá ser aplicada a mesma tributação da operação original.

Na **operação de retorno o produto** não chega a ser entregue, nem sequer é recebido pelo destinatário. Ocorre, normalmente, quando o transportador não encontra o destinatário ou quando este não recebe a mercadoria em virtude de alguma irregularidade constatada no documento fiscal ou na própria operação.

Cabe destacar, entretanto, que a reentrada do produto no estabelecimento do remetente *não dará direito ao crédito do imposto*, no caso de **locação ou arrendamento**, salvo se o produto tiver sido submetido à nova industrialização e ocorrer nova saída tributada (art. 230 do RIPI/2010).

- **Devolução**

➢ **Requisitos para o aproveitamento dos créditos do IPI nos casos de devolução**

O artigo 231 do RIPI/2010 estabelece que o direito ao crédito do imposto ficará condicionado ao cumprimento das seguintes exigências[1]:

I – pelo estabelecimento que fizer a devolução, emissão de nota fiscal para acompanhar o produto, declarando o número, data da emissão e o valor da operação constante do documento originário, bem como indicando o imposto relativo às quantidades devolvidas e a causa da devolução;

II – pelo estabelecimento que receber o produto em devolução:

a) menção do fato nas vias das notas fiscais originárias conservadas em seus arquivos;

b) escrituração das notas fiscais recebidas, nos livros Registro de Entradas e Registro de Controle da Produção e do Estoque ou em sistema equivalente;

---

1. O disposto (exigências para a devolução ou retorno do produto) não se aplica à volta do produto, pertencente a terceiros, ao estabelecimento industrial, ou equiparado a industrial, exclusivamente para operações de conserto, restauração, recondicionamento ou reparo, previstas nos incisos XI e XII do art. 5º do RIPI/2010. O inciso XI do artigo 5º faz referência ao conserto, restauração e recondicionamento de produtos usados, nos casos em que se destinem ao uso da própria empresa executora ou quando essas operações sejam executadas por encomenda de terceiros não estabelecidos com o comércio de tais produtos, bem como o preparo, pelo consertador, restaurador ou recondicionador, de partes ou peças empregadas exclusiva e especificamente naquelas operações. Por sua vez, o inciso XII do mesmo artigo refere-se ao reparo de produtos com defeito de fabricação, inclusive mediante substituição de partes e peças, quando a operação for executada gratuitamente, ainda que por concessionários ou representantes, em virtude de garantia dada pelo fabricante (art. 231, § único do RIPI/2010).

c) comprovação, pelos registros contábeis e demais elementos de sua escrita, do ressarcimento do valor dos produtos devolvidos, mediante crédito ou restituição dele, ou substituição do produto, salvo se a operação tiver sido feita a título gratuito.

> **Devolução por PF ou PJ não obrigada à emissão de nota fiscal**

Na hipótese de que a devolução do produto seja feita por pessoa física ou jurídica não obrigada à emissão de nota fiscal, deverá acompanhar o produto carta ou memorando do comprador, em que serão declarados os motivos da devolução, competindo ao vendedor, na entrada, a emissão de nota fiscal com a indicação do número, data da emissão da nota fiscal originária e do valor do imposto relativo às quantidades devolvidas. Nesta hipótese o vendedor deverá assumir o encargo de retirar ou transportar o produto devolvido e a nota fiscal de entrada servirá para acompanhar o produto no trânsito para o seu estabelecimento (art. 232, caput e § único do RIPI/2010).

> **Devolução em outro estabelecimento do contribuinte**

Ocorrendo de a devolução do produto ser feita a outro estabelecimento do mesmo contribuinte, o qual tenha industrializado ou importado tal produto e não opere exclusivamente no varejo, o estabelecimento que receber o produto poderá creditar-se pelo imposto, desde que registre a nota fiscal nos livros Registro de Entradas e Registro de Controle da Produção e do Estoque ou em sistema equivalente (art. 233 do RIPI/2010).

- **Retorno dos produtos**

Ocorrendo a hipótese do retorno dos produtos, o remetente, para creditar-se do imposto, deverá escriturá-lo nos livros Registro de Entradas e Registro de Controle da Produção e do Estoque ou em sistema equivalente, com base na nota fiscal, emitida na entrada dos produtos, a qual deverá fazer referência aos dados da nota fiscal originária (art. 234 do RIPI/2010).

- **Envio a outro destinatário**

Conforme disposição do art. 235 do Regulamento do IPI, os produtos que por qualquer motivo não forem entregues ao destinatário originário, ou seja, o que constar da nota fiscal emitida na saída da mercadoria do estabelecimento, podem ser enviados a destinatário diferente do que tenha sido indicado na mesma nota fiscal, sem que necessariamente retornem ao estabelecimento remetente, desde que este:

I – emita nota fiscal de entrada simbólica do produto, para creditar-se do imposto, com indicação do número e da data de emissão da nota fiscal originária e do valor do imposto nela destacado, efetuando a sua escrituração nos livros Registro de Entradas e Registro de Controle da Produção e do Estoque ou em sistema equivalente e

II – emita nota fiscal com destaque do imposto em nome do novo destinatário, com a citação do local de onde os produtos devam sair.

11.4. CRÉDITOS A TÍTULO DE INCENTIVO FISCAL

- **Incentivos à SUDENE e à SUDAM**

A pessoa jurídica beneficiada com a isenção do Imposto de Renda em razão da instalação, modernização, ampliação ou diversificação de **empreendimento industrial na área da SUDAM ou da SUDENE**, na forma do art. 23 do Decreto Lei nº 756/1969, e que executar os programas de formação profissional e de alimentação do trabalhador, previstos nas Leis nº 6.297/1975, e nº 6.321/1976, poderá utilizar os incentivos fiscais previstos nas referidas leis (art. 1º, *caput* da Lei nº 6.542/1978).

A base de cálculo para os incentivos fiscais mencionados será o total do dispêndio, comprovadamente realizado, em conformidade com projetos previamente aprovados pelo Ministério do Trabalho e a **utilização dos incentivos** far-se-á mediante a constituição de *crédito para pagamento do IPI* devido em razão das operações da pessoa jurídica (art. 1º, § único e art. 2º, caput da Lei nº 6.542/1978).

Deve ser observado, por fim, que caso não haja possibilidade de aproveitamento dos incentivos na forma de crédito do IPI, a pessoa jurídica fará jus a ressarcimento da importância correspondente com recursos de dotação orçamentária própria do Ministério do Trabalho (art. 2º, § único da Lei nº 6.542/1978).

- **Aquisição da Amazônia Ocidental**

Os produtos elaborados com matérias-primas agrícolas e extrativas vegetais de produção regional (exclusive as de origem pecuária), produzidos por estabelecimentos industriais localizados na Amazônia Ocidental e cujos projetos tenham sido aprovados pelo Conselho de Administração da SUFRAMA são isentos do IPI[2].

A título de incentivo fiscal, os estabelecimentos industriais poderão creditar-se do valor do imposto calculado, como se devido fosse, sobre os produtos adquiridos com a isenção em destaque acima, desde que para emprego como matéria-prima, produto intermediário e material de embalagem, na industrialização de produtos sujeitos ao IPI (art. 237 do RIPI/2010).

---

2. Exceto o fumo do Capítulo 24 e as bebidas alcoólicas, das Posições 22.03 a 22.06, dos Códigos 2208.20.00 a 2208.70.00 e 2208.90.00 (exceto o Ex 01) da TIPI (DL nº 1.435/1975, art. 6º, e DL nº 1.593/1977, art. 34).

- **Outros créditos incentivados**

Nos termos do artigo 238 do RIPI/2010, é admitido o crédito do IPI relativo às matérias-primas, aos produtos intermediários e aos materiais de embalagem adquiridos para emprego na industrialização de produtos destinados à exportação, saídos com imunidade.

Será admitido ainda o crédito do IPI, como incentivo fiscal, relativamente às matérias-primas, aos produtos intermediários e aos materiais de embalagem adquiridos para emprego na industrialização de produtos saídos com suspensão do imposto e que posteriormente sejam destinados à exportação nos casos de[3]:

I – Drawback suspensão ou isenção;

II – remessa do estabelecimento industrial para: empresas comerciais exportadoras, com o fim específico de exportação; recintos alfandegados ou outros locais onde se processe o despacho aduaneiro de exportação;

III – matérias-primas, produtos intermediários e materiais de embalagem, de fabricação nacional, vendidos a estabelecimento industrial, para industrialização de produtos destinados à exportação ou a estabelecimento comercial, para industrialização em outro estabelecimento da mesma firma ou de terceiro, de produto destinado à exportação;

IV – produtos para emprego ou consumo na industrialização ou elaboração de produto a ser exportado, adquiridos no mercado interno ou importados.

11.5. CRÉDITOS POR CANCELAMENTO DA NOTA FISCAL

Nos termos do art. 240, I, do Regulamento do IPI é admitido ao contribuinte creditar-se do valor do imposto, quando já escriturado, no caso de cancelamento da respectiva nota fiscal, antes da saída da mercadoria do estabelecimento industrial ou equiparado.

Vale observar que na hipótese de crédito por cancelamento da nota fiscal, conforme descrito acima, o contribuinte deverá, ao registrar o crédito, anotar o motivo na coluna "Observações" do livro Registro de Apuração do IPI.

11.6. CRÉDITOS PELA DIFERENÇA DO IMPOSTO DEVIDO À REDUÇÃO DE ALÍQUOTA

É facultado ao sujeito passivo antecipar os atos de sua iniciativa em relação ao lançamento, para o momento: I – da venda, quando esta for à ordem ou para entrega futura do produto ou II – do faturamento, pelo valor

---

3. RIPI/2010, do art. 239.

integral, no caso de produto cuja unidade não possa ser transportada de uma só vez (art. 187 do RIPI/2010).

O contribuinte poderá creditar-se do valor da diferença do imposto em virtude de redução de alíquota, nos casos em que tenha havido o lançamento antecipado, conforme previsto nas hipóteses acima, devendo, ao registrar o crédito, anotar o motivo na coluna "Observações" do livro Registro de Apuração do IPI (art. 240, inciso II e § único do RIPI/2010).

11.7. CRÉDITO PRESUMIDO DO IPI

- **Ressarcimento de Contribuições**

O crédito presumido do IPI constitui um benefício fiscal, concedido à empresa produtora e exportadora de mercadorias nacionais, como ressarcimento das contribuições para o PIS/PASEP e para a COFINS, apurados na modalidade cumulativa, e incidentes sobre as matérias-primas, produtos intermediários e materiais de embalagem, adquiridos no mercado interno para utilização no processo produtivo do bem a ser exportado[4] (art. 13 da Lei nº 9.363/1996).

O direito ao crédito presumido aplica-se, inclusive, às vendas a empresa comercial exportadora, com o fim específico de exportação, bem como ao produto industrializado sujeito a alíquota zero, devendo a sua apuração ser efetuada de forma centralizada pelo estabelecimento matriz da pessoa jurídica (art. 1º, § único e art. 2º, § 2º da Lei nº 9.363/1996).

Não aproveita às pessoas jurídicas produtoras sujeitas à incidência não cumulativa das contribuições para o PIS/PASEP e para a COFINS (art. 14 da Lei nº 10.833/2003). Isto porque tais contribuições já preveem o creditamento nas operações de exportação, sem a necessidade, portanto, do ressarcimento, que é a razão do crédito presumido do IPI.

11.7.1. Sistemáticas de apuração do crédito presumido

A **forma de apuração do crédito presumido** do IPI foi estabelecida originalmente pela Lei nº 9.363/1996, sendo determinada mediante a aplicação, sobre o valor total das aquisições de matérias-primas, produtos intermediários e materiais de embalagem, do percentual correspondente à relação entre a receita de exportação e a receita operacional bruta do produtor/exportador, acumuladas desde o início do ano até o mês a que se referir o crédito.

---

4. O Ministro de Estado da Fazenda disporá quanto à periodicidade para a apuração e fruição do crédito presumido, à definição de receita de exportação e aos documentos fiscais comprobatórios dos lançamentos a este título, efetuados pelo produtor exportador (Lei nº 9.363/1996, art. 6º).

Posteriormente, a Lei nº 10.276/2001, criou um **sistema alternativo** de apuração do crédito presumido, a ser utilizado mediante opção do contribuinte. O crédito presumido do IPI seria, então, concedido como ressarcimento das contribuições para o PIS/PASEP e para a COFINS, incidentes não só sobre as aquisições, no mercado interno, de matérias-primas (MP), produtos intermediários (PI) e materiais de embalagem (ME), mas também sobre o custo da energia elétrica e combustíveis, utilizados no processo industrial, e do valor correspondente à prestação de serviços decorrente de industrialização por encomenda, na hipótese em que o encomendante seja o contribuinte do IPI (art. 1º da IN SRF nº 420/2004).

- Opção

A opção pelo regime alternativo de apuração do crédito presumido do IPI será irretratável, ou seja, não será admitida a sua retificação durante todo o ano-calendário ou, no caso em que a pessoa jurídica esteja iniciando as suas atividades, o período remanescente do ano-calendário (art. 2º, caput e § único, da IN SRF 420/2004).

Será formalizada diretamente no Demonstrativo do Crédito Presumido (DCP), correspondente ao último trimestre-calendário do ano anterior ou no DCP correspondente ao primeiro trimestre-calendário de início de atividade (art. 3º, *caput*, I e II da IN SRF nº 420/2004).

11.7.2. Outras disposições relativas ao crédito presumido

- Dedução e Ressarcimento

O crédito presumido, embora deva ser apurado pelo estabelecimento matriz da pessoa jurídica, na forma do art. 2º da Lei nº 9.363/1996, poderá ser transferido para qualquer dos estabelecimentos da empresa, para o abatimento do IPI (dedução do imposto devido), observadas as normas expedidas pela Secretaria da RFB.

Entretanto, no caso de comprovada impossibilidade da utilização do crédito presumido no abatimento do IPI devido, o produtor/exportador que fizer jus ao crédito poderá aproveitá-lo na forma estabelecida pelo Ministro da Fazenda, inclusive mediante ressarcimento em moeda corrente, o qual deverá ser efetuado ao estabelecimento matriz da pessoa jurídica.

- **Estorno dos valores das contribuições restituídos ou compensados**

A eventual restituição ao fornecedor das importâncias recolhidas em pagamento das contribuições para o PIS/PASEP e para a COFINS na modalidade cumulativa, as quais justificam o ressarcimento do crédito do IPI, bem como a sua compensação mediante crédito, implica o imediato estorno, pelo produtor exportador, do valor correspondente (art. 5º da Lei nº 9.363/1996).

- **Produtos não exportados**

A empresa comercial exportadora que houver adquirido mercadorias de outra pessoa jurídica, com o fim específico de exportação, mas que no prazo de 180 (cento e oitenta) dias, contados da data da emissão da nota fiscal pela vendedora, não comprovar o seu embarque para o exterior ou, por qualquer motivo, tenha alienado ou utilizado as mercadorias, ficará sujeita ao pagamento do imposto que deixou de ser pago pela pessoa jurídica vendedora, bem como de valor equivalente ao crédito presumido atribuído à pessoa jurídica produtora vendedora[5].

No caso da apuração do crédito presumido pela **sistemática original**, o valor correspondente ao crédito, a ser pago pela empresa comercial exportadora, será determinado mediante a aplicação do percentual de 5,37% (cinco inteiros e trinta e sete centésimos por cento) sobre 60% (sessenta por cento) do preço de aquisição dos produtos adquiridos e não exportados (Lei nº 9.363/1996, art. 2º, § 5º).

Na hipótese da apuração do crédito presumido pela **sistemática alternativa**, o valor a ser pago, correspondente ao crédito, será determinado mediante a aplicação do fator fornecido pelo estabelecimento matriz da empresa produtora, sobre 60% (sessenta por cento) do preço de aquisição dos produtos industrializados não exportados (art. 1º, §§ 2º e 5º da Lei nº 10.276/2001).

11.8. CRÉDITO PRESUMIDO DO SETOR AUTOMOTIVO

Há, ainda, regimes fiscais direcionados ao setor automotivo, conforme será visto no capítulo 13, em que os benefícios fiscais são concedidos na forma de crédito presumido para a dedução do IPI devido.

Um deles ocorre em relação aos veículos para transporte de pessoas (dez pessoas ou mais, inclusive o motorista) ou de mercadorias, quando produzidos por estabelecimentos industriais instalados na área da SUDAM e da SUDENE, os quais farão jus a crédito presumido de 32% (trinta e dois por cento) do valor do IPI incidente nas saídas (ocorridas até 31/12/2020), do estabelecimento industrial, dos veículos em referência, nacionais ou importados, promovidas diretamente pelo beneficiário (Lei nº 9.826/1999, art. 1º, caput e §§§ 1º, 2º e 3º, Lei nº 12.973/2014, e Lei nº 13.043/2014).

---

5. Tal pagamento deverá ser acrescido de juros de mora e da multa, a qual será de mora ou de ofício, conforme a iniciativa do pagamento seja do contribuinte ou decorra de ato da autoridade fiscal. O cálculo deverá, em qualquer caso, obedecer a legislação que rege a cobrança do tributo não pago (art. 2º, § 4º da Lei nº 9.363/1996, art. 7º da Lei nº 10.637, 30 de dezembro de 2002, e art. 9º da Lei nº 10.833/2003).

Outra hipótese está relacionada ao frete sobre a prestação do serviço de transporte de colheitadeiras, tratores, veículos para transporte de passageiros e de mercadorias, segundo a qual o estabelecimento industrial que aderir ao regime terá direito a crédito presumido correspondente a 3% (três por cento) do valor do imposto destacado na nota fiscal, relativa à parcela do frete cobrado pela prestação do serviço, nos termos do art. 56 da MP 2.158-35/2001.

Por fim, deve ser destacado o ressarcimento do PIS/PASEP e da COFINS para montadoras e fabricantes de determinados veículos, bem como para suas partes, peças, componentes, conjuntos e subconjuntos (acabados e semiacabados) e pneumáticos, como ressarcimento da contribuição para o PIS/PASEP e da COFINS que incidiram sobre o valor do faturamento decorrente da venda de produtos de fabricação própria, conforme o disposto no art. 11-B da Lei nº 9.440/1997.

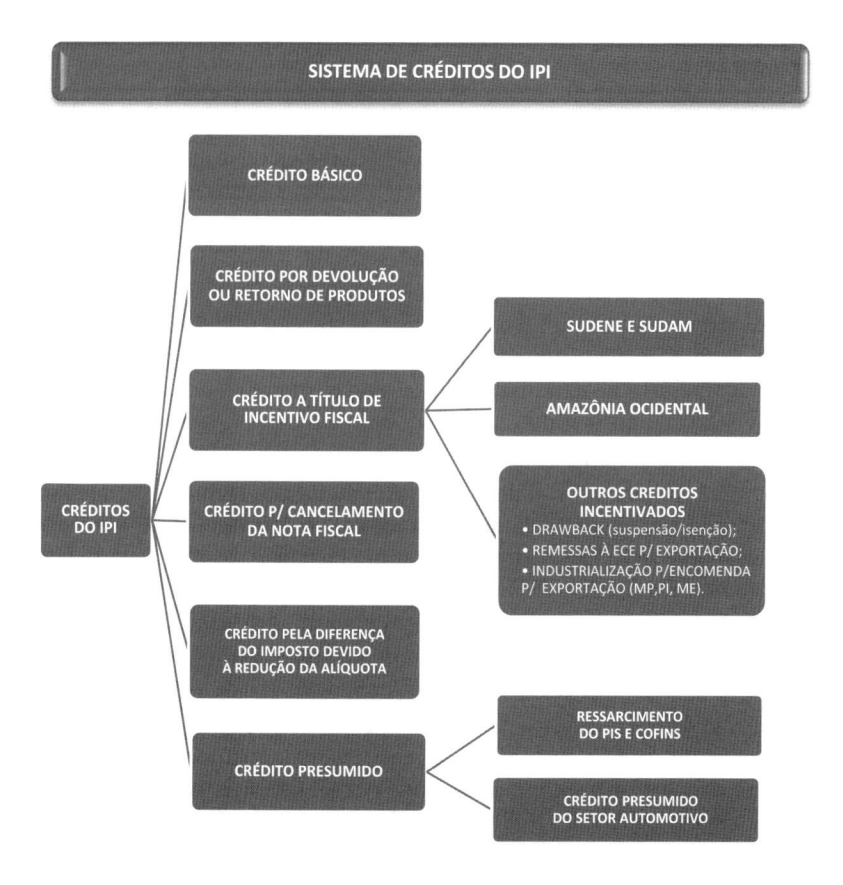

SISTEMA DE CRÉDITOS DO IPI

CRÉDITOS DO IPI

- **CRÉDITO BÁSICO**
- **CRÉDITO POR DEVOLUÇÃO OU RETORNO DE PRODUTOS**
- **CRÉDITO A TÍTULO DE INCENTIVO FISCAL**
  - SUDENE E SUDAM
  - AMAZÔNIA OCIDENTAL
  - **OUTROS CREDITOS INCENTIVADOS**
    - DRAWBACK (suspensão/isenção);
    - REMESSAS À ECE P/ EXPORTAÇÃO;
    - INDUSTRIALIZAÇÃO P/ENCOMENDA P/ EXPORTAÇÃO (MP, PI, ME).
- **CRÉDITO P/ CANCELAMENTO DA NOTA FISCAL**
- **CRÉDITO PELA DIFERENÇA DO IMPOSTO DEVIDO À REDUÇÃO DA ALÍQUOTA**
- **CRÉDITO PRESUMIDO**
  - RESSARCIMENTO DO PIS E COFINS
  - CRÉDITO PRESUMIDO DO SETOR AUTOMOTIVO

11.9. CRÉDITO-PRÊMIO DO IPI

- Evolução da Legislação

> Criação

O crédito-prêmio do IPI foi instituido pelo art. 1º do Decreto-Lei nº 491/1969, o qual estabeleceu que as empresas fabricantes e exportadoras de produtos manufaturados poderiam obter, a título de incentivo fiscal, créditos sobre suas vendas para o exterior, como ressarcimento de tributos pagos internamente.

Os créditos assim obtidos poderiam ser utilizados para abater o IPI devido nas operações internas, quando promovidas pela empresa beneficiária. Se não houvesse IPI a ser pago, o crédito poderia ser usado para reduzir o pagamento de outros tributos federais.

É importante destacar, ainda, que o Decreto-Lei nº 491/1969 não estabeleceu prazo certo de duração para o mencionado incentivo fiscal.

> Extinção

O artigo 1º do Decreto-Lei nº 1.658/1979, estabeleceu a gradual redução do instituto do crédito-prêmio do IPI, até a sua total extinção na data de 30 de junho de 1983. O efeito prático da medida foi determinar que o incentivo fiscal passasse a vigorar por prazo certo, além de definir a sua extinção.

O Decreto-Lei nº 1.724/1979 revogou as disposições do DL 1.658/1979, motivo pelo qual o incentivo fiscal do crédito-prêmio deixou de ser por prazo certo. O mesmo autorizou o Ministro da Fazenda a aumentar ou reduzir, temporária ou definitivamente, ou ainda extinguir os estímulos fiscais relativos ao crédito-prêmio.

O Ministro da Fazenda, por intermédio da Portaria de nº 176/1984, extinguiu o benefício fiscal do crédito-prêmio do IPI. Medida esta que foi, posteriormente, questionada na esfera judicial, sob o argumento que uma portaria ministerial não poderia revogar um benefício fiscal concedido por lei, até que em 2003 o STF manifestou-se pela inconstitucionalidade da delegação ao Ministro da Fazenda da prerrogativa de extinção do crédito--prêmio do IPI.

Por sua vez, o Ato das Disposições Constitucionais Transitórias, em seu artigo 41, estabeleceu que estariam revogados, após 2 (dois) anos da promulgação da CF/1988, os incentivos fiscais de natureza setorial, ora em vigor, que não fossem confirmados por lei de iniciativa dos poderes executivos da União, dos estados, do DF e dos municípios. Observado que a revogação não poderia alcançar os incentivos concedidos sob condição e por prazo certo.

Estabeleceu-se uma contenda, no campo judicial, sobre os efeitos da declaração de inconstitucionalidade do Decreto-Lei nº 1.724/1979, que delegou ao Ministro da Fazenda poderes para a extinção do crédito--prêmio do IPI.

A primeira tese admitia que a inconstitucionalidade teria afetado a integralidade do DL nº 1.724/1979, pelo que vigoraria o DL nº 1658/1979 (antes revogado), que determinou a extinção do crédito-prêmio do IPI em 30 de junho de 1983.

Outra tese, esta defendida pelos contribuintes do imposto, considerou que o crédito-pêmio do IPI não seria um incentivo fiscal setorial, motivo pelo qual não se aplicariam as disposições do art. 41 do Ato das Disposições Constitucionais Transitórias da CF/1988. A persistir este entendimento, o incentivo fiscal do crédito-presumido estaria plenamente vigente até hoje.

Não obstante, a tese acatada pelo STF foi uma terceira, ou seja, a de que a declaração de inconstitucionalidade do DL nº 1724/1979 teve seu efeito restrito à delegação de competência ao Ministro da Fazenda. Neste sentido, o incentivo fiscal passou a vigorar sem prazo determinado e, nos termos do art. 41, § 1º, do ADCT da CF/1988, vigeu por mais 2 (dois) anos após a promulgação da Constituição Federal, extinguinto-se em 05 de outubro de 1990.

A decisão do STF deu-se no julgamento do Recurso Especial de nº 561485, cujo Acórdão foi publicado em 26/02/2013 e que teve o seu trânsito em julgado em 25/09/2013.

11.10. CRÉDITOS DO REINTEGRA

O REINTEGRA, Regime Especial de Reintegração de Valores Tributários para as Empresas Exportadoras, consiste em regime especial de tributação mediante o qual a pessoa jurídica, que produza no país e que efetue a exportação de bens manufaturados, poderá apurar crédito (de até 3% da receita de exportação) para fins de ressarcir parcial ou integralmente o resíduo tributário federal existente na sua cadeia de produção.

O crédito apurado poderá ser compensado com débitos do próprio contribuinte, referentes a tributos administrados pela RFB e pelo MF ou, ainda, ser ressarcido em espécie; pelo que, observa-se que o **REINTEGRA** *não se trata de um regime fiscal específico do IPI, mas de vários tributos.*

➢ **Como esse assunto foi cobrado em concurso?**

(ESAF – AFRFB –2012) Assinale a opção que contém a sequência correspondente à classificação correta dos institutos tratados em cada um dos itens a seguir:

I. Crédito atribuído a empresa produtora e exportadora de mercadorias nacionais, como ressarcimento das contribuições, legalmente especificadas, incidentes sobre as respectivas aquisições, no mercado interno, de matéria-prima, produto intermediário e material de embalagem, para utilização no processo produtivo.

II. Crédito correspondente ao imposto incidente sobre matéria-prima, produto intermediário e material de embalagem, adquiridos para emprego na industrialização de produtos tributados, incluindo-se, entre as matérias-primas e os produtos intermediários, aqueles que, embora não se integrando ao novo produto, forem consumidos no processo de industrialização, salvo se compreendidos entre os bens do ativo permanente.

III. Créditos extintos em 1990, antes atribuídos a empresas fabricantes e exportadoras de produtos manufaturados, a título estímulo fiscal, sobre suas vendas para o exterior, como ressarcimento de tributos pagos internamente.

IV. Valores instituídos por prazo determinado, atribuídos a pessoa jurídica produtora que efetue exportação de bens manufaturados no País, calculados pela aplicação de percentual estabelecido pelo Poder Executivo sobre a receita decorrente da exportação desses bens, objetivando ressarcir o resíduo tributário federal existente nessa cadeia de produção.

a) Crédito-prêmio; crédito-escritural; crédito-básico; valores decorrentes do Regime Especial de Reintegração de Valores Tributários para as Empresas Exportadoras (Reintegra).
b) Crédito presumido; crédito-básico; crédito-prêmio; crédito-básico.
c) Crédito-prêmio; crédito não-cumulativo; valores decorrentes do Regime Especial de Reintegração de Valores Tributários para as Empresas Exportadoras (Reintegra); crédito por devolução.
d) Crédito presumido; crédito-básico; crédito-prêmio; valores decorrentes do Regime Especial de Reintegração de Valores Tributários para as Empresas Exportadoras (Reintegra).
e) Crédito não-cumulativo; crédito presumido; crédito por devolução; crédito-prêmio.

Comentário:
Gabarito oficial: alternativa "d".

11.11. ESCRITURAÇÃO DOS CRÉDITOS DO IPI

Os créditos do IPI deverão ser escriturados pelo beneficiário, em seus livros fiscais, à vista do documento que lhes confira legitimidade (art. 251 do RIPI/2010).

A escrituração deverá ocorrer:

I – nos casos dos créditos básicos, incentivados ou decorrentes de devolução ou retorno de produtos, na efetiva entrada dos produtos no estabelecimento industrial, ou equiparado;

II – no caso de entrada simbólica de produtos, no recebimento da respectiva nota fiscal, ressalvadas as hipóteses de venda à ordem ou para entrega futura[6];

III – nos casos de produtos adquiridos para utilização ou consumo próprio ou para comércio, e eventualmente destinados a emprego como matéria-prima, produto intermediário ou material de embalagem, na industrialização de produtos para os quais o crédito seja assegurado, na data da sua redestinação;

IV – nos casos de produtos importados adquiridos para utilização ou consumo próprio, dentro do estabelecimento importador, eventualmente destinado a revenda ou saída a qualquer outro título, no momento da efetiva saída do estabelecimento.

Deve ser observado que **não deverão ser escriturados os créditos** relativos a matéria-prima, produto intermediário e material de embalagem que, sabidamente, se destinem a emprego na industrialização de produtos não tributados (notação "NT" da TIPI), os imunes e os resultantes de operação excluída do conceito de industrialização, bem como os saídos com suspensão, cujo estorno seja determinado por disposição legal (art. 251, § 1º, do RIPI/2010).

A vedação à escrituração dos créditos do IPI, conforme descrito acima, não se aplica aos produtos tributados na TIPI que estejam amparados pela imunidade em decorrência de exportação.

Merece ser destacado, por fim, que, nos casos de apuração de créditos para dedução do IPI lançado de ofício, em auto de infração, deverão ser considerados também como escriturados, os créditos a que o contribuinte comprovadamente tiver direito e que forem alegados até a impugnação (art. 252 do RIPI/2010).

---

6. No caso de produto adquirido mediante venda à ordem ou para entrega futura, o crédito somente poderá ser escriturado na sua efetiva entrada no estabelecimento industrial, ou equiparado a industrial, à vista da nota fiscal que o acompanhar (art. 251, § 3º do RIPI/2010).

- **Anulação do crédito**

> **Matérias-primas, produtos intermediários e material de embalagem**

Conforme as disposições do art. 254, incisos I, IV e V, do RIPI/2010, o crédito do IPI deverá ser anulado, mediante estorno na escrita fiscal, quando for relativo a **matérias-primas, produtos intermediários e material de embalagem**, nas seguintes situações:

I – empregados na industrialização de produtos não tributados (inclusive quando destinados ao exterior);

II – empregados na industrialização de produtos saídos do estabelecimento industrial com suspensão do IPI no caso de que trata o inciso VII do art. 43 do RIPI/2010, ou seja, o executor de uma industrialização por encomenda deve anular o crédito, quando adquire matérias primas, produtos intermediários e material de embalagem de terceiros, os aplica na industrialização e dá saída a produto industrializado, em retorno ao encomendante, com suspensão do IPI;

III – empregados na industrialização de produtos saídos do estabelecimento industrial com suspensão do IPI no caso de que trata o inciso XI do art. 43 do RIPI/2010, ou seja, deverão ser anulados os créditos das matérias primas, produtos intermediários e material de embalagem empregados nos bens do ativo permanente (máquinas e equipamentos, aparelhos, instrumentos, utensílios, ferramentas, gabaritos, moldes, matrizes e semelhantes) remetidos pelo estabelecimento industrial a outro estabelecimento da mesma firma, para serem utilizados no processo industrial do recebedor[7];

IV – empregados na industrialização de produtos saídos do estabelecimento industrial com suspensão do IPI no caso de que trata o inciso XII do art. 43 do RIPI/2010, ou seja, deverão ser anulados os créditos das matérias primas, produtos intermediários e materiais de embalagem empregados nos bens do ativo permanente, remetidos pelo estabelecimento industrial (encomendante) a outro estabelecimento (executor), para serem utilizados no processo industrial de produtos encomendados pelo remetente, desde que devam retornar ao estabelecimento encomendante, após o prazo fixado para a fabricação dos produtos[8];

V – empregados na industrialização de produtos saídos do estabelecimento industrial com suspensão do IPI no caso de que trata o inciso XIII do art. 43 do RIPI/2010, ou seja, deverão ser anulados os créditos das matérias primas,

---

7. Ressalve-se que embora a redação do art. 254, inciso I, alínea "b", do RIPI/2010, determine a anulação dos créditos relativos às matérias primas, produtos intermediários e material de embalagem empregados na industrialização de bens do ativo permanente, remetidos para outros estabelecimentos, na verdade tais créditos não devem ser escriturados originariamente, tendo em vista o fato de que se referem a materiais empregados na fabricação de bens do ativo permanente.
8. Mesmo caso do item anterior.

produtos intermediários e materiais de embalagem empregados nas partes e peças destinadas a reparo de produtos com defeito de fabricação, quando a operação for executada gratuitamente por concessionários ou representantes, em virtude de garantia dada pelo fabricante;

VI – empregados na fabricação de produtos saídos do estabelecimento produtor com a suspensão do imposto determinada no art. 44 do RIPI/2010, ou seja, relativa às bebidas alcoólicas e demais produtos de produção nacional (das posições 22.04, 22.05, 2206.00 e 22.08 da TIPI), acondicionados em recipientes de capacidade superior ao limite máximo permitido para venda a varejo, quando destinados: (i) a industriais que utilizem tais produtos como MP ou PI na fabricação de bebidas, (ii) atacadistas e cooperativas de produtores e (iii) engarrafadores dos mesmos produtos.

VII – empregados na fabricação de produtos saídos do estabelecimento remetente com suspensão do imposto, em hipóteses não previstas nos itens II, III, IV, V e VI acima, nos casos em que aqueles produtos ou os resultantes de sua industrialização venham a sair de outro estabelecimento industrial ou equiparado, da mesma empresa ou de terceiros, não tributados;

VIII – empregados nas operações de conserto, restauração, recondicionamento ou reparo:

(i) de produtos usados, quando destinados ao uso da própria empresa executora ou a terceiros não estabelecidos com o comércio de tais produtos, bem como o preparo, pelo consertador, restaurador ou recondicionador, de partes ou peças empregadas exclusiva e especificamente naquelas operações (operação prevista no inciso XI do art. 5º do RIPI/2010);

(ii) de produtos com defeito de fabricação, inclusive mediante substituição de partes e peças, quando a operação for executada gratuitamente, ainda que por concessionários ou representantes, em virtude de garantia dada pelo fabricante (operação prevista no inciso XII do art. 5º do RIPI/2010);

IX – vendidos a pessoas que não sejam industriais ou revendedores;

X – furtados ou roubados, inutilizados ou deteriorados ou, ainda, empregados em outros produtos que tenham tido a mesma sorte (vale para quaisquer outros produtos além da MP, PI e ME);

XI – empregados na fabricação de produtos que voltem ao estabelecimento remetente com direito ao crédito do imposto nos casos de devolução ou retorno e não devam ser objeto de nova saída tributada.

➢ **Bens de produção**

O crédito do IPI também deverá ser anulado, com o consequente estorno na escrita fiscal, quando for relativo a bens de produção que os comerciantes, equiparados a industrial:

I – venderem a pessoas que não sejam industriais ou revendedores;

II – transferirem para as seções incumbidas de vender às pessoas a que se refere o item anterior;

III – transferirem para outros estabelecimentos da mesma firma, com uma das destinações dos itens anteriores (art. 254, II, do RIPI/2010).

> **Produtos de procedência estrangeira**

Os créditos do IPI relativos a produtos de procedência estrangeira remetidos, pelo importador, diretamente da repartição que os liberou a outro estabelecimento da mesma firma também deverão ser anulados, mediante estorno na escrituração fiscal, conforme disposição do art. 254, III, do RIPI/2010.

> **Produtos devolvidos**

O crédito do imposto escriturado pelo estabelecimento que promover a devolução do produto deverá ser anulado, mediante estorno na escrituração fiscal (art. 254, VI, do RIPI/2010).

Deve ser observado, por fim, que em qualquer das hipóteses de anulação dos créditos do IPI, esta ocorrerá no período de apuração em que ocorrer ou se verificar o fato determinante da anulação; observado que se o estorno for efetuado após o prazo previsto e resultar em saldo devedor do imposto, a este serão acrescidos os encargos legais provenientes do atraso (art. 254, §§ 5º e 6º do RIPI/2010).

- **Manutenção do crédito**

Nos termos do art. 255 do RIPI/2010 será assegurado o direito à manutenção do crédito do imposto em virtude:

I – da saída de sucata, aparas, resíduos, fragmentos e semelhantes, que resultem do emprego de matéria-prima, produto intermediário e material de embalagem e

II – da ocorrência de quebras admitidas no mesmo regulamento.

- **Utilização dos créditos**

Os créditos do IPI escriturados pelos estabelecimentos industriais, ou pelos que forem a estes equiparados, em um determinado período de apuração, serão utilizados mediante a dedução do imposto devido, em razão das saídas de produtos do mesmo estabelecimento (art. 256 do RIPI/2010).

Quando, do confronto entre os débitos e créditos do imposto, resultar saldo credor, este será transferido para o período de apuração subsequente (art. 256, caput e § 1º do RIPI/2010).

Entretanto, se, ao final de cada trimestre-calendário, remanescer saldo credor do imposto, o contribuinte poderá utilizá-lo para a compensação de débitos próprios, relativos a outros tributos administrados pela RFB, ou formular pedido de ressarcimento em dinheiro (art. 268 e art. 269 do RIPI/10).

A concessão de ressarcimento do crédito do IPI pela Secretaria da Receita Federal do Brasil está condicionada à verificação da quitação de impostos e contribuições federais do interessado (art. 158 e 269 do RIPI/2010).

11.12. CORREÇÃO MONETÁRIA DOS CRÉDITOS DO IPI

Não há na legislação do IPI qualquer previsão acerca da correção monetária dos valores relativos aos créditos do imposto. Entretanto, o Superior Tribunal de Justiça (STJ) fixou jurisprudência no sentido de que sobre os créditos do IPI é cabível a incidência da correção monetária, quando houver a oposição injustificada do fisco à sua utilização pelo contribuinte e, com o objetivo de pacificar a questão, expediu a Súmula de nº 411.

> ➤ **Como esse assunto foi cobrado em concurso?**
>
> **(ESAF–AFRFB–2012)** De acordo com a legislação tributária do Imposto sobre Produtos Industrializados (IPI), julgue os itens abaixo, classificando-os como corretos (C) ou errados (E). Em seguida, escolha a opção adequada às suas respostas.
>
> I. O saldo credor do Imposto sobre Produtos Industrializados – IPI, acumulado em cada trimestre-calendário, decorrente de aquisição de matéria-prima, produto intermediário e material de embalagem, aplicados na industrialização, inclusive de produto isento ou tributado à alíquota zero, que o contribuinte não puder compensar com o IPI devido na saída de outros produtos, poderá ser utilizado na forma prevista em Lei.
>
> II. A incidência do IPI na importação de produtos industrializados depende do título jurídico a que se der a importação. Por isso, a Lei exclui da sujeição passiva do IPI a pessoa física na condição de importadora de produtos industrializados para uso próprio.
>
> III. Segundo entendimento atual do Superior Tribunal de Justiça, é devida a correção monetária ao creditamento do IPI quando há oposição ao seu aproveitamento decorrente de resistência ilegítima do Fisco.
>
> IV. A legislação tributária determina, em observância à não-cumulatividade do tributo, que a entrada de insumos não onerados – seja por força de alíquota zero, de não incidência, de isenção ou de imunidade – gera direito ao crédito de IPI na saída dos produtos industrializados.

a) Apenas os itens I e III estão corretos.
b) Apenas os itens I e IV estão corretos.
c) Apenas o item IV está correto.
d) Apenas os itens II e IV estão corretos.
e) Apenas o item III está errado.

Comentário:

gabarito oficial: alternativa "a".

Base legal

Constituição Federal (BRASIL, 1988)

Art. 153, § 3º, II.

RIPI – Regulamento do Imposto sobre Produtos Industrializados (BRASIL, 2010).

Art. 187, I e II;

Art. 225, *caput* e §§ 1º e 2º;

Art. 226, I, II, III, IV, V, VI, VII, VIII, IX e X;

Art. 226, § único;

Art. 227;

Art. 228;

Art. 229;

Art. 230;

Art. 231, I, II (a, b, c) e § único;

Art. 232, § único;

Art. 233;

Art. 234;

Art. 235, I e II;

Art. 236;

Art. 237;

Art. 238;

Art. 239;

Art. 240, I e II e § único;

Art. 241, *caput* e § 1º, § 2º, § 3º, § 4º e § 5º;
Art. 242, §§ 1º e 2º;
Art. 244;
Art. 245;
Art. 246;
Art. 247, *caput* e § único;
Art. 248;
Art. 249, *caput* e § 1º, § 2º, § 3º, § 4º e § 5º;
Art. 250;
Art. 251, I, II, III e IV e §§§ 1º, 2º e 3º;
Art. 252;
Art. 253;
Art. 254, I (a, b, c, d, e, f), II (a, b, c), III, IV, V, VI;
Art. 254 *caput* e § 1º, § 2º, § 3º, § 4º, § 5º e § 6º;
Art. 255.

Lei 9.363/1996 (BRASIL, 1996)
Art. 1º, *caput* e § único;
Art. 2º, *caput* e § 1º, § 2º, § 3º, § 4º, § 5º, § 6º e 7º;
Art. 3º, *caput* e § único;
Art. 4º, *caput* e § único;
Art. 5º.

Lei 9.440/1997 (BRASIL, 1997)
Art. 11, I, II, III e IV;

Lei 9.826/1999 (BRASIL, 1999)
Art. 1º, *caput* e §§§ 1º, 2º e 3º.

Lei 10.276/2001 (BRASIL, 2001b)
Art. 1º, *caput* e § 1º (I e II), § 2º, § 3º (I e II), § 4º (I e II), § 5º, § 6º e 7º.

MP 2.158-35/2001 (BRASIL, 2001a)
Art. 56, *caput* e § 1º (I e II, a, b, c), § 2º, § 3º e § 4º.

IN SRF 420/2004 (RECEITA FEDERAL DO BRASIL, 2004)

Art. 2º, caput e § único;

Art. 3º, caput, I e II;

Art. 6º, I, II, e III;

Art. 6º, §§ 1º e 2º.

Súmula nº 411 do STJ (SUPERIOR TRIBUNAL DE JUSTIÇA, 2009)

Resumo do Capítulo 11

SISTEMA DE CRÉDITOS – IPI

- O princípio da não cumulatividade do IPI é efetivado mediante a utilização do seu sistema de créditos.
- **Sistema de créditos do IPI:** os créditos relativos aos produtos entrados no estabelecimento do contribuinte deverão ser abatidos do que for devido pelos produtos que dele saírem.
- **Créditos utilizados na apuração do imposto:**

I – Crédito básico;
II – Créditos por devolução ou retorno de produtos;
III – Créditos a título de incentivos fiscais;
IV – Créditos pelo cancelada a nota fiscal;
V – Créditos pela diferença do imposto devido à redução de alíquota;
VI – Credito Presumido.

I – CRÉDITO BÁSICO

I – IPI relativo a MP, PI e ME, adquiridos para emprego na industrialização de produtos tributados (salvo os compreendidos entre os bens do ativo permanente);
II – IPI relativo a MP, PI e ME, quando remetidos a terceiros para industrialização sob encomenda, sem transitar pelo estabelecimento adquirente;
III – IPI relativo a MP, PI e ME, recebidos de terceiros para industrialização por encomenda, quando estiver destacado ou indicado na NF;
IV – IPI destacado em NF, relativa a produtos industrializados por encomenda, recebidos do estabelecimento que os industrializou, em operação que dê direito ao crédito;
V – IPI pago no desembaraço aduaneiro;
VI – IPI mencionado na NF que acompanhar produto estrangeiro, diretamente da repartição que os liberou, para estabelecimento, mesmo que varejista, do próprio importador;
VII – IPI relativo a bens de produção recebidos por comerciantes equiparados a industrial;
VIII – IPI dos produtos recebidos por estabelecimentos equiparados a industrial que, na saída destes, estejam sujeitos ao imposto, nos casos não compreendidos nos incisos de V a VII;
IX – IPI de produtos adquiridos com imunidade, isenção ou suspensão quando descumprida a condição, em operação que dê direito ao crédito;
X – IPI destacado nas NF relativas a entregas ou transferências simbólicas do produto, permitidas no RIPI.

- **Outros créditos básicos**
  ➢ MP, PI e ME adquirido de comerciante atacadista não contribuinte;
  ➢ Remessas para armazém geral ou depósito fechado;
  ➢ Vedação ao aproveitamento dos créditos pela aquisição de produtos de optantes pelo SIMPLES Nacional

II – CRÉDITOS POR DEVOLUÇÃO OU RETORNO DE PRODUTOS

- O estabelecimento industrial ou o seu equiparado poderá creditar-se do IPI relativo a produtos tributados recebidos em devolução ou retorno.
- **Devolução:** ocorre a efetiva entrega do produto ao destinatário e escrituração da nota fiscal que acobertou a operação.

- **Retorno:** o produto não é entregue nem recebido pelo destinatário.

III – CRÉDITOS A TÍTULO DE INCENTIVO FISCAL

- **Incentivos à SUDENE e à SUDAM**
A PJ beneficiaria da isenção do IRPJ em razão da instalação, modernização, ampliação ou diversificação de **empreendimento industrial na área da SUDAM ou da SUDENE**, que executar os programas de formação profissional e de alimentação do trabalhador, poderá utilizar os incentivos fiscais previstos nas referidas leis.
A **utilização dos incentivos** far-se-á mediante *crédito para pagamento do IPI*.

- **Aquisição da Amazônia Ocidental**
Os produtos elaborados com matérias-primas agrícolas e extrativas vegetais de produção regional (exclusive as de origem pecuária), produzidos por estabelecimentos industriais localizados na Amazônia Ocidental e cujos projetos tenham sido aprovados pelo Conselho de Administração da SUFRAMA são isentos do IPI.
Os estabelecimentos industriais poderão creditar-se do valor do imposto calculado, como se devido fosse, sobre os produtos adquiridos com a isenção em destaque acima, desde que para emprego como matéria-prima, produto intermediário e material de embalagem, na industrialização de produtos sujeitos ao IPI.

- **Outros créditos incentivados**
I – Drawback suspensão ou isenção;
II – remessa do estabelecimento industrial para: empresas comerciais exportadoras (ECE), com o fim específico de exportação; recintos alfandegados ou outros locais onde se processe o despacho aduaneiro de exportação;
III – MP, PI e ME, de fabricação nacional, vendidos a estabelecimento industrial, para industrialização de produtos destinados à exportação ou a estabelecimento comercial, para industrialização em outro estabelecimento da mesma firma ou de terceiro, de produto destinado à exportação;
IV – produtos para emprego ou consumo na industrialização ou elaboração de produto a ser exportado, adquiridos no mercado interno ou importados.

IV – CRÉDITO POR CANCELAMENTO DA NOTA FISCAL

O contribuinte poderá creditar-se do imposto, já escriturado, no caso de cancelamento da NF, antes da saída da mercadoria do estabelecimento industrial ou equiparado.

V – CRÉDITO PELA DIFERENÇA DO IMPOSTO DEVIDO A REDUÇÃO DA ALÍQUOTA

O contribuinte poderá creditar-se da diferença do IPI em razão da redução de alíquota, nos casos de lançamento antecipado: I – venda à ordem, para entrega futura ou II – faturamento pelo valor integral nos casos em que a unidade deve ser transportada de uma só vez.

VI – CRÉDITO PRESUMIDO

O crédito presumido do IPI constitui benefício fiscal, concedido à empresa produtora e exportadora de mercadorias nacionais, como ressarcimento das contribuições para o PIS/PASEP e para a COFINS, apurados na modalidade cumulativa, e incidentes sobre as MP, PI e ME, adquiridos no mercado interno para utilização no processo produtivo do bem a ser exportado.

CRÉDITO-PRÊMIO DO IPI

- **Crédito-prêmio** (DL 491/1969): a PJ, fabricante e exportadora de produtos manufaturados pôde obter, a título de incentivo fiscal, créditos sobre suas vendas para o exterior, como ressarcimento de tributos pagos internamente (até 05/10/1990).
- Por decisão do STF, o incentivo fiscal do Crédito Presumido foi extinto a partir de 05/10/1990. Quando a corte interpretou como aplicável ao caso o art. 41 do ADCT da CF/1988, o qual estabeleceu que estariam revogados após 2 anos da promulgação da CF/1988, os incentivos fiscais de natureza setorial, então em vigor, que não fossem confirmados por lei de iniciativa do poder executivo do respectivo ente estatal.

REINTEGRA

- REINTEGRA: a PJ, que produza no país e que efetue a exportação de bens manufaturados, poderá apurar crédito (de até 3% da receita de exportação) para fins de ressarcir parcial

ou integralmente o resíduo tributário federal existente na sua cadeia de produção.
- O crédito apurado poderá ser compensado com débitos do próprio contribuinte, referentes a tributos administrados pela RFB e pelo MF ou, ainda, ser ressarcido em espécie.

ESCRITURAÇÃO DOS CRÉDITOS DO IPI

- Os créditos do IPI deverão ser escriturados pelo beneficiário, em seus livros fiscais, à vista do documento que lhes confira legitimidade.
- **Momento da escrituração dos créditos:**

I – <u>Na efetiva entrada dos produtos</u> no estabelecimento industrial ou equiparado: nos casos de créditos básicos, incentivados ou decorrentes de devolução ou retorno de produtos;

II – <u>No recebimento da respectiva NF</u>: na entrada simbólica de produtos, ressalvadas as hipóteses de venda à ordem ou para entrega futura;

III – Na data da sua redestinação: nos casos de produtos adquiridos para utilização ou consumo próprio ou para comércio, e eventualmente destinados a emprego como MP, PI ou ME, na industrialização de produtos para os quais o crédito seja assegurado;

IV – <u>No momento da efetiva saída do estabelecimento</u>: nos casos de produtos importados adquiridos para utilização ou consumo próprio, dentro do estabelecimento importador, eventualmente destinado a revenda ou saída a qualquer outro título.

- **Anulação do crédito**
  ➢ **Matérias-primas, produtos intermediários e material de embalagem:**

I – empregados na fabricação, ainda que por encomenda, de produtos não tributados (inclusive quando destinados ao exterior);

II – empregados na industrialização de produtos saídos do estabelecimento industrial com suspensão do IPI no caso de que trata o inciso VII do art. 43 do RIPI/2010 (no retorno da industrialização por encomenda);

III – empregados na industrialização de produtos saídos do estabelecimento industrial com suspensão do IPI no caso de que trata o inciso XI do art. 43 do RIPI/2010 (remessa de bens do ativo permanente a outro estabelecimento da mesma firma);

IV – empregados na industrialização de produtos saídos do estabelecimento industrial com suspensão do IPI no caso de que trata o inciso XII do art. 43 do RIPI/2010 (remessa de bens do ativo permanente para industrialização por encomenda);

V – empregados na industrialização de produtos saídos do estabelecimento industrial com suspensão do IPI no caso de que trata o inciso XIII do art. 43 do RIPI/2010 (remessa de partes e peças destinadas a reparo de produtos com defeito de fabricação em operação gratuita);

VI – empregados na fabricação de produtos saídos do estabelecimento produtor com a suspensão do imposto determinada no art. 44 do RIPI/2010, ou seja, relativa às bebidas alcoólicas e demais produtos de produção nacional, acondicionados em recipientes de capacidade superior ao limite máximo permitido para venda a varejo, quando destinados: (i) a industriais que utilizem tais produtos como MP ou PI na fabricação de bebidas, (ii) atacadistas e cooperativas de produtores e (iii) engarrafadores dos mesmos produtos;

VII – empregados na fabricação de produtos saídos do estabelecimento remetente com suspensão do imposto, em hipóteses não previstas nos itens II, III, IV, V e VI acima, quando tais produtos ou os resultantes de sua industrialização venham a sair de outro estabelecimento industrial ou equiparado, da mesma empresa ou de terceiros, não tributados;

VIII – empregados nas operações de conserto, restauração, recondicionamento ou reparo: (i) de produtos usados, quando destinados ao uso da própria empresa executora ou a terceiros não estabelecidos com o comércio de tais produtos, bem como o preparo, pelo consertador, restaurador ou recondicionador, de partes ou peças empregadas exclusiva e especificamente naquelas operações;
(ii) de produtos com defeito de fabricação, inclusive mediante substituição de partes e peças, quando a operação for executada gratuitamente, ainda que por concessionários ou representantes, em virtude de garantia dada pelo fabricante;

IX – vendidos a pessoas que não sejam industriais ou revendedores;
X – furtados ou roubados, inutilizados ou deteriorados ou, ainda, empregados em outros produtos que tenham tido a mesma sorte (vale para quaisquer outros produtos além da MP, PI e ME);
XI – empregados na fabricação de produtos que voltem ao estabelecimento remetente com direito ao crédito do imposto nos casos de devolução ou retorno e não devam ser objeto de nova saída tributada.

➢ **Bens de produção:**
I – vendidos a pessoas que não sejam industriais ou revendedores;
II – transferidos para as seções incumbidas de vender às pessoas a que se refere o item anterior;
III – transferidos para outros estabelecimentos da mesma firma, com uma das destinações dos itens anteriores.

➢ **Produtos de procedência estrangeira:** remetidos, pelo importador, diretamente da repartição que os liberou a outro estabelecimento da mesma firma.

➢ **Produtos devolvidos**
Deverá ser anulado, mediante estorno na escrituração fiscal, o crédito do imposto escriturado pelo estabelecimento que promover a devolução de produtos.

- **Manutenção do crédito**
Será assegurado o direito à manutenção do crédito do IPI em virtude:

I – da saída de sucata, aparas, resíduos, fragmentos e semelhantes, que resultem do emprego de MP, PI e ME;
II – da ocorrência de quebras admitidas no RIPI/2010.

UTILIZAÇÃO DOS CRÉDITOS

- Os créditos do IPI serão utilizados mediante dedução do imposto devido, em razão das saídas dos produtos dos estabelecimentos industriais ou equiparados.
- Quando, do confronto entre os débitos e créditos do imposto, resultar saldo credor, este será transferido para o período de apuração subsquente.

Compensação ou ressarcimento
- Se, ao final de cada trimestre-calendário, remanescer saldo credor do imposto, o contribuinte poderá utilizá-lo para a compensação de débitos próprios, relativos a outros tributos administrados pela RFB, ou formular pedido de ressarcimento em dinheiro.

CORREÇÃO MONETÁRIA DOS CRÉDITOS DO IPI

- O Superior Tribunal de Justiça (STJ) fixou jurisprudência no sentido de que sobre os créditos do IPI é cabível a incidência da correção monetária, quando houver a oposição injustificada do fisco à sua utilização pelo contribuinte (Súmula STF de nº 411).

Capítulo XII

CLASSIFICAÇÃO DE PRODUTOS

Sumário: 12.1. Sistema Harmonizado; 12.2. Nomenclatura Comum do Mercosul; 12.3. TIPI – Tabela de Incidência do IPI.

A classificação de qualquer produto para o efeito da incidência do Imposto sobre Produtos Industrializados deverá obedecer as disposições da TIPI – Tabela de Incidência do IPI, cuja última versão foi aprovada pelo Decreto nº 7.660/2011.

Os artigos 2º e 3º do mencionado Decreto estabelecem, por sua vez, que a TIPI terá por base a Nomenclatura Comum do Mercosul (NCM) e que a NCM será adotada como a NBM/SH – Nomenclatura Brasileira de Mercadorias baseada no Sistema Harmonizado.

A Secretaria da Receita Federal do Brasil, conforme disposição do art. 4º do Decreto nº 7.660/2011, fica autorizada a adequar a TIPI, sempre que não implicar alteração de alíquota, em decorrência de alterações promovidas na NCM pela Câmara de Comércio Exterior – CAMEX.

12.1. SISTEMA HARMONIZADO

O Sistema Harmonizado (SH), ou Sistema Harmonizado de Designação e Codificação de Mercadorias, é uma nomenclatura aduaneira, utilizada internacionalmente como sistema padronizado para a codificação e a classificação de mercadorias. Baseia-se em uma estrutura de códigos, os quais contêm as descrições para cada produto.

O SH está ordenado de acordo com o grau de participação humana necessário à obtenção da mercadoria, iniciando-se, então, por animais vivos (capítulo 01) e terminando com obras de arte (capítulo 97). Possui 21 seções, 99 capítulos, divididos em posições e subposições.

Observa-se que 3 (três) dos capítulos do SH foram deixados propositalmente em branco. Os capítulos 98 e 99 são reservados para utilização dos países que aderiram ao SH. O capítulo 77 foi reservado para uso futuro do SH quando for descoberto um novo elemento na natureza.

O SH é uma codificação composta por seis dígitos. O primeiro e o segundo dígitos são relativos ao **Capítulo**. O terceiro e o quarto dígitos referem-se à **Posição** dentro do capítulo. O quinto dígito corresponde à **Subposição de primeiro nível**, ao passo que o sexto dígito diz respeito à **Subposição de segundo nível**.

Possui 6 (seis) Regras Gerais de Interpretação (RGI), cuja utilização é obrigatória e sequencial.

1ª Regra Geral de Interpretação do Sistema Harmonizado

Os textos das posições, as notas de seção e de capítulo determinam a classificação. Os títulos dos capítulos, das seções e dos subcapítulos apenas indicam a possibilidade do produto estar naquele capítulo, seção ou subcapítulo.

2ª Regra Geral de Interpretação do Sistema Harmonizado

2(a). Artigo incompleto ou inacabado, montado ou desmontado classifica--se na mesma posição do completo ou acabado, desde que contenha as características essenciais do produto.

2(b). Uma matéria na nomenclatura é sempre designada com mesmo código esteja pura, misturada ou composta com outras. A classificação desses artigos se dá pela regra 3.

3ª Regra Geral de Interpretação do Sistema Harmonizado

Quando um produto aparentemente se enquadre em mais de uma posição, devem ser utilizadas, na sequência, as regras abaixo:

3(a). A posição mais específica prevalece sobre a mais genérica.

3(b). Classifica-se o produto pela matéria ou item que conferir a característica essencial ao mesmo.

3(c). Classifica-se na posição situada em último lugar na ordem numérica, entre as possíveis.

4ª Regra Geral de Interpretação do Sistema Harmonizado

Classifica-se um produto não encontrado por aquele mais semelhante.

5ª Regra Geral de Interpretação do Sistema Harmonizado

5(a). Os estojos normalmente utilizados com o produto classificam-se junto com este.

5(b). As embalagens não reutilizáveis se classificam junto com o produto.

6ª Regra Geral de Interpretação do Sistema Harmonizado

Uma vez definida a posição, bastará seguir novamente as regras de 1 a 5 para que seja encontrada a subposição.

12.2. NOMENCLATURA COMUM DO MERCOSUL

Os Estados membros integrantes do MERCOSUL, dentre os quais o Brasil, adotam para a classificação de mercadorias a Nomenclatura Comum do MERCOSUL (NCM), que se baseia na classificação do Sistema Harmonizado (SH).

Os códigos NCM são compostos por oito dígitos, sendo que os seis primeiros são formados pelo SH, ao passo que o sétimo e o oitavo dígitos são específicos do MERCOSUL. As regras de interpretação são as mesmas do Sistema Harmonizado, acrescidas de duas Regras Gerais Complementares.

1ª Regra Geral Complementar – NCM

As regras gerais para a interpretação do sistema harmonizado aplicar-se-ão para determinar dentro de cada posição ou subposição, o item aplicável e, dentro deste último, o subitem correspondente, entendendo-se que apenas são comparáveis desdobramentos regionais (itens e subitens) do mesmo nível.

2ª Regra Geral Complementar – NCM

As embalagens contendo mercadorias e que sejam claramente suscetíveis de utilização repetida, mencionadas na regra 5(b), seguirão seu próprio regime de classificação sempre que estejam submetidas aos regimes aduaneiros especiais de admissão temporária ou de exportação temporária. Caso contrário, seguirão o regime de classificação das mercadorias.

- **Estrutura do código NCM**

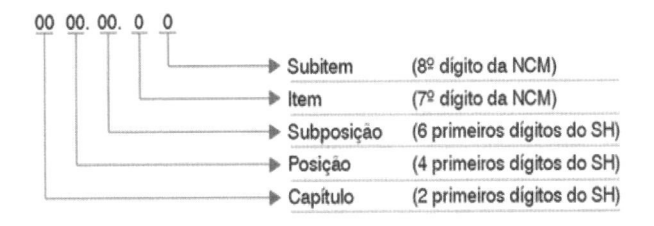

```
00 00. 00. 0 0
            │ │
            │ └─▶ Subitem      (8º dígito da NCM)
            └───▶ Item         (7º dígito da NCM)
                ▶ Subposição  (6 primeiros dígitos do SH)
                ▶ Posição     (4 primeiros dígitos do SH)
                ▶ Capítulo    (2 primeiros dígitos do SH)
```

Tomando-se como exemplo o código NCM 0102.10.10, pode ser determinado que a mercadoria em questão classifica-se da seguinte forma:

01 - Animais vivos;
0102 - Animais vivos da espécie bovina;
0102.10 - Reprodutores de raça pura;
0102.10.10 - Prenhes ou com cria ao pé.

12.3. TIPI - TABELA DE INCIDÊNCIA DO IPI

Os produtos estão distribuídos na TIPI por Seções, Capítulos, Subcapítulos, Posições, Subposições, Itens e Subitens e a classificação dos mesmos far-se-á em conformidade com:

I - as Regras Gerais para Interpretação - RGI/SH;

II - as Regras Gerais Complementares - RGC/NCM e

III - as Notas Complementares - NC/NCM (arts. 15 e 16 do RIPI/2010).

Deve ser destacado que, nos termos do artigo 17 do RIPI/2010, as Notas Explicativas do Sistema Harmonizado de Designação e de Codificação de Mercadorias (NESH), do Conselho de Cooperação Aduaneira na versão luso-brasileira, efetuada pelo Grupo Binacional Brasil/Portugal, e suas alterações aprovadas pela Secretaria da RFB, constituem elementos subsidiários de caráter fundamental para a correta interpretação do conteúdo das Posições e Subposições, bem como das Notas de Seção, Capítulo, Posições e de Subposições da Nomenclatura do Sistema Harmonizado.

> ➢ **Como esse assunto foi cobrado em concurso?**
>
> **(ESAF - AFRFB -2012)** Sobre o Imposto sobre Produtos Industrializados (IPI), julgue os itens abaixo, classificando-os como corretos (C) ou errados (E). Em seguida, escolha a opção adequada às suas respostas.
>
> I. A Secretaria da Receita Federal do Brasil (RFB) é autorizada a adequar a Tabela de Incidência do Imposto sobre Produtos Industrializados (TIPI), em decorrência de alterações promovidas na Nomenclatura Comum do Mercosul (NCM) pela Câmara de Comércio Exterior (CAMEX), caso as alterações promovidas pela CAMEX impliquem necessidade de adequação de alíquotas na TIPI pela RFB.
> II. A empresa comercial exportadora, que adquirir produtos industrializados com fim específico de exportação, é obrigada ao pagamento do IPI suspenso na saída dos produtos do estabelecimento industrial, caso referidos produtos venham a ser destruídos, furtados ou roubados.
> III. De acordo com as regras gerais para interpretação de classificação de produtos na Tabela de Incidência do Imposto sobre Produtos Industrializados (TIPI), a classificação de um produto, quando misturado ou composto de mais de uma matéria, efetuar-se-á, alternadamente, por uma das seguintes

regras: a) na posição em que tiver descrição mais específica; b) na posição da matéria ou artigo que lhe conferir caráter essencial; c) na posição que der lugar a aplicação da alíquota mais elevada; d) na posição situada em último lugar na ordem numérica, entre as suscetíveis de validamente se tomarem em consideração.

IV. As Notas Complementares (NC) da Tabela de Incidência do Imposto sobre Produtos Industrializados (TIPI), nesta incluídas por Decreto do Executivo, constituem elementos subsidiários de caráter fundamental para a correta interpretação do conteúdo das Posições e Subposições da classificação dos produtos, mas não constituem instrumento hábil para interferir na tributação prevista na TIPI.

a) Os itens I, II e IV estão corretos.
b) Os itens I, III e IV estão errados.
c) Somente os itens II e IV estão corretos.
d) Os itens I, III e IV estão corretos.
e) Todos os itens estão errados.

Comentário:
Gabarito oficial: alternativa "b".

Base legal

RIPI – Regulamento do Imposto sobre Produtos Industrializados (BRASIL, 2010)

Art. 15;

Art. 16;

Art. 17;

Decreto nº 7.660/2011 (BRASIL, 2011c)

Art. 1º;

Art. 2º;

Art. 3º;

Art. 4º, *caput* e § único;

Art. 5.

TIPI – Tabela de Incidência do Imposto sobre Produtos Industrializados

Regras gerais para a interpretação do Sistema Harmonizado

Resumo do Capítulo 12

CLASSIFICAÇÃO DE PRODUTOS – IPI
- A classificação dos produtos para a incidência do IPI obedece a TIPI.
- A TIPI tem por base a Nomenclatura Comum do Mercosul (NCM) e o Sistema Harmonizado (SH).
- A RFB poderá adequar a TIPI, sempre que não implicar alteração de alíquota, em decorrência de alterações promovidas na NCM pela Câmara de Comércio Exterior – CAMEX.

SISTEMA HARMONIZADO
- O Sistema Harmonizado de Designação e Codificação de Mercadorias é uma nomenclatura aduaneira, utilizada internacionalmente como sistema padronizado para a codificação e a classificação de mercadorias.
- O SH está ordenado pelo grau de participação humana para a obtenção da mercadoria.
- Possui 21 seções, 99 capítulos, divididos em posições e subposições.
- **O SH é uma codificação composta por seis dígitos:**
1º e 2º dígitos: Capítulo;
3º e 4º dígitos: Posição dentro do capítulo;
5º dígito: Subposição de primeiro nível;
6º dígito: Subposição de segundo nível.
- **RGI – Regras Gerais de Interpretação (utilização obrigatória e sequencial)**
1ª RGI: os textos das posições, as notas de seção e de capítulo definem a classificação. Os títulos dos capítulos, das seções e dos subcapítulos apenas indicam a possibilidade do produto estar naquele capítulo, seção ou subcapítulo.
2ª RGI:
2(a). Artigo incompleto ou inacabado, montado ou desmontado classifica-se na mesma posição do completo ou acabado, desde que contenha as características essenciais do produto.
2(b). Uma matéria na nomenclatura é sempre designada com mesmo código esteja pura, misturada ou composta com outras. A classificação desses artigos se dá pela regra 3.

3ª RGI: caso o produto, aparentemente, se enquadre em mais de uma posição:
3(a). A posição mais específica prevalece sobre a mais genérica.
3(b). Classifica-se o produto pela matéria ou item que conferir a característica essencial ao mesmo.
3(c). Classifica-se pelo código mais alto.
4ª RGI: classifica-se um produto não encontrado por aquele mais semelhante.
5ª RGI:
5(a). Os estojos normalmente utilizados com o produto classificam-se junto com este.
5(b). As embalagens não reutilizáveis se classificam junto com o produto.
6ª RGI: uma vez definida a posição, bastará seguir novamente as regras de 1 a 5 para que seja encontrada a subposição.

NOMENCLATURA COMUM DO MERCOSUL
- Os códigos NCM são compostos por oito dígitos, sendo os seis primeiros são formados pelo SH, ao passo que o sétimo e o oitavo dígitos são específicos do MERCOSUL.
- As regras de interpretação são as mesmas do Sistema Harmonizado, acrescidas de duas RGC – Regras Gerais Complementares.
- **Regras Gerais Complementares do NCM**
1ª RGC-NCM:
As regras gerais para a interpretação SH serão aplicadas para determinar dentro de cada posição ou subposição, o item aplicável e, dentro deste último, o subitem correspondente, entendendo-se que apenas são comparáveis desdobramentos regionais (itens e subitens) do mesmo nível.
2ª RGC-NCM:
As embalagens contendo mercadorias e que sejam claramente suscetíveis de utilização repetida, mencionadas na regra 5(b), seguirão seu próprio regime de classificação sempre que estejam submetidas aos regimes aduaneiros especiais de admissão temporária ou de exportação temporária. Caso contrário, seguirão o regime de classificação das mercadorias.

- **Estrutura do código NCM**

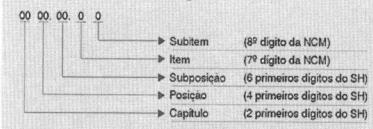

```
00 00. 00. 0 0
        │  │  │  │
        │  │  │  └─► Subitem      (8º dígito da NCM)
        │  │  └────► Item         (7º dígito da NCM)
        │  └───────► Subposição   (6 primeiros dígitos do SH)
        └──────────► Posição      (4 primeiros dígitos do SH)
                     Capítulo     (2 primeiros dígitos do SH)
```

TIPI – Tabela de Incidência do IPI

- Os produtos estão distribuídos na TIPI por Seções, Capítulos, Subcapítulos, Posições, Subposições, Itens e Subitens e a classificação dos mesmos far-se-á em conformidade com:

I – as Regras Gerais para Interpretação – RGI/SH;

II – as Regras Gerais Complementares – RGC/NCM e

III – as Notas Complementares – NC/NCM (arts. 15 e 16 do RIPI/2010).

- As Notas Explicativas do Sistema Harmonizado de Designação e de Codificação de Mercadorias (NESH), do Conselho de Cooperação Aduaneira na versão luso-brasileira, efetuada pelo Grupo Binacional Brasil/Portugal, e suas alterações aprovadas pela Secretaria da RFB, constituem elementos subsidiários de caráter fundamental para a correta interpretação do conteúdo das Posições e Subposições, bem como das Notas de Seção, Capítulo, Posições e de Subposições da Nomenclatura do Sistema Harmonizado.

Capítulo XIII

REGIMES FISCAIS

Sumário: 13.1. Regimes fiscais regionais; 13.1.1. Zona Franca de Manaus (ZFM); 13.1.2. Amazônia Ocidental; 13.1.3. Áreas de Livre Comércio – ALC; 13.1.3.1. Tabatinga – ALCT; 13.1.3.2. Guajará-Mirim – ALCGM; 13.1.3.3. Boa Vista – ALCBV e de Bonfim – ALCB; 13.1.3.4. Macapá e Santana – ALCMS; 13.1.3.5. Brasiléia – ALCB e Cruzeiro do Sul – ALCCS; 13.1.3.6. Disposições comuns às Áreas de Livre Comércio; 13.1.4. Zona de Processamento de Exportação (ZPE); 13.2. Regimes fiscais setoriais; 13.2.1. Setor automotivo; 13.2.2. Setor de bens de informática; 13.2.3. Indústria de Semicondutores (PADIS); 13.2.4. Indústria de Equipamentos para a TV Digital (PA-TVD); 13.2.5. Regime fiscal especial para a modernização e ampliação da estrutura portuária (REPORTO); 13.2.6. Regime especial de tributação para a Plataforma de Exportação de Serviços de Tecnologia da Informação (REPES);

A legislação do Imposto sobre Produtos Industrializados divide o tema regimes fiscais em dois segmentos: **regimes fiscais regionais** e **regimes fiscais setoriais**.

13.1. REGIMES FISCAIS REGIONAIS

Os regimes fiscais regionais aplicados ao IPI são regimes especiais de tributação e caracterizam-se pela **isenção do imposto**, quando incidente sobre os produtos fabricados por pessoas jurídicas instaladas em regiões do território nacional, cujo desenvolvimento se deseja incentivar, bem como sobre produtos remetidos às mesmas regiões, para consumo interno ou para utilização na industrialização de novos produtos.

No que se refere à remessa de produtos para a região abrangida pelo programa, a isenção está normalmente vinculada a uma destinação específica a ser dada ao produto, motivo pelo qual a legislação elenca as hipóteses em que a mesma será precedida da **suspensão do imposto** até que se observe a condição que a caracterize.

Deve ser observado, ainda, que as _armas e munições_, _o fumo_, _as bebidas alcoólicas_ e os _automóveis de passageiros_ **estão excluídos dos regimes especiais**

regionais. Não obstante, a legislação do imposto, em casos determinados, agrega à lista outros produtos, além dos acima citados.

São regimes fiscais regionais com repercussão sobre o IPI:

I – a Zona Franca de Manaus (ZFM);

II – a Amazônia Ocidental (AO);

III – as Áreas de Livre Comércio (ALC) de:

    (i) Tabatinga (ALCT);

    (ii) Guajará-Mirim (ALCGM);

    (iii) Boa Vista e Bonfim (ALCBV e ALCB);

    (iv) Macapá e Santana (ALCMS);

    (v) Brasiléia e Cruzeiro do Sul (ALCB e ALCCS);

IV – as Zonas de Processamento de Exportaçõesão (ZPE).

13.1.1. Zona Franca de Manaus (ZFM)

A Zona Franca de Manaus constitui uma área de livre comércio de importação e de exportação, sujeita a incentivos fiscais especiais. Foi estabelecida com a finalidade de criar no interior da Amazônia um centro industrial, comercial e agropecuário, dotado de condições econômicas que permitam seu desenvolvimento, em face dos fatores locais e da grande distância a que se encontram os centros consumidores de seus produtos (art. 1º do Decreto-Lei nº 288/1967).

Os benefícios fiscais concedidos à ZFM, no âmbito do IPI, consistem, basicamente: I – na **isenção do imposto** relativamente aos produtos lá produzidos ou que para lá sejam remetidos, quando observadas as destinações previstas pela legislação ou II – na **suspensão do imposto** como medida que precede aos casos de isenção, relativamente aos produtos que para lá sejam remetidos, até que seja cumprida a mencionada destinação.

- Isenção

O Regulamento do IPI/2010, nos artigos de 81 a 83, consolida as hipóteses de isenção do imposto em relação a produtos destinados ou industrializados na Zona Franca de Manaus.

➢ **Produtos industrializados na ZFM**

I – Destinados ao seu consumo interno

São isentos do IPI, conforme disposto no inciso I do art. 81 do RIPI/2010, os produtos industrializados na ZFM, destinados ao seu consumo interno, *exceto*:

I – armas e munições;
II – fumo;
III – bebidas alcoólicas;
IV – automóveis de passageiros.

II – Destinados à comercialização em outro ponto do território nacional

São isentos do IPI os produtos industrializados na ZFM, por estabelecimentos com projetos aprovados pelo Conselho de Administração da SUFRAMA, e destinados à comercialização em qualquer outro ponto do território nacional, desde que a modalidade de industrialização não seja o simples acondicionamento ou reacondicionamento do produto (art. 81, inciso II do RIPI/2010).

Não estão abrangidos pela isenção:

I – armas e munições;
II – fumo;
III – bebidas alcoólicas;
IV – automóveis de passageiros;

V – **produtos de perfumaria ou de toucador, preparados ou preparações cosméticas** (produtos classificados nas posições de 33.03 a 33.07 da TIPI); *exceto*, quando produzidos com utilização de matérias-primas da fauna e flora regionais, em conformidade com o Processo Produtivo Básico (PPB).

- **Nota**: no caso dos produtos industrializados na ZFM e destinados à comercialização em outro ponto do território nacional, a lista dos bens excluídos do regime, será acrescida dos **produtos de perfumaria ou de toucador, preparados ou preparações cosméticas** (classificados das posições de 33.03 a 33.07 da TIPI); **exceto**, quando produzidos com utilização de matérias-primas da fauna e flora regionais, em conformidade com o Processo Produtivo Básico), conforme item V, em destaque acima.

III – Bens de informática

Os bens do setor de informática, quando industrializados na ZFM por estabelecimento com projeto aprovado pelo Conselho de Administração da SUFRAMA, são isentos do IPI quando destinados ao seu consumo interno ou à comercialização em outro ponto do território nacional (art. 82 do RIPI/2010).

Requisitos:

(i) Investimento em atividades de P&D

Para fazer jus à isenção, as empresas fabricantes de bens de informática deverão investir anualmente em atividades de pesquisa e de desenvolvimento a serem realizadas na Amazônia.

(ii) Bens de informática relacionados pelo Poder Executivo, produzidos conforme PPB

A isenção contemplará somente os bens de informática relacionados em ato do Poder Executivo, produzidos na ZFM conforme Processo Produtivo Básico – PPB, estabelecido em portaria conjunta do Ministro do Desenvolvimento, Indústria e Comércio Exterior e do Ministro da Ciência, Tecnologia e Inovação.

(iii) Consideram-se bens de informática e automação:

- componentes eletrônicos a semicondutor, optoeletrônicos, bem como os respectivos insumos de natureza eletrônica;
- máquinas, equipamentos e dispositivos baseados em técnica digital, com funções de coleta, tratamento, estruturação, armazenamento, comutação, transmissão, recuperação ou apresentação da informação, seus respectivos insumos eletrônicos, partes, peças e suporte físico para operação;
- os aparelhos telefônicos por fio, com unidade auscultador-microfone sem fio, que incorporem controle por técnicas digitais, classificados no código 8517.11.00 da TIPI, *independentemente da realização dos investimentos em* P&D mencionados no item I (art. 82, § 6º do RIPI/2010);
- terminais portáteis de telefonia celular, classificados no Código 8517.12.31 da TIPI;
- unidades de saída por vídeo (monitores), classificados nas Subposições 8528.41 e 8528.51 da TIPI, próprias para operar com máquinas, equipamentos ou dispositivos baseados em técnica digital, com funções de coleta, tratamento, estruturação, armazenamento, comutação, transmissão, recuperação ou apresentação da informação.

(iv) Vedação da isenção aos segmentos de áudio, áudio e vídeo, lazer e entretenimento

A isenção relativamente aos bens de informática, produzidos na ZFM, não se aplica aos produtos dos segmentos de áudio, áudio e vídeo, e lazer e entretenimento, ainda que incorporem tecnologia digital, conforme disposição do art. 82, § 5º do RIPI/2010.

Incluem-se nos segmentos mencionados, nos termos do mesmo artigo, os produtos constantes da seguinte relação, que poderá ser ampliada em decorrência de inovações tecnológicas, elaborada conforme a TIPI:

I – aparelhos de fotocópia, por sistema óptico ou por contato, e aparelhos de termocópia, da subposição 8443.39;

II – aparelhos de gravação de som, aparelhos de reprodução de som, aparelhos de gravação e de reprodução de som, da posição 85.19;

III – aparelhos videofônicos de gravação ou de reprodução, mesmo incorporando um receptor de sinais videofônicos, da posição 85.21;

IV – partes e acessórios reconhecíveis como sendo exclusiva ou principalmente destinados aos aparelhos das posições 85.19, 85.21 e 85.22;

V – discos, fitas, dispositivos de armazenamento não volátil de dados à base de semicondutores e outros suportes para gravação de som ou para gravações semelhantes (exceto os "Cartões inteligentes" do código 8523.52.00), mesmo gravados, incluídos as matrizes e moldes galvânicos para fabricação de discos da posição 85.23;

VI – câmeras de televisão, câmaras fotográficas digitais e câmeras de vídeo, da subposição 8525.80;

VII – aparelhos receptores para radiodifusão, mesmo combinados num mesmo invólucro com um aparelho de gravação ou de reprodução de som, ou com um relógio, da posição 85.27;

VIII – aparelhos receptores de televisão, mesmo incorporando um aparelho receptor de radiodifusão ou um aparelho de gravação ou de reprodução de som ou de imagens, monitores, exceto os relacionados no inciso V do § 3º, e projetores, da posição 85.28;

IX – partes reconhecíveis como exclusiva ou principalmente destinadas às câmeras da subposição 8525.80, referidas no inciso VI, e aos aparelhos das posições 85.27, 85.28 e 85.29;

X – tubos de raios catódicos para receptores de televisão, da posição 85.40;

XI – câmeras fotográficas, aparelhos e dispositivos, incluídos as lâmpadas e tubos, de luz-relâmpago (flash), para fotografia, da posição 90.06;

XII – câmeras e projetores cinematográficos, mesmo com aparelhos de gravação ou de reprodução de som incorporados, da posição 90.07;

XIII – aparelhos de projeção fixa, câmeras fotográficas, de ampliação ou de redução, da posição 90.08 e

XIV – aparelhos de relojoaria e suas partes, do capítulo 91.

Relatórios descritivos das atividades de P&D

Deve ser observado que, as empresas beneficiárias da isenção sobre os bens de informática produzidos na ZFM, deverão encaminhar anualmente à SUFRAMA demonstrativos do cumprimento, no ano anterior, das obrigações a que estão sujeitas para gozo dos benefícios, mediante apresentação de relatórios descritivos das atividades de P&D previstas no projeto elaborado e dos respectivos resultados alcançados (art. 82, § 7º do RIPI/2010).

Na hipótese do não cumprimento das exigências para a fruição do benefício da isenção sobre bens de informática produzidos na ZFM ou da não aprovação dos relatórios referidos acima, a sua concessão será suspensa, sem prejuízo do ressarcimento dos benefícios anteriormente usufruídos, acrescidos dos juros de mora e das multas pecuniárias aplicáveis aos débitos fiscais, relativos aos tributos da mesma natureza (art. 83 do RIPI/2010).

> **Produtos nacionais _entrados_ na ZFM**

Nos termos do art. 81, III do RIPI/2010, são isentos do IPI os produtos nacionais _entrados_ na Zona Franca de Manaus para seu consumo interno, utilização ou industrialização, ou ainda, para serem remetidos, por intermédio de seus entrepostos, à Amazônia Ocidental, _exceto_:

I – armas e munições;

II – fumo;

III – bebidas alcoólicas;

IV – automóveis de passageiros;

V – **_perfumes_**.

> **Nota**: no caso dos produtos entrados na ZFM e destinados ao seu consumo interno, utilização, industrialização ou remessa para a Amazônia Ocidental ou para as ALC, a lista dos bens normalmente excluídos do regime, será acrescida dos **_perfumes_** do capítulo 33 da TIPI, item V, em destaque acima.

- **Suspensão**

> **Produtos nacionais _remetidos_ à ZFM**

Os artigos 84 e 85 do Regulamento do IPI consolidam as hipóteses de suspensão do imposto, relativamente a produtos nacionais remetidos à Zona Franca de Manaus.

Estabelecem, em síntese, que sairão com suspensão do IPI:

I – os produtos remetidos para consumo interno, utilização ou industrialização na ZFM ou para remessa, por intermédio de seus entrepostos, à Amazônia

Ocidental (a suspensão deverá perdurar até a entrada dos produtos naquela área, quando passará ao regime de isenção, e observará as seguintes exclusões: armas e munições, perfumes, fumo, automóveis de passageiros e bebidas alcoólicas, conforme disposições do art. 81, III do RIPI/2010);

II – os produtos nacionais remetidos à ZFM, especificamente para serem exportados para o exterior, atendidas as condições estabelecidas pelo Ministro da Fazenda (a suspensão irá perdurar até a exportação dos produtos, quando estes serão alcançados pela imunidade);

III – os produtos que, antes de sua remessa à ZFM, forem enviados pelo seu fabricante a outro estabelecimento, para industrialização adicional, por conta e ordem do destinatário naquela área (exclusões: armas e munições, perfumes, fumo, automóveis de passageiros e bebidas alcoólicas, conforme disposições do art. 81, III do RIPI/2010).

A suspensão do imposto, nas hipóteses dos itens I (remessa para consumo, uso, industrialização na ZFM) e III (remessa à ZFM de produtos industrializados por encomenda de responsabilidde do destinatário localizado naquela área) deverá perdurar até a entrada dos produtos na ZFM, quando passará ao regime de isenção.

➢ **Importação pela ZFM**

O Regulamento do IPI estabelece em seu art. 86 que os produtos de procedência estrangeira, importados pela Zona Franca de Manaus, serão desembaraçados com **suspensão do IPI** e que a suspensão deverá ser convertida em **isenção** quando os produtos forem ali consumidos ou utilizados na industrialização de outros produtos, na pesca e agropecuária, na instalação e operação de indústrias e serviços de qualquer natureza ou estocados para exportação[1].

Deve ser observado que não estarão ao abrigo da mencionada suspensão, bem como não farão jus à isenção subsequente:

I – as armas e munições;

II – o fumo;

III – as bebidas alcoólicas;

IV – os automóveis de passageiros.

---

1. Não podem ser desembaraçados com suspensão do imposto, nem gozam da isenção, os produtos de origem nacional que, exportados para o exterior, venham a ser posteriormente importados por intermédio da Zona Franca de Manaus. Por outro lado, as mercadorias entradas na Zona Franca de Manaus nos termos do caput do art. 84 do RIPI/2010 (importadas para consumo, utilização na industrialização, pesca e agropecuária, instalação e operação de indústrias e serviços de qualquer natureza na ZFM, ou estocados para exportação), poderão ser posteriormente destinadas à exportação para o exterior, ainda que usadas, com a manutenção da isenção do imposto incidente na importação (art. 86, §§ 1º e 2º do RIPI/2010).

Conforme o disposto no art. 87 do RIPI/2010, os produtos estrangeiros importados pela Zona Franca de Manaus, quando derem saída para outros pontos do território nacional, ficarão sujeitos ao pagamento do IPI, exigível na importação, exceto quando se tratar:

I – de bagagem de passageiros;

II – de produtos empregados como matéria-prima, produto intermediário e material de embalagem, na industrialização de produtos na Zona Franca de Manaus;

III – de bens de produção e de consumo, produtos alimentares e medicamentos, referidos no inciso II do art. 95 do RIPI/2010, que se destinem ao consumo ou utilização na Amazônia Ocidental:

(a) motores marítimos de centro e de popa, seus acessórios e pertences, bem como outros utensílios empregados na atividade pesqueira, exceto explosivos e produtos utilizados em sua fabricação;

(b) máquinas, implementos e insumos utilizados na agricultura, pecuária e atividades afins;

(c) máquinas para construção rodoviária;

(d) máquinas, motores e acessórios para instalação industrial;

(e) materiais de construção;

(f) produtos alimentares;

(g) medicamentos.

- **Transformação de veículos**

Os automóveis de passageiros não estão abrangidos pela isenção do IPI relativa aos produtos nacionais ou estrangeiros remetidos à Zona Franca de Manaus, conforme as disposições do art. 81, I e III, e art. 86 do RIPI/2010.

Como decorrência, a legislação do imposto estabeleceu que a transformação em automóveis de passageiros, dos veículos nacionais ou estrangeiros entrados na ZFM com isenção do IPI, dentro de três anos de sua fabricação ou ingresso, importará a perda do benefício, sujeitando o seu proprietário ao recolhimento do imposto que deixou de ser pago e dos respectivos acréscimos legais.

Deve ser observado que salvo quando comprovado intuito de fraude, **o imposto**:

I – *será devido sem multa*, se recolhido espontaneamente, antes do fato modificador da destinação (modificação do veículo) e se esta se der após um ano da ocorrência do fato gerador da isenção (entrada na ZFM);

II – *não será exigível*, após o decurso de 3 (três) anos do fato gerador da isenção (entrada na ZFM).

- **Saída temporária para outros pontos do território nacional**

Os veículos nacionais e estrangeiros, ingressados na Zona Franca de Manaus com as isenções do art. 81, III e art. 86 do RIPI/2010, relativas, respectivamente, ao ingresso de produtos nacionais e estrangeiros naquela área, poderão ser autorizados a sair temporariamente da ZFM para o restante do território nacional, pelo prazo improrrogável de até 90 (noventa) dias. A saída dar-se-á sem o pagamento do imposto, mediante prévia autorização da Secretaria da Receita Federal do Brasil (art. 88 do RIPI/2010).

Deve ser destacado que não estão abrangidos pela permissão os veículos de transporte coletivo de pessoas e os de transporte de carga (art. 88 § único do RIPI/2010).

- **Prova de internamento de produtos**

O transportador do produto deverá informar à SUFRAMA os dados dos documentos fiscais que o acompanham previamente ao seu ingresso na Zona Franca de Manaus, observado que a constatação do ingresso do produto na ZFM, bem como a formalização do seu internamento serão realizadas pela SUFRAMA (arts. 89 e 90 do RIPI/2010).

A SUFRAMA deverá comunicar o ingresso do produto na ZFM ao Fisco da UF do remetente e à Secretaria da RFB, mediante remessa de arquivo magnético até o último dia do segundo mês subsequente àquele de sua ocorrência (art. 91 do RIPI/2010).

- **Estocagem**

Os produtos de origem nacional destinados à ZFM, com a finalidade de serem reembarcados para outros pontos do território nacional, serão estocados em armazéns ou embarcações sob controle da SUFRAMA, observado que, neste caso, não lhes será aplicada a suspensão do imposto (art. 92 do RIPI/2010).

- **Manutenção do crédito**

A legislação permite que seja mantido, na escrita fiscal do contribuinte, o crédito do IPI incidente sobre equipamentos adquiridos para emprego na industrialização de produtos a serem remetidos para a ZFM, para seu consumo interno, utilização ou industrialização na mesma Zona Franca (art. 92 do RIPI/2010).

Os créditos do imposto também serão mantidos na hipótese de produtos que, antes de sua remessa à ZFM, sejam enviados pelo seu fabricante a outro estabelecimento, para industrialização adicional, por conta e ordem do destinatário naquela área, atendida a ressalva do inciso III do art. 81, ou seja, não vale para armas e munições, perfumes, fumo, automóveis de passageiros e bebidas alcoólicas (art. 81, III, e art. 92 do RIPI/2010).

- **Prazo de vigência**

Os benefícios fiscais previstos para a Zona Franca de Manaus serão extintos, a partir de primeiro de janeiro de 2074, conforme os arts. 40 e 92-A do Ato das Disposições Constitucionais Transitórias – ADCT (art. 1º da Emenda Constitucional 83/2014).

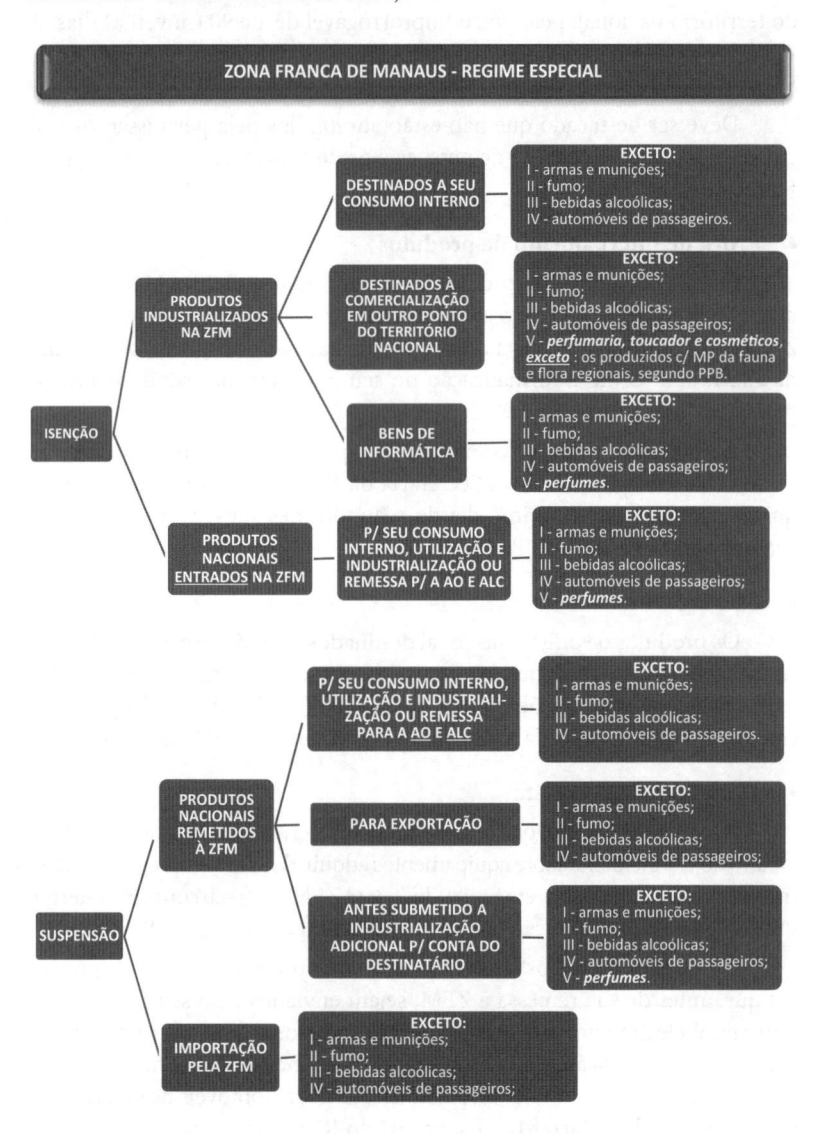

ZONA FRANCA DE MANAUS - REGIME ESPECIAL

ISENÇÃO

- **PRODUTOS INDUSTRIALIZADOS NA ZFM**
  - **DESTINADOS A SEU CONSUMO INTERNO**
    - EXCETO:
      - I - armas e munições;
      - II - fumo;
      - III - bebidas alcoólicas;
      - IV - automóveis de passageiros.
  - **DESTINADOS À COMERCIALIZAÇÃO EM OUTRO PONTO DO TERRITÓRIO NACIONAL**
    - EXCETO:
      - I - armas e munições;
      - II - fumo;
      - III - bebidas alcoólicas;
      - IV - automóveis de passageiros;
      - V - *perfumaria, toucador e cosméticos*, *exceto*: os produzidos c/ MP da fauna e flora regionais, segundo PPB.
  - **BENS DE INFORMÁTICA**
    - EXCETO:
      - I - armas e munições;
      - II - fumo;
      - III - bebidas alcoólicas;
      - IV - automóveis de passageiros;
      - V - *perfumes*.
- **PRODUTOS NACIONAIS ENTRADOS NA ZFM**
  - **P/ SEU CONSUMO INTERNO, UTILIZAÇÃO E INDUSTRIALIZAÇÃO OU REMESSA P/ A AO E ALC**
    - EXCETO:
      - I - armas e munições;
      - II - fumo;
      - III - bebidas alcoólicas;
      - IV - automóveis de passageiros;
      - V - *perfumes*.

SUSPENSÃO

- **PRODUTOS NACIONAIS REMETIDOS À ZFM**
  - **P/ SEU CONSUMO INTERNO, UTILIZAÇÃO E INDUSTRIALIZAÇÃO OU REMESSA PARA A AO E ALC**
    - EXCETO:
      - I - armas e munições;
      - II - fumo;
      - III - bebidas alcoólicas;
      - IV - automóveis de passageiros.
  - **PARA EXPORTAÇÃO**
    - EXCETO:
      - I - armas e munições;
      - II - fumo;
      - III - bebidas alcoólicas;
      - IV - automóveis de passageiros;
  - **ANTES SUBMETIDO A INDUSTRIALIZAÇÃO ADICIONAL P/ CONTA DO DESTINATÁRIO**
    - EXCETO:
      - I - armas e munições;
      - II - fumo;
      - III - bebidas alcoólicas;
      - IV - automóveis de passageiros;
      - V - *perfumes*.
- **IMPORTAÇÃO PELA ZFM**
  - EXCETO:
    - I - armas e munições;
    - II - fumo;
    - III - bebidas alcoólicas;
    - IV - automóveis de passageiros;

> **Como esse assunto foi cobrado em concurso?**

(ESAF – Auditor-Fiscal– RFB/2014) De acordo com a legislação tributária sobre o Imposto sobre Produtos Industrializados (IPI), assinale a opção correta.

a) As bebidas alcoólicas, os produtos de perfumaria ou toucador e as preparações cosméticas industrializadas na Zona Franca de Manaus, com utilização de matérias-primas da fauna e flora regionais, em conformidade com processo produtivo básico, por estabelecimentos com projetos aprovados pelo Conselho de Administração da Superintendência da Zona Franca de Manaus – SUFRAMA, são isentos de IPI, quando destinados à comercialização em qualquer outro ponto do território nacional.

b) Os produtos industrializados na Zona Franca de Manaus, destinados ao seu consumo interno, não são isentos de IPI.

c) Os automóveis de passageiros de fabricação nacional que obedeçam às especificações previstas em Lei são isentos de IPI, quando adquiridos por pessoas portadoras de deficiência mental severa ou profunda, ou autistas, desde que atendidos os requisitos previstos na legislação tributária.

d) Os bens de informática destinados à coleta eletrônica de votos, fornecidos diretamente ao Tribunal Superior Eleitoral, assim como os caixões funerários, são objeto de suspensão de IPI.

e) Há isenção de IPI sobre hidrocarbonetos, assim entendidos os derivados do petróleo, resultantes da sua transformação, mediante processos genericamente denominados refino ou refinação.

Comentário:
Gabarito oficial: alternativa "c".

13.1.2. Amazônia Ocidental

O Decreto-Lei nº 291/1967, definiu a abrangência da Amazônia Ocidental para o efeito da concessão de benefícios fiscais, inclusive os do IPI, estabelecendo que a Amazônia Ocidental é constituída pelos Estados do **Amazonas**, do **Acre**, de **Rondônia** e de **Roraima**.

Posteriormente, o Decreto-Lei nº 356/1968, estendeu à Amazônia Ocidental diversos benefícios fiscais antes concedidos à Zona Franca de Manaus. O propósito segue a mesma linha de promover o desenvolvimento da região, bem como a sua integração produtiva e social com o resto do Brasil.

- Isenção

> Produtos para consumo ou utilização na Amazônia Ocidental

I – Produtos nacionais

Conforme disposição do art. 95, I, do RIPI/2010, os produtos nacionais consumidos ou utilizados na Amazônia Ocidental são isentos do IPI, quando forem ali industrializados por estabelecimentos com projetos aprovados pelo Conselho de Administração da SUFRAMA ou adquiridos por intermédio da Zona Franca de Manaus ou de seus entrepostos na região.

A isenção exclui:

I – armas e munições;

II – fumo;

III – bebidas alcoólicas;

IV – automóveis de passageiros[2];

V – *perfumes*.

> - **Nota:** no caso dos produtos nacionais entrados na amazônia Ocidental e destinados ao seu consumo interno, utilização ou industrialização na própria região, a lista dos bens normalmente excluídos do regime especial, será acrescida dos *perfumes* do capítulo 33 da TIPI, item V, em destaque acima.

II – Produtos estrangeiros

O Regulamento do IPI, no inciso II de seu art. 95, estabelece que são isentos do imposto os produtos de procedência estrangeira, oriundos da Zona Franca de Manaus e que derem entrada na Amazônia Ocidental para ali serem consumidos ou utilizados, conforme a relação[3] abaixo:

I – motores marítimos de centro e de popa, seus acessórios e pertences, bem como outros utensílios empregados na atividade pesqueira, exceto explosivos e produtos utilizados em sua fabricação;

---

2. Quanto a veículos nacionais beneficiados com a isenção em refência, a sua transformação em automóvel de passageiros, dentro de três anos de sua fabricação importará na perda do benefício e sujeitará o seu proprietário ao recolhimento do imposto que deixou de ser pago, bem como dos respectivos acréscimos legais, observado o disposto no § 1º do art. 52 do RIPI/2010 (art. 95, § 1º do RIPI/2010).
3. Os Ministros da Fazenda e do Planejamento, Orçamento e Gestão fixarão periodicamente, em portaria interministerial, a pauta das mercadorias a serem comercializadas com a isenção prevista, levando em conta a capacidade de produção das unidades industriais localizadas na Amazônia Ocidental (art. 95, § 1º do RIPI/2010).

II – máquinas, implementos e insumos utilizados na agricultura, pecuária e atividades afins;

III – máquinas para construção rodoviária;

IV – máquinas, motores e acessórios para instalação industrial;

V – materiais de construção;

VI – produtos alimentares;

VII – medicamentos.

Deve ser destacado que para a fruição da isenção o produto deve ser nacionalizado na Zona Franca de Manaus para então ser remetido, diretamente, ou por seus entrepostos, à Amazônia Ocidental.

➢ **Produtos com matérias-primas agrícolas e extrativas vegetais de produção regional**

O artigo 95, inciso III, do RIPI/2010 dispõe que são isentos do IPI os produtos elaborados com matérias-primas agrícolas e extrativas vegetais de produção regional, exclusive as de origem pecuária, por estabelecimentos industriais localizados na Amazônia Ocidental, cujos projetos tenham sido aprovados pelo Conselho de Administração da SUFRAMA.

Vale observar que a isenção não abrange:

I – o *fumo* e

II – as *bebidas alcoólicas*.

Deve ser observado, por fim, que a isenção não se restringe a produtos para uso ou consumo na Amazônia Ocidental e será mantida, portanto, ainda que o produto seja destinado a outro ponto qualquer do território nacional, motivo pelo qual se distingue das hipóteses anteriores.

- **Suspensão**

Para fins da isenção relativa ao produto de uso ou consumo na Amazonia Ocidental, quando este produto for remetido de outra região, conforme a hipótese do art. 95, I, do RIPI/2010, tal remessa far-se-á com suspensão do imposto, devendo os produtos ingressarem na região por intermédio da Zona Franca de Manaus ou de seus entrepostos (art. 96 do RIPI/2010).

- **Prova de internamento de produtos**

No que ser refere à prova de internamento de produtos, as disposições aplicadas à Zona Franca de Manaus, conforme o disposto nos arts. 89 a 91 do RIPI/2010, aplicam-se igualmente às remessas para a Amazônia Ocidental, efetuadas por intermédio da Zona Franca de Manaus ou de seus entrepostos (art. 97 do RIPI/2010).

- **Prazo de vigência**

    Serão extintos, a partir de 1º de janeiro de 2024, os benefícios fiscais, acima mencionados, relativos à Amazônia Ocidental (Lei nº 12.859/2013, art. 9º).

13.1.3. Áreas de Livre Comércio – ALC

As áreas de livre comércio de importação e de exportação foram estabelecidas sob regime fiscal especial, com a finalidade de promover o desenvolvimento de áreas fronteiriças específicas da região norte do país e de incrementar as relações bilaterais com os países vizinhos, segundo a política de integração latino-americana (art. 524 do Decreto nº 6.759/2009).

As áreas de livre comércio são configuradas por limites que envolvem, inclusive, os perímetros urbanos dos municípios de:

I – Tabatinga (AM);

II – Guajará-Mirim (RO);

III – Boa Vista e Bonfim (RR);

IV – Macapá e Santana (AP);

V – Brasiléia[4] e Cruzeiro do Sul (AC).

Os benefícios fiscais do IPI, previstos para as áreas de livre comércio, compreendem basicamente a *isenção do imposto*, na entrada de produtos nacionais ou estrangeiros, e a sua *suspensão*, que precederá o regime de isenção.

A suspensão do IPI irá perdurar, portanto, até o cumprimento da condição para a concessão da isenção, ou seja, a destinação do produto, quando então se resolverá.

A isenção está condicionada, normalmente, à utilização do produto no consumo interno das próprias ALC, no beneficiamento ou industrialização de outros produtos no seu território ou, ainda, na estocagem de produtos para a sua comercialização em outro ponto do território nacional.

O fim da vigência das ALC foi estipulado originariamente para o ano de 2014, conforme disposição das respectivas leis de criação; entretanto, o artigo 3º da Lei nº 13.023/2014, prorrogou a **vigência de todas as Áreas de Livre Comércio,** criadas até a sua publicação, para a data de *31 de dezembro de 2050*.

---

4. A Área de Livre Comércio de Brasiléia (ALCB) estende-se para o município de Epitaciolândia (art. 524, § único do Decreto nº 6.759/2009).

13.1.3.1. Tabatinga – ALCT

A Área de Livre Comércio de Tabatinga (ALCT) foi criada no estado do Amazonas pela Lei nº 7.965/1989, com a finalidade de promover o desenvolvimento da região de fronteira do extremo oeste daquele estado. Consiste em área de livre comércio de importação e exportação, operando sob regime fiscal especial.

- **Benefícios fiscais**
- ➢ **Entrada de produtos nacionais ou estrangeiros**

A entrada de *produtos nacionais*, *nacionalizados* ou *estrangeiros* na Área de Livre Comércio de Tabatinga (ALCT) far-se-á com **suspensão do IPI**, a qual será convertida em **isenção**, conforme disposição dos artigos 3º e 4º da Lei nº 7.965/1989.

Os benefícios fiscais estão condicionados a que aos produtos entrados na ALCT seja dada uma das seguintes destinações:

I – seu consumo interno;

II – beneficiamento, em seu território, de pescado, recursos minerais e matérias-primas de origem agrícola ou florestal;

III – agropecuária e piscicultura;

IV – instalação e operação de atividades de turismo e serviços de qualquer natureza;

V – estocagem[5] para comercialização ou emprego em outros pontos do território nacional;

VI – atividades de construção e reparos navais;

VII – industrialização de outros produtos em seu território, segundo projetos aprovados pelo Conselho de Administração da SUFRAMA, considerada a vocação local e a capacidade de produção já instalada na região;

VIII – estocagem para reexportação.

Quando a entrada estiver relacionada a **produto nacional** ou **nacionalizado**, serão *excluídos do regime fiscal especial*:

I – armas e munições;

II – fumo e seus derivados;

III – bebidas alcoólicas;

---

5. O produto estrangeiro estocado na Área de Livre Comércio de Tabatinga, quando sair para qualquer ponto do território nacional, fica sujeito ao pagamento do imposto, salvo nos casos de isenção prevista em legislação específica (art. 8º da Lei nº 7.965/1989).

IV – veículos de passageiros, *exceto*: (i) ambulâncias, (ii) carros funerários, (iii) carros celulares e (iv) jipes[6].

Tratando-se de **produtos estrangeiros** estarão excluídos do regime especial:

I – armas e munições;

II – fumo;

III – bebidas alcoólicas;

IV – automóveis de passageiros;

V – **bens finais de informática**;

VI – **perfumes**[7].

> • **Nota:** no caso dos **produtos estrangeiros** entrados na Área de Livre Comércio do Tabatinga a lista dos bens normalmente excluídos do regime especial, será acrescida dos **bens finais de informática e perfumes**, conforme ítens V e VI, em destaque acima.

13.1.3.2. Guajará-Mirim – ALCGM

A Lei nº 8.210/1991, criou, sob regime fiscal especial, a Área de Livre Comércio de Guajará-Mirim (ALCGM) no estado de Rondônia. A ALCGM foi criada com a finalidade de promover o desenvolvimento das regiões fronteiriças do extremo noroeste daquele estado e de incrementar as relações bilaterais com os países vizinhos, segundo a política de integração latino-americana.

- **Benefícios fiscais**

➤ **Entrada de produtos nacionais ou estrangeiros**

Tal qual se observa em outras ALC, a entrada de produtos nacionais, nacionalizados ou estrangeiros na Área de Livre Comércio de Guajará-Mirim far-se-á com **suspensão do IPI**, que deverá ser **convertida em isenção**, quando aos referidos produtos for dada uma das seguintes destinações:

I – consumo e venda internos;

II – beneficiamento, em seu território, de pescado, recursos minerais e matérias-primas de origem agrícola ou florestal;

III – agricultura e piscicultura;

---

6. Lei nº 7.965/1989, art. 4º, § 2º.
7. Lei nº 7.965/1989, art. 3º, § 1º.

IV – instalação e operação de turismo e serviços de qualquer natureza;
V – estocagem para comercialização no mercado externo ou
VI – atividades de construção e reparos navais[8].

Deve ser destacado que, com relação aos **produtos nacionais** ou **nacionalizados**, _não estarão ao abrigo do regime_:
I – armas e munições;
II – fumo e seus derivados;
III – bebidas alcoólicas;
IV – veículos de passageiros, **_exceto_**: (i) ambulâncias, (ii) carros funerários, (iii) carros celulares e (iv) jipes[9].

Já no que se refere aos **produtos estrangeiros**, os benefícios fiscais do regime especial da ALCGM, _não se aplicam_ a:
I – armas e munições de qualquer natureza;
II – fumo e seus derivados;
III – bebidas alcoólicas;
IV – automóveis de passageiros;
V – **bens finais de informática**;
VI – **perfumes**[10];

> • **Nota**: no caso dos **produtos estrangeiros** entrados na Área de Livre Comércio de Guajará-Mirim a lista dos bens normalmente excluídos do regime especial, será acrescida dos **bens finais de informática** e **perfumes**, conforme ítens V e VI, em destaque acima.

- Saída de produtos estrangeiros para outros pontos do território nacional

A saída de produtos estrangeiros da ALCGM para qualquer ponto do território nacional, inclusive os utilizados como partes, peças ou matéria-prima, produto intermediário e material de embalagem de produtos ali industrializados, _estará sujeita à tributação_; exceto quando se refira à bagagem acompanhada de passageiro procedente desta área de livre comércio, cujos produtos estrangeiros deverão ser desembaraçados com isenção do IPI, observados os limites e condições estabelecidos para a ZFM (art. 4º, § 1º, da Lei nº 8.210/1991).

---

8. Lei nº 8.210/1991, arts. 4º e 6º.
9. Lei nº 8.210/1991, art. 6º, § 2º.
10. Lei nº 8.210/1991, art. 4º, § 2º.

- **Compra de produtos estrangeiros entrepostados por empresa estabelecida em outro ponto do território nacional**

A compra de produtos estrangeiros, entrepostados na ALCGM, por empresas estabelecidas em qualquer outro ponto do território nacional, será equiparada, para os efeitos administrativos e fiscais, a uma importação em regime comum (art. 5º da Lei nº 8.210/1991).

13.1.3.3. Boa Vista – ALCBV e Bonfim – ALCB

A Lei nº 8.256/1991 criou, originalmente, as áreas de livre comércio de Pacaraima, distrito de Boa Vista, e de Bonfim, ambas, no estado de Roraima.

Em 1995 Pacaraima tornou-se município, emancipando-se de Boa Vista. Em 2008, a Lei nº 11.732/2008 alterou a Lei nº 8.256/1991 para estabelecer que as áreas de livre comércio, criadas por esta última, passariam a ser localizadas nos municípios de Boa Vista/RR e Bonfim/RR; permanecendo, entretanto, a finalidade de promoção do desenvolvimento das regiões fronteiriças do extremo norte daquele estado e do incremento das relações bilaterais com os países vizinhos, segundo a política de integração latino-americana.

- **Benefícios fiscais**

➢ **Entrada de produtos nacionais ou estrangeiros**

Com relação à entrada de *produtos nacionais*, *nacionalizados* ou *estrangeiros* nas Áreas de Livre Comércio de Boa Vista e Bonfim valerá também a regra da **suspensão do IPI**, seguida da **isenção**, desde que os produtos sejam destinados a:

I – consumo e venda internos;

II – beneficiamento, em seus territórios, de pescado, pecuária, recursos minerais e matérias-primas de origem agrícola ou florestal;

III – agropecuária e piscicultura;

IV – instalação e operação de turismo e serviços de qualquer natureza;

V – estocagem para comercialização no mercado externo[11].

Vale frisar que a venda de produtos nacionais ou nacionalizados, efetuada por empresas estabelecidas fora das Áreas de Livre Comércio de Boa Vista e de Bonfim, para empresas ali estabelecidas, fica equiparada a uma operação de exportação (art. 7º da Lei nº 11.732/2008).

Estão *excluídos do regime* os seguintes produtos **nacionais** ou **nacionalizados**:

---

11. Lei nº 8.256/1991, art. 4º.

I – armas e munições;
II – fumo e seus derivados;
III – bebidas alcoólicas;
IV – veículos de passageiros, *exceto*: (i) ambulâncias, (ii) carros funerários, (iii) carros celulares e (iv) jipes[12].

Quanto aos produtos de **procedência estrangeira**, estão <u>excluídos do regime</u>:
I – armas e munições de qualquer natureza;
II – fumos e seus derivados;
III – bebidas alcoólicas;
IV – automóveis de passageiros;
V – *perfumes*[13].

> • **Nota**: no caso dos **produtos estrangeiros** entrados nas Áreas de Livre Comércio de Boa Vista e Bonfim, a lista dos bens normalmente excluídos do regime especial, será acrescida dos **perfumes**, conforme item V, em destaque acima.

Observa-se que os demais produtos estrangeiros, inclusive os utilizados como partes, peças ou MP, PI e ME de produtos industrializados nas ALCBV e ALCB, gozarão de suspensão do imposto; entretanto, estarão sujeitos à tributação no momento de sua saída para qualquer outro ponto do território nacional (art. 4º, § 1º, da Lei nº 8.256/1991).

Observa-se, também, que a compra de produtos estrangeiros armazenados nas mesmas áreas, por empresas estabelecidas em qualquer outro ponto do território nacional, será considerada para os efeitos fiscais e administrativos como importação normal, ou seja, estarão sujeitos à incidência do imposto (art. 6º da Lei nº 8.256/1991).

13.1.3.4. *Macapá e Santana – ALCMS*

Nos termos do art. 11 da Lei nº 8.387/1991, foi criada nos municípios de Macapá e Santana, no estado do Amapá, área de livre comércio de importação e exportação, sob regime fiscal especial, com a finalidade de promover o desenvolvimento das regiões fronteiriças do extremo norte daquele estado e de incrementar as relações bilaterais com os países vizinhos, segundo a política de integração latino-americana.

---

12. Lei nº 8.256/1991, art. 7º, § 2º.
13. Lei nº 8.256/1991, art. 4º, § 2º.

Vale registrar que a Área de Livre Comércio de Macapá e Santana (ALCMS) é a única situada fora dos limites da Amazônia Ocidental.

- **Benefícios fiscais**
  - ➢ **Entrada de produtos nacionais ou nacionalizados e estrangeiros**

Seguindo o modelo adotado nas demais áreas de livre comércio, a entrada de _produtos nacionais_, _nacionalizados_ ou estrangeiros na ALCMS ocorrerá com **suspensão do imposto**, que será convertida em **isenção** quando forem destinados a:

I – consumo e venda internos;

II – beneficiamento, em seus territórios, de pescado, pecuária, recursos minerais e matérias-primas de origem agrícola ou florestal;

III – agropecuária e piscicultura;

IV – instalação e operação de turismo e serviços de qualquer natureza;

V – estocagem para comercialização no mercado externo[14].

Não estão abrangidos pelo regime especial da ALCMS os seguintes **produtos nacionais** ou **nacionalizados**:

I – armas e munições;

II – fumo e seus derivados;

III – bebidas alcoólicas;

IV – veículos de passageiros, _**exceto**_ (i) ambulâncias, (ii) carros funerários, (iii) carros celulares e (iv) jipes[15].

Os produtos estrangeiros excluídos do regime fiscal especial da ALCMS são:

I – armas e munições de qualquer natureza;

II – fumos e seus derivados;

III – bebidas alcoólicas;

IV – automóveis de passageiros;

V – _**perfumes**_[16].

> - **Nota**: no caso dos **produtos estrangeiros** entrados na Àrea de Livre Comércio de Macapá e Santana, a lista dos bens normalmente excluídos do regime especial, será acrescida dos _**perfumes**_, conforme item V, em destaque acima.

---

14. Lei nº 8.256/1991, art. 4º e Lei nº 8.387/1991, art. 11, § 2º.
15. Lei nº 8.256/1991, art. 7º, § 2º e Lei nº 8.387/1991, art. 11, § 2º.
16. Lei nº 8.256/1991, art. 4º, § 2º e Lei nº 8.387/1991, art. 11, § 2º.

Deve ser observado que os demais produtos estrangeiros, inclusive os utilizados como partes, peças ou matéria-prima, produto intermediário e material de embalagem de produtos ali industrializados, gozarão de suspensão do imposto, mas estarão sujeitos à tributação no momento de sua saída para qualquer ponto do território nacional (art. 4º, § 1º, da Lei nº 8.256/1991 e art. 11, § 2º, da Lei nº 8.387/1991).

Destaca-se, ainda, que a compra de produtos estrangeiros armazenados na ALCMS por empresas estabelecidas em qualquer outro ponto do território nacional é considerada, para os efeitos administrativos e fiscais, como importação normal, sujeitando, portanto, o produto à incidência do imposto (art. 6º da Lei nº 8.256/1991 e art. 11, § 2º, da Lei nº 8.387/1991).

13.1.3.5. Brasiléia – ALCB e Cruzeiro do Sul – ALCCS

A Lei nº 8.857/1994, autorizou o Poder Executivo a criar nos municípios de Brasiléia, com extensão para o município de Epitaciolândia, e de Cruzeiro do Sul, no estado do Acre, áreas de livre comércio de exportação e importação, sob regime fiscal especial, as quais foram estabelecidas com a finalidade de promover o desenvolvimento das respectivas regiões.

Na criação das referidas ALC, coube ao Poder Executivo estabelecer a sua delimitação, respeitadas as disposições da Lei nº 8.857/1994, bem como os tratados internacionais assinados pelo Brasil, o que foi exercido por meio do Decreto nº 1.357/1994.

- **Benefícios fiscais**

> **Entrada de produtos nacionais, nacionalizados ou estrangeiros**

A entrada de produto nacional, nacionalizado ou estrangeiro nas Áreas de Livre Comércio de Brasiléia (ALCB) e de Cruzeiro do Sul (ALCCS), a exemplo do que ocorre nas demais ALC, deverá ocorrer com a suspensão do IPI, que deverá ser convertida em isenção quando os produtos tiverem como destino:

I – consumo e venda internos;

II – beneficiamento, em seus territórios, de pescado, pecuária, recursos minerais e matérias-primas de origem agrícola ou florestal;

III – agropecuária e piscicultura;

IV – instalação e operação de turismo e serviços de qualquer natureza;

V – estocagem para comercialização no mercado externo ou

VI – industrialização de produtos em seus territórios[17].

---

17. Lei nº 8.857/1994, arts. 4º e 7º.

Seguindo o modelo estabelecido para as demais Áreas de Livre Comércio, estão *excluídos do regime*, os seguintes **produtos nacionais** ou **nacionalizados**:

I – armas e munições;

II – fumo e seus derivados;

III – bebidas alcoólicas;

IV – veículos de passageiros, *exceto* (i) ambulâncias, (ii) carros funerários, (iii) carros celulares e (iv) jipes[18].

O *regime fiscal não se aplica* também aos seguintes **produtos estrangeiros**:

I – armas e munições de qualquer natureza;

II – fumo e seus derivados;

III – bebidas alcoólicas;

IV – automóveis de passageiros;

V – perfumes[19].

> • **Nota**: no caso dos **produtos estrangeiros** entrados nas Áreas de Livre Comércio de Brasiléia e Cruzeiro do Sul, a lista dos bens normalmente excluídos do regime especial, será acrescida dos *perfumes*, conforme item V, em destaque acima.

Os demais produtos estrangeiros, inclusive os utilizados como partes, peças ou matéria-prima, produto intermediário e material de embalagem de produtos ali industrializados, gozarão de suspensão do imposto, mas estarão sujeitos à tributação no momento de sua saída para qualquer ponto do território nacional (art. 4º, § 1º, da Lei nº 8.857/1994).

No mesmo sentido, a compra de produtos estrangeiros armazenados nas ALCB e ALCCS por empresas estabelecidas em qualquer outro ponto do território nacional é considerada, para efeitos administrativos e fiscais, como importação normal (art. 6º da Lei nº 8.857/1994).

13.1.3.6. Disposições comuns às Áreas de Livre Comércio

- **Internamento de produtos**

As normas gerais para o internamento de produtos, previstas para a Zona Franca de Manaus, aplicam-se igualmente às remessas para as Áreas de Livre Comércio, ou seja, o transportador deverá informar à SUFRAMA

---

18. Lei nº 8.857/1994, art. 7º, § 2º.
19. Lei nº 8.857/1994, art. 4º, § 2º.

os dados dos documentos fiscais que acompanham o produto, previamente ao seu ingresso nas ALC.

Deve ser observado que a constatação do ingresso do produto na ALC, bem como a formalização do seu internamento serão realizadas pela SUFRAMA.

- **Produtos estrangeiros terão entrada obrigatória por portos, aeroportos ou postos de fronteira das ALC e serão destinados a empresas autorizadas**

    Nos termos do art. 100 do RIPI/2010, a entrada de produtos estrangeiros em áreas de livre comércio deverá ocorrer, obrigatoriamente, por intermédio de porto, aeroporto ou posto de fronteira da respectiva ALC, sendo exigida consignação nominal ao importador nela estabelecido.

    Adicionalmente, deve ser observado que os produtos estrangeiros ou nacionais enviados às áreas de livre comércio deverão ser, obrigatoriamente, destinados às empresas autorizadas a operarem nessas áreas (art. 101 do RIPI/2010).

- **Bagagem de passageiro procedente das ALC**

    A bagagem acompanhada de passageiro procedente das áreas de livre comércio será desembaraçada com isenção do IPI, com relação aos produtos de origem estrangeira, observados os limites e condições correspondentes ao estabelecido para a Zona Franca de Manaus (art. 103 do RIPI/2010).

- **Veículos**

    A legislação do IPI, relativamente aos regimes fiscais especiais da ZFM, AO e ALC, não admite a concessão de isenção para automóveis de passageiros e atua no sentido de garantir o pagamento do imposto nos casos em que ocorra a aquisição de veículo, não classificado como de passageiro (veículo isento), para a sua posterior transformação.

    A mesma legislação autoriza a saída temporária de veículos (nacionais ou estrangeiros) das ALC, pelo prazo de até 90 (noventa) dias, improrrogável, para o restante do território nacional, sem o pagamento do imposto, mediante prévia autorização concedida pela autoridade fiscal local da Secretaria da RFB, exceto quando se tratar de veículos de transporte coletivo de pessoas ou os de transporte de carga.

    Vale ainda observar, que as disposições relativas a veículos nas seções destinadas ao regime especial da Zona Franca de Manaus e da Amazônia Ocidental são plenamente aplicáveis ao regime especial das áreas de livre comércio.

- **Produtos industrializados nas ALC**

   Os produtos industrializados nas Áreas de Livre Comércio são isentos do IPI, quer se destinem ao seu consumo interno, quer se destinem à comercialização em qualquer outro ponto do território nacional (art. 105 do RIPI/2010).

   Deve ser observado, entretanto, que a isenção somente se aplica a produtos:

   I – em cuja composição final haja preponderância de matérias-primas de origem regional, provenientes dos segmentos animal, vegetal, mineral, _exceto_ os minérios do capítulo 26 da TIPI, ou agrossilvopastoril, observada a legislação ambiental pertinente e conforme definido em regulamento específico e

   II – elaborados por estabelecimentos industriais cujos projetos tenham sido aprovados pela SUFRAMA (art. 105, § 1º, do RIPI/2010).

   A isenção para produtos industrializados nas ALC _não abrange_ os produtos abaixo, relativamente às respectivas Áreas de Livre Comércio:

   I – Tabatinga, Guajará-Mirim, Macapá e Santana e Brasiléia e Cruzeiro do Sul:

   (a) as armas e munições;

   (b) o fumo;

   (c) as bebidas alcoólicas;

   (d) os automóveis de passageiros e

   (e) os produtos de perfumaria ou de toucador, preparados e preparações cosméticas (classificados nas posições de 33.03 a 33.07 da TIPI),

   Exceção: se destinados, exclusivamente, a consumo interno nas ALC aqui referidas ou quando produzidos com utilização de matérias-primas da fauna e da flora regionais, em conformidade com processo produtivo básico e observada a preponderância de matérias-primas de origem regional na composição dos produtos;

   II – Boa Vista e Bonfim:

   (a) as armas e munições e

   (b) o fumo.

Capítulo XIII • REGIMES FISCAIS

ÁREAS DE LIVRE COMÉRCIO - REGIMES ESPECIAIS DE SUSPENSÃO/ISENÇÃO DO IPI

TABATINGA	GUAJARÁ-MIRIM	BOA VISTA E BONFIM	MACAPÁ E SANTANA	BRASILÉIA E CRUZEIRO DO SUL
Destinação dos produtos	**Destinação dos produtos**	**Destinação dos produtos**	**Destinação dos produtos**	**Destinação dos produtos**
I - consumo interno;	I - consumo e venda, internos;	I - consumo e venda, internos;	I - consumo e venda, internos;	I - consumo e venda, internos;
II - beneficiamento, em seu território, de pescado, recursos minerais e matérias-primas de origem agrícola ou florestal;	II - beneficiamento, em seu território, de pescado, recursos minerais e matérias-primas de origem agrícola ou florestal;	II - beneficiamento, em seus territórios, de pescado, _pecuária_, recursos minerais e matérias-primas de origem agrícola ou florestal;	II - beneficiamento, em seus territórios, de pescado, _pecuária_, recursos minerais e matérias-primas de origem agrícola ou florestal;	II - beneficiamento, em seus territórios, de pescado, _pecuária_, recursos minerais e matérias-primas de origem agrícola ou florestal;
III - agropecuária e piscicultura;	III - agricultura e piscicultura;	III - agropecuária e piscicultura;	III - agropecuária e piscicultura;	III - agropecuária e piscicultura;
IV - instalação e operação de atividades de turismo e serviços de qq. natureza;	IV - instalação e operação de turismo e serviços de qualquer natureza;	IV - instalação e operação de turismo e serviços de qualquer natureza;	IV - instalação e operação de turismo e serviços de qualquer natureza;	IV - instalação e operação de turismo e serviços de qualquer natureza;
V - estocagem para comercialização ou emprego em outros pontos do território nacional;	V - estocagem para comercialização no mercado externo ou	V - estocagem para comercialização no merca do externo.	V - estocagem para comercialização no mercado externo.	V - estocagem para comercialização no mercado externo.
VI - atividades de construção e reparos navais;	VI - atividades de construção e reparos navais.			VI - industrialização de produtos em seus territórios.
VII - industrialização de outros produtos em seu território, segundo projetos aprovados pelo CA da SUFRAMA, considerada a vocação local e a capacidade de produção já instalada na região;				
VIII - estocagem para reexportação.				
• EXCLUSÃO DO REGIME	**• EXCLUSÃO DO REGIME**	**• EXCLUSÃO DO REGIME**	**• EXCLUSÃO DO REGIME**	**• EXCLUSÃO DO REGIME**
Produtos nacionais/nacionalizados	Produtos nacionais/nacionalizados	Produtos nacionais/nacionalizados	Produtos nacionais/nacionalizados	Produtos nacionais/nacionalizados
I - armas e munições (cap. 93 -TIPI);	I - armas e munições (cap. 93 -TIPI);	I - armas e munições (cap. 93 da TIPI);	I - armas e munições (cap. 93 da TIPI);	I - armas e munições (cap. 93 da TIPI);
II - fumo e seus derivados (cap. 24-TIPI)	II - fumo e seus derivados (cap. 24-TIPI)	II - fumo e seus derivados (cap. 24 da TIPI)	II - fumo e seus derivados (cap. 24 da TIPI)	II - fumo e seus derivados (cap. 24 da TIPI)
III - bebidas alcoólicas das posições de 22.03 a 22.06 e 22.08 (exceto 2208.90.00, Ex 01), do cap. 22-TIPI;	III - bebidas alcoólicas das posições de 22.03 a 22.06 e 22.08 (exceto 2208.90.00, Ex 01), do cap. 22-TIPI;	III - bebidas alcoólicas das posições de 22.03 a 22.06 e 22.08 (exceto 2208.90.00, Ex 01), do cap. 22 da TIPI;	III - bebidas alcoólicas das posições de 22.03 a 22.06 e 22.08 (exceto 2208.90.00, Ex 01), do cap. 22 da TIPI;	III - bebidas alcoólicas das posições de 22.03 a 22.06 e 22.08 (exceto 2208.90.00, Ex 01), do cap. 22 da TIPI;
IV - veículos de passageiros da posição 87.03 (Capítulo 87 da TIPI), _exceto_: (i) 87.03 do capítulo 87), ambulâncias, (ii) carros funerários, (iii) carros celulares e (iv) jipes.	IV - veículos de passageiros (posição 87.03 do capítulo 87), _exceto_: (i) ambulâncias, (ii) carros funerários, (iii) carros celulares e (iv) jipes.	IV - veículos de passageiros da posição 87.03 (Capítulo 87 da TIPI), _exceto_: (i) ambulâncias, (ii) carros funerários, (iii) carros celulares e (iv) jipes.	IV - veículos de passageiros da posição 87.03 (Capítulo 87 da TIPI), _exceto_ (i) ambulâncias, (ii) carros funerários, (iii) carros celulares e (iv) jipes.	IV - veículos de passageiros da posição 87.03 (Capítulo 87 da TIPI), _exceto_ (i) ambulâncias, (ii) carros funerários, (iii) carros celulares e (iv) jipes.
Produtos importados	Produtos importados	Produtos importados	Produtos importados	Produtos importados
I - armas e munições;	I - armas e munições de qq. natureza;	I - armas e munições de qualquer natureza;	I - armas e munições de qualquer natureza;	I - armas e munições de qualquer natureza;
II - fumo;	II - fumo e seus derivados;	II - fumos e seus derivados;	II - fumos e seus derivados;	II - fumos e seus derivados;
III - bebidas alcoólicas;	III - bebidas alcoólicas;	III - bebidas alcoólicas;	III - bebidas alcoólicas;	III - bebidas alcoólicas;
IV - automóveis de passageiros;	IV - automóveis de passageiros;	IV - automóveis de passageiros;	IV - automóveis de passageiros;	IV - automóveis de passageiros;
V - _bens finais de informática_;	V - _bens finais de informática_;	V - _perfumes_.	V - _perfumes_.	V - _perfumes_.
VI - _perfumes_.	VI - _perfumes_.			

13.1.4. Zona de Processamento de Exportação (ZPE)

As Zonas de processamento de Exportação (ZPE) são caracterizadas como áreas de livre comércio de importação e de exportação e, para o efeito do controle aduaneiro, são consideradas zona primária.

Destinam-se à instalação de empresas voltadas para a produção de bens a serem comercializados no exterior, objetivando a redução de desequilíbrios regionais, o fortalecimento do balanço de pagamentos, bem como a promoção da difusão tecnológica e do desenvolvimento econômico e social do país[20].

As empresas autorizadas a operar nas ZPE estarão sujeitas a regime fiscal especial, que atualmente encontra-se regulado pela Lei nº 11.508/2007, com as alterações da Lei nº 11.732/2008.

• **Suspensão**

As empresas autorizadas a operar nas ZPE terão *suspensão do IPI* incidente sobre bens adquiridos no mercado interno, ou importados, nas seguintes situações:

I – importações de equipamentos, máquinas, aparelhos e instrumentos, novos ou usados, e de matérias-primas, produtos intermediários e materiais de embalagem necessários à instalação industrial ou destinados a integrar o processo produtivo (Lei nº 11.508/2007, art. 12, II);

II – aquisições no mercado interno de bens necessários às atividades da empresa, mencionados no inciso anterior (Lei nº 11.508/2007, art. 13).

Deve ser destacado que as matérias-primas, produtos intermediários e materiais de embalagem, importados ou adquiridos no mercado interno com suspensão do IPI, em razão do regime especial da ZPE[21], deverão ser integralmente utilizados no processo produtivo do produto final, podendo ser, entretanto, revendidos no mercado interno, em casos excepcionais, desde que devidamente autorizados pelo Conselho Nacional das ZPE (Lei nº 11.508/2007, art. 6º-A, § 5º e art. 18, § 7º).

---

20. Atualmente, existem 22 ZPE em diferentes fases pré-operacionais, distribuídas em dezoito estados brasileiros: 1 - ZPE do Acre (AC), 2 - ZPE de Aracruz(ES), 3 - ZPE de Vila Velha (ES), 4 - ZPE de Araguaína (TO), 5 - ZPE de Barcarena (PA), 6 - ZPE de Bataguassu(MS), 7 - ZPE de Corumbá (MS), 8 - ZPE de Barra dos Coqueiros (SE), 9 - ZPE de Boa Vista (RR), 10 - ZPE de Cáceres (MT), 11 - ZPE de Fernandópolis (SP), 12 - ZPE de Ilhéus (BA), 13 - ZPE de Imbituba (SC), 14 - ZPE de Itaguaí (RJ), 15 - ZPE de Macaíba(RN), 16 - ZPE de Sertão (RN), 17 - ZPE de Parnaíba (PI), 18 - ZPE de Pecém (CE), 19 - ZPE de São Luís (MA), 20 - ZPE de Suape (PE),21 - ZPE de Teófilo Otoni(MG) e 22 - ZPE de Uberaba (MG). Fonte: http://www.mdic.gov.br, acesso em 19 de fevereiro de 2015.

21. Nas notas fiscais relativas à venda para empresa autorizada a operar no regime especial da ZPE deverá constar a expressão "Venda Efetuada com Regime de Suspensão", com a especificação do dispositivo legal correspondente (Lei nº 11.508/2007, art. 6º-A, § 6º).

Os produtos importados ou adquiridos no mercado interno, com suspensão do IPI na forma do regime especial da ZPE, poderão ser mantidos em depósito, reexportados ou destruídos, na forma prevista na legislação aduaneira (Lei nº 11.508/ 2007, art. 12, § 2º).

- **Conversão da suspensão em alíquota zero**

O benefício fiscal da suspensão, no regime especial da ZPE, converte-se em alíquota 0 (zero) depois de cumprido o compromisso de auferir e manter, por 1 (um) ano-calendário, receita bruta decorrente de exportação de no mínimo 80% (oitenta por cento) de sua receita bruta total e decorrido o prazo de 2 (dois) anos do fato gerador (Lei nº 11.508/2007, art. 6º-A, § 7º).

- **Não incorporação ao ativo permanente da empresa autorizada a operar na ZPE de equipamentos, máquinas, aparelhos e instrumentos alcançados pela suspensão**

Na hipótese de que os equipamentos, máquinas, aparelhos e instrumentos, alcançados pela suspensão, não sejam incorporados ao ativo permanente da empresa habilitada, ou sejam revendidos antes da conversão em alíquota zero, fica a mesma obrigada a recolher o imposto com a exigibilidade suspensa acrescido de juros e multa de mora, contados da sua aquisição no mercado interno ou do registro da DI correspondente (Lei nº 11.508/2007, art. 6º-A, § 4º).

- **Importação de conjunto industrial usado**

Na hipótese da importação de produtos usados, a suspensão no regime especial da ZPE será aplicada quando se tratar de conjunto industrial e que seja elemento constitutivo da integralização do capital social da empresa (Lei nº 11.508/2007, art. 6º-A, § 3º).

- **Venda no mercado interno da produção de empresa autorizada a operar na ZPE**

Os produtos industrializados nas ZPE, quando vendidos para o mercado interno, estarão sujeitos ao pagamento do imposto normalmente incidente na operação (Lei nº 11.508/2007, art. 18, § 3º).

- **Venda entre empresas autorizadas a operar nas ZPE**

O tratamento de suspensão da exigibilidade do IPI (relativo ao regime especial praticado nas ZPE) aplica-se, também, para as aquisições de mercadorias realizadas entre empresas autorizadas a operar em ZPE (Lei nº 11.508/2007, art. 18, § 5º).

- **Responsabilidade pelo pagamento do imposto**

    A empresa autorizada a operar em uma Zona de Processamento de Exportação deverá responder pelo IPI suspenso na condição de:

    I – contribuinte, nas operações de importação;

    II – responsável, nas aquisições no mercado interno[22].

- **Perdimento**

    O artigo 23 da Lei nº 11.508/2007 estabelece que se considera dano ao erário, passível da aplicação da pena de perdimento, a introdução:

    I – no mercado interno, de mercadoria procedente de Zona de Processamento de Exportação que tenha sido importada, adquirida no mercado interno ou produzida em ZPE fora dos casos autorizados de conformidade com a legislação específica;

    II – em Zona de Processamento de Exportação, de mercadoria estrangeira não permitida.

- **Autorização para a instalação de empresas nas ZPE**

    A solicitação de autorização para a instalação de empresa em uma Zona de Processamento de Exportação deverá ser feita mediante apresentação de projeto, na forma estabelecida em regulamento específico (Lei nº 11.508/2007, art. 2º, § 5º).

    Deve ser destacado que o ato que autorizar a instalação da empresa nas Zonas de Processamento de Exportação deverá relacionar os produtos a serem fabricados de acordo com a sua classificação na TIPI e deverá assegurar, ainda, o tratamento relativo à ZPE pelo prazo de até 20 (vinte) anos, o qual poderá ser prorrogado por igual período, nos casos de investimento de grande vulto que exijam longos prazos de amortização, a critério do Conselho Nacional das ZPE (Lei nº 11.508/2007, art. 2º, § 8º).

- **Vedação à instalação nas ZPE**

    A legislação veda a instalação em Zona de Processamento de Exportação de empresas cujos projetos evidenciem a simples transferência de plantas industriais já instaladas no país, bem como não autoriza nas ZPE a produção, importação ou exportação de:

    I – armas ou explosivos de qualquer natureza (salvo prévia autorização do Comando do Exército);

---

22. Lei nº 11.508/2007, art. 6-A, § 1º.

II – material radioativo (salvo prévia autorização da Comissão Nacional de Energia Nuclear);

III – outros indicados em regulamento específico[23].

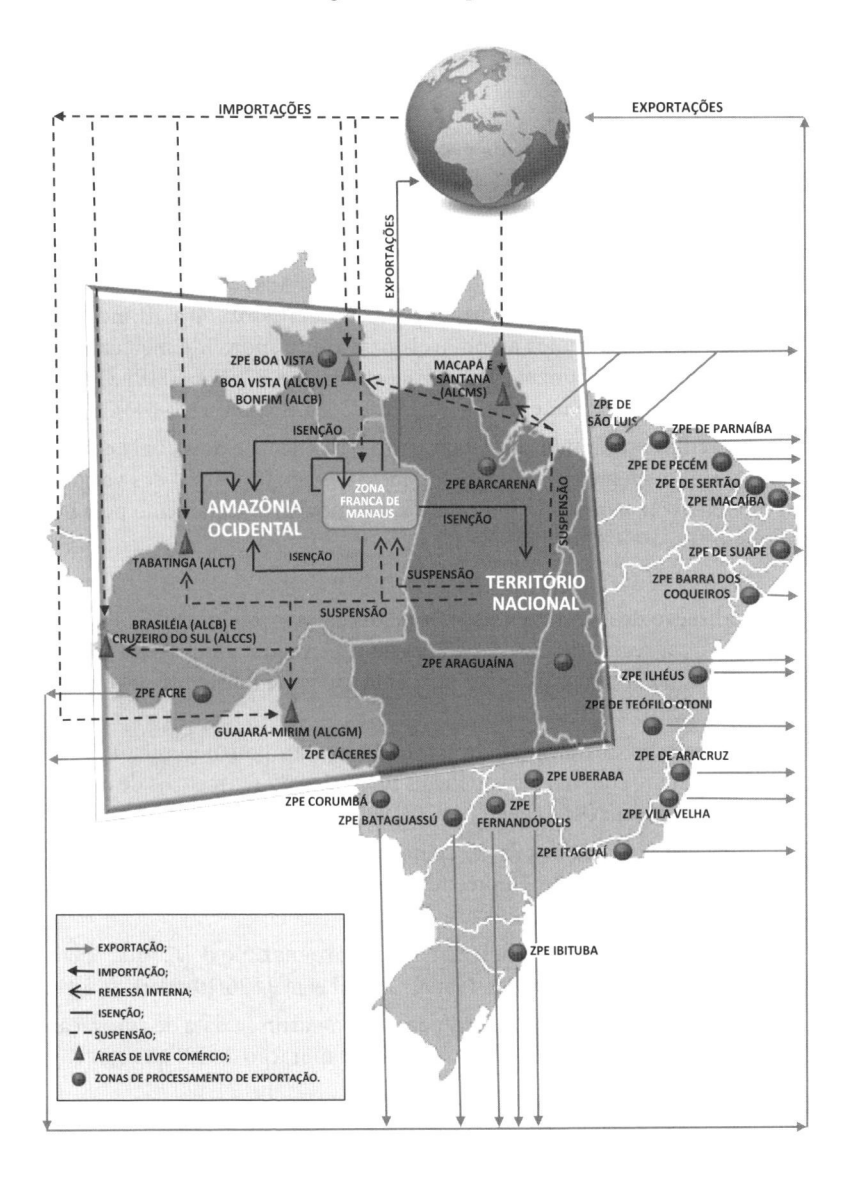

---

23. Lei nº 11.508/2007, art. 5º, caput e § único.

13.2. REGIMES FISCAIS SETORIAIS

13.2.1. Setor automotivo

Os benefícios fiscais concedidos ao setor automotivo pela legislação do IPI ocorrem a partir de duas espécies: o **crédito presumido** e a **suspensão**.

- **Crédito presumido**

1 – Veículos para transporte de pessoas e de mercadorias produzidos por estabelecimentos industriais instalados na área da SUDAM e da SUDENE

Os empreendimentos industriais instalados nas áreas de atuação da SUDAM e da SUDENE farão jus a crédito presumido do IPI, a ser deduzido na apuração do imposto incidente nas saídas, ocorridas até 31/12/2020, dos veículos automóveis para transporte de pessoas (dez pessoas ou mais, inclusive o motorista) e dos veículos automóveis para o transporte de mercadorias, classificados respectivamente nas posições 8702 e 8704 da TIPI (Lei nº 9.826/1999, art. 1º, caput, e § 3º, Lei nº 12.973/2014 e Lei nº 13.043/2014).

O crédito presumido corresponderá a 32% (trinta e dois por cento) do valor do IPI incidente nas saídas do estabelecimento industrial dos veículos em referência, nacionais ou importados, promovidas diretamente pelo beneficiário (Lei nº 9.826/1999, art. 1º, § 2º).

São requisitos para a fruição do benefício[24]:

I – A realização de investimentos em pesquisa, desenvolvimento e inovação tecnológica na região, inclusive na área de engenharia automotiva, correspondentes a, no mínimo, 10% (dez por cento) do valor do crédito presumido apurado[25] (Lei nº 9.826/1999, art. 1º, § 4º);

II – apresentação dos projetos até 31/10/1999, não podendo ser utilizado cumulativamente com outros benefícios fiscais federais, exceto os de caráter regional relativos ao IRPJ (Lei nº 9.826/1999, arts. 2º e 3º);

III – exigência de que a instalação de novo empreendimento industrial não implique transferência de empreendimento já instalado, para as regiões incentivadas (Lei nº 9.826/1999, art. 2º, § 3º);

IV – os projetos deverão ser implantados no prazo máximo de 42 (quarenta e dois) meses, contados da data de sua aprovação (Lei nº 9.826/1999, art. 2º, § 4º).

O direito ao crédito presumido dar-se-á a partir da data de aprovação do projeto, alcançando, inclusive, o período de apuração do IPI que contiver

---

24. Os Ministros de Estado da Fazenda e do Desenvolvimento, Indústria e Comércio Exterior fixarão, em ato conjunto, os requisitos para apresentação e aprovação dos projetos (Lei nº 9.826/1999, art. 2º, § 2º).
25. A empresa perderá o benefício de que trata este artigo caso não comprove no Ministério da Ciência e Tecnologia a realização dos investimentos previstos em P&D&I, na forma estabelecida em regulamento (Lei nº 9.826/1999, art. 1º, § 5º).

aquela data. Deve ser observado que a sua utilização em desacordo com as normas estabelecidas, bem como o descumprimento do projeto, implicará o pagamento do imposto e dos respectivos acréscimos legais (Lei nº 9.826/1999, art. 2º, § 5º e art. 4º).

2 – Frete sobre o transporte de colheitadeiras, tratores, veículos para transporte de passageiros e de mercadorias

Nos termos do art. 56 da MP 2.189-49/2001, o estabelecimento industrial poderá aderir ao **regime especial de apuração do IPI**, relativamente à parcela do <u>frete cobrado pela prestação do serviço de transporte dos produtos classificados nos seguintes códigos da TIPI</u>:

Códigos	Descrição da TIPI
8433.53.00	• Máquinas para colheita de raízes ou tubérculos
8433.59.1	• Colheitadeiras de algodão
8701.10.00	• Motocultores
8701.30.00	• Tratores de lagartas
8701.90	• Tratores outros
8702.10.00	• Veículos automóveis para transporte de dez pessoas ou mais, incluindo o motorista, com motor de pistão, de ignição por compressão (diesel ou semidiesel). Exceção 01: com volume interno de habitáculo, destinado a passageiros e motorista, superior a 6m³, mas inferior a 9m³
8702.90.90	• Veículos automóveis para transporte de dez pessoas ou mais, incluindo o motorista (outros) Exceção 01: com volume interno de habitáculo, destinado a passageiros e motorista, superior a 6m³, mas inferior a 9m³
87.03	• Automóveis de passageiros e outros veículos automóveis principalmente concebidos para transporte de pessoas (exceto os da posição 87.02), incluindo os veículos de uso misto (station wagons) e os automóveis de corrida.
8704.2	• Veículos automóveis para transporte de mercadorias. (Outros, com motor de pistão, de ignição por compressão, a diesel ou semidiesel)
8704.3	• Veículos automóveis para transporte de mercadorias. (Outros, com motor de pistão, de ignição por centelha)
8706.00.20	• Chassis com motor para os veículos automóveis das posições 87.01 a 87.05. (dos veículos das subposições 8701.10, 8701.30, 8701.90 ou 8704.10)

Observa-se ainda que a **empresa comercial atacadista** adquirente dos veículos das posições de 87.01 a 87.05 da TIPI[26], industrializados por encomenda por conta e ordem de pessoa jurídica domiciliada no exterior, da qual seja controlada direta ou indiretamente, será <u>equiparada a estabelecimento industrial</u> e <u>também poderá aderir ao regime especial</u> aqui referido (MP 2.189-49/2001, art. 56, § 2º).

---

26. Posições de TIPI: <u>87.01</u> – Tratores (exceto os carros-tratores da posição 87.09); <u>87.02</u> – Veículos automóveis para transporte de dez pessoas ou mais, incluindo o motorista; <u>87.03</u> – Automóveis de passageiros e outros veículos automóveis principalmente concebidos para transporte de pessoas (exceto os da posição 87.02), incluindo os veículos de uso misto (station wagons) e os automóveis de corrida; <u>87.04</u> – Veículos automóveis para transporte de mercadorias; <u>87.05</u> – Veículos automóveis para usos especiais (por exemplo, auto socorros, caminhões-guindastes, veículos de combate a incêndio, caminhões-betoneiras, veículos para varrer, veículos para espalhar, veículos-oficinas, veículos radiológicos), exceto os concebidos principalmente para transporte de pessoas ou de mercadorias.

O regime especial consistirá de crédito presumido do IPI em montante equivalente a 3% (três por cento) do valor do imposto destacado na nota fiscal (MP 2.158-35/2001, art. 56, § 1º, inciso I).

A concessão do regime especial deverá ser precedida de opção do interessado e ficará condicionada a que os serviços de transporte satisfaçam, cumulativamente, aos seguintes requisitos:

I – sejam executados ou contratados exclusivamente por estabelecimento industrial;

II – sejam cobrados juntamente com o preço dos produtos (ver quadro acima), nas operações de saída do estabelecimento industrial;

III – compreendam a totalidade do trajeto, no país:

(a) desde o estabelecimento industrial até o local de entrega do produto ao adquirente, quando o beneficiário do regime for o estabelecimento industrial ou

(b) desde o estabelecimento executor da encomenda até o local de entrega do produto ao adquirente, quando a beneficiária do regime for a comercial atacadista, na condição de equiparada a industrial (MP 2.158-35/2001, art. 56, § 1º, inciso II e § 3º).

3 – Ressarcimento do PIS/PASEP e da COFINS para montadoras e fabricantes de veículos

A legislação do IPI, conforme dispõe o art. 11-B da Lei nº 9.440/1997, concede às montadoras e fabricantes, dos veículos listados abaixo, o incentivo fiscal do crédito presumido do IPI, como ressarcimento da contribuição para o PIS/PASEP e da COFINS (incidência cumulativa), desde que apresentem projetos que contemplem novos investimentos e a pesquisa para o desenvolvimento de novos produtos ou novos modelos de produtos já existentes.[27]

---

27. A concessão do incentivo fiscal dependerá, ainda, de que as empresas referidas no § 1º do art. 135 do RIPI/2010 tenham: I – sido habilitadas, até 31/12/1997, aos benefícios fiscais para o desenvolvimento regional; II – cumprido com todas as condições estipuladas na Lei nº 9.440/1997, e constantes do termo de aprovação assinado pela empresa e III – comprovado a regularidade do pagamento dos impostos e contribuições federais (art. 135, § 2º do RIPI/2010).

O incentivo fiscal alcançará os fatos geradores ocorridos a partir do mês subsequente ao da sua concessão (art. 135, § 3º do RIPI/2010).

O crédito presumido será escriturado no livro Registro de Apuração do IPI, de que trata o art. 477 do RIPI/2010, e utilizado mediante dedução do imposto devido em razão das saídas de produtos do estabelecimento que apurar o referido crédito (art. 135, § 4º do RIPI/2010).

Quando, do confronto dos débitos e créditos, num período de apuração do imposto, resultar saldo credor, será este transferido para o período seguinte (art. 135, § 5º do RIPI/2010).

O crédito presumido não aproveitado na forma dos §§ 4º e 5º poderá, ao final de cada trimestre-calendário, ser aproveitado de conformidade com o disposto no art. 268 do RIPI/2010, observadas as regras específicas estabelecidas pela Secretaria da Receita Federal do Brasil (art. 135, § 6º do RIPI/2010).

O ressarcimento aplica-se exclusivamente às montadoras e fabricantes dos seguintes veículos:

I – veículos automotores terrestres de passageiros e de uso misto de duas rodas ou mais e jipes;

II – caminhonetas, furgões, picapes e veículos automotores, de quatro rodas ou mais, para transporte de mercadorias de capacidade máxima de carga não superior a quatro toneladas;

III – veículos automotores terrestres de transporte de mercadorias de capacidade de carga igual ou superior a quatro toneladas, veículos terrestres para transporte de dez pessoas ou mais e caminhões-tratores;

IV – tratores agrícolas e colheitadeiras;

V – tratores, máquinas rodoviárias e de escavação e empilhadeiras;

VI – carroçarias para veículos automotores em geral;

VII – reboques e semirreboques utilizados para o transporte de mercadorias e

VIII – partes, peças, componentes, conjuntos e subconjuntos (acabados e semiacabados) e pneumáticos, destinados aos produtos relacionados neste inciso e nos incisos de I a VII[28].

O benefício fiscal do crédito presumido para montadoras e fabricantes de veículos (vigente até 31/12/2020) obedece a uma tabela (decrescente), de modo que terá como base de apuração o valor das vendas no mercado interno, em cada mês, dos produtos constantes dos projetos apresentados, multiplicado por:

I – 2 (dois), até o 12º mês de fruição do benefício;

II – 1,9 (um inteiro e nove décimos), do 13º ao 24º mês de fruição do benefício;

III – 1,8 (um inteiro e oito décimos), do 25º ao 36º mês de fruição do benefício;

IV – 1,7 (um inteiro e sete décimos), do 37º ao 48º mês de fruição do benefício;

V – 1,5 (um inteiro e cinco décimos), do 49º ao 60º mês de fruição do benefício.

- **Suspensão**

Além do crédito presumido, a legislação do IPI concede ao setor automotivo o regime especial de suspensão do imposto, incidente no desembaraço aduaneiro e na saída do estabelecimento industrial, relativo a chassis, carroçarias, peças, partes, componentes e acessórios utilizados na fabricação de determinados veículos.

---

28. Lei nº 9.440/1997, art. 1º, § 1º.

Neste sentido, o artigo 136 do RIPI/2010 consolida a legislação, no que se refere ao regime fiscal especial de suspensão do IPI direcionado ao setor automotivo, dispondo que sairão com suspensão do IPI:

I – no desembaraço aduaneiro, os chassis, carroçarias, peças, partes, componentes e acessórios, importados sob regime aduaneiro especial, sem cobertura cambial, destinados à industrialização por encomenda dos produtos classificados nas posições de 87.01 a 87.05 da TIPI[29], vide nota 26;

II – do estabelecimento industrial, os produtos resultantes da industrialização por encomenda de que trata o inciso anterior, quando destinados ao mercado interno para a empresa comercial atacadista, controlada, direta ou indiretamente, pela pessoa jurídica encomendante domiciliada no exterior, por conta e ordem desta;

III – do estabelecimento industrial, os componentes, chassis, carroçarias, acessórios, partes e peças dos produtos autopropulsados classificados nas posições 84.29, 84.32, 84.33, 87.01 a 87.06 e 87.11 da TIPI[30];

IV – no desembaraço aduaneiro, os componentes, chassis, carroçarias, acessórios, partes e peças, referidos no inciso III, quando importados diretamente por estabelecimento industrial[31];

---

29. A concessão do regime aduaneiro especial, neste caso (inciso I), dependerá de prévia habilitação perante a Secretaria da RFB, que expedirá as normas necessárias ao seu cumprimento e quando os produtos resultantes da industrialização por encomenda (do inciso I) forem destinados ao exterior, resolve-se a suspensão do imposto incidente na importação e na aquisição, no mercado interno, das matérias-primas, dos produtos intermediários e dos materiais de embalagem neles empregados (art. 136, §§ 1º e 2º do RIPI/2010).

30. As posições da TIPI citadas correspondem a: _84.29_ – Bulldozers, angledozers, niveladores, raspo-transportadores (_scrapers_), pás mecânicas, escavadores, carregadoras e pás carregadoras, compactadores e rolos ou cilindros compressores, autopropulsados; _84.32_ – Máquinas e aparelhos de uso agrícola, hortícola ou florestal, para preparação ou trabalho do solo ou para cultura; rolos para gramados ou para campos de esporte; _84.33_ – Máquinas e aparelhos para colheita ou debulha de produtos agrícolas, incluindo as enfardadeiras de palha ou forragem; cortadores de grama e ceifeiras; máquinas para limpar ou selecionar ovos, frutas ou outros produtos agrícolas, exceto as da posição 84.37; _87.01_ – Tratores (exceto os carros-tratores da posição 87.09); _87.02_ – Veículos automóveis para transporte de dez pessoas ou mais, incluindo o motorista; _87.03_ – Automóveis de passageiros e outros veículos automóveis principalmente concebidos para transporte de pessoas (exceto os da posição 87.02), incluindo os veículos de uso misto (_station wagons_) e os automóveis de corrida; _87.04_ – Veículos automóveis para transporte de mercadorias; _87.05_ – Veículos automóveis para usos especiais (por exemplo, auto socorros, caminhões-guindastes, veículos de combate a incêndio, caminhões-betoneiras, veículos para varrer, veículos para espalhar, veículos-oficinas, veículos radiológicos), exceto os concebidos principalmente para transporte de pessoas ou de mercadorias; _87.06_ – Chassis com motor para os veículos automóveis das posições 87.01 a 87.05 e _87.11_ – Motocicletas (incluindo os ciclomotores) e outros ciclos equipados com motor auxiliar, mesmo com carro lateral; carros laterais.

31. A suspensão de que tratam os incisos III e IV do **caput** (art. 136 do RIPI/2010) é condicionada a que o produto, inclusive importado, seja destinado a emprego, pelo estabelecimento industrial adquirente:
I – na produção de componentes, chassis, carroçarias, acessórios, partes ou peças dos produtos autopropulsados (esta disposição alcança, exclusivamente, os produtos destinados a emprego na industrialização dos produtos autopropulsados relacionados nos Anexos I e II da Lei nº 10.485/2002 e,

V – do estabelecimento industrial, as matérias-primas, os produtos intermediários e os materiais de embalagem, quando adquiridos por estabelecimentos industriais fabricantes, preponderantemente, de componentes, chassis, carroçarias, partes e peças para industrialização dos produtos autopropulsados classificados nos Códigos 84.29, 8432.40.00, 8432.80.00, 8433.20, 8433.30.00, 8433.40.00, 8433.5 e 87.01 a 87.06 da TIPI[32];

VI – no desembaraço aduaneiro, as matérias-primas, os produtos intermediários e materiais de embalagem, importados diretamente por estabelecimento industrial de que trata o inciso V[33].

Deve ser destacado que nas notas fiscais, relativas às saídas referidas nos itens de III a VI, acima, deverá constar a expressão "Saído com suspensão do IPI", com a especificação do dispositivo legal correspondente, e será vedado o registro do imposto nas referidas notas (art. 139 do RIPI/2010).

13.2.2. Setor de bens de informática

A Lei nº 8.248/1991, conhecida como Lei de Informática, e suas posteriores alterações constituem a base dos regimes fiscais especiais dirigidos ao setor, os quais se referem, basicamente, à **isenção ou redução do imposto**, direcionados aos chamados "bens de informática", conforme definidos pela legislação, e à **suspensão do imposto** em relação às matérias-primas, produtos intermediários e materiais de embalagem aplicados na produção dos citados bens.

O Regulamento do IPI consolida as disposições relativas ao setor de bens de informática e suas alterações nos artigos de 140 a 149.

---

na hipótese de destinação distinta, a saída do estabelecimento industrial adquirente ou importador dar-se-á com a incidência do IPI) ou

II – na montagem dos produtos autopropulsados classificados nas posições 84.29, 84.32, 84.33, 87.01, 87.02, 87.03, 87.05, 87.06 e 87.11, e nos códigos 8704.10, 8704.2 e 8704.3 da TIPI (art. 136, §§ 3º e 5º e art. 138 do RIPI/2010).

O disposto nos incisos III e IV do **caput** (art. 136 do RIPI/2010) aplica-se, também, ao estabelecimento equiparado a industrial, de que trata o art. 137 do RIPI/2010 (art. 136, § 4º do RIPI/2010).

32. As posições e códigos da TIPI citados correspondem a: _84.29_ (vide nota 30); _8432.40.00_ – Espalhadores de estrume e distribuidores de adubos (fertilizantes); _8432.80.00_ – Outras máquinas e aparelhos da posição 84.32; _8433.20_ – Ceifeiras, incluindo as barras de corte para montagem em tratores; _8433.30.00_ – Outras máquinas e aparelhos para colher e dispor o feno; _8433.40.00_ – Enfardadeiras de palha ou de forragem, incluindo as enfardadeiras-apanhadeiras, _8433.5_ – Outras máquinas e aparelhos para colheita, máquinas e aparelhos para debulha da posição 84.33 e _87.01 a 87.06_ (vide nota anterior).

33. O disposto nos incisos V e VI do *caput* (art. 136 do RIPI/2010) aplica-se ao estabelecimento industrial cuja receita bruta decorrente dos produtos ali referidos, no ano-calendário imediatamente anterior ao da aquisição, houver sido superior a sessenta por cento de sua receita bruta total no mesmo período, bem como as empresas adquirentes deverão: I – atender aos termos e às condições estabelecidas pela Secretaria da Receita Federal do Brasil e II – declarar ao vendedor, de forma expressa e sob as penas da lei, que atendem a todos os requisitos estabelecidos (art. 136, §§ 6º e 7º do RIPI/2010).

- **Direito ao benefício**

Fazem jus aos benefícios fiscais do setor de informática, as empresas de desenvolvimento ou produção de bens e serviços de informática e automação que invistam, anualmente, em atividades de Pesquisa e Desenvolvimento (P&D) em Tecnologia da Informação (TI), realizadas no país (Lei nº 8.248/1991, art. 11 e Lei nº 10.176/2001, art. 1º).

O investimento, a que se faz referência, deverá ser de no mínimo 5% (cinco por cento) do faturamento bruto da empresa no mercado interno, decorrente da comercialização de bens e serviços de informática incentivados, conforme projeto elaborado pela própria empresa, a partir da apresentação da proposta de projeto ao MCTI[34] (Lei nº 12.249/2010, art. 15).

Observado que, para o cálculo do porcentual mínimo de investimentos em P&D de TI, exigido das beneficiárias, serão deduzidos da receita bruta incentivada: I – os tributos correspondentes a tais comercializações e II – o valor das aquisições de produtos incentivados (Lei nº 12.249/2010, art. 15).

- **Bens de informática**

A legislação (Lei nº 8.248/1991, art. 16-A, e Lei nº 10.176/2001, art. 5º) estabelece que, para os fins de fruição dos regimes fiscais especiais do setor de informática, consideram-se **bens de informática e automação**[35]:

I – componentes eletrônicos a semicondutor, optoeletrônicos, bem como os respectivos insumos de natureza eletrônica;

II – máquinas, equipamentos e dispositivos baseados em técnica digital, com funções de coleta, tratamento, estruturação, armazenamento, comutação, transmissão, recuperação ou apresentação da informação, seus respectivos insumos eletrônicos, partes, peças e suporte físico para operação;

III – os aparelhos telefônicos por fio, com unidade auscultador-microfone sem fio, que incorporem controle por técnicas digitais, classificados no código 8517.11.00 da TIPI, observado que, neste caso, os benefícios previstos não estão condicionados à obrigação de realizar os investimentos em P&D em TI, de que trata o art. 11 da Lei nº 8.248/1991;

---

34. Os benefícios incidirão somente sobre os bens de informática e automação produzidos de acordo com Processo Produtivo Básico definido pelo Poder Executivo, condicionados à apresentação de proposta de projeto ao Ministério da Ciência e Tecnologia (Lei nº 8.248/1991, art. 4, § 1º-C e Lei nº 10.176/2001).

35. O Poder Executivo, respeitado o disposto no § 1º do art. 16-A da Lei nº 8.248/1991 (lista de produtos de audio, audio e vídeo, lazer e entretenimento fora do conceito de bens de informática), definirá a relação dos bens alcançados pelo benefício do regime especial destinado a estes bens (Lei nº 8.248/1991, art. 4º, § 1º, e Lei nº 10.176/2001, art. 1º).

IV – terminais portáteis de telefonia celular, classificados no código 8517.12.31 da TIPI (Lei nº 8.248/1991, art. 16-A, § 2º, inciso I, e Lei nº 10.176/2001, art. 5º);

V – unidades de saída por vídeo (monitores), classificados nas subposições 8528.41 e 8528.51 da TIPI, desprovidas de interfaces e circuitarias para recepção de sinal de rádio frequência ou mesmo vídeo composto, próprias para operar com máquinas, equipamentos e dispositivos baseados em técnica digital da posição 84.71 da TIPI, com funções de coleta, tratamento, estruturação, armazenamento, comutação, transmissão, recuperação ou apresentação da informação.

- **Bens fora do conceito de bens de informática (segmentos de áudio, áudio e vídeo, e lazer e entretenimento)**

A Lei de Informática dispõe ainda que os benefícios fiscais de isenção e redução do IPI, concedido aos bens de informática, **não se aplicam aos produtos dos segmentos de** áudio, áudio e vídeo e lazer e entretenimento, ainda que incorporem tecnologia digital, incluindo os constantes da seguinte relação[36]:

I – aparelhos de fotocópia, por sistema óptico ou por contato, e aparelhos de termocópia, da subposição 8443.39 da TIPI;

II – aparelhos de gravação de som, aparelhos de reprodução de som, aparelhos de gravação e de reprodução de som, da posição 85.19 da TIPI;

III – aparelhos videofônicos de gravação ou de reprodução, mesmo incorporando um receptor de sinais videofônicos, da posição 85.21 da TIPI;

IV – partes e acessórios reconhecíveis como sendo exclusiva ou principalmente destinados aos aparelhos das Posições 85.19, 85.21 e 85.22 da TIPI;

V – discos, fitas, dispositivos de armazenamento não volátil de dados à base de semicondutores e outros suportes para gravação de som ou para gravações semelhantes (exceto os produtos do código 8523.52.00 da TIPI), mesmo gravados, incluídos as matrizes e moldes galvânicos para fabricação de discos, da posição 85.23 da TIPI;

VI – câmeras de televisão, câmaras fotográficas digitais e câmeras de vídeo, da subposição 8525.80 da TIPI;

VII – aparelhos receptores para radiodifusão, mesmo combinados, num mesmo invólucro com um aparelho de gravação ou de reprodução de som, ou com um relógio, da posição 85.27 da TIPI;

---

36. Lei nº 8.248/1991, art. 16-A, § 1º.

VIII – aparelhos receptores de televisão, mesmo incorporando um aparelho receptor de radiodifusão ou um aparelho de gravação ou de reprodução de som ou de imagens; monitores, exceto os relacionados no inciso V do item "Bens de informática" (acima), e projetores, da posição 85.28 da TIPI;

IX – partes reconhecíveis como exclusiva ou principalmente destinadas às câmeras da subposição 8525.80, referidas no inciso VI, e aos aparelhos das posições 85.27, 85.28 e 85.29 da TIPI;

X – tubos de raios catódicos para receptores de televisão, da posição 85.40 da TIPI;

XI – câmeras fotográficas; aparelhos e dispositivos, incluídos as lâmpadas e tubos, de luz-relâmpago (flash), para fotografia, da posição 90.06 da TIPI;

XII – câmeras e projetores cinematográficos, mesmo com aparelhos de gravação ou de reprodução de som incorporados, da posição 90.07 da TIPI;

XIII – aparelhos de projeção fixa; câmeras fotográficas, de ampliação ou de redução, da posição 90.08 da TIPI;

XIV – aparelhos de relojoaria e suas partes, do capítulo 91 da TIPI.

Vale destacar que a relação acima poderá ser ampliada em decorrência de inovações tecnológicas, elaboradas conforme a TIPI.

- **Isenção e redução**

O pedido de habilitação para a concessão da isenção ou redução do imposto deverá ser apresentado ao Ministério da Ciência, Tecnologia e Inovação (MCTI) pela empresa fabricante de bens de informática e automação, por intermédio de proposta de projeto[37], conforme instruções fixadas em conjunto por aquele Ministério e pelo Ministério do Desenvolvimento, Indústria e Comércio Exterior (MDIC).

➢ **Bens de informática**

Os bens de informática e automação, em regra, foram beneficiados pela isenção do IPI até a data de 31 de dezembro de 2000 e, a partir de então, a

---

37. A proposta de projeto deverá: I – identificar os produtos a serem fabricados; II – contemplar o plano de pesquisa e desenvolvimento elaborado pela empresa; III – demonstrar que na industrialização dos produtos a empresa atenderá aos Processos Produtivos Básicos para eles estabelecidos; IV – ser instruída com a Certidão Conjunta Negativa, ou Positiva com Efeitos de Negativa, de Débitos Relativos a Tributos Federais e à Dívida Ativa da União, com a Certidão Negativa, ou Positiva com Efeitos de Negativa, de Débitos Relativos às Contribuições Previdenciárias e com a comprovação da inexistência de débitos relativos ao Fundo de Garantia do Tempo de Serviço – FGTS e V – comprovar, quando for o caso, que os produtos atendem ao requisito de serem desenvolvidos no país (Lei nº 8.248/1991, art. 4º, § 1º-C e Lei nº 10.176/2001, art. 1º).

A empresa habilitada deverá manter atualizada a proposta de projeto, tanto no que diz respeito ao plano de pesquisa e desenvolvimento quanto ao cumprimento do Processo Produtivo Básico (RIPI/2010, art. 146, § 1º).

isenção foi convertida em redução do Imposto, a qual deverá observar os seguintes percentuais:

I – redução de 95% (noventa e cinco por cento) do imposto devido, de 01/01/2001 a 31/12/2001;

II – redução de 90% (noventa por cento) do imposto devido, de 01/01/2002 a 31/12/2002;

III – redução de 85% (oitenta e cinco por cento) do imposto devido, de 01/01/2001 a 31/12/2001;

IV – redução de 80% (oitenta por cento) do imposto devido, de 01/01/2004 a 31/12/2024;

V – redução de 75% (setenta e cinco por cento) do imposto devido, 01/01/2025 a 31/12/2026;

VI – redução de 70% (setenta por cento) do imposto devido, de 01/01/2027 até 31/12/2029, quando será extinto[38].

Regiões Centro-Oeste, SUDENE e SUDAM

Os mesmos bens, ou seja, os bens de informática e automação, quando produzidos na região Centro-Oeste ou nas regiões de influência da SUDAM e SUDENE, foram isentos até 31/12/2003 e, a partir de então, passaram a ser beneficiados pela redução do IPI nos seguintes percentuais:

I – redução de 95% (noventa e cinco por cento) do imposto devido, de 01/01/2004 a 31/12/2024;

II – redução de 90% (noventa por cento) do imposto devido, de 01/01/2025 a 31/12/2026;

III – redução de 85% (oitenta e cinco por cento) do imposto devido, de 01/01/2027 até 31/12/2029, quando será extinto[39].

> **Microcomputadores portáteis, unidades de processamento digitais de pequena capacidade, unidades de discos magnéticos e ópticos, circuitos impressos, gabinetes e fontes de alimentação**

Os bens de informática, relacionados abaixo, conforme consolidado no art. 142 do RIPI/2010, obedecerão à regra específica de Isenção ou de redução do IPI:

I – microcomputadores portáteis;

II – unidades de processamento digitais de pequena capacidade, baseadas em microprocessadores, de valor até R$ 11.000,00 (onze mil reais);

---

38. Art. 4º, § 1º-A da Lei nº 8.248/1991, Lei 10.176/2001 e art. 1º da Lei nº 13.023/2014.
39. Art. 4º, § 1º-D da Lei nº 8.248/1991, incluído pelo art. 1º da Lei nº 13.023/2014.

III - unidades de discos magnéticos e ópticos;

IV - circuitos impressos com componentes elétricos e eletrônicos montados;

V - gabinetes;

VI - fontes de alimentação, reconhecíveis como exclusiva ou principalmente destinados a tais equipamentos.

A regra específica estabelece que tais produtos, quando produzidos em qualquer ponto do território nacional (exceto as Regiões CO, da SUDAM e da SUDENE), foram isentos até 31/12/2003 e, a partir de então, as alíquotas do imposto foram reduzidas aos seguintes porcentuais:

I - redução de 95% (noventa e cinco por cento) do imposto devido, de 01/01/2004 a 31/12/2024;

II - redução de 90% (noventa por cento) do imposto devido, de 01/01/2025 a 31/12/2026;

III - redução de 70% (setenta por cento) do imposto devido, de 01/01/2027 até 31/12/2029, quando será extinto o benefício[40].

Regiões Centro-Oeste, SUDENE e SUDAM

Os mesmos produtos, quando produzidos na Região Centro-Oeste ou nas regiões de influência da SUDAM e da SUDENE:

I - foram isentos do imposto até 31 de dezembro de 2014;

II - de 1º de janeiro até 31 de dezembro de 2015, as alíquotas do imposto ficam sujeitas à redução de 95% (noventa e cinco por cento);

III - de 1º de janeiro de 2016 a 31 de dezembro de 2019, as alíquotas do imposto ficam sujeitas à redução de oitenta e cinco por cento[41].

- **Suspensão**

Os bens de informática, conforme apresentado na seção anterior, sujeitam-se ao regime especial de isenção e redução do Imposto sobre Produtos Industrializados.

Não obstante, as matérias-primas, os produtos intermediários e os materiais de embalagem, quando adquiridos ou importados por estabelecimentos industriais que fabriquem preponderantemente os bens de informática (alcançados pelo regime de isenção e redução do imposto), sairão do estabelecimento industrial ou serão desembaraçados (no caso da importação) com suspensão do imposto, conforme as disposições dos §§ 1º e 4º do art. 29 da Lei nº 10.637/2002 e art. 9º da Lei nº 11.908/2009.

---

40. Parágrafo 5º do art. 4º da Lei nº 8.248/1991, com redação do art. 1º da Lei nº 13.023/2014.
41. Art. 3º da Lei nº 11.077/2004.

Deve ser destacado que a suspensão se aplica ao estabelecimento industrial cuja receita bruta decorrente dos bens de informática, no ano-calendário imediatamente anterior ao da aquisição, houver sido superior a 60% (sessenta por cento) de sua receita bruta total no período (Lei nº 10.637/2002, art. 29, § 2º).

13.2.3. Indústria de Semicondutores (PADIS)

O Programa de Apoio ao Desenvolvimento Tecnológico da Indústria de Semicondutores (PADIS) foi instituído pela Lei nº 11.484/2007. O benefício fiscal concedido pelo programa consiste na redução das alíquotas do IPI a zero para a pessoa jurídica habilitada pela Secretaria da RFB, atendidas as disposições e requisitos da legislação de regência.

- **Beneficiárias do PADIS**

Poderá pleitear habilitação no PADIS a pessoa jurídica que invista anualmente em pesquisa e desenvolvimento (P&D) no país e que, adicionalmente, exerça isoladamente ou em conjunto atividades relacionadas à produção de: I – **dispositivos eletrônicos semicondutores**, classificados nas posições 85.41 e 85.42 da TIPI e II – **dispositivos mostradores de informações** (**displays**), conforme definido em legislação específica[42].

- **Dispositivos eletrônicos semicondutores**

As atividades abrangidas pelo programa, em relação aos dispositivos eletrônicos semicondutores, em referência acima, compreendem:

I – concepção, desenvolvimento e projeto (**design**);

II – difusão ou processamento físico-químico;

III – encapsulamento e teste.

- **Dispositivos mostradores de informações (displays)**

Por seu turno, as atividades no âmbito do PADIS, em relação a dispositivos mostradores de informações (**displays**), incluem:

---

42. O investimento em P&D e as atividades do PADIS devem ser efetuados, de acordo com projetos aprovados na forma do art. 153 do RIPI, apenas nas áreas de microeletrônica, de optoeletrônica e de ferramentas computacionais (**softwares**) de suporte a tais projetos e de metodologias de projeto e de processo de fabricação dos componentes relacionados nos incisos I e II do § 1º do art. 150 do RIPI (RIPI/2010, art. 150, § 5º).

Os projetos devem ser aprovados em ato conjunto do Ministério da Fazenda, do Ministério da Ciência e Tecnologia e do Ministério do Desenvolvimento, Indústria e Comércio Exterior, nos termos e condições estabelecidos pelo Poder Executivo; observado que a sua aprovação fica condicionada à comprovação da regularidade fiscal, da pessoa jurídica interessada, em relação aos impostos e contribuições administrados pela Secretaria da Receita Federal do Brasil (RIPI/2010, art. 153).

I – concepção, desenvolvimento e projeto (**design**);

II – fabricação dos elementos fotossensíveis, foto ou eletroluminescentes e emissores de luz;

III – montagem final do mostrador e testes elétricos e ópticos.

- **Atividades do PADIS**

Para os efeitos das atividades desenvolvidas no âmbito do PADIS, considera-se que estas serão exercidas pela pessoa jurídica: (i) *isoladamente*, quando a mesma executar todas as etapas previstas para um dos incisos acima (atividades), ex. design: concepção, desenvolvimento e projeto ou (ii) *em conjunto*, quando executar todas as atividades (todos os incisos) previstas para um determinado dispositivo.

Deve ser observado, ainda, que a beneficiária do programa deve exercer, exclusivamente, as atividades previstas no PADIS.

Destaca-se que as atividades do PADIS, em relação a dispositivos mostradores de informações (**displays**): I – *alcança* os mostradores de informações (displays) relacionados em ato do Poder Executivo, destinados à utilização como insumo em equipamentos eletrônicos, com tecnologia baseada em componentes de cristal líquido – LCD, fotoluminescentes (painel mostrador de plasma – PDP), eletroluminescentes (diodos emissores de luz – LED, diodos emissores de luz orgânicos – OLED ou displays eletroluminescentes a filme fino – TFEL) ou similares com microestruturas de emissão de campo elétrico; mas II – *não alcança* os tubos de raios catódicos – CRT.

- **Redução de Alíquotas**

> **Bens do ativo imobilizado, softwares e insumos**

As alíquotas do IPI incidente na saída do estabelecimento industrial, ou equiparado, ou ainda na importação de máquinas, aparelhos, instrumentos e equipamentos ficam reduzidas a zero, até 22 de janeiro de 2022, quando tais aquisições forem efetuadas por pessoa jurídica beneficiária do PADIS, para a incorporação ao seu ativo imobilizado, e desde que sejam destinados ao emprego nas atividades admitidas naquele programa.

Deve ser observado que a redução de alíquota deverá alcançar também as ferramentas computacionais (**softwares**) e os insumos destinados às atividades desenvolvidas no âmbito do PADIS, quando importados ou adquiridos no mercado interno por pessoa jurídica beneficiária[43].

---

43. As disposições do PADIS relativas a bens do ativo imobilizado e software alcançam somente aos bens ou insumos relacionados em ato do Poder Executivo (Lei nº 11.484/2007, art. 3º, § 2º).

➢ Semicondutores e displays

As alíquotas do imposto incidentes sobre os dispositivos eletrônicos semicondutores e os displays, objetos das atividades admitidas no PADIS, na saída do estabelecimento industrial da pessoa jurídica beneficiária, ficam reduzidas a zero, até 22 de janeiro de 2022.

A legislação do IPI dispõe que a redução de alíquotas, aqui prevista, no que se refere às saídas dos mostradores de informações (displays), aplica-se somente quando as atividades de concepção, desenvolvimento e projeto (design), bem como de fabricação dos elementos fotossensíveis, foto ou eletroluminescentes e emissores de luz, tenham sido realizadas no país.

Vale destacar que a redução de alíquotas, aqui em destaque, não se aplica cumulativamente com outras reduções ou benefícios relativos ao IPI.

- **Cumprimento da obrigação de investir**

A beneficiária do PADIS deverá encaminhar ao MCTI, até 31 de julho de cada ano civil, relatórios que demonstrem o cumprimento das obrigações e condições estabelecidas na legislação específica, relativamente ao ano anterior.

Caso seja observado que os investimentos em P&D, exigidos para a habilitação no programa, não tenham atingido o porcentual mínimo fixado em regulamento, a beneficiária deverá aplicar o valor residual no Fundo Nacional de Desenvolvimento Científico e Tecnológico – FNDCT[44] (CT--INFO ou CT-Amazônia).

Na hipótese de não ser realizada a aplicação no FNDCT, quando os investimentos em P&D não alcançarem o porcentual exigido, ou quando esta não ocorra no prazo previsto, o contribuinte estará obrigado ao pagamento de juros e multa de mora[45], na forma da lei tributária, referentes ao imposto não pago em decorrência dos benefícios do programa.

Deve ser observado, por fim, que o recolhimento dos juros e da multa, a que se faz referência, não desobrigam a beneficiária do PADIS do dever de efetuar a aplicação no FNDCT, bem como a falta ou a irregularidade do recolhimento sujeitará a pessoa jurídica a lançamento de ofício, com aplicação de multa de ofício na forma da lei tributária.

---

44. A aplicação será acrescida de multa de 20% (vinte por cento) e de juros equivalentes à SELIC, calculados de 1º de janeiro do ano subsequente àquele em que não foi atingido o porcentual até a data da efetiva aplicação e deverá ser efetuada até o último dia útil do mês de março do ano subsequente àquele em que não for atingido o porcentual de investimentos (Lei nº 11.484/2007, art. 8º, caput e § 1º).

45. Os juros e multa serão recolhidos isoladamente e devem ser calculados a partir da data da saída do produto do estabelecimento industrial, sobre o valor do imposto não recolhido, proporcionalmente à diferença entre o percentual mínimo de aplicações em pesquisa e desenvolvimento fixado e o efetivamente efetuado (Lei nº 11.484/2007, art. 8º, § 3º).

- **Suspensão e cancelamento da aplicação do PADIS**

A beneficiária do PADIS será punida com a suspensão dos benefícios do programa, na ocorrência das seguintes infrações:

I – não apresentação ao MCTI ou não aprovação dos relatórios demonstrativos do cumprimento das obrigações e condições do PADIS, relativas ao ano anterior;

II – descumprimento da obrigação de efetuar investimentos em P&D, na forma da norma específica regulamentadora do programa;

III – infringência aos dispositivos de regulamentação do PADIS;

IV – irregularidade em relação a impostos ou contribuições, administrados pela Secretaria da Receita Federal do Brasil.

Deve ser destacado que a suspensão ocorrerá a qualquer tempo e sem o prejuízo da aplicação de penalidades específicas.

A suspensão do PADIS será convertida em cancelamento, no caso de a beneficiária não sanar a infração no prazo de 90 (noventa dias) da notificação da suspensão; observado, ainda, que a pessoa jurídica que der causa a duas suspensões em prazo inferior a dois anos será igualmente punida com o cancelamento, o qual somente poderá ser revertido, qualquer que seja o caso, após dois anos de sanada a infração que o motivou.

13.2.4. Indústria de Equipamentos para a TV Digital (PATVD)

O Programa de Apoio ao Desenvolvimento Tecnológico da Indústria de Equipamentos para a TV digital (PATVD) também foi criado pela Lei nº 11.484/2007 e concede à sua beneficiária, pessoa jurídica habilitada pela Secretaria da Receita Federal do Brasil, a redução das alíquotas do IPI a zero, desde que atendidos os requisitos da legislção.

- **Beneficiária do PATVD**

A Lei nº 11.484/2007 estabelece em seus artigos 13 e 17, que a pessoa jurídica que invista anualmente em P&D no país, conforme definido em legislação específica e que exerça, adicionalmente, as atividades de desenvolvimento e fabricação de equipamentos transmissores de sinais por radiofrequência para televisão, do código 8525.50.2 da TIPI, poderá pleitear a habilitação no PATVD[46].

---

46. A pessoa jurídica habilitada deverá cumprir Processo Produtivo Básico estabelecido por portaria interministerial do Ministério do Desenvolvimento, Indústria e Comércio Exterior e Ministério da Ciência e Tecnologia ou, alternativamente, atender aos critérios de bens desenvolvidos no país definidos por portaria do Ministério da Ciência e Tecnologia (Lei nº 11.484/2007, art. 13, § 1º).

Os investimentos em P&D, assim como o exercício das atividades beneficiadas pelo programa, devem ser efetuados de acordo com projetos aprovados em ato conjunto do MF, do MCTI e do MDIC, nos termos e condições estabelecidos pelo Poder Executivo. Deverão ser direcionados apenas para as atividades de pesquisa e desenvolvimento dos equipamentos transmissores antes mencionados, seus softwares e seus insumos.

- **Redução de Alíquotas**
> **Bens do ativo imobilizado, software e insumos**

A Lei nº 11.484/2007 estabelece em seu art. 14, III, que ficarão reduzidas a zero, até 22 de janeiro de 2017, as alíquotas do IPI incidente na saída do estabelecimento industrial, do seu equiparado, ou na importação de máquinas, aparelhos, instrumentos e equipamentos, novos, quando a aquisição no mercado interno ou a importação for efetuada por beneficiária do PATVD, para incorporação ao seu ativo imobilizado e destinação às atividades admitidas no programa.

Deve ser destacado que a redução de alíquotas alcança também as ferramentas computacionais (softwares) e os insumos destinados à fabricação dos equipamentos abrangidos pelo PATVD, quando adquiridos no mercado interno ou importados por beneficiária do programa; observado que os benefícios fiscais alcançarão somente bens ou insumos relacionados em ato do Poder Executivo.

> **Equipamentos transmissores de sinais por radiofrequência para televisão**

Os equipamentos transmissores de sinais por radiofrequência para televisão, do código 8525.50.2 da TIPI, ou seja, aqueles que constituem o objeto do PATVD, também terão as alíquotas do imposto reduzidas a zero, até 22 de janeiro de 2017, na saída do estabelecimento industrial da pessoa jurídica beneficiária do PATVD.

Vale frisar que o benefício fiscal de redução de alíquotas do PATVD não se aplica cumulativamente com outras reduções ou benefícios relativos ao IPI.

- **Cumprimento da obrigação de investir**

A beneficiária do PATVD deverá encaminhar ao MCTI, até 31 de julho de cada ano civil, os relatórios demonstrativos do cumprimento das obrigações e condições estabelecidas para habilitação no programa e pela legislação específica, relativamente ao ano anterior.

Se ocorrer de os investimentos em P&D, previstos para habilitação no programa, não atingirem o percentual mínimo, fixado em regulamentação específica, a pessoa jurídica beneficiária do PATVD deverá aplicar o valor residual no FNDCT (CT-INFO ou CT-Amazônia).

O valor da aplicação no FNDCT deverá ser acrescido de multa de 20% (vinte por cento) e de juros equivalentes à taxa SELIC, que serão calculados desde 1º de janeiro do ano subsequente àquele em que não foi atingido o percentual até a data da efetiva aplicação; observado, ainda, que a aplicação deverá ser efetuada até o último dia útil do mês de março do ano subsequente àquele em que não foi atingido o percentual.

Na hipótese de insuficiência do investimento em P&D, frente ao percentual exigido pelo PATVD, seguida da não realização da aplicação no FNDCT ou do não cumprimento do prazo previsto para a mesma aplicação, o contribuinte estará obrigado ao pagamento de juros e multa de mora; que serão recolhidos isoladamente e deverão ser calculados a partir da data da saída do produto do estabelecimento industrial, incidindo sobre o valor do imposto não recolhido, proporcionalmente à diferença entre o percentual mínimo de aplicações em P&D fixado e o efetivamente efetuado.

Vale destacar, mais uma vez, que o recolhimento dos juros e da multa, pela não realização ou pelo atraso na aplicação no FNDCT, não desobrigam a beneficiária do PATVD do dever de efetuar tal aplicação, bem como a falta ou irregularidade do mesmo recolhimento sujeita a beneficiária a lançamento de ofício, com aplicação de multa de ofício na forma da lei tributária.

- **Suspensão**

O PATVD será suspenso, a qualquer tempo e sem o prejuízo da aplicação de penalidades específicas, no caso das seguintes infrações:

I – descumprimento do Processo Produtivo Básico (PPB);

II – descumprimento da obrigação de efetuar investimentos em P&D;

III – não apresentação ou não aprovação dos relatórios demonstrativos do cumprimento, no ano anterior, das obrigações e condições estabelecidas para o PATVD;

IV – infringência aos dispositivos de regulamentação do PATVD;

V – irregularidade em relação a impostos ou contribuições administradas pela Secretaria da RFB.

- **Cancelamento**

A suspensão do PATVD será convertida em cancelamento, no caso de a beneficiária não sanar a infração no prazo de 90 (noventa) dias contados da notificação da suspensão; observado que a pessoa jurídica que der causa a duas suspensões em prazo inferior a dois anos será, igualmente, punida com o cancelamento do programa.

Deve ser destacado, por fim, que a penalidade de cancelamento da aplicação do PATVD somente poderá ser revertida após dois anos de sanada a infração que a motivou.

13.2.5. Regime fiscal especial para a modernização e ampliação da estrutura portuária (REPORTO)

O REPORTO consiste em regime fiscal especial relativo ao IPI e visa a promover a modernização e a ampliação da estrutura portuária do país. Foi instituído pela Lei nº 11.033/2004, tendo sofrido as principais alterações a partir da Lei nº 11.276/2006 e da Lei nº 11.774/2008 e, mais recentemente, da Lei nº 12.715/2012 e da Lei nº 13.169/2015.

Os benefícios fiscais concedidos no âmbito do REPORTO são a suspensão do IPI, relativamente a máquinas, equipamentos, peças de reposição e outros bens destinados ao ativo imobilizado das pessoas jurídicas beneficiárias do regime e, posteriormente, a referida suspensão converte-se em isenção do imposto.

- **Beneficiários**

São beneficiários do REPORTO:

I – o operador portuário, o concessionário de porto organizado, o arrendatário de instalação portuária de uso público e a empresa autorizada a explorar instalação portuária de uso privativo misto ou exclusivo, inclusive aquelas que operam com embarcações de *offshore*;

II – as empresas de dragagem, os recintos alfandegados de zona secundária e os centros de formação profissional e treinamento multifuncional, conceituados no art. 33 da Lei dos Portos;

III – o concessionário de transporte ferroviário.

O artigo 7º da Lei nº 13.169/2015 estendeu a aplicação do regime especial do REPORTO até a data de 31 de dezembro de 2020[47].

- **Suspensão**

O benefício fiscal da suspensão do imposto atinge as vendas e as importações de máquinas, equipamentos, peças de reposição e outros bens, quando adquiridos no mercado interno ou importados diretamente pelos

---

47. A Secretaria da Receita Federal do Brasil estabelecerá os requisitos e os procedimentos para habilitação dos beneficiários ao REPORTO, bem como para coabilitação dos fabricantes dos bens listados no § 8º do art. 14 da Lei nº 11.033/2004 (Lei nº 11.033/2004, art. 15, § 2º, e Lei nº 12. 688/2012, art. 30).

beneficiários do REPORTO[48] e desde que destinados ao seu ativo imobilizado para a utilização exclusiva na execução dos serviços de:

I – carga, descarga, armazenagem e movimentação de mercadorias e produtos;

II – sistemas suplementares de apoio operacional (que não possuam similar nacional);

III – proteção ambiental;

IV – sistemas de segurança e de monitoramento de fluxo de pessoas, mercadorias, produtos, veículos e embarcações;

V – dragagens;

VI – treinamento e formação de trabalhadores, inclusive na implantação de Centros de Treinamento Profissional.

A suspensão do imposto, relativamente aos produtos importados, somente será aplicada a máquinas, equipamentos e outros bens que não possuam similar nacional, assim como as peças de reposição, a que faz referência acima, deverão ter seu valor aduaneiro igual ou superior a 20% (vinte por cento) do valor aduaneiro da máquina ou equipamento ao qual se destinam, conforme registrado na respectiva DI.

Deve ser observado que, tratando-se de veículos, os mesmos quando adquiridos com o benefício do REPORTO deverão receber identificação visual externa a ser definida pela Secretaria de Portos da Presidência da República.

> **Locomotivas, trilhos e elementos de vias férreas**

A suspensão do REPORTO também se aplica a bens utilizados na execução de serviços de transporte de mercadorias em ferrovias, a saber, as locomotivas das posições 86.01, 86.02 e 86.06 da TIPI, bem como aos trilhos e demais elementos de vias férreas, classificados na posição 73.02 da mesma tabela, conforme estejam relacionados em regulamento específico.

- **Isenção**

O benefício fiscal da suspensão do IPI, concedido pelo REPORTO, deverá converter-se em isenção após o decurso do prazo de 5 (cinco anos), contados da data da ocorrência do respectivo fato gerador.

Deve ser observado que a fruição da suspensão e da isenção do IPI, no âmbito do REPORTO, ficam condicionadas à comprovação da quitação dos impostos e contribuições federais pelo beneficiário, bem como, no caso do imposto vinculado à importação, à _formalização de termo de responsabilidade_ em relação ao crédito tributário.

---

48. O Poder Executivo deverá relacionar as máquinas, equipamentos e bens objeto da suspensão em qualquer dos casos (Lei nº 11.033/2004, art. 14, § 7º).

- **Transferência**

Pode ocorrer, entretanto, de que os bens adquiridos no mercado interno ou importados mediante aplicação do REPORTO tenham a sua propriedade transferida, a qualquer título, antes de completado o prazo fixado pela legislação, 5 (cinco) anos do fato gerador, conforme destacado acima.

Nesta hipótese, a transferência deverá ser precedida de autorização da Secretaria da RFB e do recolhimento dos tributos suspensos, acrescidos de juros e de multa de mora.

Vale observar que a transferência, quando ocorrida entre pessoas jurídicas beneficiárias do REPORTO, e desde que previamente autorizada pela Secretaria da RFB, será efetivada com a dispensa da cobrança do imposto suspenso.

Para tanto, a beneficiária e adquirente deverá, cumulativamente:

I – formalizar novo termo de responsabilidade a que se refere o art. 14, § 3º da Lei nº 11.033/2004;

II – assumir perante a Secretaria da RFB a responsabilidade pelos impostos e contribuições suspensos, desde o momento da ocorrência dos respectivos fatos geradores.

13.2.6. Regime especial de tributação para a Plataforma de Exportação de Serviços de Tecnologia da Informação (REPES)

O REPES – Regime Especial para a Plataforma de Esportação de Serviços de Tecnologia da Informação – foi criado pela Lei nº 11.196/2005, a chamada Lei do Bem da Inovação. Estabelece, em síntese, que os bens sem similar nacional, importados diretamente por beneficiário do regime para incorporação ao seu ativo imobilizado, serão desembaraçados com suspensão do IPI, que, posteriormente, será convertida em isenção, observadas as exigências da legislação.

A suspensão do imposto, no âmbito do REPES, aplica-se a bens novos relacionados em ato do Poder Executivo, quando destinados ao desenvolvimento no país de software e de serviços de tecnologia da informação.

A conversão da referida suspensão em isenção ocorrerá depois de cumprido o compromisso de exportação de 60% (sessenta por cento), ou mais, da receita bruta anual decorrente das atividades de desenvolvimento de software e da prestação de serviços de tecnologia da informação, observados os prazos da legislação.

- **Beneficiária**

A beneficiária do REPES será a pessoa jurídica, previamente habilitada pela Secretaria da Receita Federal do Brasil, que:

I – exerça preponderantemente as atividades de desenvolvimento de software ou de prestação de serviços de tecnologia da informação;

II – assuma compromisso de exportação igual ou superior a 60% (sessenta por cento) de sua receita bruta anual decorrente da venda dos bens e serviços de que trata o inciso I[49], por ocasião da sua opção pelo REPES.

- **Cancelamento**

Na hipótese de cancelamento de habilitação ao REPES, a pedido ou de ofício, a pessoa jurídica excluída fica obrigada a recolher o imposto que deixou de ser pago, em razão da suspensão, acrescido de juros e multa de mora, contados a partir da ocorrência do fato gerador.

- **Transferência**

Ocorrendo a transferência da propriedade ou a cessão de uso dos bens importados com suspensão do imposto em razão do REPES, a qualquer título, antes de ocorrer a isenção prevista neste regime especial; o seu beneficiário deverá recolher, previamente, o imposto que deixou de ser pago, acrescido de juros e multa de mora, contados a partir da ocorrência do fato gerador.

- **Falta de recolhimento**

Uma vez não efetuado o recolhimento, nas hipóteses de cancelamento do REPES ou da transferência do bem adquirido ou importado ao abrigo dos benefícios fiscais do mesmo regime, ensejará lançamento de ofício do imposto, acrescido de juros e da multa de 75% (setenta e cinco por cento) sobre a totalidade ou diferença do imposto.

---

49. A receita bruta, a que se faz referência, será considerada depois de excluídos os impostos e contribuições incidentes sobre a venda (Lei nº 11.196/2005, art. 2º, § 1º).
A adesão ao REPES fica condicionada à regularidade fiscal da pessoa jurídica em relação aos impostos e contribuições administrados pela Secretaria da Receita Federal do Brasil (Lei nº 11.196/2005, art. 7º).

REGIMES FISCAIS

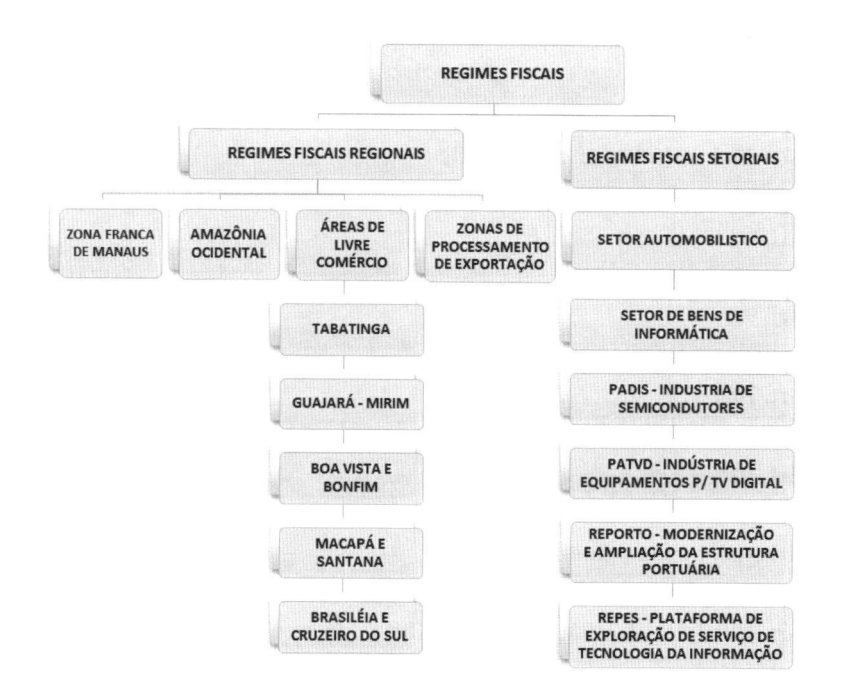

- REGIMES FISCAIS REGIONAIS
  - ZONA FRANCA DE MANAUS
  - AMAZÔNIA OCIDENTAL
  - ÁREAS DE LIVRE COMÉRCIO
    - TABATINGA
    - GUAJARÁ - MIRIM
    - BOA VISTA E BONFIM
    - MACAPÁ E SANTANA
    - BRASILÉIA E CRUZEIRO DO SUL
  - ZONAS DE PROCESSAMENTO DE EXPORTAÇÃO

- REGIMES FISCAIS SETORIAIS
  - SETOR AUTOMOBILISTICO
  - SETOR DE BENS DE INFORMÁTICA
  - PADIS - INDUSTRIA DE SEMICONDUTORES
  - PATVD - INDÚSTRIA DE EQUIPAMENTOS P/ TV DIGITAL
  - REPORTO - MODERNIZAÇÃO E AMPLIAÇÃO DA ESTRUTURA PORTUÁRIA
  - REPES - PLATAFORMA DE EXPLORAÇÃO DE SERVIÇO DE TECNOLOGIA DA INFORMAÇÃO

Base legal

RIPI – Regulamento do Imposto sobre Produtos Industrializados (BRASIL, 2010)

Art. 81, I, II e III;

Art. 82, *caput* e § 1º, § 2º, § 3º (I, II, III, IV e V), § 4º, § 5º (I, II, III, IV, V, VI, VII, VIII, IX, X, XI, XII, XIII e XIV), § 6º, § 7º e § 8º;

Art. 83;

Art. 84;

Art. 85, I e II;

Art. 86, *caput* e §§ 1º e 2º;

Art. 87, I, II e III;

Art. 88, I e II e § único;

Art. 89;

Art. 90;

Art. 91;

Art. 92;
Art. 93;
Art. 94;
Art. 95, I, II (a, b, c, d, e, f, g) e III;
Art. 95, §§ 1º e 2º;
Art. 96;
Art. 97;
Art. 98;
Art. 99;
Art. 100;
Art. 101;
Art. 102;
Art. 103;
Art. 104, I e II e § único;
Art. 105, *caput* e § 1º (I, e II) e § 2º (I, e II);
Art. 106, I, II, III, IV, V, VI, VII e VIII;
Art. 106, § 1º e § 2º (I, II, III, IV, V e VI);
Art. 107, § único (I, II, III e IV);
Art. 109, I, II, III, IV, V e VI e § 1º (I, II, III, IV, V e VI), § 2º e § 3º;
Art. 110, *caput* e § único (I, II, III, IV, V e VI);
Art. 112, I, II, III, IV e V e § 1º, § 2º (I, II, III, IV e V) e § 3º;
Art. 113, *caput* e § único (I, II, III e IV);
Art. 114;
Art. 116, I, II, III, IV e V e § 1º, § 2º (I, II, III, IV e V) e § 3º;
Art. 117, *caput* e § único (I, II, III e IV);
Art. 119, I, II, III, IV e V e § 1º, § 2º (I, II, III, IV e V) e § 3º;
Art. 120, *caput* e § único (I, II, III e IV);
Art. 121, *caput* e § único (I, e II);
Art. 122, *caput* e § único;
Art. 123, I e II e §§ 1º e 2º;
Art. 124;
Art. 125;
Art. 126;
Art. 127;

Art. 128;
Art. 129, I e II;
Art. 130, I e II;
Art. 131, *caput* e §§ 1º e 2º;
Art. 132, *caput* e § único (I, II e III);
Art. 133, *caput* e § 1º, § 2º, § 3º § 4º, § 5º § 6º e 7º;
Art. 134, *caput* e §§ 1º (I e II) e 2º;
Art. 135, § 1º (I, II, III, IV, V, VI, VII e VIII), § 3º § 4º, § 5º e § 6º;
Art. 136, I, II, III, IV, V e VI e § 1º, § 2º, § 3º (I e II), § 4º, § 5º e § 6º (I e II);
Art. 137;
Art. 138;
Art. 139;
Art. 146, § 1º.

Lei 8.248/1991 (BRASIL, 1991)
Art. 4º, § 1º, § 1º-A, § 1º-C, § 1º-D e § 5º;
Art. 11, *caput*;
Art. 16-A, I, II, III e IV e § 1º (I, II, III, IV, V, VI, VII, VIII, IX, X, XI, XII, XIII e XIV), § 2º (I e II), § 4º e § 5º;

Lei 9.440/1997 (BRASIL, 1997)
Art. 11-A, I, II, III, IV e V;

Lei 10.637/2002 (BRASIL, 2002b)
Art. 29, §1º, § 2º e § 4º;

Lei 11.033/2004 (BRASIL, 2004)
Art. 14, I, II, III, IV, V e VI e § 1º, § 3º, § 4º, § 5º, § 6º (I e II), § 7º, § 8º, § 9º e § 10;
Art. 15, *caput* e § 1º;
Art. 16.

Lei 11.196/2005 (BRASIL, 2005)
Art. 2º, *caput* e § 1º;
Art. 4º, *caput* e § 2º, § 3º, § 4º;
Art. 11, *caput* e § 1º, § 2º, § 3º, § 4º.

Lei 11.484/20007 (BRASIL, 2007a)

Art. 2º, I (a, b, c), II (a, b, c), III e §1º (I e II), § 2º (I e II), § 3º e § 4º;

Art. 3º, III e §§ 1º e 2º;

Art. 4º, II e § 2º e § 7º;

Art. 6º, *caput* e §1º;

Art. 7º;

Art. 8º, *caput*, § 1º, § 2º, § 3º, § 4º e § 5º;

Art. 9º, I, II, III e IV e § 1º, § 2º e § 3º;

Art. 13, *caput*, §§ 1º e 2º;

Art. 14, III, §§ 1º e 2º;

Art. 15, II e § único;

Art. 17, *caput* e § 1º;

Art. 18;

Art. 19, *caput*, § 1º, § 2º, § 3º (I e II), § 4º e § 5º;

Art. 20, I, II, III, IV e V e §§§ 1º, 2º e 3º;

Art. 64;

Art. 66.

Lei 12.688/2012 (BRASIL, 2012a)

Art. 30.

Resumo do Capítulo 13

REGIMES FISCAIS - IPI	REGIMES FISCAIS REGIONAIS
• Regimes fiscais especiais aplicados ao IPI: **regimes regionais** e **regimes setoriais**. • **Regimes fiscais regionais:** I – Zona Franca de Manaus (ZFM); II – Amazônia Ocidental; III – Áreas de Livre Comércio: IV – Zona de Processamento de Exportação (ZPE). • **Regimes fiscais setoriais** I – Setor automotivo; II – Setor de bens de informática; III – Indústria de semicondutores (PADIS); IV – Indústria de Equipamentos para a TV Digital (PATVD); V – Estrutura portuária (REPORTO); VI – Plataforma de Exportação de Serviços de Tecnologia da Informação (REPES).	• **Zona Franca de Manaus (ZFM)** Área de livre comércio, estabelecida para criar no interior da Amazônia um centro industrial, comercial e agropecuário, com condições econômicas que permitam seu desenvolvimento, em face dos fatores locais e da grande distância a que se encontram os centros consumidores de seus produtos. • **Isenção do IPI sobre:** ➢ **Produtos industrializados na ZFM e destinados ao seu próprio consumo,** *exceto*: I – armas e munições; II – fumo; III – bebidas alcoólicas; IV – automóveis de passageiros. ➢ **Produtos industrializados na ZFM e destinados à comercialização em outro ponto do território nacional,** *exceto*:

I – armas e munições; II – fumo; III – bebidas alcoólicas; IV – automóveis de passageiros; V – *produtos de perfumaria ou de toucador, preparados ou preparações cosméticos*; exceto os das posições de 33.03 a 33.07 da TIPI, quando produzidos com MP da fauna e flora regionais, em conformidade com o PPB.
➢ **Produtos nacionais entrados na ZFM para seu consumo, utilização, industrialização ou remessa para a Amazônia Ocidental,** exceto:
I – armas e munições; II – fumo; III – bebidas alcoólicas; IV – automóveis de passageiros.
➢ **Bens de informática**
- **Suspensão do IPI sobre:**
  ➢ **Produtos remetidos à ZFM**
I – Para consumo interno, utilização ou industrialização na ZFM ou remessa à AO (até a entrada na ZFM), *exclusões*: armas e munições, fumo, bebidas alcoólicas, automóveis de passageiros e perfumes;
II – Para exportação (até a exportação dos produtos);
III – Antes enviados para industrialização adicional, por conta e ordem do destinatário na ZFM (exclusões: armas e munições, fumo, bebidas alcoólicas, automóveis de passageiros e perfumes).
➢ **Produtos importados pela ZFM**
Será convertida em isenção quando os produtos forem ali consumidos ou utilizados na industrialização de outros produtos, na pesca e agropecuária, na instalação e operação de indústrias e serviços de qualquer natureza ou estocados para exportação.
- **O IPI será exigido em relação aos produtos importados p/ ZFM e destinados a outros pontos do território nacional**
Exceto: I – de bagagem de passageiros;
II – de produtos empregados como MP, PI e ME, na industrialização de produtos na ZFM;
III – de bens de produção e de consumo, produtos alimentares e medicamentos, que se destinem ao consumo ou utilização na Amazônia Ocidental.
- **Transformação de veículos para passeio**
Salvo fraude, o proprietário deverá recolher o imposto:

I – *sem multa*, se recolhido espontaneamente, antes da modificação do veículo e se esta se der após um ano da ocorrência do fato gerador da isenção (entrada na ZFM);
II – *não será exigível*, após o decurso de 3 (três) anos do fato gerador da isenção (entrada na ZFM).
- **Saída temporária para outros pontos do território nacional:** até 90 dias, mediante prévia autorização da RFB.
- **Prova de internamento de produtos**
A constatação do ingresso do produto e a formalização do seu internamento na ZFM serão realizadas pela SUFRAMA (a partir das informações do transportador).
A SUFRAMA cominicará o ingresso do produto ao fisco da UF do remetente e à RFB.
- **Estocagem**
Os produtos nacionais destinados à ZFM para reembarque a outros pontos do território nacional serão estocados em armazéns ou embarcações sob controle da SUFRAMA (neste caso, não será aplicanda a suspensão do imposto).
Manutenção do crédito
I – IPI sobre equipamentos adquiridos para emprego na industrialização de produtos a serem remetidos para a ZFM, para seu consumo interno, utilização ou industrialização;
II – IPI sobre produtos que, enviados pelo fabricante a outro estabelecimento, para industrialização adicional, por conta e ordem do destinatário, antes de sua remessa à ZFM (exceto: armas e munições, fumo, bebidas alcoólicas automóveis de passageiros e perfumes).
- **Fim da vigência da ZFM:** a partir de 1º de janeiro de 2074.
AMAZÔNIA OCIDENTAL
- Amazônia Ocidental é constituída pelos estados:
I – **Amazonas**; II – **Acre**; III – **Rondônia** e IV – **Roraima**.
- **Isenção**
  ➢ *Produtos nacionais* **para consumo ou utilização na Amazônia Ocidental**
Industrializados por estabelecimentos com projetos aprovados pela SUFRAMA ou, adquiridos de outra região por intermédio da ZFM ou de seus entrepostos na região.

Exceto:
I – armas e munições; II – perfumes; III – fumo; IV – automóveis de passageiros; V – bebidas alcoólicas.

> *Produtos estrangeiros* para consumo ou utilização na Amazônia Ocidental

I – motores marítimos de centro e de popa, seus acessórios e pertences, outros utensílios empregados na atividade pesqueira (exceto explosivos e produtos utilizados em sua fabricação);
II – máquinas, implementos e insumos utilizados na agricultura, pecuária e atividades afins;
III – máquinas para construção rodoviária;
IV – máquinas, motores e acessórios para instalação industrial;
V – materiais de construção;
VI – produtos alimentares;
VII – medicamentos.

> *Produtos com matérias-primas agrícolas e extrativas vegetais de produção regional*

Exceto: I – fumo; II – bebidas alcoólicas.

- **Suspensão**

A remessa de produtos de uso ou consumo de outra região p/ Amazonia Ocidental far-se-á com suspensão do imposto.

- **Prova de Internamento de Produtos**

A constatação do ingresso do produto e a formalização do seu internamento na Amazônia Ocidental serão realizadas pela SUFRAMA (c/ informações do transportador).
A SUFRAMA cominicará o ingresso do produto ao fisco da UF do remetente e à RFB.

- **Fim da Vigência**: a partir de 1º de janeiro de 2024.

ÁREAS DE LIVRE COMÉRCIO

São estabelecidas sob regime fiscal especial para promover o desenvolvimento de áreas fronteiriças específicas da região norte do país e incrementar as relações bilaterais com os países vizinhos, segundo a política de integração latino-americana.

- **As Áreas de Livre Comércio são:**

I – Tabatinga (AM);
II – Guajará-Mirim (RO);
III – Boa Vista e Bonfim (RR);
IV – Macapá e Santana (AP);
V – Brasiléia e Cruzeiro do Sul (AC).

- **Benefícios fiscais**
  > Entrada de produtos nacionais, nacionalizados ou estrangeiros

A entrada de produtos nacionais, nacionalizados ou estrangeiros nas Áreas de Livre Comércio far-se-á com **suspensão do IPI**, que será convertida em **isenção**, quando cumprida a sua destinação.
Os benefícios fiscais somente alcançam os produtos entrados nas ALC e destinados a:
I – seu consumo e vendas, internos *(todas as ALC)*;
II – beneficiamento, em seu território, de pescado, recursos minerais e MP de origem agrícola ou florestal *(todas as ALC)*;
III – agropecuária e piscicultura *(todas as ALC)*;
IV – instalação e operação de atividades de turismo e serviços de qualquer natureza *(todas as ALC)*;
V – estocagem para comercialização ou emprego em outros pontos do território nacional *(todas as ALC)*;
VI – atividades de construção e reparos navais *(ALC Tabatinga e Guajará-Mirim)*;
VII – industrialização de outros produtos em seu território, segundo projetos aprovados pelo CA da SUFRAMA, considerada a vocação local e a capacidade de produção já instalada na região *(ALC Tabatinga e ALC Brasiléia e Cruzeiro)*;
VIII – estocagem para reexportação *(ALC Tabatinga)*.

> *Produtos excluídos do regime das ALC*

Produtos nacionais
I – armas e munições;
II – fumo e seus derivados;
III – bebidas alcoólicas;
IV – veículos de passageiros da posição 87.03 da TIPI, exceto ambulâncias, carros funerários, carros celulares e jipes.

Produtos estrangeiros
I – armas e munições de qualquer natureza;
II – fumo e seus derivados;
III – bebidas alcoólicas;
IV – automóveis de passageiros;
V – bens finais de informática *(apenas ALC Tabatinga e Guajará-Mirim)*;
VI – perfumes

ZONAS DE PROCESSAMENTO DE EXPORTAÇÕES (ZPE)

- As ZPE são caracterizadas como áreas de livre comércio de importação e de exportação (são Zona Primária aduaneira).
- Destinam-se à instalação de empresas voltadas para a produção de bens a serem comercializados no exterior.
- Objetivam a redução de desequilíbrios regionais, o fortalecimento do balanço de pagamentos, a difusão tecnológica, bem como o desenvolvimento econômico e social do país.

- **Suspensão**
As empresas autorizadas a operar nas ZPE terão *suspensão do IPI* incidente sobre bens adquiridos no mercado interno, ou importados, nas seguintes situações:
I – importações p/ seu ativo imobilizado de equipamentos, máquinas, aparelhos e instrumentos, novos ou usados, e de MP, PI e ME necessários à instalação industrial ou destinados a integrar o processo produtivo;
II – aquisições no mercado interno dos acima, necessários às atividades da empresa.
  - As MP, PI e ME, importados ou adquiridos no mercado interno com suspensão, deverão ser integralmente utilizados no processo produtivo do produto final (excepcionalmente, poderão ser revendidos no mercado interno, por autorização do Conselho Nacional das ZPE).

- **Conversão da suspensão em alíquota zero:**
Após a beneficiária auferir e manter, por 1 ano-calendário, a receita bruta de exportação (nos percentuais exigidos pela legislação), decorridos 2 anos do fato gerador.
  - A não incorporação ao ativo permanente da empresa habilitada na ZPE, ou a revenda antes da conversão em alíquota zero, dos produtos alcançados pela suspensão, sujeita a empresa ao recolhimento do imposto suspenso com juros e multa de mora, contados da sua aquisição no mercado interno ou do registro da DI.

- **Importação de conjunto industrial usado:**
A suspensão do IPI, no regime especial da ZPE, será aplicada quando se tratar de conjunto industrial e que seja elemento da integralização do capital social da empresa.
- **Venda no mercado interno da produção de empresa autorizada a operar na ZPE**: os produtos sujeitam-se ao pagamento do IPI normalmente incidente na operação.
- **Venda entre empresas autorizadas a operar nas ZPE**: a suspensão da exigibilidade do IPI aplica-se, também, às aquisições entre empresas autorizadas a operar em ZPE.
- **Responsabilidade pelo imposto suspenso:**
I – contribuinte, nas operações de importação;
II – responsável, nas aquisições no mercado interno.

- **Perdimento**
Sujeita-se à pena de perdimento, a introdução:
I – no mercado interno, de mercadoria procedente de ZPE que tenha sido importada, adquirida no mercado interno ou produzida em ZPE fora dos casos autorizados de conformidade com a legislação específica;
II – em ZPE, de mercadoria estrangeira não permitida.

- **Autorização para a instalação de empresas nas ZPE**
A solicitação de autorização para a instalação de empresa nas ZPE deverá ser feita mediante apresentação de projeto.
O ato de autorização deverá relacionar os produtos a serem fabricados (classificação na TIPI) e assegurar o tratamento relativo à ZPE por até 20 anos (prorrogáveis por igual período, nos casos de investimento de vulto e com longos prazos de amortização, a critério do Conselho Nacional das ZPE).

- **Vedação à instalação nas ZPE:**
I – Empresas cujos projetos evidenciem a simples transferência de plantas industriais já instaladas no país;
II – A produção, importação ou exportação de:
(a) armas ou explosivos de qualquer natureza (salvo prévia autorização do Comando do Exército);
(b) material radioativo (salvo prévia autorização da Comissão Nacional de Energia Nuclear);
(c) outros indicados em regulamento específico.

REGIMES FISCAIS SETORIAIS

SETOR AUTOMOTIVO

➢ **Crédito presumido:**
1 – **Veículos para transporte de pessoas** (10 pessoas ou mais) **e de mercadorias** produzidos por estabelecimentos industriais instalados na área da SUDAM e da SUDENE (saídas até 31/12/2020).
Crédito presumido: 32% do valor do IPI nas saídas, do estabelecimento industrial, dos veículos em referência, nacionais ou importados, promovidas diretamente pelo beneficiário.
I – estabelecimento industrial e
II – empresa comercial atacadista adquirente dos veículos das posições de 87.01 a 87.05 da TIPI, industrializados por encomenda por conta e ordem de PJ no exterior, da qual seja controlada direta ou indiretamente (equiparado).
Crédito presumido: 3% do valor do IPI destacado na NF.

3 – **Ressarcimento do PIS/PASEP e COFINS para montadoras e fabricantes dos veículos:**
I – veículos automotores terrestres de passageiros e de uso misto de duas rodas ou mais e jipes;
II – caminhonetas, furgões, picapes e veículos automotores, de quatro rodas ou mais, para transporte de mercadorias de capacidade máxima de carga não superior a quatro toneladas;
III – veículos automotores terrestres de transporte de mercadorias de capacidade de carga igual ou superior a quatro toneladas, veículos terrestres para transporte de dez pessoas ou mais e caminhões-tratores;
IV – tratores agrícolas e colheitadeiras;
V – tratores, máquinas rodoviárias e de escavação e empilhadeiras;
VI – carroçarias para veículos automotores em geral;
VII – reboques e semirreboques utilizados para o transporte de mercadorias;
VIII – partes, peças, componentes, conjuntos e subconjuntos – acabados e semiacabados – e pneumáticos, destinados aos produtos relacionados neste inciso e nos incisos de I a VII.

2 – **Frete sobre o transporte de colheitadeiras, tratores, veículos para transporte de passageiros e de mercadorias**
Beneficiários:

➢ **Suspensão**
I – no desembaraço aduaneiro, os chassis, carroçarias, peças, partes, componentes e acessórios, importados sob regime aduaneiro especial, sem cobertura cambial, destinados à industrialização por encomenda dos produtos classificados nas posições 87.01 a 87.05 da TIPI;
II – do estabelecimento industrial, os produtos resultantes da industrialização por encomenda de que trata o inciso anterior, quando destinados ao mercado interno para a empresa comercial atacadista, controlada, direta ou indiretamente, pela pessoa jurídica encomendante domiciliada no exterior, por conta e ordem;
III – do estabelecimento industrial, os componentes, chassis, carroçarias, acessórios, partes e peças dos produtos autopropulsados classificados nas posições 84.29, 84.32, 84.33, 87.01 a 87.06 e 87.11 da TIPI;
IV – no desembaraço aduaneiro, os componentes, chassis, carroçarias, acessórios, partes e peças, referidos no inciso III, quando importados diretamente por estabelecimento industrial;
V – do estabelecimento industrial, as MP, os PI e os ME, quando adquiridos por estabelecimentos industriais fabricantes, preponderantemente, de componentes, chassis, carroçarias, partes e peças para industrialização dos produtos autopropulsados classificados nos Códigos 84.29, 8432.40.00, 8432.80.00, 8433.20, 8433.30.00, 8433.40.00, 8433.5 e 87.01 a 87.06 da TIPI;
VI – no desembaraço aduaneiro, as MP, os PI e os ME, importados diretamente por estabelecimento industrial de que trata o inciso V.

SETOR DE BENS DE INFORMÁTICA

Benefícios fiscais:
I – **isenção ou redução do imposto** incidente sobre "bens de informática";

II – **suspensão do imposto** em relação às MP, PI e ME aplicados na produção dos citados bens.

Direito ao Benefício
- Empresas de desenvolvimento ou produção de bens e serviços de informática e automação que invistam, anualmente, em atividades de P&D em TI, realizadas no país.
- Investimento: mínimo de 5% do faturamento bruto no mercado interno, da comercialização de bens e serviços de informática incentivados, conforme projeto elaborado pela própria empresa, a partir da apresentação da proposta de projeto ao MCTI.

INDÚSTRIA DE SEMICONDUTORES (PADIS)

Redução das alíquotas do IPI a zero para a PJ habilitada pela Secretaria da Receita Federal do Brasil.
- *Beneficiárias do PADIS*
- PJ que invista anualmente em P&D no país e exerça isoladamente ou em conjunto atividades relacionadas à produção de:

I – dispositivos eletrônicos semicondutores;
II – dispositivos mostradores de informações (displays),
- A beneficiária deve exercer, exclusivamente, as atividades previstas no PADIS.

INDÚSTRIA DE EQUIPAMENTOS PARA TV DIGITAL (PATVD)

- Redução a Zero das alíquotas do IPI para a PJ habilitada pela Secretaria da RFB.

- **Beneficiária do PATVD**
– PJ que invista anualmente em P&D no país, conforme definido em legislação específica e que exerça as atividades de desenvolvimento e fabricação de equipamentos transmissores de sinais por radiofrequência para televisão.

Os investimentos em P&D e as atividades beneficiadas pelo programa devem ser efetuados de acordo com projetos aprovados em ato conjunto do MF, do MCTI e do MDIC e deverão ser direcionados apenas para as atividades de P&D dos equipamentos transmissores antes mencionados, seus softwares e seus insumos.

- **Redução das alíquotas do IPI**

  ➢ **Bens do ativo imobilizado novos, software e insumos:**
  – Adquiridos ou importados por beneficiária do PATVD, para incorporação ao seu ativo imobilizado, bem como as ferramentas computacionais (softwares) e os insumos destinados às atividades admitidas no programa;
  – Vigência até 22 de janeiro de 2017.

  ➢ **Equipamentos transmissores de sinais por radiofrequência para televisão**
  – Terão as alíquotas do imposto reduzidas a zero, até 22 de janeiro de 2017, na saída do estabelecimento industrial da pessoa jurídica beneficiária do PATVD.

- **O benefício fiscal de redução de alíquotas do PATVD não se aplica** cumulativamente com outras reduções ou benefícios relativos ao IPI.

REGIME FISCAL ESPECIAL PARA A MODERNIZAÇÃO E AMPLIAÇÃO DA ESTRUTURA PORTUÁRIA (REPORTO)

- **Benefícios fiscais**: suspensão do IPI, relativamente a máquinas, equipamentos, peças de reposição e outros bens destinados ao ativo imobilizado das pessoas jurídicas beneficiárias do regime e, posteriormente, a referida suspensão converte-se em isenção do imposto.

- **Beneficiários do REPORTO:**
I – o operador portuário, o concessionário de porto organizado, o arrendatário de instalação portuária de uso público e a empresa autorizada a explorar instalação portuária de uso privativo misto ou exclusivo, inclusive aquelas que operam com embarcações de *offshore*;
II – as empresas de dragagem, definidas na Lei nº 11.610 de 2007, os recintos alfandegados de zona secundária e os centros de formação profissional e treinamento multifuncional, conceituados no art. 33 da Lei dos Portos;

III – o concessionário de transporte ferroviário.

- **Vigência REPORTO:** até a data de 31/12/2020.

REGIME ESPECIAL DE TRIBUTAÇÃO PARA A PLATAFORMA DE EXPORTAÇÃO DE SERVIÇOS DE TECNOLOGIA DA INFORMAÇÃO (REPES)

- **Benefícios fiscais:** os bens sem similar nacional, importados diretamente por beneficiário do regime para incorporação ao seu ativo imobilizado, serão desembaraçados com suspensão do IPI; que, posteriormente, será convertida em isenção.

- **Beneficiária**
A beneficiária do REPES será a pessoa jurídica, previamente habilitada pela Secretaria da Receita Federal do Brasil, que:
I – exerça preponderantemente as atividades de desenvolvimento de software ou de prestação de serviços de tecnologia da informação;
II – assuma compromisso de exportação igual ou superior a 60% (sessenta por cento) de sua receita bruta anual

- **Conversão da suspensão em isenção:** ocorrerá quando cumprido o compromisso de exportação de 60%, ou mais, da receita bruta anual decorrente das atividades de desenvolvimento de software e da prestação de serviços de tecnolgia da informação.

Capítulo XIV

ROTULAGEM E MARCAÇÃO DOS PRODUTOS

Sumário: 14.1. Introdução; 14.2. Exigências de rotulagem e marcação; 14.3. Punção; 14.4. Falta de rotulagem ou marcação; 14.5. Dispensa de rotulagem ou marcação; 14.6. Proibições.

14.1. INTRODUÇÃO

A **obrigação tributária** decorre de uma relação jurídica estabelecida entre Estado e contribuinte, que se origina da legislação. O seu objeto é o pagamento de tributo ou multa, ou ainda, a obrigação de fazer ou não fazer, classificando-se, respectivamente, como *principal* ou *acessória*, nos termos do artigo 113 do Código Tributário Nacional.

A **obrigação principal** surge com o seu fato gerador, decorre de lei e obriga o contribuinte ao pagamento de tributo ou de penalidade pecuniária (multa).

A **obrigação acessória**, por sua vez, tem por escopo uma prestação não pecuniária, qual seja, a de fazer ou de não fazer algo, conforme o determine a legislação tributária. O seu descumprimento implica a obrigação de pagar a penalidade pecuniária (obrigação principal), motivo pelo qual, diz-se que a obrigação acessória se transforma em principal por seu simples inadimplemento.

O Regulamento do IPI prevê como **obrigações acessórias do imposto**, entre outras, a *rotulagem* e a *marcação dos produtos*, conforme as disposições dos seus artigos de 273 a 283.

ROTULAGEM E MARCAÇÃO DE PRODUTOS - OBRIGAÇÕES ACESSÓRIAS DO IPI

14.2. EXIGÊNCIAS DE ROTULAGEM E MARCAÇÃO

Os fabricantes e os estabelecimentos comerciais de produtos industrializados por encomenda (equiparados a industrial) são obrigados a rotular ou marcar seus produtos e os volumes que os acondicionarem, antes de sua saída do estabelecimento, indicando a firma, o número de inscrição no CNPJ, a situação do estabelecimento (localidade, rua e número), e a expressão "Indústria Brasileira".

Adicionalmente, a Secretaria da Receita Federal do Brasil poderá exigir outros elementos, quando considerados necessários à perfeita classificação e controle dos produtos.

A rotulagem ou marcação será feita no produto e no seu recipiente, envoltório ou embalagem, antes da saída do estabelecimento, em cada unidade, em lugar visível, por processo de gravação, estampagem ou impressão com tinta indelével, ou por meio de etiquetas coladas, costuradas ou apensadas, conforme for mais apropriado à natureza do produto.

ROTULAGEM E MARCAÇÃO DOS PRODUTOS

- **ESTABELECIMENTOS:**
  I - fabricantes;
  II - comerciais de produtos industrializados por encomenda.
- **MOMENTO:** Antes da saída dos produtos do estabelecimento.
- **INDICAÇÕES:**
  I - firma;
  II - nº de inscrição no CNPJ;
  III - situação do estabelecimento (localidade, rua e número);
  IV - expressão "Indústria Brasileira".
- **DEVERÁ SER FEITA:** Nos produtos e nos volumes que os acondicionar (em lugar visível).
- **PROCESSO:** Gravação, estampagem ou impressão com tinta indelével, ou por meio de etiquetas coladas, costuradas ou apensadas

Nos tecidos, a rotulagem ou marcação deve ser efetuada nas extremidades de cada peça, com indicação de sua composição, vedado cortar as indicações constantes da parte final da peça.

Se houver impossibilidade ou impropriedade, reconhecida pela Secretaria da Receita Federal do Brasil, da prática da rotulagem ou marcação no produto, estas serão feitas apenas no recipiente, envoltório ou embalagem.

As indicações da firma, do número de inscrição no CNPJ, e da situação do estabelecimento, serão dispensadas nos produtos se destes constar a marca fabril registrada do fabricante e se tais indicações forem feitas nos volumes que os acondicionem.

No caso de produtos industrializados por encomenda, o estabelecimento executor, desde que mencione, na rotulagem ou marcação, essa circunstância, poderá acrescentar as indicações referentes ao encomendante. Nestes casos, serão dispensadas as indicações relativas ao executor da encomenda, desde que este aponha, no produto, a sua marca fabril registrada, e satisfaça, quanto ao encomendante, as exigências de rotulagem e marcação.

Os estabelecimentos industriais acondicionadores ou reacondicionadores de produtos devem mencionar, ainda, o nome do país de origem, no produto importado, ou o nome e endereço do fabricante, no produto nacional.

Os produtos isentos devem conter a expressão "Isento do IPI". Nas amostras grátis isentas do imposto deve constar a expressão "Amostra Grátis Isenta de IPI", e nas amostras que, embora destinadas a distribuição gratuita, sejam tributadas, devem constar a expressão "Amostra Grátis Tributada".

A rotulagem ou marcação indicará a graduação alcoólica, peso, capacidade, volume, composição, destinação e outros elementos, quando necessários a identificar os produtos em determinado código da TIPI. Em se tratando de bebidas alcoólicas, indicar-se-á, ainda, a espécie da bebida (aguardente, cerveja, conhaque, vermute, vinho, etc.).

Nas zonas de produção, é facultado ao vinicultor engarrafar ou envasar vinhos e derivados em instalações de terceiros, sob sua responsabilidade, mediante a contratação de serviço, por locação temporária ou permanente, cabendo ao produtor a responsabilidade pelo produto, desobrigado de fazer constar no rótulo o nome do engarrafador ou envasador.

A expressão "Indústria Brasileira" será inscrita com destaque e em caracteres bem visíveis. A exigência poderá ser dispensada da rotulagem ou marcação das bebidas alcoólicas do Capítulo 22 da TIPI, importadas em recipientes de capacidade superior a um litro e que sejam reacondicionadas no Brasil, no mesmo estado ou após redução do seu teor alcoólico, bem como de outros produtos importados a granel e reacondicionados no País, atendidas às condições estabelecidas pelo Ministro de Estado da Fazenda. Os que descumprirem a estas obrigações sujeitam-se à multa prevista no art. 576 do RIPI/2010[1].

Na marcação dos produtos e dos volumes que os contenham, destinados à exportação, serão declarados a origem brasileira e o nome do industrial ou exportador. Em casos especiais, as indicações podem ser dispensadas, no todo ou em parte, ou adaptadas, de conformidade com as normas que forem expedidas pela Secretaria de Comércio Exterior do Ministério do Desenvolvimento, Indústria e Comércio Exterior, às exigências do mercado importador estrangeiro e à segurança do produto.

---

1. Art. 576. Aos que descumprirem as exigências de rotulagem ou marcação a que se refere o art. 274 ou as instruções expedidas pelo Secretário da Receita Federal do Brasil, na forma prevista no parágrafo único do mesmo artigo, será aplicada a multa de R$ 196,18 (cento e noventa e seis reais e dezoito centavos).

Os produtos do Capítulo 22 da TIPI (bebidas), destinados à exportação, por via terrestre, fluvial ou lacustre, devem conter, em caracteres bem visíveis, por impressão tipográfica no rótulo ou por meio de etiqueta, em cada recipiente, bem como nas embalagens que os contenham, a expressão "Somente para exportação – proibida a venda no Brasil".

A rotulagem ou marcação dos produtos industrializados no País será feita no idioma nacional, excetuados os nomes dos produtos e outras expressões que não tenham correspondência em português, bem como a respectiva marca, se estiver registrada no Instituto Nacional da Propriedade Industrial. Esta disposição não se aplica aos produtos especificamente destinados à exportação para o exterior, cuja rotulagem ou marcação poderá ser adaptada às exigências do mercado estrangeiro importador.

ROTULAGEM E MARCAÇÃO – DISPOSIÇÕES ESPECIAIS

- **TECIDOS:**
  A rotulagem e a marcação dos tecidos ocorrerá nas extremidades, com indicação da composição, vedado cortar as indicações do final da peça.

- **MARCA FABRIL REGISTRADA DO FABRICANTE:**
  Dispensa as indicações de firma, CNPJ e situação do estabelecimento.

- **INDUSTRIALIZAÇÃO POR ENCOMENDA:**
  O estabelecimento executor poderá acrescentar as indicações do encomendante, se mencionar, na rotulagem ou marcação, essa circunstância; dispensada as indicações do executor, desde que este aponha, no produto, a sua marca fabril registrada, e satisfaça, quanto ao encomendante, as exigências de rotulagem e marcação.

- **AMOSTRA GRÁTIS E PRODUTO ISENTO:**
  Os produtos, quando for o caso, deverão conter a expressão "Isento do IPI", "Amostra Grátis Isenta de IPI" e "Amostra Grátis Tributada".

- **A EXPRESSÃO "INDÚSTRIA BRASILEIRA"**
  Deverá ser escrita c/ destaque e caracteres visíveis, exceto para as bebidas alcoólicas do Capítulo 22 da TIPI, importadas em recipientes de capacidade superior a um litro e reacondicionadas no Brasil, no mesmo estado ou após redução do seu teor alcoólico, bem como de outros produtos importados a granel e reacondicionados no País, atendidas às condições estabelecidas pelo MF.

- **PRODUTOS DESTINADOS à EXPORTAÇÃO**
  Deve ser declarada a origem brasileira e o nome industrial do importador (Exceto: produtos dispensados, conforme normas SECEX-MDIC; exigências do mercado importador ou segurança do produto).

- **ROTULAGEM/MARCAÇÃO EM IDIOMA NACIONAL**
  Exceto expressões sem correspondência em português, e a respectiva marca, se registrada INPI.
  Não se aplica aos produtos destinados à exportação (rotulagem ou marcação poderá ser adaptada às exigências do mercado estrangeiro importador).

- **BEBIDAS:**
  A rotulagem/marcação indicará: *graduação alcoólica*; *peso*; *capacidade*; *volume*, *composição*, *destinação*; *espécie* (bebida alcoólica); *outros elementos*, para a identificação do produto na TIPI.
- **VINICULTOR:**
  Poderá engarrafar/envasar vinhos e derivados em instalações de terceiros, sob sua responsabilidade, por locação temporária ou permanente, cabendo ao produtor a responsabilidade pelo produto, desobrigado de fazer constar no rótulo o nome do engarrafador ou envasador.
- **BEBIDAS - EXPORTAÇÃO POR VIA TERRESTREOU FLUVIAL**
  I - Impressão tipográfica no rótulo ou etiqueta de cada recipiente.
  II - nas embalagens, a expressão "Somente para exportação - proibida a venda no Brasil".

14.3. PUNÇÃO

Os fabricantes, os licitantes e os importadores de joias e metais preciosos, e de relógios e suas pulseiras de metais preciosos, devem marcar cada unidade, mesmo quando eles se destinem a reunião a outros produtos, tributados ou não, por meio de punção, gravação ou processo semelhante, com as letras indicativas da unidade federada onde estejam situados, os três últimos algarismos de seu número de inscrição no CNPJ e o teor, em milésimos, do metal precioso empregado ou da espessura, em mícrons, do respectivo folheado, conforme o caso.

As letras e os algarismos poderão ser substituídos pela marca fabril registrada do fabricante ou marca registrada de comércio do importador, desde que seja aplicada nos produtos pela forma prevista nesta seção e reproduzida, com a necessária ampliação, na respectiva nota fiscal. Nestes casos, os estabelecimentos deverão conservar, para exibição ao Fisco, reprodução gráfica de sua marca, do tamanho da que deve figurar nas suas notas fiscais. A punção da marca fabril ou de comércio não dispensa a marcação do teor, em milésimo, do metal precioso empregado.

A punção deve ser feita antes de ocorrido o fato gerador do imposto, se de produto nacional, e dentro de 8 (oito) dias, a partir da entrada no estabelecimento do importador ou licitante, nos casos de produto importado ou licitado.

Os importadores puncionarão os produtos recebidos do exterior, mesmo que estes já tenham sido marcados no país de origem.

A punção dos produtos industrializados por encomenda que possuam marca fabril registrada, poderá ser feita apenas pelo estabelecimento comercial encomendante (equiparado a industrial), no prazo de 8 (oito) dias do seu recebimento, ficando sob sua exclusiva responsabilidade a declaração do teor do metal precioso empregado.

O Auditor-Fiscal da Receita Federal do Brasil pode recolher, com a lavratura de termo próprio, espécimes dos produtos marcados por meio de punção, com o intuito de verificar, mediante exame técnico, a veracidade dos elementos marcados, especialmente a relativa ao teor do metal precioso. Após o exame, os espécimes serão devolvidos, exceto em caso de verificação de falta que importe em pena de perdimento do produto, ou que configure em ilícito penal de que os espécimes sejam corpo de delito (art. 528 do RIPI/2010).

PUNÇÃO DE PRODUTOS

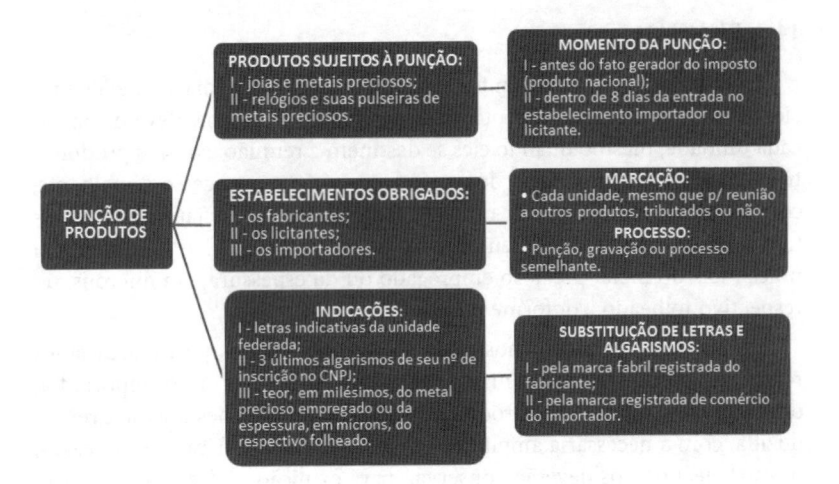

PRODUTOS SUJEITOS À PUNÇÃO:
I - joias e metais preciosos;
II - relógios e suas pulseiras de metais preciosos.

MOMENTO DA PUNÇÃO:
I - antes do fato gerador do imposto (produto nacional);
II - dentro de 8 dias da entrada no estabelecimento importador ou licitante.

ESTABELECIMENTOS OBRIGADOS:
I - os fabricantes;
II - os licitantes;
III - os importadores.

MARCAÇÃO:
• Cada unidade, mesmo que p/ reunião a outros produtos, tributados ou não.
PROCESSO:
• Punção, gravação ou processo semelhante.

INDICAÇÕES:
I - letras indicativas da unidade federada;
II - 3 últimos algarismos de seu nº de inscrição no CNPJ;
III - teor, em milésimos, do metal precioso empregado ou da espessura, em mícrons, do respectivo folheado.

SUBSTITUIÇÃO DE LETRAS E ALGARISMOS:
I - pela marca fabril registrada do fabricante;
II - pela marca registrada de comércio do importador.

14.4. FALTA DE ROTULAGEM OU MARCAÇÃO

A falta de rotulagem ou marcação, ou ainda, a utilização de rótulo ou marcação falsa implica considerar o produto como não identificado com o descrito no documento fiscal. Consequentemente, exige-se do estabelecimento que possuir produtos em tais condições o imposto correspondente à saída do produto do estabelecimento produtor, mesmo que o possuidor apresente a nota fiscal de aquisição (art. 25, incisos II e V do RIPI/2010).

14.5. DISPENSA DE ROTULAGEM OU MARCAÇÃO

O art. 282 do RIPI/2010 relaciona os produtos que são dispensados de rotulagem ou marcação. São eles:

I – as peças e acessórios de veículos automotores, adquiridos para emprego pelo próprio estabelecimento adquirente, na industrialização desses veículos;

II – as peças e acessórios empregados, no próprio estabelecimento industrial, na industrialização de outros produtos;

III – as antiguidades, assim consideradas as de mais de cem anos;

IV – as joias e objetos de platina ou de ouro, de peso individual inferior a um grama;

V – as joias e objetos de prata de peso individual inferior a três gramas;

VI – as joias e objetos sem superfície livre que comporte algarismos e letras de, pelo menos, cinco décimos de milímetro de altura.

14.6. PROIBIÇÕES

Em relação à rotulagem e marcação é proibido:

I – importar, fabricar, possuir, aplicar, vender ou expor à venda rótulos, etiquetas, cápsulas ou invólucros que se prestem a indicar, como estrangeiro, produto nacional, ou vice-versa;

II – importar produto estrangeiro com rótulo escrito, no todo ou em parte, na língua portuguesa, sem indicação do país de origem;

III – empregar rótulo que declare falsa procedência ou falsa qualidade do produto;

IV – adquirir, possuir, vender ou expor à venda produto rotulado, marcado, etiquetado ou embalado nas condições dos incisos I a III;

V – mudar ou alterar os nomes dos produtos importados, constantes dos documentos de importação, ressalvadas as hipóteses em que eles tenham sido submetidos a processo de industrialização no País.

> ➢ **Como esse assunto foi cobrado em concurso?**
>
> **(ESAF – ATRFB – 2012)** Quanto à obrigatoriedade de rotulação ou marcação de produtos, exigida na legislação do Imposto sobre Produtos Industrializados, pode-se afirmar, exceto:
>
> a) a rotulagem ou marcação será feita no produto e no seu recipiente, envoltório ou embalagem.
>
> b) a rotulagem ou marcação será feita antes da saída do estabelecimento, em cada unidade, em lugar visível, por processo de gravação, estampagem ou impressão.
>
> c) nos tecidos a rotulagem ou marcação será feita nas extremidades de cada peça, com indicação de sua composição, vedado cortar as indicações constantes da parte final da peça.
>
> d) no caso de impossibilidade ou impropriedade de rotulagem ou marcação no produto, o fato será comunicado à Receita Federal do Brasil para fins de dispensa.
>
> e) das amostras grátis isentas do imposto e das que, embora destinadas a distribuição gratuita, sejam tributadas, constarão, respectivamente, as expressões "Amostra Grátis Isenta de IPI" e "Amostra Grátis Tributada".
>
> **Comentário:**
> Gabarito oficial: alternativa "d".

Base legal

Código Tributário Nacional (BRASIL, 1966)
Art. 113, *caput* e § 1º, § 2º e 3º;

RIPI – Regulamento do Imposto sobre Produtos Industrializados (BRASIL, 2010)
Art. 273, I, II, III, IV e V e § 1º, § 2º, § 3º, § 4º, § 5º, § 6º, § 7º, § 8º, § 9º, § 10, § 11, § 12 e § 13;
Art. 274, *caput* e § único;
Art. 275, *caput* e §§ 1º e 2º;
Art. 276, *caput* e § único;
Art. 277, *caput* e § 1º, § 2º, § 3º, § 4º, § 5º, § 6º e § 7º;
Art. 278;
Art. 279;
Art. 280;
Art. 281;
Art. 282, I, II, III, IV, V e VI;
Art. 283, I, II, III, IV e V.

Resumo do Capítulo 14

ROTULAGEM E MARCAÇÃO DOS PRODUTOS – IPI
• **Estabelecimentos** obrigados à rotulagem ou marcação: I – fabricantes; II – comerciais de produtos industrializados por encomenda. • **Local**: a rotulagem ou a marcação ocorrerá nos produtos e volumes que os acondicionar (recipientes) em lugar visível. • **Momento**: antes de sua saída do estabelecimento • **Indicações**: I – firma; II – nº de inscrição no CNPJ; III – situação do estabelecimento (localidade, rua e número); IV – expressão "Indústria Brasileira". • A RFB poderá exigir outros elementos, necessários à perfeita classificação e controle dos produtos. • **Processos**: gravação, estampagem ou impressão com tinta indelével, ou por meio de etiquetas coladas, costuradas ou apensadas, o que for mais apropriado à natureza do produto. • **Tecidos**: Rotulagem /marcação nas extremidades, com indicação da composição, vedado cortar indicações no final da peça. • **A marca fabril registrada do fabricante**: dispensa as indicações de firma, CNPJ e situação do estabelecimento. • **Industrialização por encomenda**: O estabelecimento executor poderá acrescentar as indicações do encomendante, se mencionar, na rotulagem ou marcação, essa circunstância; dispensadas as indicações do executor, desde que este aponha, no produto, a sua marca fabril registrada, e satisfaça, quanto ao encomendante, as exigências de rotulagem e marcação.

- **Produtos isentos e amostras grátis:**
Os produtos, quando for o caso, deverão conter a expressão "Isento do IPI", "Amostra Grátis Isenta de IPI" e "Amostra Grátis Tributada".
- **Bebidas**
A rotulagem/marcação indicará:
I – a graduação alcoólica
II – peso;
III – capacidade;
IV – volume, composição, destinação;
V – espécie de bebida (bebida alcoólica)
IV – outros elementos, necessários a identificação do produto na TIPI.
- **Vinicultor** (zonas de produção)
É facultado engarrafar/envasar vinhos e derivados em instalações de terceiros, sob sua responsabilidade, por locação temporária ou permanente, cabendo ao produtor a responsabilidade pelo produto, desobrigado de fazer constar no rótulo o nome do engarrafador ou envasador.
- **A expressão "Indústria Brasileira"**
Deverá ser escrita c/ destaque e caracteres visíveis, exceto para as bebidas alcoólicas do Capítulo 22 da TIPI, importadas em recipientes de capacidade superior a um litro e reacondicionadas no Brasil, no mesmo estado ou após redução do seu teor alcoólico, bem como de outros produtos importados a granel e reacondicionados no País, atendidas às condições estabelecidas pelo MF.
- **Produtos destinados à exportação**
Deve ser declarada a origem brasileira e o nome industrial do importador (Exceções: produtos dispensados, conforme normas da SECEX-MDIC, exigências do mercado importador e segurança do produto).
- **Bebidas destinadas à exportação por via terrestre ou fluvial**
I – Impressão tipográfica no rótulo ou etiqueta de cada recipiente.
II – nas embalagens, a expressão "Somente para exportação – proibida a venda no Brasil".
- **Rotulagem/marcação em idioma nacional**
Exceto as expressões sem correspondência em português e a respectiva marca, se registrada INPI.
Não se aplica aos produtos destinados à exportação (rotulagem ou marcação poderá ser adaptada às exigências do mercado estrangeiro importador).

PUNÇÃO

- **Deverão ser puncionados:**
I – joias e metais preciosos;
II – relógios e suas pulseiras de metais preciosos.
- **Estão obrigados à punção dos produtos:**
I – os fabricantes;
II – os licitantes;
II – os importadores.
- **Indicações:**
I – *letras* indicativas da unidade federada;
II – 3 últimos *algarismos* de seu nº de inscrição no CNPJ;
III – teor, em milésimos, do metal precioso empregado ou da espessura, em mícrons, do respectivo folheado;
- Deverá ser marcada cada unidade, mesmo quando destinadas a reunião a outros produtos, tributados ou não.
- **Letras e algarismos** poderão ser substituídos pela:
I – marca fabril registrada do fabricante;
II – marca registrada de comércio do importador.
- **Momento da punção:**
I – antes do fato gerador do imposto (produto nacional);
II – dentro de 8 dias da entrada no estabelecimento importador ou licitante.
- **Industrialização por encomenda:**
Produtos com marca fabril registrada poderão ser puncionados apenas pelo estabelecimento endomendante (até 8 dias do seu recebimento).

FALTA DE ROTULAGEM OU ROTULAGEM FALSA

O produto será considerado como não identificado com o descrito no documento fiscal. Será exigido do estabelecimento o imposto correspondente à saída do produto do fabricante, mesmo que o possuidor apresente a nota fiscal de aquisição.

DISPENSA DE ROTULAGEM

I – as peças e acessórios de veículos automotores, adquiridos para emprego pelo próprio estabelecimento adquirente, na industrialização desses veículos;

II – as peças e acessórios empregados, no próprio estabelecimento industrial, na industrialização de outros produtos;
III – as antiguidades (mais de cem anos);
IV – as jóias e objetos de platina ou de ouro, de peso individual inferior a um grama;
V – as jóias e objetos de prata de peso individual inferior a três gramas;
VI – as jóias e objetos sem superfície livre que comporte algarismos e letras de, pelo menos, cinco décimos de milímetro de altura.

PROIBIÇÕES

I – importar, fabricar, possuir, aplicar, vender ou expor à venda rótulos, etiquetas, cápsulas ou invólucros que indiquem, como estrangeiro, produto nacional, ou vice-versa;
II – importar produto estrangeiro com rótulo escrito, no todo ou em parte, na língua portuguesa, sem indicação do país de origem;
III – empregar rótulo que declare falsa procedência ou falsa qualidade do produto;
IV – adquirir, possuir, vender ou expor à venda produto rotulado, marcado, etiquetado ou embalado nas condições dos incisos I a III;
V – mudar ou alterar os nomes dos produtos importados, constantes dos documentos de importação, ressalvadas as hipóteses em que eles tenham sido submetidos a processo de industrialização no País.

Capítulo XV

SELO DE CONTROLE

Sumário: 15.1. Introdução; 15.2. Fornecimento dos selos aos usuários; 15.3. Ressarcimento de custos; 15.4. Registro, controle e apuração do estoque de selos de controle; 15.5. Aplicação dos selos de controle; 15.6. Devolução dos selos de controle; 15.7. Falta de selo nos produtos ou uso indevido; 15.8. Apreensão e destinação de selo irregular; 15.9. Bebidas alcoólicas; 15.10. Cigarros; 15.11. Relógios de pulso e de bolso.

15.1. INTRODUÇÃO

Em razão da relevância e da necessidade de maior controle sobre a comercialização de alguns produtos, foi estabelecida a exigência de aplicação de selos de controle. A regulamentação da aplicação dos selos e a definição dos produtos sujeitos ao selo de controle são de competência da Secretaria da Receita Federal do Brasil (RFB). O RIPI/2010 estabelece as regras sobre o selo de controle nos artigos de 284 a 322.

A Casa da Moeda do Brasil (CMB) é responsável pela confecção e distribuição dos selos de controle para as repartições da Secretaria da Receita Federal do Brasil. Os órgãos da RFB que receberem o selo de controle deverão manter depósito que atenda às exigências de segurança e conservação necessárias à sua boa guarda, bem como manter registro de entradas e saídas.

Para facilitar a identificação e aumentar o controle, os selos serão confeccionados, segundo as determinações da Secretaria da Receita Federal do Brasil, em formatos, cores, dizeres e características distintas, inclusive numeração, para cada produto, ou classe de preços de produtos.

SELO DE CONTROLE
- Modelos definidos pela RFB/Cofis.
- Confeccionados pela CMB - exclusividade
- Os órgão da RFB deverão registrar a movimentação dos selos de controle (entradas e saídas).

Atualmente, os produtos sujeitos à aplicação do selo de controle são as bebidas alcoólicas, os cigarros (incluindo as cigarrilhas) e os relógios de pulso e bolso.

Há ainda, no art. 78 da Lei nº 9.532/1997, a previsão para a aplicação de selos e sinais de controle em obras fonográficas, sem ônus para o consumidor, com o fim de identificar a legítima origem e reprimir a produção e importação ilegais e a comercialização de contrafações. Entretanto, tal exigência encontra-se suspensa desde a ediçao da IN RFB nº 842/2008.

```
                        SELO DE CONTROLE
    ┌───────────────┬───────────────┬───────────────┬───────────────┐
       BEBIDAS         CIGARROS     RELÓGIO DE PULSO    OBRAS
  Sujeito a Registro  Sujeito a Registro  E DE BOLSO    FONOGRÁFICAS
      Especial          Especial                      Exigência Suspensa
```

15.2. FORNECIMENTO DOS SELOS AOS USUÁRIOS

A Secretaria da Receita Federal do Brasil é responsável pelo fornecimento do selo de controle aos fabricantes, importadores e adquirentes em licitação dos produtos sujeitos ao seu uso.

Para os produtos nacionais, os selos serão fornecidos em quantidade compatível com as necessidades de consumo do fabricante.

Para produtos importados, a quantidade fornecida deverá ser equivalente ao número de unidades consignadas na declaração de importação, exceção feita ao uísque, cuja aplicação do selo será realizada, obrigatoriamente no exterior, e por essa razão, a quantidade a ser fornecida deverá ser igual ao número das unidades a importar.

Para os produtos adquiridos em licitação, a quantidade de selos fornecida deverá ser a constante na guia de licitação.

Na hipótese em que o estabelecimento estiver sujeito ao registro especial, o fornecimento dos selos estará condicionado à concessão do referido registro. Nos demais casos, o estabelecimento deverá comprovar o recolhimento do IPI relativo ao período, ou períodos de apuração, cujo prazo de recolhimento tenha vencido após a última aquisição ou da existência de saldo credor. Na importação de uísque, o requerente deverá comprovar o pagamento antecipado dos selos.

O fornecimento dos selos de controle é efetuado com base em previsão de consumo apresentada pelos requerentes, de acordo com as regras estabelecidas pela Secretaria da Receita Federal do Brasil.

FORNECIMENTO DE SELOS DE CONTROLE

- Fornecidos pela RFB – com exclusividade.
- Cigarros e bebidas – necessário **Registro Especial**.
- Vedada a transferência entre usuários.

- *Produtos nacionais*: quantidade compatível com as necessidades de consumo do fabricante.
- *Produtos importados*: quantidade equivalente ao número de unidades da DI (exceção: uísque).
- *Produtos adquiridos em licitação*: quantidade constante na guia de licitação.

Exigências para o fornecimento do selo:
- Registro Eespecial (caso estabelecimento esteja sujeito);
- Comprovação do recolhimento do IPI (vencido após a última aquisição) ou da existência de saldo credor;
- Pagamento antecipado dos selos (importação de uísque).

Previsão de consumo e fornecimento de selos de controle
- A previsão de consumo de selos de controle deverá ser apresentada anualmente à RFB, até junho.
- Poderá ser retificada c/ antecedência mínima de:
  I - 60 dias (bebidas e cigarros);
  II - 45 dias (relógios de pulso ou de bolso).

Início de atividades ou início de fabricação de produto sujeito a selo: a previsão do ano em curso será apresentada com antecedência mínima de 30 dias.

15.3. RESSARCIMENTO DE CUSTOS

De acordo com o art. 298 do RIPI/2010 e o art. 3º do Decreto-Lei nº 1.437/1975, o fornecimento do selo de controle aos usuários é feito mediante ressarcimento de custos e demais encargos, na forma estabelecida pelo Ministro da Fazenda.

A jurisprudência recente do STF considerou inconstitucional a cobrança do valor a título de ressarcimento dos custos de emissão do selo especial do IPI. A decisão ocorreu no RE 662113/PR, a partir do voto do Min. Marco Aurélio Mello, e fundamentou-se no entendimento de que a cobrança do selo de controle do IPI teria a natureza de taxa em razão do poder de polícia da União e, portanto, deveria obedecer ao princípio da estrita legalidade.

Tendo em vista que o DL nº 1.437/75 transferiu a instituição da mencionada cobrança a um agente de Estado, o Ministro da Fazenda, tal cobrança foi considerada inconstitucional.

Há muitos outros precedentes em julgados do STF, tais como: RE 632300 RS, RE 400.719/RS, RE 440.833/RS, RE 385.108/RS, RE 553.834/BA, RE 382.640/RS, RE 432.234/RS e RE 420.038/SC.

Entretanto, tal vício foi sanado com a expedição da Lei nº 12.995/2014, que instituiu, em seu artigo 13, a taxa de utilização de selo de controle.

> **• Ressarcimento dos custos do selo de controle**
> A Lei nº 12.995/2014 instituiu a taxa de utilização de selo de controle.

15.4. REGISTRO, CONTROLE E APURAÇÃO DO ESTOQUE DE SELOS DE CONTROLE

O movimento de entrada e saída do selo de controle, inclusive das quantidades inutilizadas ou devolvidas, deve ser registrado pelo usuário no Livro Registro de Entrada e Saída do Selo de Controle, de forma que o valor registrado no Livro corresponda fielmente ao estoque físico de selos.

Apurada, em auditoria de estoque, falta de selos de controle em comparação com o estoque registrado, já desconsideradas as quebras admitidas nos atos normativos, considera-se que houve a saída de produtos selados sem emissão da nota fiscal.

Apurado o excesso de selos de controle, presume-se que ocorreu a saída de produtos sem a aplicação do selo.

Em ambos os casos, será cobrado o imposto sobre as diferenças apuradas, sem prejuízo das sanções e outros encargos exigíveis.

> **AUDITORIA DE ESTOQUE**
> Apuradas diferenças no estoque de selos em relação ao registrado no Livro Registro de Entrada e Saída do Selo de Controle, caracterizam-se nas quantidades correspondentes:
> I – a falta, como saída de produtos selados sem emissão de nota fiscal;
> II – o excesso, como saída de produtos sem aplicação do selo.

15.5. APLICAÇÃO DOS SELOS DE CONTROLE

O selo de controle deve ser aplicado nos produtos de fabricação nacional pelo industrial antes da saída do produto do estabelecimento.

O importador e o licitante devem aplicar o selo antes da saída do produto da repartição que o desembaraçar ou licitar. Opcionalmente, e de acordo com as normas expedidas pela Secretaria da RFB, a aplicação dos selos nestas hipóteses pode ser feita no estabelecimento do importador ou licitante ou em local por eles indicado.

O selo de controle será colado em cada unidade do produto, empregando-se cola especial que impossibilite a sua retirada, obedecendo, quando numerado, à ordem crescente da numeração.

> **APLICAÇÃO DE SELOS DE CONTROLE**
>
> • *Produtos de fabricação nacional*: aplicação do selo deverá ocorrer antes da saída dos produtos do estabelecimento fabricante, vedada a selagem em outro estabelecimento, ainda que da mesma empresa.
>
> • *Na importação ou aquisição em licitação*
> I – **Regra**: a aplicação do selo ocorrerá antes da saída do produto da repartição de desembaraço ou de licitação;
> II – **Exceção**, aplicação do selo poderá ocorrer no estabelecimento do importador, do licitante ou em local por eles indicado.

15.6. DEVOLUÇÃO DOS SELOS DE CONTROLE

Os selos de controle devem ser devolvidos à unidade fornecedora da Secretaria da RFB nos casos de: (i) encerramento da fabricação do produto sujeito ao selo; (ii) dispensa, pela Secretaria da Receita Federal do Brasil, do uso do selo; (iii) defeito de origem nas folhas dos selos ou (iv) quebra, avaria, furto ou roubo de produtos importados, quando tenha sido autorizada a aplicação do selo no estabelecimento do contribuinte.

Somente é admitida a devolução dos selos quando estes se encontrarem no mesmo estado em que foram fornecidos.

Os selos devolvidos devem ser reincorporados ao estoque da repartição, ou incinerados quando for dispensado o seu uso, ou ainda, encaminhados à Casa da Moeda do Brasil, para novo suprimento nas quantidades correspondentes, se houver defeito de origem.

> **DEVOLUÇÃO DE SELOS DE CONTROLE**
>
> I - Encerramento da fabricação do produto sujeito ao selo (admitida a transferência do estoque de selos a outro estabelecimento da mesma PJ, com autorização da RFB);
> II - Dispensa, pela RFB, do uso do selo;
> III - Defeito de origem nas folhas dos selos;
> IV - Quebra, avaria, furto ou roubo de produtos importados, quando autorizada a aplicação do selo no estabelecimento do contribuinte.
> V - Possuir selo cujo modelo for declarado fora de uso pela RFB;
> VI - Deixar de realizar a importação, quando autorizada a selagem no exterior (para **bebidas e cigarros**);
> VII - Estiver obrigado pela RFB à utilização do Sicobe (apenas **bebidas**).

15.7. FALTA DE SELO NOS PRODUTOS OU USO INDEVIDO

A falta do selo de controle em produtos fora dos estabelecimentos, ou o seu uso em desacordo com as normas estabelecidas, resulta em considerar o produto como não identificado com o descrito no documento fiscal, e, consequentemente, sujeita-se o possuidor dos produtos à exigência do imposto e multa.

Consideram-se os produtos como não selados, e sujeitos também à exigência do imposto e multa, nos seguintes casos:

I – aplicação de selos reutilizado ou adquirido por cessão ou compra de terceiros;

II – emprego do selo destinado a produto nacional em produto estrangeiro e vice-versa;

III – emprego do selo em produtos diversos daquele a que é destinado;

IV – emprego do selo não marcado ou não aplicado como previsto no RIPI/2010 ou nos atos administrativos pertinentes;

V – emprego de selo que não estiver em circulação.

CÓDIGO PENAL

(DL 2.848/1940, art. 293, § 1°, III, "a" e "b", alterado pela Lei n° 11.035/2004)

• Incorre na pena de reclusão, de dois a oito anos, e multa, quem:

importa, exporta, adquire, vende, expõe à venda, mantém em depósito, guarda, troca, cede, empresta, fornece, porta ou, de qualquer forma, utiliza em proveito próprio ou alheio, no exercício de atividade comercial ou industrial, produto ou mercadoria:

(a) em que tenha sido aplicado selo que se destine a controle tributário, falsificado;

(b) sem selo oficial, nos casos em que a legislação tributária determina a obrigatoriedade de sua aplicação.

15.8. APREENSÃO E DESTINAÇÃO DE SELO IRREGULAR

Devem ser apreendidos os selos de controle de legitimidade duvidosa. Se os referidos selos tiverem sido aplicados em produtos, estes também serão objeto de apreensão.

Também serão apreendidos os selos encontrados em poder de pessoa diversa daquela a quem tenham sido fornecidos, bem como os selos imprestáveis em razão de utilização inadequada ou defeito, os selos aplicados em produtos impróprios para o consumo, e os selos sujeitos à devolução.

Os selos imprestáveis e os aplicados em produtos impróprios para o consumo serão incinerados ou destruídos.

Os selos de legitimidade duvidosa serão submetidos a exame pericial por parte da Secretaria da RFB, que adotará as medidas processuais cabíveis em caso de conclusão pela ilegitimidade dos mesmos. Discordando do resultado da perícia, o contribuinte poderá solicitar a realização de perícia a ser realizada pela Casa da Moeda do Brasil.

15.9. BEBIDAS ALCOÓLICAS

Em relação às bebidas alcoólicas, a Secretaria da Receita Federal do Brasil disciplinou os procedimentos relativos ao selo de controle por meio da IN RFB nº 1.432/2013 e alterações pelas IN RFB nº 1.518/2014 e nº 1.583/2015.

Estão sujeitas à aplicação do selo de controle as chamadas "bebidas quentes", relacionadas no Anexo I da IN nº 1.583/2015, tais como vermute, sidra, conhaque, uísque, cachaça, gim, vodca, rum, licor e outras bebidas alcoólicas compostas. _Não estão sujeitos ao selo de controle a cerveja, o chope e o vinho_ (destaca-se que o vinho não está mais sujeito ao selo de controle a partir da edição da IN RFB nº 1.583/2015).

Devem ser seladas as bebidas alcoólicas de fabricação nacional, quando destinadas ao mercado interno ou quando saídas do estabelecimento industrial, ou equiparado a industrial, para exportação, ou em operação equiparada à exportação, para países limítrofes com o Brasil e as bebidas de procedência estrangeira, entradas no País.

Selos de controle do IPI – bebidas

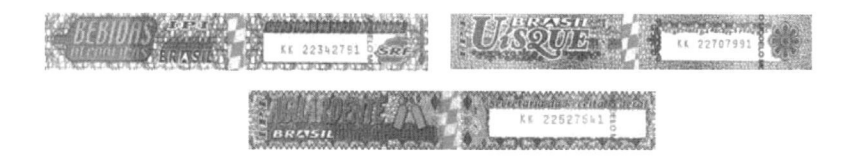

As bebidas não podem sair do estabelecimento industrial, ou equiparado a industrial, serem vendidas ou expostas à venda, mantidas em depósito fora dos referidos estabelecimentos, ainda que em armazéns gerais, ou ser liberadas pelas repartições fiscais sem que antes sejam seladas.

> **Estão sujeitas ao selo de controle as bebidas alcoólicas** (não inclui a cerveja, o chope e o vinho):
>
> I – De fabricação nacional, destinadas ao mercado interno, à exportação (ou operação equiparada) para países limítrofes com o Brasil;
>
> II – De procedência estrangeira, entradas no País.

- **Exceções à exigência de selagem**

O selo de controle não deverá ser aplicado nas bebidas quando:

I – destinadas à exportação para países que não sejam limítrofes com o Brasil;

II – objeto de amostras comerciais gratuitas destinadas à exportação;

III – procedentes do exterior, quando:

(a) importadas pelas missões diplomáticas e repartições consulares de carreira e de caráter permanente ou pelos respectivos integrantes;

(b) importadas pelas representações de organismos internacionais de caráter permanente, inclusive os de âmbito regional, dos quais o Brasil seja membro, ou por seus integrantes;

(c) introduzidas no País como amostras ou remessas postais internacionais, sem valor comercial;

(d) introduzidas no País como remessas postais e encomendas internacionais destinadas à pessoa física;

(e) constantes de bagagem de viajantes procedentes do exterior;

(f) despachadas em regimes aduaneiros especiais, ou a eles equiparados;

(g) integrantes de bens de residente no exterior por mais de 3 (três) anos ininterruptos, que se tenha transferido para o País a fim de fixar residência permanente;

(h) adquiridas, no País, em loja franca;

(i) arrematadas por pessoas físicas em leilão promovido pela RFB;

(j) retiradas para análise pelos órgãos competentes;

IV – acondicionadas em recipientes de capacidade até 180 ml (cento e oitenta mililitros);

V – controladas pelo Sicobe operando em normal funcionamento.

- **Previsão de consumo e fornecimento**

Os produtores, engarrafadores, cooperativas de produtores, estabelecimentos comerciais atacadistas e importadores de bebidas sujeitas ao selo de controle devem apresentar, anualmente, até o mês de junho, a previsão de consumo de selos de controle à unidade da RFB de sua jurisdição com as quantidades de selos necessários ao consumo no ano subsequente, previsão esta que pode ser retificada com antecedência mínima de 60 (sessenta) dias.

Em se tratando de início de atividades ou início de fabricação de produto novo sujeito a selo, o estabelecimento deverá apresentar a previsão de consumo do ano em curso com antecedência mínima de 30 (trinta) dias.

O fornecimento do selo de controle fica condicionado à concessão do registro especial exigido para as bebidas alcoólicas. O estabelecimento requerente fica obrigado ao pagamento da taxa de utilização de selo de controle prevista no inciso I do art. 13 da Lei nº 12.995/2014 (atualmente de R$ 0,03 por selo de controle), a ser recolhida com base na quantidade de selos fornecida no mês anterior.

O não recolhimento da taxa por 3 (três) meses ou mais, consecutivos ou alternados, no período de 12 (doze) meses, implica a suspensão do fornecimento dos selos, até que sejam regularizados os pagamentos devidos.

O estabelecimento poderá deduzir da Contribuição para o PIS/PASEP ou da Contribuição para o Financiamento da Seguridade Social (COFINS), devidas em cada período de apuração, crédito presumido correspondente à taxa efetivamente paga no mesmo período.

Para produto nacional, o estabelecimento deve requerer o selo em quantidade não superior às necessidades de consumo de 1 (um) mês, nem inferior às necessidades de uma quinzena, observado o não fracionamento de folha de selos.

O fornecimento de quantidade superior à mencionada fica condicionado à comprovação de insuficiência de estoque, mediante a apresentação do Livro Registro de Entrada e Saída do Selo de Controle. Deve ser observado que a requisição feita em desacordo com a previsão de consumo, que implique providências por parte da unidade da RFB para o suprimento extra, sujeitará o estabelecimento ao ressarcimento das despesas com transporte desses selos.

Para produtos estrangeiros, a quantidade deve corresponder ao número de unidades consignadas na Declaração de Importação ou no Documento de Arrematação, quando a selagem for efetuada na unidade da Receita Federal, responsável pelo desembaraço aduaneiro, ou quando tais produtos forem adquiridos em licitação. Quando a selagem for feita no exterior, a quantidade deve corresponder ao número de unidades a importar.

- **Aplicação do selo de controle**

O estabelecimento industrial deverá aplicar o selo de controle nos produtos de fabricação nacional antes da saída dos produtos, sendo vedada e selagem em outros estabelecimentos, ainda que da mesma empresa.

Na importação ou aquisição em licitação, o selo de controle deverá ser aplicado, em regra, antes da saída dos produtos da zona primária da jurisdição da RFB que os desembaraçou ou alienou. Porém, a aplicação do selo de controle nas bebidas importadas ou adquiridas em licitação poderá ser feita no estabelecimento do importador ou licitante ou, ainda, em local por eles indicado. Neste caso, o importador ou licitante deverá informar à unidade da RFB responsável pelo despacho o local onde será feita a selagem dos produtos, bem assim fará prova que comunicou o fato ao titular da unidade da RFB que jurisdiciona o local indicado para selagem dos produtos. O prazo para a selagem é de 15 (quinze) dias contado da data da saída dos produtos da unidade da RFB que os desembaraçou.

Na importação de uísque, o selo de controle deverá ser, obrigatoriamente, aplicado pelo fabricante de bebidas no exterior. Opcionalmente, no interesse do estabelecimento importador, o mesmo procedimento poderá ser adotado às demais bebidas alcoólicas, acondicionadas em recipiente de capacidade superior a 180ml (cento e oitenta mililitros).

O selo de controle deverá ser aplicado no fecho de cada unidade, de modo a que se rompa ao ser aberto o recipiente, devendo ser empregada na selagem cola que impossibilite a retirada do selo inteiro. Qualquer que seja o tipo de fechamento do recipiente, o selo não poderá ficar oculto, no todo ou em parte.

Quando numerado, o selo será aplicado obedecendo-se à ordem crescente de série e numeração, e o emprego do selo não dispensa a rotulagem ou marcação dos produtos, quando prevista.

- **Devolução dos selos de controle**

O estabelecimento será obrigado a devolver os selos de controle à unidade da RFB fornecedora, quando:

I – deixar de fabricar o produto sujeito ao selo; neste caso, alternativamente, mediante prévia autorização da unidade da RFB fornecedora, o estabelecimento poderá transferir os selos que possuir em estoque para outro estabelecimento da mesma pessoa jurídica;

II – houver defeitos de origem nas folhas dos selos;

III – ocorrer quebra, avaria, furto ou roubo de produtos importados, quando tenha sido autorizada a aplicação dos selos no estabelecimento do contribuinte;

IV – deixar de realizar a importação, quando tenha sido autorizada a selagem no exterior;

V – possuir selo cujo modelo for declarado fora de uso pela RFB;

VI – estiver obrigado pela RFB à utilização do Sicobe.

O titular da unidade da RFB determinará a realização de diligência fiscal no estabelecimento industrial ou importador, conforme o caso, para apurar a procedência da alegação e verificar, por tipo e cor, a quantidade dos selos que serão devolvidos ou, se for o caso, transferidos.

A devolução e a transferência dos selos ensejarão a baixa das quantidades devolvidas ou transferidas nos estoques escriturados no livro Registro de Entrada e Saída do Selo de Controle.

A unidade da RFB que receber os selos devolvidos deve reincorporá-los ao seu estoque. Quando houver defeito nas folhas dos selos, deverá encaminhá-los à Casa da Moeda do Brasil para novo suprimento. Na hipótese de o modelo do selo ser declarado fora de uso, os selos deverão ser destruídos.

- **Quebra no estoque de selos**

Pode ser admitida quebra de até 0,5% (meio por cento) no estoque de selos de controle do estabelecimento, destinados às bebidas alcoólicas, quando decorrente de perda verificada em processo mecânico de selagem, independentemente de apresentação dos espécimes inutilizados.

Para efeito de baixa no estoque de selos no livro "Registro de Entrada e Saída do Selo de Controle", o estabelecimento deverá, até o último dia útil do mês seguinte ao da ocorrência de quebra, comunicar o fato à unidade da RFB de sua jurisdição. A quebra informada, mesmo dentro do limite previsto, poderá ser impugnada pela fiscalização, se considerada excessiva.

> **Quebra no estoque de selos de controle de bebidas:**
> Decorrente de perda em processo mecânico de selagem.
> Será admitida até 0,5% do estoque de selos do estabelecimento, destinado às bebidas.

- **Penalidades**

Há previsão das seguintes penalidades em relação ao selo de controle das bebidas alcoólicas:

I – venda ou exposição à venda de produto sem o selo ou com emprego de selo já utilizado: multa igual ao valor comercial do produto, não inferior a R$ 1.000,00 (mil reais);

II – emprego ou posse de selo legítimo não adquirido pelo próprio estabelecimento diretamente da repartição fornecedora: multa de R$ 1,00 (um real) por unidade, não inferior a R$ 1.000,00 (mil reais);

III – emprego de selo destinado a produto nacional, quando se tratar de produto estrangeiro, e vice-versa; emprego de selo destinado a produto diverso; emprego de selo não utilizado ou marcado como previsto na IN nº 1.432/2013; emprego de selo que não estiver em circulação: consideram-se os produtos como não selados, equiparando-se a infração à falta de pagamento do IPI, que será exigível, além da multa igual a 75% (setenta e cinco por cento) do valor do IPI exigido;

IV – fabricação, venda, compra, cessão, utilização ou posse, soltos ou aplicados, de selos de controle falsos: independentemente de sanção penal cabível, multa de R$ 5,00 (cinco reais) por unidade, não inferior a R$ 5.000,00 (cinco mil reais), além da apreensão dos selos não utilizados e da aplicação da pena de perdimento dos produtos em que tenham sido utilizados os selos;

V – transporte de produto sem o selo ou com emprego de selo já utilizado: multa igual a 50% (cinquenta por cento) do valor comercial do produto, não inferior a R$ 1.000,00 (mil reais).

VI – fornecimento a outro estabelecimento, da mesma pessoa jurídica ou de terceiros, de selos de controle legítimos adquiridos diretamente da repartição fornecedora: multa de R$ 1,00 (um real) por unidade, não inferior a R$ 1.000,00 (mil reais).

15.10. CIGARROS

A Secretaria da Receita Federal do Brasil normatizou os procedimentos referentes à obrigatoriedade de aplicação do selo de controle nos cigarros mediante a IN RFB nº 770/2007 e alterações pela IN RFB nº 1.421/2013 e pela IN RFB nº 1.519/2014.

Estão sujeitos ao selo de controle os cigarros (exceto os feito à mão) e cigarrilhas de fabricação nacional, destinados ao mercado interno, bem como os de procedência estrangeira entrados no país.

Os produtos não podem sair dos estabelecimentos industriais ou a eles equiparados, ser vendidos ou expostos à venda, mantidos em depósito fora dos referidos estabelecimentos, ainda que em armazéns-gerais, ou ser liberados pelas repartições fiscais, sem que antes sejam selados.

Os selos devem ser aplicados em carteiras, embalagem maço ou rígida, que contenham vinte unidades.

Selos de controle do IPI – cigarros

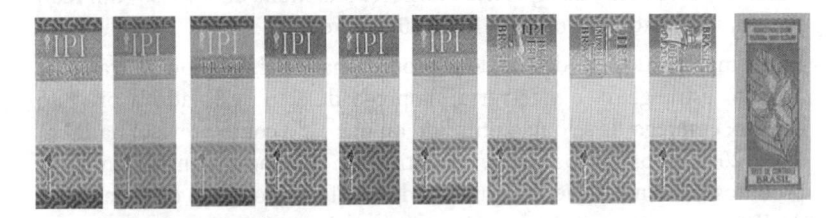

- **Exceções à exigência de selagem**

O selo de controle não será aplicado nos cigarros:

I – destinados à distribuição gratuita, a título de propaganda, em invólucro que contenha fração de vintena;

II – distribuídos gratuitamente a empregados do próprio estabelecimento fabricante;

III – objeto de amostras comerciais gratuitas destinadas à exportação;

IV – saídos do estabelecimento industrial para exportação ou em operação equiparada à exportação;

V – procedentes do exterior, quando: (i) importados pelas missões diplomáticas e repartições consulares de carreira e de caráter permanente ou pelos respectivos integrantes; (ii) importados pelas representações de organismos internacionais de caráter permanente, inclusive os de âmbito regional, dos quais o Brasil seja membro, ou por seus integrantes; (iii) introduzidos no País como amostras ou remessas postais internacionais, sem valor comercial; (iv) introduzidos no País como remessas postais ou encomendas internacionais destinadas a pessoa física; (v) constantes de bagagem de viajantes procedentes do exterior e (vi) adquiridos, no País, em loja franca.

- **Previsão de consumo e fornecimento**

Os fabricantes e importadores de cigarros devem apresentar, anualmente, até o mês de junho, a previsão de consumo de selos de controle com as quantidades de selos necessários ao consumo no ano subsequente, previsão esta que pode ser retificada com antecedência mínima de 60 (sessenta) dias. Em se tratando de início de atividades, o estabelecimento deverá apresentar a previsão de consumo do ano em curso com antecedência mínima de 30 (trinta) dias.

O fornecimento do selo de controle fica condicionado à concessão do registro especial exigido para os cigarros. O estabelecimento requerente fica obrigado ao pagamento da taxa de utilização de selo de controle prevista no inciso I do art. 13 da Lei nº 12.995/2014, (atualmente de R$ 0,01 por selo de controle) a ser recolhida com base na quantidade de selos fornecida no mês anterior. O não recolhimento da taxa por 3 (três) meses ou mais, consecutivos ou alternados, no período de 12 (doze) meses, implica a suspensão do fornecimento dos selos, até que sejam regularizados os pagamentos devidos.

O estabelecimento poderá deduzir da Contribuição para o PIS/PASEP ou da Contribuição para o Financiamento da Seguridade Social (COFINS), devidas em cada período de apuração, crédito presumido correspondente à taxa efetivamente paga no mesmo período.

Vale destacar que o estabelecimento requisitará os selos de controle à unidade da RFB de sua jurisdição e caso não exista depósito de selos na unidade da RFB de jurisdição do estabelecimento, a requisição será dirigida à unidade depositária mais próxima.

Para produto nacional, o estabelecimento deverá requerer o selo em quantidade não superior às necessidades de consumo de 1 (um) mês nem inferior às necessidades de uma quinzena, observado o não fracionamento de folha de selos. A requisição feita em desacordo com a previsão de consumo, que implique providências por parte da unidade da RFB para o suprimento extra, sujeitará o estabelecimento ao ressarcimento das despesas com transporte desses selos.

Para produtos estrangeiros, a quantidade deverá corresponder ao número de unidades a importar, autorizadas pela RFB.

- **Aplicação do selo de controle**

O selo de controle deverá ser aplicado no fecho de cada carteira de cigarros utilizando-se adesivo que assegure o seu dilaceramento quando da abertura da embalagem. É vedado ao estabelecimento industrial de cigarros ou importador utilizar qualquer tipo de embalagem ou outro envoltório que dificulte ou impeça a visualização do selo de controle.

O emprego do selo não dispensa a rotulagem ou marcação dos produtos, de acordo com as normas do RIPI.

- **Devolução dos selos de controle**

O estabelecimento será obrigado a devolver os selos de controle à unidade da RFB fornecedora, quando:

I – deixar de fabricar produto sujeito ao selo; neste caso, alternativamente, mediante prévia autorização da unidade da RFB fornecedora, o estabelecimento poderá transferir os selos que possuir em estoque para outro estabelecimento da mesma pessoa jurídica;

II – houver defeitos de origem nas folhas dos selos;

III – não se realizar a importação;

IV – o modelo de selo for declarado fora de uso pela RFB;

V – ocorrer a dispensa do uso do selo pela RFB.

O titular da unidade da RFB determinará a realização de diligência fiscal no estabelecimento industrial ou importador, conforme o caso, para apurar a procedência da alegação e verificar, por tipo e cor, a quantidade dos selos que serão devolvidos ou, se for o caso, transferidos.

A devolução e a transferência dos selos ensejarão a baixa das quantidades devolvidas ou transferidas nos estoques escriturados no livro Registro de Entrada e Saída do Selo de Controle.

- **Destruição de selos de controle**

Serão incinerados, ou destruídos por outro processo, em presença da autoridade fiscal, os selos de controle imprestáveis para o uso ou aplicados em produtos impróprios para o consumo.

Para esse fim, o estabelecimento deverá comunicar à unidade da RFB de sua jurisdição, até o mês seguinte ao da verificação do fato, a existência de selos nas condições acima descritas. O chefe da unidade da RFB determinará a realização de diligência fiscal no estabelecimento com vistas à verificação da procedência do fato comunicado e à incineração dos selos.

O estabelecimento procederá à baixa nos registros de estoque de selos, correspondente ao montante de selos incinerados, conforme termo lavrado pela autoridade fiscal, que indicará as quantidades de selos incineradas.

- **Selagem na importação de cigarros**

O importador deverá requerer o fornecimento dos selos de controle, por intermédio da unidade da RFB de seu domicílio fiscal, devendo informar o nome e endereço do fabricante no exterior, a quantidade de vintenas, marca comercial, características físicas e respectiva classe fiscal de enquadramento do produto a ser importado, e o preço de venda a varejo pelo qual será feita a comercialização do produto no Brasil.

Aceito o requerimento, o importador terá o prazo de 15 (quinze) dias para efetuar o pagamento dos selos e retirá-los na unidade da RFB de seu domicílio fiscal.

Os selos de controle serão remetidos pelo importador ao fabricante no exterior, devendo ser aplicado em cada carteira, embalagem maço ou rígida, que contenha 20 (vinte) unidades do produto, na mesma forma estabelecida para os produtos de fabricação nacional.

O importador terá o prazo de 90 (noventa) dias, a partir da data de fornecimento do selo de controle, para efetuar o registro da declaração da importação.

- **Penalidades**

Há previsão das seguintes penalidades em relação ao selo de controle dos cigarros:

I – venda ou exposição à venda de cigarros sem o selo ou com emprego de selo já utilizado: multa igual ao valor comercial do produto, não inferior a R$ 1.000,00 (mil reais);

II – emprego ou posse de selo legítimo não adquirido pelo próprio estabelecimento diretamente da repartição fornecedora: multa de R$ 1,00 (um real) por unidade, não inferior a R$ 1.000,00 (mil reais);

III – emprego de selo destinado a produto nacional, quando se tratar de produto estrangeiro, e vice-versa; emprego de selo destinado a produto diverso; emprego de selo não utilizado ou marcado; emprego de selo que não estiver em circulação: consideram-se os cigarros como não selados, equiparando-se a infração à falta de pagamento do IPI, que será exigível, além da multa igual a 75% (setenta e cinco por cento) do valor do imposto exigido;

IV – fabricação, venda, compra, cessão, utilização ou posse, soltos ou aplicados, de selos de controle falsos: independentemente de sanção penal cabível, multa de R$ 5,00 (cinco reais) por unidade, não inferior a R$ 5.000,00 (cinco mil reais), além da apreensão dos selos não utilizados e da aplicação da pena de perdimento dos cigarros em que tenham sido utilizados os selos;

V – transporte de cigarros sem o selo ou com emprego de selo já utilizado: multa igual a 50% (cinquenta por cento) do valor comercial do produto, não inferior a R$ 1.000,00 (mil reais).

VI – fornecimento a outro estabelecimento, da mesma pessoa jurídica ou de terceiros, de selos de controle legítimos adquiridos diretamente da repartição fornecedora: multa de R$ 1,00 (um real) por unidade, não inferior a R$ 1.000,00 (mil reais).

Aplica-se ainda a pena de perdimento aos cigarros, na venda ou exposição à venda sem o selo ou com emprego de selo já utilizado, no transporte sem o selo ou com emprego de selo já utilizado, ou ainda, quando encontrados no estabelecimento industrial, acondicionados em embalagem destinada à comercialização, sem o selo de controle.

15.11. RELÓGIOS DE PULSO E DE BOLSO

Os procedimentos relativos à aplicação de selos de controle em relógios de pulso e de bolso foram regulados pela Secretaria da Receita Federal do Brasil na IN RFB nº 1.539/2014. A exigência do selo de controle se aplica também aos relógios de pulso e de bolso, quando combinados com máquinas de calcular, receptores de televisão ou outros dispositivos eletrônicos.

Os relógios não podem sair dos estabelecimentos fabricantes, ser vendidos ou expostos à venda, mantidos em depósito fora dos referidos estabelecimentos, ainda que em armazéns-gerais, ou ser liberados pelas repartições fiscais, sem que antes sejam selados.

Selos de controle do IPI – relógios

- **Exceções à exigência de selagem**

    O selo de controle não será aplicado nos relógios:

    I – destinados à exportação, inclusive objeto de amostras comerciais gratuitas;

II – procedentes do exterior, quando:

(i) importados pelas missões diplomáticas e repartições consulares de carreira e de caráter permanente ou pelos respectivos integrantes;

(ii) importados pelas representações de organismos internacionais de caráter permanente, inclusive os de âmbito regional, dos quais o Brasil seja membro, ou por seus integrantes;

(iii) introduzidos no País como amostras ou remessas postais internacionais, sem valor comercial;

(iv) introduzidos no País como remessas postais e encomendas internacionais destinadas à pessoa física;

(v) constantes de bagagem de viajantes procedentes do exterior;

(vi) despachados em regimes aduaneiros especiais, ou a eles equiparados;

(vii) integrantes de bens de residente no exterior por mais de 3 (três) anos ininterruptos, que se tenha transferido para o País a fim de fixar residência permanente;

(viii) adquiridos, no País, em loja franca;

(ix) arrematadas por pessoas físicas em leilão promovido pela RFB.

- **Previsão de consumo e fornecimento**

Os fabricantes e importadores de relógios devem apresentar, anualmente, até o mês de junho, a previsão de consumo de selos de controle com as quantidades de selos necessários ao consumo no ano subsequente, previsão esta que pode ser retificada com antecedência mínima de 45 (quarenta e cinco) dias. Em se tratando do início das atividades, o estabelecimento deverá apresentar a previsão de consumo do ano em curso com antecedência mínima de 30 (trinta) dias.

O fornecimento do selo de controle fica condicionado ao exame da regularidade da situação cadastral do usuário requerente perante o Cadastro Nacional das Pessoas Jurídicas (CNPJ). O estabelecimento requerente fica obrigado ao pagamento da taxa de utilização do selo de controle prevista no inciso I do art. 13 da Lei nº 12.995/2014 (atualmente de R$ 0,03 por selo de controle), a ser recolhida com base na quantidade de selos fornecida no mês anterior.

O estabelecimento poderá deduzir da Contribuição para o PIS/PASEP ou da Contribuição para o Financiamento da Seguridade Social (COFINS), devidas em cada período de apuração, crédito presumido correspondente à taxa efetivamente paga no mesmo período.

Para relógios nacionais, o estabelecimento deve requerer o selo em quantidade não superior às necessidades de consumo de 1 (um) mês nem inferior às necessidades de uma quinzena, observado o não fracionamento de folha de selos.

O fornecimento de quantidade superior à mencionada fica condicionado à comprovação de insuficiência de estoque, mediante a apresentação do livro Registro de Entrada e Saída do Selo de Controle. A requisição feita em desacordo com a previsão de consumo, que implique providências por parte da unidade da RFB para o suprimento extra, sujeitará o estabelecimento ao ressarcimento das despesas com transporte desses selos.

Para produtos estrangeiros, a quantidade deve corresponder ao número de unidades consignadas na Declaração de Importação ou no Documento de Arrematação, quando a selagem for efetuada na unidade da Receita Federal responsável pelo desembaraço aduaneiro ou quando adquiridos em licitação.

- **Aplicação do selo de controle**

O estabelecimento industrial deverá aplicar o selo de controle nos relógios de fabricação nacional antes da saída dos produtos, sendo vedada a selagem em outros estabelecimentos, ainda que da mesma empresa.

Na importação ou aquisição em licitação, o selo de controle deverá ser aplicado, como regra, antes da saída dos produtos da zona primária da jurisdição da RFB que os desembaraçou ou alienou. Porém, a aplicação do selo de controle nos relógios importados ou adquiridos em licitação poderá ser feita no estabelecimento do importador ou licitante ou, ainda, em local por eles indicado.

Neste caso, o importador ou licitante deverá informar à unidade da RFB responsável pelo despacho o local onde será feita a selagem dos produtos, bem como fará prova que comunicou o fato ao titular da unidade da RFB que jurisdiciona o local indicado para selagem dos produtos.

O prazo para a selagem é de 15 (quinze) dias, contado da data da saída dos produtos da unidade da RFB que os desembaraçou, devendo ser observado que o emprego do selo não dispensa a rotulagem ou marcação dos produtos, na forma prevista em legislação própria.

Os relógios de procedência estrangeira que sofrerem operações que lhes modifiquem o acabamento ou a apresentação, sem, contudo, alterar as características que identifiquem sua origem, deverão sair do estabelecimento que efetuar tais operações com o mesmo selo de controle aplicado por ocasião do desembaraço aduaneiro.

- **Devolução dos selos de controle**

O estabelecimento será obrigado a devolver os selos de controle à unidade da RFB fornecedora, quando:

I – deixar de fabricar o produto sujeito ao selo; neste caso, alternativamente, mediante prévia autorização da unidade da RFB fornecedora, o estabelecimento poderá transferir os selos que possuir em estoque para outro estabelecimento da mesma pessoa jurídica;

II – houver defeitos de origem nas folhas dos selos;

III – ocorrer quebra, avaria, furto ou roubo de produtos importados, quando tenha sido autorizada a aplicação dos selos no estabelecimento do contribuinte;

IV – possuir selo cujo modelo for declarado fora de uso pela RFB;

O titular da unidade da RFB determinará a realização de diligência fiscal no estabelecimento industrial ou importador, conforme o caso, para apurar a procedência da alegação e verificar, por tipo e cor, a quantidade dos selos que serão devolvidos ou, se for o caso, transferidos.

A devolução e a transferência dos selos ensejarão a baixa das quantidades devolvidas ou transferidas nos estoques escriturados no livro Registro de Entrada e Saída do Selo de Controle.

A unidade da RFB que receber os selos devolvidos deverá reincorporá-los ao seu estoque. Quando houver defeito nas folhas dos selos, deverá encaminhá-los à Casa da Moeda do Brasil para novo suprimento. Na hipótese de o modelo do selo ser declarado fora de uso, os selos deverão ser destruídos.

- **Quebra no estoque de selos**

Pode ser admitida quebra de até 0,1% (um décimo por cento) no estoque de selos de controle do estabelecimento, destinados aos relógios, quando decorrente de perda verificada em processo mecânico de selagem, independentemente de apresentação dos espécimes inutilizados.

Para efeito de baixa no estoque de selos no livro "Registro de Entrada e Saída do Selo de Controle", o estabelecimento deverá, até o último dia útil do mês seguinte ao da ocorrência de quebra, comunicar o fato à unidade da RFB a que estiver jurisdicionado. A quebra informada, ainda que dentro do limite previsto, poderá ser impugnada pela fiscalização, se considerada excessiva.

> **Quebra no estoque de selos de controle de relógios:**
> Decorrente de perda em processo mecânico de selagem.
> Será admitida até 0,1% do estoque de selos do estabelecimento, destinado aos relógios.

- **Penalidades**

São previstas as seguintes penalidades em relação ao selo de controle dos relógios:

I – venda ou exposição à venda de relógios sem o selo ou com emprego de selo já utilizado: multa igual ao valor comercial do produto, não inferior a R$ 1.000,00 (mil reais);

II – emprego ou posse de selo legítimo não adquirido pelo próprio estabelecimento diretamente da repartição fornecedora: multa de R$ 1,00 (um real) por unidade, não inferior a R$ 1.000,00 (mil reais);

III – emprego de selo destinado a produto nacional, quando se tratar de produto estrangeiro, e vice-versa; emprego de selo destinado a produto diverso; emprego de selo não utilizado ou marcado; emprego de selo que não estiver em circulação: consideram-se os relógios como não selados, equiparando-se a infração à falta de pagamento do IPI, que será exigível, além da multa igual a 75% (setenta e cinco por cento) do valor do IPI exigido;

IV – fabricação, venda, compra, cessão, utilização ou posse, soltos ou aplicados, de selos de controle falsos: independentemente de sanção penal cabível, multa de R$ 5,00 (cinco reais) por unidade, não inferior a R$ 5.000,00 (cinco mil reais), além da apreensão dos selos não utilizados e da aplicação da pena de perdimento dos relógios em que tenham sido utilizados os selos;

V – transporte de relógios sem o selo ou com emprego de selo já utilizado: multa igual a 50% (cinquenta por cento) do valor comercial do produto, não inferior a R$ 1.000,00 (mil reais);

VI – fornecimento a outro estabelecimento, da mesma pessoa jurídica ou de terceiros, de selos de controle legítimos adquiridos diretamente da repartição fornecedora: multa de R$ 1,00 (um real) por unidade, não inferior a R$ 1.000,00 (mil reais).

> ➤ **Como esse assunto foi cobrado em concurso?**
>
> **(ESAF – Auditor-Fiscal– RFB/2014)** Julgue os itens abaixo e, em seguida, assinale a opção correta.
>
> I. Segundo entendimento recente do Supremo Tribunal Federal, o valor cobrado a título de ressarcimento de custos para utilização do selo especial de emissão oficial para controle do Imposto sobre Produtos Industrializados detém natureza jurídica tributária de contribuição de intervenção no domínio econômico, motivo pelo qual está reservado a lei em sentido estrito.
>
> II. A legislação tributária impõe obrigação acessória consistente na aplicação de selo especial de emissão oficial para controle de determinados produtos sujeitos ao Imposto sobre Produtos Industrializados.

III. A exigência legal de utilização de selos para o controle da produção de algumas mercadorias sujeitas ao Imposto sobre Produtos Industrializados foi recentemente revogada por lei que instituiu, em substituição ao selo, a obrigatoriedade de utilização da nuvem digital para controle de mercadorias, que capta imagens da produção e transporte das mercadorias em tempo real.

IV. A legislação tributária impõe obrigação acessória consistente na instalação de equipamentos contadores de produção, que possibilitem a identificação do tipo de produto, de embalagem e de sua marca comercial, ficando os contribuintes obrigados ao ressarcimento pelo custo necessário à instalação desses equipamentos na linha de produção.

a) Apenas o item II está correto.
b) Apenas os itens II e III estão corretos.
c) Apenas o item III está correto.
d) Apenas o item IV está errado.
e) Apenas os itens I e III estão errados.

Comentário:

Gabarito oficial: alternativa "e".

Base legal

RIPI – Regulamento do Imposto sobre Produtos Industrializados (BRASIL, 2010)

Art. 284, *caput* e § único;

Art. 285;

Art. 286;

Art. 287;

Art. 289;

Art. 290, *caput* e §§ 1º e 2º;

Art. 291, *caput* e §§ 1º e 2º;

Art. 292;

Art. 293, *caput* e § único;

Art. 294, I, II, III e IV;

Art. 295, *caput* e § único;

Art. 296;

Art. 297, I, e II;
Art. 299;
Art. 300, I, e II;
Art. 301, *caput* e § único;
Art. 302;
Art. 303;
Art. 304, I e II;
Art. 305, *caput* e § único;
Art. 306;
Art. 307;
Art. 308, *caput* e §§ 1º e 2º;
Art. 309, *caput* e § único;
Art. 310, I, II, III e IV e §§ 1º e 2º;
Art. 311;
Art. 312, I, II e III;
Art. 313;
Art. 314;
Art. 315, *caput* e § único;
Art. 316, I, II, III e IV e §§§ 1º, 2º e 3º;
Art. 317, I, e II;
Art. 318;
Art. 319, *caput* e § 1º, § 2º, 3º e § 4º;
Art. 320, I, II, III e IV;
Art. 321;
Art. 322.

Lei 12.995/2014 (BRASIL, 2014)
Art. 13, I e II e § 1º, § 2º (I, II, III e IV), § 3º, § 4º, § 5º, § 6º (I e II) e § 7º.

Instrução Normativa RFB nº 842/2008 (RECEITA FEDERAL DO BRASIL, 2008a)
Art. 1º, caput e § 1º, § 2º e § 3º;
Art. 2º;
Art. 3º.

Resumo do capítulo 15

SELO DE CONTROLE - IPI
- **Casa da Moeda do Brasil:** confecção e distribuição à RFB.
- **Órgãos da RFB que receberem selo de controle:**
I – Manterão depósito que atenda às exigências de segurança e conservação necessárias à boa guarda dos selos;
II – Manterão Registro de entrada e saídas dos selos.
- A confecção dos selos segue as determinações da RFB: formatos, cores, dizeres e características distintas (inclusive numeração, por produto, ou classe de preço do produto).
- **Produtos sujeitos ao selo de controle:**
I – Bebidas (exceto cerveja, chope e vinho);
II – Cigarros (incluindo as cigarrilhas);
III – Relógios de pulso e bolso;
IV – Obras fonográficas (exigência suspensa).
- **A RFB fornecerá os selos de controle aos usuários**

Produtos nacionais: selos serão fornecidos em quantidade compatível com as necessidades de consumo do fabricante.
Produtos importados: quantidade fornecida será equivalente ao número de unidades da DI (exceção: uísque).
Produtos adquiridos em licitação: quantidade de selos fornecida deve ser a constante na guia de licitação.
- **Exigências p/ fornecimento do selo:**
I – Registro Eespecial (caso estabelecimento esteja sujeito);
II – comprovação do recolhimento do IPI (vencido após a última aquisição) ou da existência de saldo credor;
III – Pagamento antecipado dos selos (importação de uísque).
- **Previsão de consumo e fornecimento de selos de controle**
Deverá ser apresentada anualmente até junho à RFB.
Poderá ser retificada c/ antecedência mínima de:
I – 60 dias (bebidas e cigarros);
II – 45 dias (relógios de pulso ou de bolso).
Início de atividades ou início de fabricação de produto sujeito a selo: a previsão do ano em curso será apresentada com antecedência mínima de 30 dias.
- **Ressarcimento de custos:** a Lei nº 12.995/2014, art. 13, instituiu a taxa de utilização de selo de controle.
- **Livro Registro de Entrada e Saída do Selo de Controle:** registra o movimento de entrada e saída do selo de controle, inclusive das quantidades inutilizadas ou devolvidas.

Falta de selos de controle: saída de produtos selados sem emissão da nota fiscal.
Excesso de selos de controle: presume-se a saída de produtos sem a aplicação do selo.
Em ambos os casos, será cobrado o imposto sobre as diferenças, sem prejuízo de outras sanções e encargos exigíveis.
- **Aplicação dos selos de controle no produto**

Produtos de fabricação nacional: aplicação do selo deverá ocorrer antes da saída dos produtos do estabelecimento fabricante, vedada e selagem em outro estabelecimento, ainda que da mesma empresa.

Na importação ou aquisição em licitação
I – **Regra:** a aplicação do selo ocorrerá antes da saída dos produtos da zona primária de desembaraço ou de licitação;
II – **Exceção,** aplicação do selo poderá ocorrer no estabelecimento do importador, do licitante ou em local por eles indicado.

O selo será aplicado em cada unidade do produto, com cola especial que impossibilite a sua retirada, obedecendo, quando numerado, à ordem crescente da numeração.
- **Devolução dos selos de controle** nos casos de:
I – Encerramento da fabricação do produto sujeito ao selo (admitida a transferência do estoque de selos a outro estabelecimento da mesma PJ, com autorização da RFB);
II – Dispensa, pela RFB, do uso do selo;
III – Defeito de origem nas folhas dos selos;
IV – Quebra, avaria, furto ou roubo de produtos importados, quando autorizada a aplicação do selo no estabelecimento do contribuinte.
V – Possuir selo cujo modelo for declarado fora de uso p/ RFB;

VI – Deixar de realizar a importação, quando tenha sido autorizada a selagem no exterior (para *bebidas e cigarros*);
VII – Estiver obrigado pela RFB à utilização do Sicobe (apenas *bebidas*).

A devolução somente ocorrerá se os selos estiverem no mesmo estado em que foram fornecidos.

Os selos devolvidos serão:
I – reincorporados ao estoque da repartição, ou incinerados quando for dispnesado o seu uso;
II – encaminhados à CMB, para novo suprimento nas quantidades correspondentes, se houver defeito de origem.

- **Prazo para a selagem:** 15 dias contados da data da saída dos produtos da unidade da RFB que os desembaraçar ou licitar.
- **Falta de selo ou uso indevido**

O possuidor do produto estará sujeito ao imposto e multa

Considera-se não selado o produto com:
I – Aplicação de selo reutilizado ou adquirido por cessão ou compra de terceiros;
II – Emprego do selo destinado a produto nacional em produto estrangeiro e vice-versa;
III – emprego do selo em produtos diversos daquele a que é destinado;
IV – Emprego do selo não marcado ou não aplicado como previsto no RIPI ou nos atos administrativos pertinentes;
V – Emprego de selo que não estiver em circulação.

- **Apreensão e destinação de selo irregular**

Devem ser apreendidos:
I – Selos de controle de legitimidade duvidosa;
II – Selos em poder de pessoa diversa da que foram fornecidos;
III – selos imprestáveis em razão de utilização inadequada ou defeito;
IV – Selos aplicados em produtos impróprios para o consumo;
V – Selos sujeitos à devolução.

- **Penalidades:**

I – Venda ou exposição à venda de produto sem o selo ou com emprego de selo já utilizado: multa igual ao valor comercial do produto, não inferior a R$ 1.000,00 (mil reais);
II – Emprego ou posse de selo legítimo não adquirido pelo próprio estabelecimento diretamente da repartição fornecedora: multa de R$ 1,00 (um real) por unidade, não inferior a R$ 1.000,00 (mil reais);
III – Emprego de selo destinado a produto nacional, quando se tratar de produto estrangeiro, e vice-versa; emprego de selo destinado a produto diverso; emprego de selo não utilizado ou marcado; emprego de selo que não estiver em circulação: consideram-se os produtos como não selados, equiparando-se a infração à falta de pagamento do IPI, que será exigível, além da multa igual a 75% do valor do IPI exigido;
IV – Fabricação, venda, compra, cessão, utilização ou posse, soltos ou aplicados, de selos de controle falsos: independentemente de sanção penal cabível, multa de R$ 5,00 (cinco reais) por unidade, não inferior a R$ 5.000,00 (cinco mil reais), além da apreensão dos selos não utilizados e da aplicação da pena de perdimento dos produtos em que tenham sido utilizados os selos;
V – Transporte de produto sem o selo ou com emprego de selo já utilizado: multa igual a 50% do valor comercial do produto, não inferior a R$ 1.000,00 (mil reais).
VI – Fornecimento a outro estabelecimento, da mesma PJ ou de terceiros, de selos de controle legítimos adquiridos diretamente da repartição fornecedora: multa de R$ 1,00 (um real) por unidade, não inferior a R$ 1.000,00 (mil reais).

SELO DE CONTROLE – BEBIDAS ALCOÓLICAS

- **Devem ser seladas as bebidas alcoólicas:**

I – De fabricação nacional, destinadas ao mercado interno, à exportação, ou em operação equiparada à exportação, para países limítrofes com o Brasil;
II – De procedência estrangeira, entradas no País.

- **Exceções à exigência de selagem de bebidas:**

I – Bebidas destinadas à exportação para países não limítrofes com o Brasil;
II – Bebidas que sejam objeto de amostras comerciais gratuitas destinadas à exportação;
III – procedentes do exterior: (a) importadas pelas missões diplomáticas e repartições

consulares de carreira e de caráter permanente ou pelos respectivos integrantes; (b) importadas pelas representações de organismos internacionais de caráter permanente, inclusive os de âmbito regional, dos quais o Brasil seja membro, ou por seus integrantes; (c) introduzidas no País como amostras ou remessas postais internacionais, sem valor comercial; (d) introduzidas no País como remessas postais e encomendas internacionais destinadas à pessoa física; (e) constantes de bagagem de viajantes procedentes do exterior; despachadas em regimes aduaneiros especiais, ou a eles equiparados; (f) integrantes de bens de residente no exterior por mais de 3 (três) anos ininterruptos, transferidos para o País a fim de fixar residência permanente; (g) adquiridas, no País, em loja franca; (h) arrematadas por PF em leilão promovido pela RFB; (i) retiradas para análise pelos órgãos competentes;
IV – Acondicionadas em recipientes de capacidade até 180 ml;
V – Controladas pelo SICOBE, em funcionamento normal.
- Importação de uísque: selo será aplicado pelo fabricante de bebidas no exterior. Procedimento pode ser estendido às demais bebidas alcoólicas, no interesse do importador, desde que os recipientes sejam de capacidade superior a 180 ml.
- Quebra no estoque de selos de controle de bebidas:
Decorrente de perda em processo mecânico de selagem.
Será admitida até 0,5% do estoque de selos do estabelecimento, destinado às bebidas alcoólicas.
Independe da apresentação dos espécimes inutilizados.
Para registro no Livro de Selos de Controle, o estabelecimento comunicará a ocorrência à unidade de jurisdição da RFB, até o último dia do mês seguinte.
A quebra informada, mesmo dentro do limite previsto, pode ser impugnada p/ fiscalização, se considerada excessiva.

SELO DE CONTROLE – CIGARROS

- **Estão sujeitos ao selo de controle os cigarros (exceto os feitos à mão) e cigarrilhas:**
I – de fabricação nacional, destinados ao mercado interno;
II – de procedência estrangeira entrados no país.
Os selos devem ser aplicados em carteiras, embalagem maço ou rígida, que contenham 20 unidades.
- **O selo de controle não será aplicado nos cigarros:**
I – Destinados à distribuição gratuita, a título de propaganda, em invólucro que contenha fração de vintena;
II – Distribuídos gratuitamente a empregados do próprio estabelecimento fabricante;
III – objeto de amostras comerciais gratuitas destinadas à exportação;
IV – Saídos do estabelecimento industrial para exportação ou em operação equiparada à exportação.
V – Procedentes do exterior, quando importados: (a) pelas missões diplomáticas e repartições consulares de carreira e de caráter permanente ou pelos respectivos integrantes; (b) importados pelas representações de organismos internacionais de caráter permanente, inclusive os de âmbito regional, dos quais o Brasil seja membro, ou por seus integrantes; (c) introduzidos no País como amostras ou remessas postais internacionais, sem valor comercial; (d) introduzidos no País como remessas postais ou encomendas internacionais destinadas a PF; (e) constantes de bagagem de viajantes procedentes do exterior; (f) adquiridos, no País, em loja franca.
- **Os cigarros estão sujeitos ao Registro Especial na RFB**
- **Aplicação do selo de controle – outras disposições**
No fecho de cada carteira, com adesivo que assegure o seu dilaceramento quando da abertura da embalagem.
Vedada a utilização de embalagem ou envoltório que dificulte ou impeça a visualização do selo de controle.

O emprego do selo não dispensa a rotulagem ou marcação dos produtos, de acordo com as normas do RIPI.

- **Destruição de selos de controle:** imprestáveis para o uso ou aplicados em produtos impróprios para o consumo.
- **Selagem na importação de cigarros:** será efetuada pelo fabricante no exterior, selos eram enviados pelo importador.

SELO DE CONTROLE – RELÓGIO DE PULSO E DE BOLSO

- **Exceções à exigência de selagem:**

I – Destinados à exportação, inclusive objeto de amostras comerciais gratuitas;

II – procedentes do exterior, quando importados: (a) pelas missões diplomáticas e repartições consulares de carreira e de caráter permanente ou pelos respectivos integrantes; (b) importados pelas representações de organismos internacionais de caráter permanente, inclusive os de âmbito regional, dos quais o Brasil seja membro, ou por seus integrantes; (c) introduzidos no País como amostras ou remessas postais internacionais, sem valor comercial; (d) introduzidos no País como remessas postais e encomendas internacionais destinadas à pessoa física; (e) constantes de bagagem de viajantes procedentes do exterior; (f) despachados em regimes aduaneiros especiais, ou a eles equiparados; (g) integrantes de bens de residente no exterior por mais de 3 anos ininterruptos, que se tenha transferido para o País a fim de fixar residência permanente; (h) adquiridos, no País, em loja franca; (i) arrematadas por PF em leilão promovido pela RFB.

- **Aplicação do selo de controle** – outras disposições

Os relógios de procedência estrangeira que sofrerem operações que lhes modifiquem o acabamento ou a apresentação, sem, contudo, alterar as características que identifiquem sua origem, deverão sair do estabelecimento que efetuar tais operações com o mesmo selo de controle aplicado por ocasião do desembaraço aduaneiro.

- **Quebra no estoque de selos**

Decorrente de perda em processo mecânico de selagem.

Admitida até 0,1% do estoque de selos do estabelecimento, destinado aos relógios.

Independentemente de apresentação dos espécimes inutilizados.

Capítulo XVI

OBRIGAÇÕES DOS TRANSPORTADORES, ADQUIRENTES E DEPOSITÁRIOS

Sumário: 16.1. Introdução; 16.2. Obrigações dos transportadores; 16.3. Obrigações dos adquirentes e depositários.

16.1. INTRODUÇÃO

A legislação tributária estabelece que o IPI será devido pelo seu contribuinte, ou seja, pelo estabelecimento industrial ou equiparado, relativamente aos produtos que derem saída, e pelo importador, em relação aos fatos geradores decorrentes do desembaraço aduaneiro.

Entretanto, a mesma legislação estabelece as situações nas quais a responsabilidade pelo pagamento do imposto deva ser atribuída aos transportadores, aos adquirentes e aos depositários de produtos tributados pelo IPI. Tais situações, em regra, irão coincidir com as hipóteses em que o Regulamento do IPI presume que tenha ocorrido a saída da mercadoria do estabelecimento do contribuinte, ou a sua importação, sem o pagamento do imposto.

Como será detalhado à frente, a responsabilidade pelo imposto será do transportador, sempre que os produtos que transportar estiverem desacompanhados da documentação exigida pelo RIPI, ao passo que, os adquirentes e depositários serão responsáveis pelo IPI, quando os produtos por eles adquiridos ou depositados estiverem desacompanhados da documentação exigida pelo RIPI, quando esta documentação não estiver em acordo com o RIPI ou quando os produtos não estiverem rotulados, marcados ou selados (conforme o exija a legislação).

O importante, aqui, é delimitar de forma precisa as circunstâncias em que os transportadores, os adquirentes e os depositários ficam responsáveis pelo imposto que deixou de ser pago pelo contribuinte em razão da saída do produto desacompanhado da documentação ou sem obediência às prescrições da legislação.

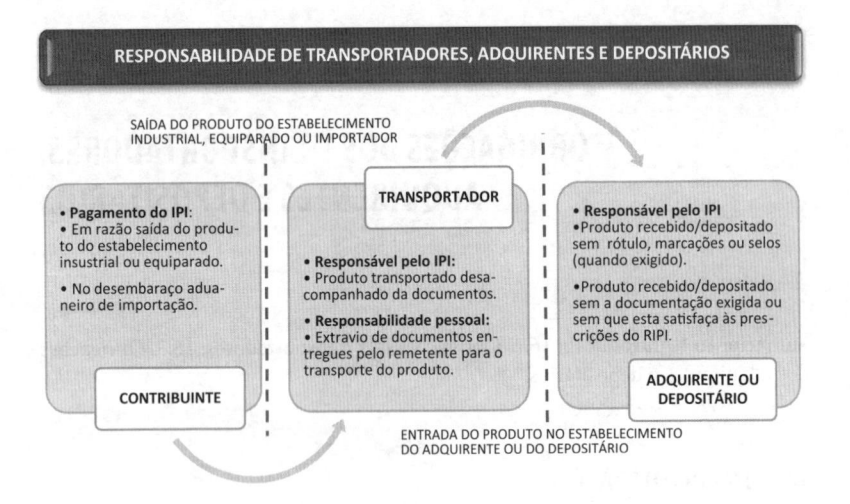

RESPONSABILIDADE DE TRANSPORTADORES, ADQUIRENTES E DEPOSITÁRIOS

SAÍDA DO PRODUTO DO ESTABELECIMENTO
INDUSTRIAL, EQUIPARADO OU IMPORTADOR

- **Pagamento do IPI:**
- Em razão saída do produto do estabelecimento insustrial ou equiparado.
- No desembaraço aduaneiro de importação.

CONTRIBUINTE

TRANSPORTADOR

- **Responsável pelo IPI:**
- Produto transportado desacompanhado da documentos.
- **Responsabilidade pessoal:**
- Extravio de documentos entregues pelo remetente para o transporte do produto.

- **Responsável pelo IPI**
- Produto recebido/depositado sem rótulo, marcações ou selos (quando exigido).
- Produto recebido/depositado sem a documentação exigida ou sem que esta satisfaça às prescrições do RIPI.

ADQUIRENTE OU DEPOSITÁRIO

ENTRADA DO PRODUTO NO ESTABELECIMENTO
DO ADQUIRENTE OU DO DEPOSITÁRIO

16.2. OBRIGAÇÕES DOS TRANSPORTADORES

Os artigos de 323 a 326 do Regulamento do IPI dispõem sobre as obrigações atribuídas aos transportadores de produtos.

Deve ser observado, de início, que os transportadores não podem aceitar despachos ou efetuar o transporte de produtos que não estejam acompanhados dos documentos exigidos pelo Regulamento.

A proibição estende-se aos casos em que haja manifesto desacordo entre os volumes e a sua discriminação nos documentos, aos casos de falta de discriminação ou de descrição incompleta dos volumes, que impossibilite ou dificulte a sua identificação, bem como aos casos em que seja constatada a falta da indicação do nome e do endereço do remetente ou do destinatário.

- **Responsabilidade dos transportadores**

Os transportadores são obrigados ao pagamento do imposto na condição de responsáveis, em relação aos _produtos que transportarem desacompanhados da documentação comprobatória de sua procedência_, nos termos do art. 25, I, do RIPI/2010.

Não obstante, quando comprovado o **extravio da documentação** que deveria acompanhar os produtos transportados, _a responsabilidade do transportador passa a ser pessoal_, conforme dispõe o artigo 324 do RIPI/2010.

- **Suspeita de irregularidades nas mercadorias transportadas**

No caso de suspeita de irregularidade das mercadorias a serem transportadas, a empresa transportadora deverá tomar as medidas necessárias à sua retenção no local de destino, comunicar o fato à unidade da Secretaria da Receita Federal do Brasil do destino, e aguardar, durante 5 (cinco) dias, as providências da referida unidade. Idêntico procedimento será adotado pela empresa transportadora se a suspeita só ocorrer na descarga das mercadorias.

O transportador que conduzir produto de procedência estrangeira que saiba, ou deva presumir pelas circunstâncias, ter sido introduzido clandestinamento no País, bem como importado de modo irregular ou fraudulento, incorrerá na multa de 50% do valor comercial da mercadoria transportada (art. 574 do RIPI/2010).

16.3. OBRIGAÇÕES DOS ADQUIRENTES E DEPOSITÁRIOS

De acordo com o art. 327 do RIPI/2010, os fabricantes, os comerciantes e os depositários que receberem produtos tributados são obrigados a examinar se tais produtos:

I – encontram-se rotulados, marcados ou selados (caso estejam sujeitos ao selo de controle);

II – estão acompanhados dos documentos exigidos e se tais documentos satisfazem a todas as prescrições do Regulamento do IPI.

Ressalte-se que o RIPI/2010 não mais incluiu entre as exigências, a verificação da classificação fiscal dos produtos, prevista anteriormente no RIPI/82.

Verificada qualquer irregularidade, esta deverá ser comunicada por escrito ao remetente da mercadoria, dentro de 8 (oito) dias, contados do seu recebimento, ou antes do início do seu consumo, ou venda, se o início se verificar em prazo menor, conservando em seu arquivo cópia do documento com prova de seu recebimento. A comunicação exime de responsabilidade os recebedores ou adquirentes da mercadoria pela irregularidade verificada.

No caso de falta do documento fiscal que comprove a procedência do produto e identifique o remetente pelo nome e endereço, ou de produto que não se encontre selado, rotulado ou marcado, quando exigido o selo de controle, a rotulagem ou a marcação, não poderá o destinatário recebê-lo, sob pena de ficar responsável pelo pagamento do imposto, se exigível, e sujeito às sanções cabíveis.

A inobservância das prescrições por parte dos adquirentes e depositários sujeita-los-á às mesmas penas impostas ao industrial ou remetente, pela falta apurada (RIPI/2010, art. 575).

Base legal

RIPI – Regulamento do Imposto sobre Produtos Industrializados (BRASIL, 2010)

Art. 323, *caput* e § único;

Art. 324;

Art. 325, I, II e III e § único;

Art. 326;

Art. 327, *caput* e § 1º, § 2º, § 3º e § 4º;

Art. 574;

Art. 575.

Resumo do Capítulo 16

OBRIGAÇÃO DOS TRANSPORTADORES, ADQUIRENTES E DEPOSITÁRIOS – IPI <u>OBRIGAÇÕES DOS TRANSPORTADORES</u>

- Os transportadores não podem aceitar despachos ou efetuar transporte de produtos desacompanhados dos documentos exigidos no RIPI ou que apresentem:

I – manifesto desacordo entre volumes e sua discriminação nos documentos;

II – falta de discriminação ou descrição incompleta dos volumes que impossibilite ou dificulte a sua identificação;

III – falta de indicação do nome e endereço do remetente e do destinatário.

- **Responsabilidade dos transportadores**

Transporte de *produtos desacompanhados da documentação comprobatória* de sua procedência.

- **Responsabilidade pessoal dos transportadores**

Extravio dos documentos que lhes tenham sido entregues pelos remetentes dos produtos.

- Havendo suspeita de irregularidade das mercadorias a serem transportadas, a empresa transportadora deverá:

I – tomar as medidas necessárias à sua retenção no local de destino;

II – comunicar o fato à unidade da RFB do destino;

III – aguardar, durante cinco dias, as providências da referida unidade.

- Idêntico procedimento será adotado pela empresa transportadora se a suspeita só ocorrer na descarga das mercadorias.

- **Transporte de mercadorias estrangeiras introduzidas clandestinamente no país**

O transportador que conduzir produto de procedência estrangeira que saiba, ou deva presumir pelas circunstâncias, ter sido introduzido clandestinamente no país ou, ainda, importado irregular ou fraudulentamente, incorrerá na multa de 50% do valor comercial da mercadoria transportada.

<u>OBRIGAÇÕES DOS ADQUIRENTES E DEPOSITÁRIOS</u>

- Os adquirentes e depositários de produtos tributados são obrigados a examinar se tais produtos:

I – encontram-se rotulados, marcados ou selados (caso estejam sujeitos ao selo de controle);

II – estão acompanhados dos documentos exigidos e se tais documentos satisfazem a todas as prescrições do RIPI.

- A verificação da classificação fiscal dos produtos não é mais exigida dos adquirentes e depositários.

- **Constatada qualquer irregularidade relativa a produtos e documentos recebidos**, esta deverá ser comunicada por escrito ao remetente da mercadoria:

I – dentro de 8 dias do seu recebimento ou

II – antes do início do seu consumo, ou venda (se estes ocorrerem em prazo menor);
> Deve ser conservada, em seu arquivo, cópia do documento com a prova de seu recebimento.

A comunicação exime de responsabilidade os recebedores ou adquirentes da mercadoria pela irregularidade verificada.

- Na falta do documento fiscal que comprove a procedência do produto e identifique o remetente pelo nome e endereço, ou de produto que não se encontre selado, rotulado ou marcado, quando exigido o selo de controle, a rotulagem ou a marcação, *o destinatário não poderá recebê-lo*, sob pena de ficar responsável pelo pagamento do imposto, se exigível, e sujeito às sanções cabíveis.
- A inobservância das prescrições pelos adquirentes e depositários, sujeita-os às mesmas penas cominadas ao industrial ou remetente, pela falta apurada.

Capítulo XVII

REGISTRO ESPECIAL

Sumário: 17.1. Papel imune; 17.2. Cigarros; 17.3. Bebidas; 17.4. Biodiesel.

Estão sujeitos à inscrição no **Registro Especial** da Secretaria da Receita Federal do Brasil, conforme instituído pelo art. 1º do Decreto-Lei nº 1.593/1977:

I – as pessoas jurídicas que promovam a comercialização, importação ou a aquisição no mercado interno de *papel imune*;

II – as empresas fabricantes ou importadoras de *cigarros*;

III – os estabelecimentos industriais de *bebidas* ou seus equiparados, inclusive nas operações de importação;

IV – os estabelecimentos produtores e os importadores de *biodiesel*.

```
                    REGISTRO ESPECIAL
   ┌────────────────┬──────────────┬──────────────┐
 PAPEL IMUNE     CIGARROS        BEBIDAS         BIODIESEL
Comercialização, Fabricantes e  Estabelecimentos  Produtores e
importação e     importadores   industriais,      importadores
aquisição                       equiparados e
                                importadores
```

17.1. PAPEL IMUNE

A Lei nº 11.945 de 2009, dispõe sobre a necessidade de Registro Especial – RE na RFB para as pessoas jurídicas que operarem com o papel imune, estabelecendo já em seu artigo 1º, que, deverá manter RE na RFB, a pessoa jurídica:

I – que exercer as atividades de comercialização e importação de papel destinado à impressão de livros, jornais e periódicos (papel imune);

II – que adquirir o papel a ser utilizado na impressão de livros, jornais e periódicos.

Deve ser destacado que a regularidade da destinação do papel imune será provada por sua comercialização a detentores do registro especial na RFB.

Observa-se, no entanto, que o estabelecimento da pessoa jurídica, que adquirir o papel beneficiado com imunidade e desviar a sua finalidade constitucional, responderá pelo imposto devido, nos termos do § 1º do art. 1º da Lei nº 11.945/2009.

Cabe à Secretaria da Receita Federal do Brasil:

I – expedir normas complementares relativas ao registro especial e ao cumprimento das exigências a que estão sujeitas as pessoas jurídicas para sua concessão;

II – estabelecer a periodicidade e a forma de comprovação da correta destinação do papel beneficiado com imunidade, inclusive mediante a instituição de obrigação acessória destinada ao controle da sua comercialização e importação[1].

- **Cancelamento do registro especial para papel imune**

O artigo 2º da Lei nº 11.945/2009 estabelece que o registro especial, relativo às operações com o papel imune, poderá ser cancelado, a qualquer tempo, pela Secretaria da Receita Federal do Brasil se, após a sua concessão, ocorrer uma das seguintes hipóteses:

I – desatendimento dos requisitos que condicionaram a sua concessão;

II – situação irregular do estabelecimento perante o CNPJ;

III – atividade econômica declarada para efeito da concessão do registro especial divergente da informada perante o CNPJ ou daquela regularmente exercida pelo estabelecimento;

IV – não comprovação da correta destinação do papel na forma a ser estabelecida pela RFB;

V – decisão final proferida na esfera administrativa sobre a exigência fiscal de crédito tributário decorrente do consumo ou da utilização do papel destinado à impressão de livros, jornais e periódicos com desvio da finalidade constitucional.

---

1. O não cumprimento da obrigação prevista no inciso II, acima, sujeitará a pessoa jurídica à penalidade de: I – cinco por cento, não inferior a R$ 100,00 (cem reais) e não superior a R$ 5.000,00 (cinco mil reais), do valor das operações com papel imune omitidas ou apresentadas de forma inexata ou incompleta e II – de R$ 2.500,00 (dois mil e quinhentos reais) para micro e pequenas empresas e de R$ 5.000,00 (cinco mil reais) para as demais, independentemente da sanção prevista no inciso I, se as informações não forem apresentadas no prazo estabelecido. Na apresentação da informação fora do prazo, mas antes de qualquer procedimento de ofício, a multa de que trata o inciso II será reduzida à metade (Lei nº 11.945/2009, art. 1º, § 4º, incisos I e II e § 5º).

Será vedada a concessão de novo registro especial, pelo prazo de 5 (cinco) anos-calendário, ao estabelecimento enquadrado nas hipóteses descritas nos incisos IV ou V acima, ou seja, não comprovação da correta destinação ou decisão administrativa com exigência fiscal por desvio de finalidade do papel imune.

Deve ser destacado, ainda, que a mesma vedação será aplicada à concessão de registro especial a estabelecimento de pessoa jurídica que possua em seu quadro societário:

I – pessoa física que tenha participado, na qualidade de sócio, diretor, gerente ou administrador, de pessoa jurídica cujo estabelecimento teve registro especial cancelado em virtude do disposto nos mesmos incisos IV ou V;

II – pessoa jurídica cujo estabelecimento teve registro especial cancelado em virtude do disposto nos incisos IV ou V, já mencionados.

REGISTRO ESPECIAL – PAPEL IMUNE

- **DEVERÁ MANTER REGISTRO ESPECIAL NA RFB a PJ QUE:**
  I - *comercializar* ou *importar* papel destinado à impressão de livros, jornais e periódicos;
  II - *adquirir no mercado interno* o papel imune.

- **CANCELAMENTO DO REGISTRO ESPECIAL PARA PAPEL IMUNE:**
  I - desatendimento dos requisitos para a sua concessão;
  I - situação irregular do estabelecimento perante o CNPJ;
  III - atividade econômica declarada para efeito da concessão do registro especial divergente da informada perante o CNPJ ou daquela regularmente exercida pelo estabelecimento;
  IV - não comprovação da correta destinação do papel na forma a ser estabelecida pela RFB;
  V - decisão final na esfera administrativa sobre a exigência fiscal de crédito tributário decorrente do consumo ou da utilização do papel imune com desvio da finalidade constitucional.

- **VEDADA A CONCESSÃO DE NOVO REGISTRO ESPECIAL POR 5 ANOS-CALENDÁRIO:**
  I - ao estabelecimento que não comprovar a correta destinação do papel imune;
  II - decisão administrativa com exigência fiscal por desvio de finalidade do papel imune;
  III - PJ que possua em seu quadro societário:
    • PF que tenha participado, na qualidade de sócio, diretor, gerente ou administrador, de PJ cujo estabelecimento tenha tido o registro especial cancelado em virtude do disposto nos itens I e II;
    • PJ cujo estabelecimento tenha tido registro especial cancelado em virtude do disposto nos itens I e II.

17.2. CIGARROS

As disposições relativas ao registro especial para cigarros foram estabelecidas inicialmente pelo Decreto-Lei nº 1.593/1977 e encontram-se consolidadas nos artigos de 330 a 335 do Regulamento do IPI.

As empresas dedicadas à fabricação de cigarros de tabaco (código TIPI 2402.20.00), exceto quando feitos à mão, e de cigarrilhas de tabaco (código TIPI 2402.10.00) deverão manter registro especial na Secretaria da RFB.

Observa-se, ainda, que a fabricação dos cigarros e cigarrilhas mencionados deverá ser exercida exclusivamente por empresas constituídas sob a forma de sociedade e possuir o capital mínimo estabelecido pelo Secretário da Receita Federal do Brasil, assim como deverá dispor de instalações industriais adequadas para tal.

As exigências da legislação, apresentadas acima, relativas à constituição da empresa e ao registro especial na RFB, aplicam-se também à importação de cigarros e cigarrilhas, exceto quando destinados à venda em lojas francas no País.

- **Concessão do registro especial para cigarros**

O registro especial para cigarros será concedido por autoridade designada pelo Secretário da RFB. A concessão dar-se-á por estabelecimento industrial da empresa e, se o estabelecimento for produtor, estará condicionada à instalação de contadores automáticos da quantidade produzida, bem como à comprovação da regularidade fiscal por parte:

I – da pessoa jurídica requerente ou detentora do registro especial;

II – de seus sócios, pessoas físicas, diretores, gerentes, administradores e procuradores e

III – das pessoas jurídicas controladoras da pessoa jurídica referida no inciso I, bem como de seus respectivos sócios, diretores, gerentes, administradores e procuradores.

Deve ser observado que cada estabelecimento registrado deverá indicar, nos documentos fiscais que emitir seu número de inscrição no registro especial, impresso tipograficamente, no campo destinado à identificação da empresa, conforme dispõe o art. 332 do RIPI/2010.

- **Cancelamento do registro especial para cigarros**

O registro especial para a fabriação e importação de cigarros poderá ser cancelado, a qualquer tempo, pela autoridade concedente, se, após a sua concessão, ocorrer um dos seguintes fatos:

I – desatendimento dos requisitos que condicionaram a concessão;

II – não cumprimento de obrigação tributária principal ou acessória, relativa a impostos ou contribuições administrados pela Secretaria da Receita Federal do Brasil;

III – prática de fraude, conluio, crime contra a ordem tributária ou de qualquer outra infração, cuja tipificação decorra do descumprimento de normas reguladoras da produção, importação e comercialização de cigarros e outros derivados de tabaco, após decisão transitada em julgado.

Nos termos do art. 7º, § 3º, do Decreto nº 7.555/2011, também estará sujeito ao **cancelamento do registro especial de fabricante de cigarros** o estabelecimento industrial que:

I – divulgar tabela de preços de venda no varejo em desacordo com a tabela de preço mínimo de venda no varejo de cigarros;

II – comercializar cigarros com pessoa jurídica que tenha descumprido o preço mínimo nacional para venda no varejo de cigarros.

O cancelamento do registro especial para cigarros, ou sua ausência, implica, sem prejuízo da exigência dos impostos e das contribuições devidos e da imposição de sanções previstas na legislação tributária e penal, a apreensão do estoque de matérias-primas, produtos em elaboração, produtos acabados e materiais de embalagem, existente no estabelecimento.

O estoque apreendido poderá ser liberado se, no prazo de 90 (noventa) dias, contados da data do cancelamento ou da constatação da falta de registro especial, for restabelecido ou concedido o registro, respectivamente.

Caracterizará, também, hipótese de cancelamento do registro especial do estabelecimento industrial fabricante de cigarros a não instalação dos equipamentos e aparelhos destinados ao controle e rastreamento da produção a que estão obrigados, a partir do décimo dia subsequente ao término do prazo fixado para a entrada em operação do sistema produtivo (Lei nº 11.488/2007, art. 30, § 2º).

➢ **Estabelecimento da periodicidade e da forma de comprovação do pagamento do imposto**

Tendo em vista o não cumprimento da obrigação tributária principal ou acessória, relativa a impostos ou contribuições administrados pela RFB, o Secretário do órgão poderá estabelecer a periodicidade e a forma de comprovação do pagamento dos impostos e contribuições devidos, inclusive mediante a instituição de obrigação acessória destinada ao controle da produção ou importação, da circulação dos produtos e da apuração da base de cálculo.

➢ **Intimação para a regularização da situação fiscal ou apresentação de esclarecimentos**

Na hipótese do desatendimento dos requisitos para a concessão do regime especial ou do não cumprimento de obrigação tributária principal ou acessória, relativa a impostos ou contribuições administrados pela RFB, a empresa será intimada a regularizar sua situação fiscal ou a apresentar os esclarecimentos e provas cabíveis, no prazo de 10 (dez) dias.

A autoridade que conceder o registro decidirá sobre a procedência dos esclarecimentos e das provas apresentadas, expedindo ato declaratório cancelando o registro especial, no caso de improcedência ou falta de regularização da situação fiscal, do qual dará ciência à empresa.

Decorrido o prazo de 10 (dez dias) da intimação para a regularização da situação fiscal da empresa ou apresentação de seus esclarecimentos, sem que haja qualquer manifestação, será igualmente expedido ato declaratório cancelando o registro especial para a fabricação e importação de cigarros.

- **Recurso**

Do ato que indeferir o pedido de registro especial ou determinar o seu cancelamento caberá recurso ao Secretário da Receita Federal do Brasil, no prazo de 30 (trinta) dias, contados da data em que o contribuinte tomar ciência do indeferimento ou da data de publicação do cancelamento, sendo definitiva a decisão na esfera administrativa.

REGISTRO ESPECIAL – CIGARROS

- **DEVERÁ MANTER REGISTRO ESPECIAL NA RFB AS EMPRESAS:**
  I - *fabricantes* ou *importadoras* de cigarros de tabaco, exceto os feitos à mão, e de cigarrilhas de tabaco.

- **CONCESSÃO DO REGISTRO ESPECIAL PARA CIGARROS:**
  A concessão dar-se-á por estabelecimento industrial da empresa e estará condicionada à instalação de contadores automáticos da quantidade produzida.

- **CANCELAMENTO DO REGISTRO ESPECIAL PARA CIGARROS:**
  I - desatendimento dos requisitos para a concessão;
  II - não cumprimento de obrigação principal ou acessória, relativa a imposto ou contribuição administrados pela RFB;
  III - fraude, conluio, crime contra a ordem tributária ou qualquer outra infração às normas reguladoras da produção, importação e comercialização de cigarros e outros derivados de tabaco, após decisão transitada em julgado.
  IV – divulgação tabela de preços de venda no varejo em desacordo com a tabela de preço mínimo de venda no varejo de cigarros;
  V – comercialização cigarros com pessoa jurídica que tenha descumprido o preço mínimo nacional para venda no varejo de cigarros.

17.3. BEBIDAS

Os produtores, os engarrafadores, as cooperativas de produtores, os estabelecimentos comerciais atacadistas e os importadores de bebidas alcoólicas[2] (não incluidos o chope, a cerveja e o vinho), estão obrigados à inscrição no registro especial mantido pela Secretaria da Receita Federal do Brasil, sendo vedado exercer estas atividades sem a prévia satisfação da exigência legal, conforme dispõe o art. 2º da IN RFB nº 1.432/2013.

O registro especial, relativo a bebidas alcoólicas, deverá ser concedido por estabelecimento e de acordo com o tipo de atividade desenvolvida, sendo específico para:

I – produtor, quando no estabelecimento industrial ocorrer, exclusivamente, operação de fabricação ou acondicionamento para a venda a granel;

II – engarrafador, quando no estabelecimento industrial ocorrer operação de engarrafamento de produtos, próprios ou de terceiros;

III – atacadista, quando no estabelecimento ocorrer, exclusivamente, operação de venda a granel;

IV – importador, quando o estabelecimento, ainda que realize outro tipo de operação, efetuar importação de bebidas alcoólicas com finalidade comercial.

- **Cumulação de registro especial**

As cooperativas de produtores deverão requerer o registro especial da espécie (I), quando realizarem, exclusivamente, operação de fabricação ou acondicionamento para venda a granel de bebidas alcoólicas e da espécie (II), quando no estabelecimento industrial ocorrer operação de engarrafamento.

Deve ser destacado que poderão ser concedidos, cumulativamente, a um mesmo estabelecimento mais de um tipo de registro especial, hipótese na qual, deverá ser atribuído um número distinto a cada registro especial.

---

2. A relação das bebidas sujeitas ao Registro na RFB encontra-se no anexo I da IN RFB nº 1.583/2015. São os vermutes e outros vinhos de uvas frescas aromatizados por plantas ou substâncias aromatizadas (código NCM 2205); outras bebidas fermentadas (sidra, perada, hidromel, por exemplo); misturas de bebidas fermentadas e misturas de bebidas fermentadas com bebidas não alcoólicas, não especificadas nem compreendidas em outras posições (código NCM 2206.0); conhaque, bagaceira ou graspa e outras aguardentes de vinho ou de bagaço de uvas (código NCM 2208.20.00); uísques (código NCM 2208.30); cachaça e caninha, rum e tafiá (código NCM 2208.40.00); gim e genebra (código NCM 2208.50.00); vodca (código NCM 2208.60.00); licores (código NCM 2208.70.00); aguardente composta de alcatrão (código NCM 2208.90.00); aguardente composta e bebida alcoólica, de gengibre (código NCM 2208.90.00); bebida alcoólica de jurubeba (código NCM 2208.90.00); bebida alcoólica de óleos essenciais de frutas (código NCM 2208.90.00); aguardentes simples de plantas ou de frutas (código NCM 2208.90.00); aguardentes compostas, exceto de alcatrão ou de gengibre (código NCM 2208.90.00); aperitivos e amargos, de alcachofra ou de maçã (código NCM 2208.90.00); batidas (código NCM 2208.90.00); aperitivos e amargos, exceto de alcachofra ou maçã (código NCM 2208.90.00); outros, exceto álcool etílico e bebida refrescante com teor alcoólico inferior a 8% (código NCM 2208.90.00).

- **Dispensa de registro especial**

A inscrição no registro especial é dispensada para:

I – as lojas francas que efetuarem a importação de bebidas alcoólicas destinadas exclusivamente à venda em suas dependências;

II – os estabelecimentos obrigados à utilização do Sistema de Controle de Produção de Bebidas (Sicobe) que estejam operando em normal funcionamento e desde que todos os produtos sejam controlados pelo sistema;

III – os estabelecimentos que comercializem exclusivamente bebidas, de fabricação nacional ou importadas, enquadradas nos critérios de dispensa da exigência de aplicação do selo de controle;

IV – os Parceiros Comerciais da Fédération Internationale de Football Association – Fifa, com vigência até 31/12/2015[3].

- **Falta de registro especial**

A falta de inscrição no registro especial para estabelecimento produtor, engarrafador, atacadista ou importador de bebidas alcoólicas, quando determinado pela legislação, implicará, sem prejuízo da exigência dos tributos devidos e da imposição de sanções previstas na legislação tributária e penal, a apreensão das matérias-primas, dos produtos em elaboração, dos produtos acabados e dos materiais de embalagem existentes no estabelecimento, bem como dos selos de controle não aplicados em estoque.

A IN RFB nº 1.432/2013, em seu art. 2º, § 7º, determina que o estoque das matérias-primas, produtos em elaboração, produtos acabados e materiais de embalagem, apreendido por falta de registro especial para bebidas alcoólicas:

I – poderá ser liberado, juntamente com os selos de controle, quando, no prazo de 90 (noventa) dias, contado da data da apreensão, o estabelecimento obtiver o registro especial;

II – será objeto de aplicação da pena de perdimento, com a consequente destinação por alienação, mediante leilão, ou por destruição.

- **Concessão do registro especial**

O registro especial será concedido, a requerimento da pessoa jurídica interessada, pelo Delegado da Delegacia da Receita Federal do Brasil (DRF) ou da Delegacia da Receita Federal de Fiscalização no Município de São Paulo (Defis/SP) ou da Delegacia Especial de Maiores Contribuintes no Município do Rio de Janeiro (Demac/RJ), em cuja jurisdição estiver domiciliado o estabelecimento, mediante expedição de Ato Declaratório Executivo (ADE), conforme dispõe o art. 3º da IN RFB nº 1.432/2013.

---

3. Lei nº 12.350/2010, art. 62.

O ADE identificará o número de registro especial, mediante numeração específica, e será publicado no Diário Oficial da União (DOU) e no sítio da RFB na internet http://www.receita.fazenda.gov.br/.

- **Cancelamento do registro especial**

O registro especial, relativo às bebidas alcoólicas, poderá ser cancelado, a qualquer tempo, pela autoridade concedente se, posteriormente à concessão, ocorrer qualquer um dos seguintes fatos:

I – desatendimento dos requisitos que condicionaram a concessão do registro;

II – não cumprimento de obrigação tributária principal ou acessória, relativa a tributo administrado pela RFB;

III – prática de conluio ou fraude (Lei nº 4.502/1964), ou de crime contra a ordem tributária (Lei nº 8.137/1990), ou de crime de falsificação de selos de controle (art. 293 Código Penal), ou de qualquer outra infração cuja tipificação decorra do descumprimento de normas reguladoras da produção, importação e comercialização de bebidas alcoólicas, depois da decisão transitada em julgado[4].

Destaca-se que, nos termos do § 8º do art. 8º da IN RFB nº 1.432/2013, o cancelamento do registro especial implica, sem prejuízo da exigência dos tributos devidos e da imposição de sanções previstas na legislação tributária e penal, a apreensão das matérias-primas, produtos em elaboração, produtos acabados e materiais de embalagem existentes no estabelecimento e também dos selos de controle não aplicados em estoque.

Vale destcar, por fim, que o estoque das matérias-primas, produtos em elaboração, produtos acabados e materiais de embalagem, apreendidos em razão do cancelamento do registro especial para relativo a bebidas alcoólicas:

I – poderá ser liberado, juntamente com os selos de controle, quando:

(a) em decorrência de recurso administrativo (art. 8º, §6º, da IN RFB nº 1.432/2013), for restabelecido o registro especial ou

(b) no prazo de 90 (noventa) dias, contado da data da apreensão, o estabelecimento obtiver novo registro especial, nos termos dos arts. 2º a 5º da IN RFB nº 1.432/2013;

II – será objeto de aplicação da pena de perdimento, com a consequente destinação por alienação, mediante leilão, ou por destruição.

---

4. Instrução Normativa RFB nº 1.432/2013, art. 8º.

REGISTRO ESPECIAL – BEBIDAS

- **DEVERÁ MANTER REGISTRO ESPECIAL NA RFB AS EMPRESAS:**
  Os _produtores_, os _engarrafadores_, as _cooperativas de produtores_, os _estabelecimentos comerciais atacadistas_ e os _importadores_ de bebidas alcoólicas do anexo I da IN RFB nº 1.583/2015.

- **DISPENSA DO REGISTRO ESPECIAL PARA BEBIDAS:**
  I - lojas francas;
  II - estabelecimentos obrigados ao SICOBE;
  III - estabelecimentos que comercializem exclusivamente bebidas dispensadas do selo de controle;
  IV - os parceiros comerciais da Fifa, até 31/12/2015.

- **FALTA DE REGISTRO ESPECIAL:**
  Apreensão das matérias-primas, dos produtos em elaboração, dos produtos acabados e dos materiais de embalagem existentes no estabelecimento, bem como dos selos de controle não aplicados em estoque.

- **CONCESSÃO DO REGISTRO ESPECIAL:**
  Concedido, a requerimento da interessada, pelo DRF ou Defis/SP ou da Demac/RJ da jurisdição do estabelecimento, mediante ADE.

- **CANCELAMENTO DO REGISTRO ESPECIAL:**
  I - desatendimento dos requisitos para a concessão;
  II - não cumprimento de obrigação principal ou acessória, relativa a imposto ou contribuição administrados pela RFB;
  III - conluio, fraude, crime contra a ordem tributária, crime de falsificação de selos de controle ou de qualquer outra infração às normas reguladoras da produção, importação e comercialização de bebidas alcoólicas, depois da decisão transitada em julgado.

17.4. BIODIESEL

O Registro Especial para o produtor e para o importador de biodiesel foi instituído pela Lei nº 11.116/2005 e o entendimento da Receita Federal do Brasil sobre a matéria encontra-se normatizado pela IN RFB nº 1.053/2010, com as alteraões da IN RFB nº 1.086/2010.

Os estabelecimentos produtores e os importadores de biodiesel estão obrigados à inscrição no Registro Especial da Secretaria da Receita Federal do Brasil e não poderão exercer suas atividades sem a prévia satisfação desta exigência.

- **Concessão do registro especial**

O Registro Especial será concedido pelo Delegado da Delegacia da Receita Federal do Brasil (DRF), da Delegacia da Receita Federal do Brasil de Fiscalização no Município de São Paulo (Defis/SP) ou da Delegacia Especial de Maiores Contribuintes no Município do Rio de Janeiro (Demac/RJ), conforme a jurisdição do estabelecimento do contribuinte, mediante expedição de Ato Declaratório Executivo (ADE), a requerimento da pessoa jurídica interessada.

Vale observar que a concessão do registro especial dar-se-á por estabelecimento, de acordo com o tipo de atividade desenvolvida pelo mesmo, sendo, portanto, específico para o produtor de biodiesel e para o importador de biodiesel.

Os estabelecimentos produtores e importadores de biodiesel deverão fazer constar, nos documentos fiscais que emitirem, o número de inscrição no Registro Especial.

- **Cancelamento do registro especial**

O artigo 7º da IN RFB nº 1.053/2010 determina que o registro especial poderá ser cancelado, a qualquer tempo, pelo Delegado da DRF, da Defis/SP ou da Demac/RJ se, posteriormente à sua concessão, ocorrer qualquer um dos seguintes fatos:

I – desatendimento dos requisitos que condicionaram a concessão do registro;

II – não cumprimento de obrigação tributária principal ou acessória, relativa a impostos ou contribuições administrados pela RFB;

III – utilização indevida do coeficiente de redução diferenciado de que trata o § 1º do art. 5º da Lei nº 11.116/2005;

IV – cancelamento da concessão ou autorização expedida pela ANP;

V – prática de conluio ou fraude (Lei nº 4.502/1964), ou de crime contra a ordem tributária (Lei nº 8.137/1990), ou de qualquer outra infração cuja tipificação decorra do descumprimento de normas reguladoras da produção, importação e comercialização de biodiesel, após decisão transitada em julgado.

REGISTRO ESPECIAL – BIODIESEL

- **DEVERÁ MANTER REGISTRO ESPECIAL NA RFB:**
  I - Os estabelecimentos *produtores* e os *importadores* de biodiesel

- **CONCESSÃO DO REGISTRO ESPECIAL PARA BIODIESEL:**
  Pelo DRF, Defis/SP ou Demac/RJ, conforme a jurisdição do estabelecimento do contribuinte, ADE, a requerimento da pessoa jurídica interessada.
  A concessão dar-se-á por estabelecimento, de acordo com o tipo de atividade, sendo específico para o produtor e para o importador de biodiesel, que deverão fazer constar, nos documentos fiscais que emitirem, o número de inscrição no Registro Especial RFB.

- **CANCELAMENTO DO REGISTRO ESPECIAL PARA BIODIESEL:**
  I - desatendimento dos requisitos para a concessão do registro;
  II - não cumprimento de obrigação tributária principal ou acessória, relativa a impostos ou contribuições administrados pela RFB;
  III - utilização indevida do coeficiente de redução diferenciado de que trata o § 1º do art. 5º da Lei nº 11.116/2005;
  IV - cancelamento da concessão ou autorização expedida pela ANP;
  V - conluio ou fraude, crime contra a ordem tributária ou de qualquer infração às normas reguladoras da produção, importação e comercialização de biodiesel, após decisão transitada em julgado.

Base legal

RIPI – Regulamento do Imposto sobre Produtos Industrializados (BRASIL, 2010)

Art. 328, I e II, § 1º, § 2º (I e II) e § 3º;

Art. 329, I, II, III, IV e V, § 1º, § 2º (I e II);

Art. 330, *caput* e § único;

Art. 331, *caput* e § único (I, II e III);

Art. 332;

Art. 333, I, II e III, § 1º, § 2º, § 3º, § 4º, § 5º e § 6º;

Art. 334;

Art. 335;

Art. 336, *caput* e § único;

Art. 337;

Art. 338;

Instrução Normativa RFB 1.432/2013 (RECEITA FEDERAL DO BRASIL, 2013)

Art. 2º, *caput*, § 1º (I, II, III e IV), § 2º (I e II), § 3º, § 4º, § 5º (I, II, III e IV), § 6º, § 7º (I e II);

Art. 3º, § 2º;

Art. 8º, I, II e III, § 6º, § 8º;

Instrução Normativa RFB 1.053/2010 (RECEITA FEDERAL DO BRASIL, 2010)

Art. 1º, *caput* e § único (I e II);

Art. 2º, I, II (a, b, c) e III (a, b);

Art. 7º, I, II, III, IV e V, § 1º, § 2º, § 3º e § 4º;

Art. 10;

Resumo do capítulo 17

REGISTRO ESPECIAL – IPI	PAPEL IMUNE
• Estão sujeitos a Registro Especial: ➢ Papel imune (comercialização, importação e aquisição); ➢ Cigarros (fabricantes e importadores); ➢ Bebidas (estab. Industrial, equiparado ou importador); ➢ Biodiesel (Produtores e importadores).	• Deverá manter registro especial na RFB a PJ que: I – comercializar ou importar papel destinado à impressão de livros, jornais e periódicos (papel imune); II – adquirir no mercado interno o papel imune.

- **Cancelamento do registro especial para papel imune:**
I – desatendimento dos requisitos para a sua concessão;
I – situação irregular do estabelecimento perante o CNPJ;
III – atividade econômica declarada para efeito da concessão do registro especial divergente da informada perante o CNPJ ou daquela regularmente exercida pelo estabelecimento;
IV – não comprovação da correta destinação do papel na forma a ser estabelecida pela RFB;
V – decisão final na esfera administrativa sobre a exigência fiscal de crédito tributário decorrente do consumo ou da utilização do papel imune com desvio da finalidade constitucional.

- **Vedada a concessão de novo registro especial por 5 anos-calendário:**
I – ao estabelecimento que não comprovar a correta destinação do papel imune;
II – decisão administrativa com exigência fiscal por desvio de finalidade do papel imune;
III – PJ que possua em seu quadro societário:
(a) PF que tenha participado, na qualidade de sócio, diretor, gerente ou administrador, de PJ cujo estabelecimento tenha tido o registro especial cancelado em virtude do disposto nos itens I e II;
(b) PJ cujo estabelecimento tenha tido registro especial cancelado em virtude do disposto nos itens I e II.

CIGARROS

Deverão manter registro especial na RFB, as empresas fabricantes ou importadoras de cigarros de tabaco, exceto os feitos à mão, e de cigarrilhas de tabaco.

- **Concessão do registro especial para cigarros**
A concessão dar-se-á por estabelecimento industrial da empresa e estará condicionada à instalação de contadores automáticos da quantidade produzida.

- **Cancelamento do registro especial para cigarros:**
I – desatendimento dos requisitos para a concessão;
II – não cumprimento de obrigação principal ou acessória, relativa a imposto ou contribuição administrados pela RFB;
III – fraude, conluio, crime contra a ordem tributária ou qualquer outra infração às normas reguladoras da produção, importação e comercialização de cigarros e outros derivados de tabaco, após decisão transitada em julgado;

- Estabelecimento da periodocidade e da forma de comprovação do pagamento do imposto em razão o não cumprimento da obrigação tributária principal ou acessória.

BEBIDAS

Estão obrigados ao registro especial na RFB os produtores, os engarrafadores, as cooperativas de produtores, os estabelecimentos comerciais atacadistas e os importadores de bebidas alcoólicas do anexo I da IN 1.583/2015.

- **A concessão será por estabelecimento e será específico para:**
I – produtor;
II – engarrafador;
III – atacadista;
IV – importador

- **Cumulação de registro especial**

- **Dispensa de registro especial:**
I – lojas francas;
II – estabelecimentos obrigados ao SICOBE;
III – estabelecimentos que comercializem exclusivamente bebidas dispensaas do selo de controle;
IV – os parceiros Comerciais da Fifa, até 31/12/2015.

- **Falta de registro especial:** apreensão das matérias-primas, dos produtos em elaboração, dos produtos acabados e dos materiais de embalagem existentes no estabelecimento, bem como dos selos de controle não aplicados em estoque.

- **Concess**ão do registro especial: concedido, a requerimento da interessada, pelo DRF ou Defis/SP ou da Demac/RJ da jurisdição do estabelecimento, mediante ADE.

- **Cancelamento do registro especial:**
I – desatendimento dos requisitos para o registro;
II – não cumprimento de obrigação tributária principal ou acessória, relativa a tributo administrado pela RFB;
III – conluio, fraude, crime contra a ordem tributária, crime de falsificação de selos de controle ou de qualquer outra infração às normas reguladoras da produção, importação e comercialização de bebidas alcoólicas, depois da decisão transitada em julgado.

BIODIESEL

Os estabelecimentos produtores e os importadores de biodiesel estão obrigados ao Registro Especial na RFB.

- **Concessão do registro especial**
Pelo DRF, Defis/SP ou Demac/RJ, conforme a jurisdição do estabelecimento do contribuinte, ADE, a requerimento da pessoa jurídica interessada.

A concessão dar-se-á por estabelecimento, de acordo com o tipo de atividade; sendo específico para o produtor e para o importador de biodiesel, que deverão fazer constar, nos documentos fiscais que emitirem, o número de inscrição no Registro Especial RFB.

- **Cancelamento do registro especial:**
I – desatendimento dos requisitos para a concessão do registro;
II – não cumprimento de obrigação tributária principal ou acessória, relativa a impostos ou contribuições administrados pela RFB;
III – utilização indevida do coeficiente de redução diferenciado de que trata o § 1º do art. 5º da Lei nº 11.116/2005;
IV – cancelamento da concessão ou autorização expedida pela ANP;
V – conluio ou fraude, crime contra a ordem tributária ou de qualquer infração às normas reguladoras da produção, importação e comercialização de biodiesel, após decisão transitada em julgado.

Capítulo XVIII

CIGARROS

Sumário: 18.1. Exportação de cigarros; 18.2. Importação de cigarros; 18.3. SCORPIOS – Sistemas de Controle e Rastreamento da Produção de Cigarros.

Os cigaros possuem disciplinamento específico em relação ao Imposto sobre Produtos Industrializados, conforme os artigos de 343 a 368 do Regumento do imposto.

18.1. EXPORTAÇÃO DE CIGARROS

A exportação dos cigarros de tabaco (exceto os feitos à mão), produtos do código 2402.20.00 da TIPI, deverá ser feita pelo respectivo estabelecimento industrial, diretamente para o importador no exterior, sendo admitida, ainda:

I – a saída dos produtos para uso ou consumo de bordo em embarcações ou aeronaves de tráfego internacional, quando o pagamento for efetuado em moeda conversível;

II – a saída, em operação de venda, diretamente para as lojas francas nos termos e condições estabelecidos pelo art. 15 do Decreto-Lei nº 1.455/1976;

III – a saída, em operação de venda a empresa comercial exportadora, com o fim específico de exportação, diretamente para embarque de exportação ou para recintos alfandegados, por conta e ordem da empresa comercial exportadora.

Quando destinados à exportação, os cigarros não poderão ser vendidos nem expostos à venda no país, assim como nas embalagens de cada maço ou carteira de 20 (vinte) unidades deverão ser marcados os códigos que possibilitem identificar sua legítima origem e reprimir a introdução clandestina desses produtos no território nacional.

As embalagens de apresentação dos cigarros, quando destinados a países da América do Sul e América Central, inclusive Caribe, bem como à venda, para consumo ou revenda, em embarcações ou aeronaves em tráfego internacional, inclusive por meio de ship's chandler, deverão conter a expressão "Somente para exportação – proibida a venda no Brasil", admitida sua substituição por dizeres com exata correspondência em outro idioma.

Vale destacar que as disposições relativas à rotulagem ou marcação de produtos não se aplicam aos cigarros destinados à exportação; entretanto, as exigências referentes ao selo de controle estão mantidas neste caso.

A Receita Federal do Brasil poderá autorizar a dispensa da exigência da expressão "Somente para exportação – proibida a venda no Brasil", em relação às exportações de cigarros para os países da América do Sul, Central e Caribe, bem como a exigência do selo de controle do IPI, quando:

I – a dispensa seja necessária para atender às exigências do mercado estrangeiro importador;

II – o importador no exterior seja pessoa jurídica vinculada ao estabelecimento industrial, conforme o disposto no art. 23 da Lei nº 9.430/1996;

III – seja comprovada pelo estabelecimento industrial, mediante documentação hábil e idônea, a importação dos cigarros no país de destino.

- **Verificação prévia na exportação de cigarros**

O artigo 345 do RIPI/2010 estabelece que a exportação de cigarros deverá ser precedida de verificação fiscal, que ocorrerá segundo as normas expedidas pelo Secretário da Receita Federal do Brasil.

- **Cigarros nacionais destinados à exportação encontrados em território brasileiro**

Os cigarros nacionais destinados à exportação que forem encontrados no país, salvo se em trânsito, diretamente entre o estabelecimento industrial e os destinos referidos no art. 8º do DL 1.593/1977, ou seja, uso ou consumo de bordo em embarcações ou aeronaves em tráfego internacional, lojas francas e empresas comerciais exportadoras, serão considerados, para todos os efeitos legais, como produtos estrangeiros introduzidos clandestinamente no território nacional e, portanto, estarão sujeitos à pena de perdimento.

18.2. IMPORTAÇÃO DE CIGARROS

O importador de cigarros e cigarrilhas deverá requerer à unidade da Receita Federal do Brasil de sua jurisdição, o fornecimento de selos de controle do IPI, instruindo o requerimento com as seguintes informações:

I – nome e endereço do fabricante no exterior;

II – quantidade, marca comercial e características físicas do produto a ser importado;

III – preço de venda a varejo pelo qual será feita a comercialização do produto no Brasil.

A Secretaria da RFB, com base nos dados do registro especial exigido para a produção e importação de cigarros, nas informações prestadas pelo importador, nas normas de enquadramento em classes de valor aplicáveis aos produtos de fabricação nacional e diante da apresentação do requerimento, mencionado acima, deverá se pronunciar em relação ao mesmo.

Se aceito o requerimento, a RFB deverá divulgar, por meio do Diário Oficial da União, a identificação do importador, a marca comercial e características do produto, o preço de venda a varejo, a quantidade autorizada de vintenas e o valor unitário, assim como a cor dos respectivos selos de controle, conforme dispões o art. 49, inciso I da Lei nº 9.532/1997.

Nesta hipótese o importador terá o prazo de 15 (quinze) dias para efetuar o pagamento dos selos de controle e, posteriormente, retirá-los na Receita Federal do Brasil; observando-se que, uma vez descumprido o prazo para a retirada dos selos na RFB, ficará sem efeito a autorização. Após o fornecimento dos selos o importador terá o prazo de 90 (noventa) dias para registrar a DI.

Caso o requerimento não seja aceito, a RFB deverá comunicar o fato ao requerente, fundamentando as razões da não aceitação.

- **Desembaraço aduaneiro de importação**

A legislação tributária dispõe que, por ocasião do desembaraço aduaneiro na importação de cigarros e cigarrilhas, deverá ser observado se:

I – os produtos importados correspondem à marca comercial divulgada e se estão devidamente selados;

II – a quantidade de produtos importada corresponde à quantidade autorizada;

III – na embalagem dos produtos constam, em língua portuguesa, todas as informações exigidas para os produtos de fabricação nacional.

Deve ser destacado, ainda, que é vedada a importação de cigarros de marca que não seja comercializada no seu país de origem, nos termos do art. 46 da Lei nº 9.532/1997.

CIGARROS - EXPORTAÇÃO	CIGARROS - IMPORTAÇÃO
• Diretamente do estabelecimento fabricante ao importador no exterior, exceto: I -consumo de bordo; II - loja franca; III - ECE ou recintos alfandegados. • Não poderão ser vendidos ou expostos à venda no país (embalagem com código de identificação da origem). • Destinados à América do Sul, Central, Caribe ou a embarcações ou aeronaves em tráfego internacional: embalagem com a expressão "Somente para exportação - proibida a venda no Brasil". • Verificação prévia para exportação • Se destinados à exportação e encontrados em território brasileiro: serão considerados como produtos estrangeiros in-troduzidos clandestinamente no território nacional (sujeito a pena de perdimento), exceto nas hipóteses dos itens I, II e III acima.	• O importador deverá requerer à RFB o fornecimento de **selos de controle do IPI** • O requerimento conterá: I - nome e endereço do fabricante no exterior (produto importado); II - quantidade, marca comercial e características físicas do produto a ser importado; III - preço de venda a varejo no Brasil. • Aceito o requerimento, o importador terá: I - 15 dias para pagamento dos selos, quando poderá retirá-los na RFB. II - 90 dias, do fornecimento dos selos, p/ registro da DI. • No desembaraço será observado se: I - os produtos importados correspondem à marca comercial e se estão selados; II - a quantidade de produtos importada corresponde à quantidade autorizada; III - na embalagem constam, em língua portuguesa, todas as informações exigidas para os produtos de fabricação nacional. • Vedada a importação de cigarros de marca não comercializada no país de origem.

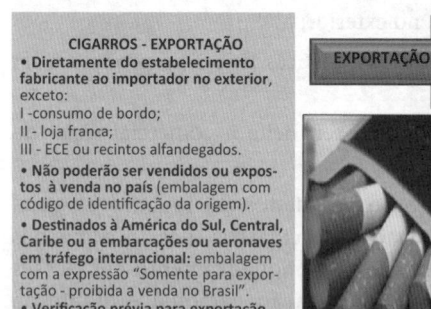

- **Acondicionamento**

O acondicionamento de cigarros para a comercialização no país, bem como para a sua exposição à venda, deverá ser feito exclusivamente em maços, carteiras ou em outro recipiente, que contenham 20 (vinte) unidades, devendo haver, ainda, menção nos rótulos da quantidade contida em cada maço, carteira, lata ou caixa, quando se tratar de cigarros, cigarrilhas ou charutos.

A embalagem comercial dos cigarros, sem prejuízo de outras exigências dos órgãos federais competentes, deverá conter: I – a identificação do importador, em idioma nacional, no caso de produto importado e II – o código de barras, no padrão estabelecido pela Secretaria da RFB, incluindo, no mínimo, informações da marca comercial e do tipo de embalagem, no caso de produto nacional.

O Regulamento do IPI determina que os maços, pacotes, carteiras, caixas, latas, potes e quaisquer outros envoltórios ou recipientes que contenham cigarros, cigarrilhas, charutos[1] e fumo (desfiado, picado, migado ou em pó) só poderão sair das respectivas fábricas ou serem importados se estiverem fechados por meio de cola ou substância congênere, compressão mecânica (empacotamento mecânico), solda ou processos semelhantes.

---

1. Os fabricantes de charutos aplicarão, em cada unidade, um anel-etiqueta que indique a sua firma e a situação do estabelecimento industrial, a marca do produto e o número de inscrição, da firma, no CNPJ. Se os produtos estiverem acondicionados em caixas ou em outro recipiente e assim forem entregues a consumo, bastará a indicação no anel-etiqueta do número no CNPJ e da marca fabril registrada (RIPI/2010, art. 358).

- **Proibição da industrialização em estabelecimentos de terceiros**

    A Lei nº 10.637/2002 estabelece, em seu art. 53, que é proibida a fabricação, em estabelecimento de terceiros, dos cigarros de tabaco, exceto os feitos à mão, classificados na posição 2402.20.00 da TIPI.

    Observado que, aos estabelecimentos que receberem ou tiverem em seu poder matéria-prima, produto intermediário ou material de embalagem para a fabricação de cigarros para terceiros, aplica-se multa igual ao valor comercial da mercadoria.

- **Vedação à coleta de carteiras e selos usados**

    O artigo 13 do DL nº 1.593/1977 veda aos fabricantes dos cigarros, a coleta para qualquer fim de carteiras vazias ou selos de controle já utilizados.

- **Papel para cigarros**

    O papel para cigarros, em bobinas, somente poderá ser vendido, no mercado interno, a estabelecimento industrial fabricante de cigarros ou mortalhas e os fabricantes e os importadores deste tipo de papel deverão:

    I – exigir do estabelecimento industrial fabricante de cigarros a comprovação, no ato da venda, de que possui o registro especial para a fabricação ou importação de cigarros e

    II – prestar informações acerca da comercialização de papel para industrialização de cigarros, nos termos definidos pela Secretaria da Receita Federal do Brasil.

    Vale lembrar que qualquer menção aos produtos do código 2402.20.00 da TIPI, diz respeito a cigarros de tabaco, mas não inclui os cigarros feitos à mão (exceção 01 do mencionado código), motivo pelo qual, a disposições dos itens I e II, acima, não se aplicam a estes cigarros, ou seja, cigarros de tabaco feitos à mão.

- **Diferenças de estoque**

    As diferenças de estoque do tabaco em folha, verificadas à vista dos livros e documentos fiscais do estabelecimento do beneficiador, que possuir registro especial para a produção e importação de cigarros, será considerada, nos casos de:

    I – falta, como saída de produto beneficiado pelo estabelecimento sem emissão de nota fiscal;

    II – excesso, como aquisição do tabaco em folha ao produtor sem comprovação da origem.

Deverão ser ressalvadas as diferenças de estoque relativas às quebras apuradas pelo Auditor-Fiscal da Receita Federal do Brasil e às faltas comprovadamente resultantes de furto, roubo, incêndio ou avaria.

CIGARROS - DISPOSIÇÕES GERAIS

- **ACONDICIONAMENTO:**
  Maços, carteiras ou recipientes, com 20 unidades.
  Menção no rótulo da quantidade de cada maço, carteira, lata ou caixa (cigarros, cigarrilhas ou charutos).
- **A EMBALAGEM COMERCIAL** (Deverá conter):
  I – a identificação do importador, em idioma nacional;
  II – código de barras, no padrão da RFB, incluindo, no mínimo, marca comercial e do tipo de embalagem (produto nacional).
- Só poderão sair da fábrica ou ser importado se fechado com cola ou substância congênere, compressão mecânica, solda ou processo semelhante.

- **PROIBIDA A INDUSTRIALIZAÇÃO EM ESTABELECIMENTOS DE TERCEIROS**
- **VEDAÇÃO À COLETA DE CARTEIRAS E SELOS USADOS**
- **DIFERENÇAS DE ESTOQUE DO TABACO EM FOLHA:**
  I - falta, saída de produto sem emissão de nota fiscal;
  II - excesso, aquisição do tabaco s/ comprovação da origem.

  Ressalvadas as diferenças de estoque relativas às quebras apuradas pelo AFRFB e à falta comprovadamente resultante de furto, roubo, incêndio ou avaria.

18.3. SCORPIOS – SISTEMA DE CONTROLE E RASTREAMENTO DA PRODUÇÃO DE CIGARROS

O Sistema de Controle e Rastreamento da Produção de Cigarros foi disciplinado originalmente na Lei nº 11.488/2007, tendo recebido as alterações da Lei nº 12.402/2011 e atualmente encontra-se regulado pelo Decreto nº 7.990/2013.

Os estabelecimentos industriais fabricantes de cigarros de tabaco da posição 2402.20.00 (exceto os feitos à mão) e de cigarrilhas da posição 2402.10.00 da TIPI estão obrigados à instalação de equipamentos contadores de produção, bem como de aparelhos para o controle, registro, gravação e transmissão dos quantitativos medidos na forma, condições e prazos estabelecidos pela Secretaria da RFB[2].

---

2. A IN RFB nº 769/2007 e a IN RFB nº 1004/2010 estabelecem normas sobre a sua instalação e funcionamento. Cabe à Coordenação-Geral de Fiscalização (COFIS) a responsabilidade pela definição dos requisitos de funcionalidade, segurança e controle fiscal a serem observados pela Casa da Moeda do Brasil (CMB) no desenvolvimento do Sistema de Controle e Rastreamento da Produção de Cigarros - Scorpios, e pela supervisão e acompanhamento do processo de instalação dos equipamentos junto aos estabelecimentos industriais fabricantes de cigarros. A Cofis, mediante Ato Declaratório Executivo, publicado no Diário Oficial da União, estabelece a data a partir da qual o estabelecimento industrial fabricante de cigarros estará obrigado à utilização do Scorpios (IN RFB nº 769/2007, arts. 3º e 8º).

Deve ser observado que os equipamentos acima devem possibilitar, ainda, o controle e o rastreamento dos produtos em todo o território nacional e a correta utilização do selo de controle, com o fim de identificar a legítima origem do produto, reprimir a sua produção e importação ilegais, bem como a comercialização de contrafações (falsificações).

- **Instalação e manutenção**

O Scorpios deverá ser instalado em todas as linhas de produção em operação existentes nos estabelecimentos industriais fabricantes de cigarros e cigarrilhas, em local correspondente ao da aplicação do selo de controle[3], observado, ainda, que as linhas inoperantes deverão ser lacradas.

À Casa da Moeda do Brasil (CMB) caberá a responsabilidade pelas atividades de integração, instalação e manutenção preventiva e corretiva de todos os equipamentos que compõem o Scorpios, ao passo que, à Receita Federal do Brasil caberá a supervisão e o acompanhamento das mencionadas atividades, observados os requisitos de segurança e controle fiscal que estabelecer.

➢ **Taxa de utilização**

O estabelecimento industrial fabricante de cigarros fica obrigado ao pagamento da taxa pela utilização do Scorpios, cujo recolhimento deverá ser realizado mensalmente até o 25º (vigésimo quinto) dia do mês, observado o valor de R$ 0,05 (cinco centavos de real) por carteira de cigarros controlada pelo Scorpios no mês anterior em todas as linhas de produção do estabelecimento industrial.

Pagamento indevido ou a maior

O estabelecimento industrial que houver efetuado recolhimento indevido ou a maior poderá compensar o saldo credor no próximo ressarcimento que efetuar (IN RFB nº 769/2007, art. 13, § 8º e IN RFB nº 1516/2014, art. 1º).

Dedução das contribuições para o PIS/PASEP e COFINS

As pessoas jurídicas fabricantes de cigarros poderão deduzir da Contribuição para o PIS/Pasep ou da Contribuição para o Financiamento da Seguridade Social (Cofins), devidas em cada período de apuração, crédito presumido correspondente à taxa pela utilização do Scorpios, efetivamente

---

3. A IN RFB nº 769/2007, em seu art. 4º, especifica que a instalação do Scorpios será efetuada pela CMB em todas as linhas de produção existentes nos estabelecimentos industriais fabricantes de cigarros, no local correspondente a cada: *I - encarteiradora*, assim entendida como o equipamento utilizado para acondicionamento dos cigarros nas carteiras ou *II - "wrapper"*, equipamento que envolve as carteiras de cigarros com uma película de polipropileno ou similar.

paga no mesmo período pelos seus estabelecimentos industriais (IN RFB nº 769/2007, art. 14 e IN nº RFB 1516/2014, art. 1º).

- **Inacessibilidadade para ações de configuração e lacração dos equipamentos**

Os equipamentos do Scorpios, em condições normais de operação, deverão permanecer inacessíveis para ações de configuração ou para interação manual direta com o fabricante, mediante utilização de lacre de segurança, nos termos e condições estabelecidos pela RFB.

O lacre de segurança deverá ser confeccionado pela Casa da Moeda do Brasil e será provido de proteção adequada para suportar as condições de umidade, temperatura, substâncias corrosivas, esforço mecânico e fadiga[4].

- **Inoperância do Scorpios**

No caso de inoperância de qualquer dos equipamentos do Scorpios o contribuinte deverá comunicar a ocorrência no prazo de 24 (vinte e quatro) horas, devendo manter o controle do volume de produção, enquanto perdurar a interrupção, na forma estabelecida pela RFB. A falta de comunicação ensejará a aplicação de multa de R$ 10.000,00 (Lei nº 11.488/2007, art. 27, §§ 2º e 3º).

Vale frisar que a cada período de apuração do IPI poderá ser aplicada multa de 100% (cem por cento) do valor comercial da mercadoria produzida, sem prejuízo da aplicação das demais sanções fiscais e penais cabíveis, não inferior a R$ 10.000,00:

I – se, a partir do décimo dia subsequente ao prazo fixado para a entrada em operação do sistema, os contadores de produção e os aparelhos para o controle, registro, gravação e transmissão dos quantitativos medidos não tiverem sido instalados em virtude de impedimento[5] criado pelo fabricante;

II – se o fabricante não efetuar o controle de volume de produção no caso de inoperância de qualquer dos equipamentos acima previstos.

---

4. A manutenção preventiva e corretiva do Scorpios, bem como a troca dos lacres de segurança, será realizada pela CMB junto aos estabelecimentos industriais fabricantes de cigarros, sem prejuízo de, a qualquer momento, ser efetuada sob supervisão e acompanhamento de AFRFB em procedimento de diligência instaurado pela unidade local da RFB do respectivo domicílio fiscal ou, na eventual impossibilidade, pela Cofis (IN RFB nº 769/2007, art. 9º e IN RFB nº 1004/2010).
5. Considera-se impedimento qualquer ação ou omissão praticada pelo fabricante tendente a impedir ou retardar a instalação dos equipamentos ou, mesmo após a sua instalação, prejudicar o seu normal funcionamento (Lei nº 11.488/2007, art. 30, § 1º).

SCORPIONS – SISTEMAS DE CONTROLE E RASTREAMENTO DA PRODUÇÃO DE CIGARROS

INSTALAÇÃO E MANUTENÇÃO:
- Cabe à *Casa da Moeda do Brasil* c/ supervisão da RFB.
- *Instalação em todas as linhas de produção em operação*, no local de aplicação do selo de controle.
- As linhas inoperantes deverão ser lacradas.

TAXA DE UTILIZAÇÃO
Valor de R$ 0,05 por carteira de cigarros controlada pelo SCORPIOS (contagem: mês anterior em todas as linhas de produção), com vencimento no 25º dia do mês.
- **Pagamento indevido ou a maior:** o saldo credor poderá ser compensado no próximo ressarcimento.
- **Dedução do PIS/PASEP e COFINS:** devidos em cada período de apuração, como crédito presumido correspondente à taxa pela utilização do SCORPIOS, efetivamente paga no período.

- **INACESSIBILIDADADE PARA AÇÕES DE CONFIGURAÇÃO E LACRAÇÃO DOS EQUIPAMENTOS**
Os equipamentos do SCORPIOS, em condições normais de operação, deverão permanecer inacessíveis para ações de configuração ou para interação manual direta com o fabricante, mediante utilização de lacre de segurança, confeccionado pela Casa da Moeda do Brasil.

- **INOPERÂNCIA DO SCORPIOS**
O contribuinte deverá comunicar a ocorrência no prazo de 24 horas, devendo manter o controle do volume de produção, enquanto perdurar a interrupção, na forma estabelecida pela RFB.
A falta de comunicação ensejará a aplicação de multa de R$ 10.000,00.

> **Como esse assunto foi cobrado em concurso?**

(ESAF – ATRFB – 2012) Quanto aos estabelecimentos industriais fabricantes de cigarros, segundo a legislação do Imposto sobre Produtos Industrializados, assinale a opção correta.

a) Tais estabelecimentos estão obrigados à instalação de contadores de produção, exceto no caso da instalação de equipamento que permita o controle e o rastreamento dos produtos em todo território nacional.

b) Os equipamentos contadores de produção deverão ser instalados em todas as linhas de produção existentes nos estabelecimentos industriais fabricantes de cigarros, em local correspondente ao da aplicação do selo de controle.

c) No caso de avaria dos contadores de produção, o contribuinte terá o prazo de trinta dias para conserto, sendo obrigado a utilizar o selo de controle enquanto perdurar a interrupção.

d) Os equipamentos contadores de produção, em condições normais de operação, deverão permanecer acessíveis para ações de configuração ou para interação manual direta com o fabricante.

e) Nem todos os estabelecimentos industriais fabricantes de cigarros estão obrigados à instalação de contadores de produção, somente aqueles que não tenham aparelhos que façam o controle, registro, gravação e transmissão dos quantitativos produzidos.

Comentário:
Gabarito oficial: alternativa "b".

Base legal

RIPI – Regulamento do Imposto sobre Produtos Industrializados (BRASIL, 2010)

Art. 343, I, II, III e § único;

Art. 344, § 1º, § 2º, § 3º, § 4º, § 5º (I, II e III) e § 6º;

Art. 345;

Art. 346;

Art. 347;

Art. 349, I, II e III;

Art. 350, I e II;

Art. 351, *caput* e § único;

Art. 352;

Art. 353, I, II e III;

Art. 354;

Art. 355;

Art. 356;

Art. 357, I e II;

Art. 358, *caput* e § único;

Art. 359;

Art. 360;

Art. 365, *caput* e § único;

Art. 366;

Art. 367, *caput* e § 1º (I e II), § 2º;

Art. 368, I e II.

Lei nº 11.488/2007 (BRASIL, 2007a)

Art. 27, *caput* e § 1º, § 2º, § 3º;

Art. 28, *caput* e §§ 1º e 2º;

Art. 29, *caput* e §§ 1º e 2º;

Art. 30, I, II e §§ 1º e 2º.

Instrução Normativa RFB nº 769/2007 (RECEITA FEDERAL DO BRASIL, 2007)

Art. 1º;

Art. 2º, *caput* e § único;
Art. 13, *caput* e § 8º;
Art. 14, *caput*.

Resumo do capítulo 18

CIGARROS – IPI

- **Exportação de cigarros**
Deverá ser feita pelo estabelecimento industrial, diretamente ao importador no exterior. Será admitida:
I – a sua saída para uso ou consumo de bordo em embarcações ou aeronaves de tráfego internacional (pagamento em moeda conversível);
II – a saída, em operação de venda, diretamente para as lojas francas;
III – a saída, em operação de venda a ECE, com o fim específico de exportação, diretamente para embarque de exportação ou para recintos alfandegados, por conta e ordem da ECE.
  - Cigarros destinados à exportação não poderão ser vendidos ou expostos à venda no país, assim como nas embalagens deverão ser marcados códigos para a identificação de sua legítima origem e para reprimir a sua introdução clandestina no território nacional.
  - Cigarros destinados a países da América do Sul, Central e Caribe ou para consumo ou revenda, em embarcações ou aeronaves em tráfego internacional, inclusive por *ship's chandler*, deverão conter na embalagem a expressão "Somente para exportação – proibida a venda no Brasil", admitida sua substituição por dizeres com exata correspondência em outro idioma.
  - **Necessidade de verificação prévia na exportação de cigarros**
  - **Cigarros nacionais destinados à exportação encontrados em território brasileiro:** salvo se em trânsito, diretamente para uso ou consumo de bordo em embarcações ou aeronaves em tráfego internacional, lojas francas e ECE, serão considerados como produtos estrangeiros introduzidos clandestinamente no território nacional e, portanto, estarão sujeitos à pena de perdimento.

- **Importação de cigarros**
O importador de cigarros e cigarrilhas deverá requerer à unidade da RFB de sua jurisdição, o fornecimento de selos de controle do IPI. O requerimento conterá as seguintes informações:
I – nome e endereço do fabricante no exterior;
II – quantidade, marca comercial e características físicas do produto a ser importado;
III – preço de venda a varejo para comercialização no Brasil.
  Se aceito o requerimento:
  ➢ A RFB divulgará no D.O.U a identificação do importador, marca comercial e características do produto, preço de venda a varejo, quantidade autorizada de vintenas, o valor unitário e a cor dos selos de controle.
  ➢ O importador terá 15 dias para pagamento dos selos de controle, quando poderá retirá-los na RFB.
  ➢ Fornecidos os selos, o importador terá 90 dias p/ registro da DI.
  ➢ Se descumprido o prazo de retirada dos selos na RFB, a autorização ficará sem efeito.
  Se não aceito o requerimento:
  A RFB deverá comunicar o fato ao requerente, fundamentando as razões da não aceitação.
  Desembaraço aduaneiro de importação
  No desembaraço aduaneiro na importação de cigarros e cigarrilhas, deverá ser observado se:
  I – os produtos importados correspondem à marca comercial divulgada e se estão devidamente selados;
  II – a quantidade de produtos importada corresponde à quantidade autorizada;
  III – na embalagem dos produtos constam, em língua portuguesa, todas as informações exigidas para os produtos de fabricação nacional.
  - É vedada a importação de cigarros de marca que não seja comercializada no seu país de origem.

- **Acondicionamento:** exclusivamente em maços, carteiras ou em recipiente, com 20 unidades (menção no rótulo da quantidade de cada maço, carteira, lata ou caixa, quando se tratar de cigarros, cigarrilhas ou charutos).
- **A embalagem comercial** deverá conter:
I – a identificação do importador, em idioma nacional (produto importado) e
II – o código de barras, no padrão estabelecido pela Secretaria da RFB, incluindo, no mínimo, informações da marca comercial e do tipo de embalagem (produto nacional).

Os envoltórios ou recipientes de cigarros, cigarrilhas, charutos e fumo só poderão sair das fábricas ou serem importados se estiverem fechados por meio de cola ou substância congênere, compressão mecânica, solda ou processos semelhantes.

- **Proibição da industrialização em estabelecimentos de terceiros**
- **Vedação à coleta de carteiras e selos usados**
- **Diferenças de Estoque do tabaco em folha:**
I – falta, saída de produto beneficiado pelo estabelecimento sem emissão de nota fiscal;
II – excesso, aquisição do tabaco em folha ao produtor sem comprovação da origem.

Ressalvadas as diferenças de estoque relativas às quebras apuradas pelo AFRFB e à falta comprovadamente resultante de furto, roubo, incêndio ou avaria.

SCORPIOS – Sistemas de Controle e Rastreamento da Produção de Cigarros

Os fabricantes de cigarros e de cigarrilhas estão obrigados à instalação de equipamentos contadores de produção e de aparelhos para o controle, registro, gravação e transmissão dos quantitativos.

- **Instalação e manutenção:** Casa da Moeda do Brasil com supervisão da RFB.

O SCORPIOS será instalado em todas as linhas de produção em operação, no local de aplicação do selo de controle. As linhas inoperantes deverão ser lacradas.

- **Taxa de utilização**

Deverá ser paga pelo estabelecimento industrial fabricante de cigarros até o 25º dia do mês, no valor de R$ 0,05 por carteira de cigarros controlada pelo Scorpios no mês anterior em todas as linhas de produção.

Pagamento indevido ou a maior: o saldo credor poderá ser compensado no próximo ressarcimento.

Dedução das contribuições para o PIS/PASEP e COFINS

As PJ fabricantes de cigarros poderão deduzir da Contribuição para o PIS/Pasep ou da COFINS, devidas em cada período de apuração, crédito presumido correspondente à taxa pela utilização do SCORPIOS, efetivamente paga no mesmo período por seus estabelecimentos industriais.

- **Inacessibilidadade para ações de configuração e lacração dos equipamentos**

Os equipamentos do SCORPIOS, em condições normais de operação, deverão permanecer inacessíveis para ações de configuração ou para interação manual direta com o fabricante, mediante utilização de lacre de segurança, confeccionado pela Casa da Moeda do Brasil.

- **Inoperância do SCORPIOS**

O contribuinte deverá comunicar a ocorrência no prazo de 24 horas, devendo manter o controle do volume de produção, enquanto perdurar a interrupção, na forma estabelecida pela RFB.

A falta de comunicação ensejará a aplicação de multa de R$ 10.000,00.

Capítulo XIX

BEBIDAS

Sumário: 19.1. Remessa de bebidas para o comércio de varejo; 19.2. Exportação de bebidas; 19.3. Medidores de vazão e aparelhos de controle da produção; 19.3.1. Controle da Produção; 19.4. SICOBE- Sistema de Controle da Produção de Bebidas.

As disposições relativas a bebidas concentram-se nos artigos de 339 a 346 e de 373 a 376 do RIPI/2010, bem como na IN RFB nº 869/2008 e na IN RFB nº 972/2009.

19.1. REMESSA DE BEBIDAS PARA O COMÉRCIO DE VAREJO

As bebidas do capítulo 22 da TIPI, inclusive as bebidas estrangeiras importadas a granel e reacondicionadas no país, somente poderão ser remetidas ao comércio varejista, expostas à venda ou vendidas no varejo, quando acondicionadas em recipientes de capacidade máxima de um litro, salvo as exceções previstas pela legislação[1]. Deve ser destacado que os recipientes e as notas fiscais de remessa deverão indicar a capacidade do continente.

19.2. EXPORTAÇÃO DE BEBIDAS

A exportação de bebidas (capítulo 22 da TIPI) deverá ser feita pelo respectivo estabelecimento industrial, diretamente para o importador no exterior, admitindo-se, entretanto:

I – a saída dos produtos para uso ou consumo de bordo em embarcações ou aeronaves de tráfego internacional, quando o pagamento for efetuado em moeda conversível;

---

1. Não estão sujeitas à limitação de recipiente máximo de 1 (um) litro para remessa ao comércio varejista, exposição à venda ou venda no varejo, além de outras que venham a ser objeto de autorização do Ministro da Fazenda, as bebidas das Posições 22.01 a 22.04, 22.06, 22.07, 22.09, e dos códigos 2208.30 e 2208.90.00 Ex 01, da TIPI. A exceção aplica-se, também, às bebidas do código 2208.40.00, exceto o rum e outras aguardentes provenientes do melaço de cana, nos termos, limites e condições definidos pela Secretaria da Receita Federal do Brasil (Lei 4.502/1964, Anexo, Alínea V, Observação 3ª, e Decreto-Lei nº 400/1968, art. 3º).

II – a saída, em operação de venda, diretamente para as lojas francas nos termos e condições estabelecidos pelo art. 15 do DL nº 1.455/1976;

III – a saída, em operação de venda a empresa comercial exportadora, com o fim específico de exportação, diretamente para embarque de exportação ou para recintos alfandegados, por conta e ordem da empresa comercial exportadora.

- **Bebidas nacionais destinadas à exportação encontradas em território brasileiro**

As bebidas nacionais do capítulo 22 da TIPI, destinadas à exportação e que forem encontradas no país, salvo se em trânsito, diretamente entre o estabelecimento industrial e os destinos referidos no art. 343 do RIPI/2010, ou seja, uso ou consumo de bordo em embarcações ou aeronaves em tráfego internacional, lojas francas e empresas comerciais exportadoras, serão consideradas, para todos os efeitos legais, como produtos estrangeiros introduzidos clandestinamente no território nacional, estando, portanto, sujeitos à pena de perdimento.

19.3. MEDIDORES DE VAZÃO E APARELHOS DE CONTROLE DA PRODUÇÃO

Os estabelecimentos industriais, fabricante dos produtos das posições 22.01 e 22.02 da TIPI (águas, refrigerantes *etc.*) e da posição 22.03 (cervejas), ficam sujeitos à instalação de _equipamentos medidores de vazão e condutivímetros_, bem como de _aparelhos para o controle, registro e gravação dos quantitativos medidos_, na forma, condições e prazos estabelecidos pela RFB, que poderá:

I – credenciar, mediante convênio, órgãos oficiais especializados e entidades de âmbito nacional representativas dos fabricantes de bebidas, que ficarão responsáveis pela contratação, supervisão e homologação dos serviços de instalação, aferição, manutenção e reparação dos equipamentos;

II – dispensar a instalação dos equipamentos previstos neste artigo, em função de limites de produção ou faturamento que fixar[2].

- **Inacessibilidadade para ações de configuração e lacração dos equipamentos**

Os equipamentos medidores de vazão e de controle da produção, em condições normais de operação, deverão permanecer inacessíveis para ações de configuração ou para interação manual direta com o fabricante, mediante utilização de lacre de segurança, nos termos e condições estabelecidos pela RFB.

---

2. Lei nº 11.051/2004, art. 36, caput e § 1º e art. 50.

Capítulo XIX • BEBIDAS

- **Inoperância dos medidores de vazão e aparelhos de controle da produção**

Na hipótese de inoperância de qualquer dos equipamentos, mencionados acima, o contribuinte deverá comunicar a ocorrência à unidade da Secretaria da Receita Federal do Brasil com jurisdição sobre seu domicílio fiscal, no prazo de 24 (vinte e quatro) horas, devendo manter controle do volume de produção enquanto perdurar a interrupção.

- **Exigência da escrituração para as operações com bebidas sujeitas aos medidores de vasão**

O estabelecimento industrial de bebidas sujeitas ao regime de tributação do IPI por unidade ou por quantidade de produto deverá apresentar, em meio magnético, nos prazos, modelos e condições estabelecidos pela RFB:

I – quadro resumo dos registros dos medidores de vazão e dos condutivímetros, a partir da data de entrada em operação dos equipamentos;

II – demonstrativo da apuração do IPI (MP nº 2.158-35/2001, art. 37).

BEBIDAS

• **Exportação** – Deverá ocorrer, diretamente, do estabelecimento fabricante ao importador no exterior, exceto:
I - *para consumo de bordo*; II - *para loja franca*; III - *para ECE ou para recintos alfandegados*.

• **Bebida nacional destinada à exportação encontrada em território brasileiro:** será considerada produto estrangeiro introduzido clandestinamente no território nacional (sujeito a pena de perdimento), exceto nas hipóteses dos itens I, II e III acima.

• **Medidores de vazão e aparelhos de controle da produção.**

• **Inacessibilidadade para ações de configuração e lacração dos equipamentos.**

• **Inoperância dos medidores de vazão e aparelhos de controle da produção** (deve ser comunicada à unidade da RFB em 24h).
O controle do volume de produção deverá ser mantido enquanto perdurar a interrupção.

• **Exigência da escrituração para as operações com bebidas sujeitas aos medidores de vasão**
O estabelecimento deverá apresentar, em meio magnético:
I – quadro resumo dos registros dos medidores de vazão e dos condutivímetros, a partir da data de sua entrada em;
II - demonstrativo da apuração do IPI.

19.3.1. Controle da produção

Os estabelecimentos que industrializam os produtos das posições 21.06.90.10 (Ex 02), 22.01, 22.02 e 22.03 da TIPI[3] (águas, refrigerantes, cer-

---

3. Posição 2106.90.10 da TIPI – Preparações dos tipos utilizados para elaboração de bebidas (Ex 02 – Preparações compostas, não alcoólicas, tais como, extratos concentrados ou sabores concentrados, para elaboração de bebida refrigerante do capítulo 22, com capacidade de diluição de até 10 partes da bebida para cada parte do concentrado); posição 22.01 da TIPI – Águas, incluindo as águas minerais, naturais ou artificiais, e as águas gaseificadas, não adicionadas de açúcar ou de outros edulcorantes nem aromatizadas; gelo e neve; posição 22.02 da TIPI – Águas, incluindo as águas minerais e as águas gaseificadas, adicionadas de açúcar ou de outros edulcorantes ou aromatizadas e outras bebidas não alcoólicas, exceto sucos (sumos) de frutas ou de produtos hortícolas, da posição 20.09 e posição 22.03 da TIPI – Cervejas de malte.

vejas *etc.*), ficam obrigados a instalar equipamentos <u>contadores de produção</u>, que possibilitem, ainda, a identificação do tipo de produto, de embalagem e sua marca comercial, cabendo à RFB estabelecer a forma, os limites, as condições e os prazos para a aplicação da obrigação (Lei nº 10.833/2003, art. 58-T, caput e § 1º e Lei nº 11.827/2008, art. 1º).

19.4. SICOBE – SISTEMA DE CONTROLE DA PRODUÇÃO DE BEBIDAS

A IN RFB nº 869/2008 e a IN RFB nº 972/2009 deram regulamentação ao Sistema de Controle de Produção de Bebidas (Sicobe) no âmbito da Secretaria da RFB.

A Casa da Moeda do Brasil (CMB) sob supervisão, acompanhamento e observância aos requisitos de segurança e controle fiscal, estabelecidos pela Receita Federal do Brasil, é responsável pela realização dos procedimentos de integração, instalação e manutenção (preventiva e corretiva) dos equipamentos que compõem o Sicobe nos estabelecimentos industriais envasadores de cervejas, refrigerantes e águas.

O Sicobe, além de contar a quantidade de produtos fabricados pelos estabelecimentos industriais, efetua também a identificação do tipo de produto, embalagem e sua respectiva marca comercial.

As bebidas controladas deverão ser, ainda, marcadas pelo Sicobe, em cada unidade, em lugar visível, conforme for mais apropriado ao tipo de embalagem, por processo de impressão com tinta de segurança indelével, com códigos que possibilitem identificar a legítima origem, a diferenciação da produção ilegal e a comercialização de contrafações.

Os códigos funcionam como uma espécie de assinatura digital, possibilitando à RFB fazer o rastreamento individual de cada bebida produzida no país. Contém informações sobre o fabricante, a marca comercial e a data de fabricação do produto, dentre outras.

O Sicobe permite à Receita Federal do Brasil o controle, em tempo real, de todo o processo produtivo de bebidas no país, mediante a utilização de equipamentos e aparelhos para registro, gravação e transmissão das informações à sua base de dados.

A COFIS – Coordenação de Fiscalização, mediante Ato Declaratório Executivo, publicado no Diário Oficial da União, deverá estabelecer a data a partir da qual o estabelecimento industrial envasador das bebidas estará obrigado à utilização do Sicobe.

Ao Sicobe são aplicadas, no que couber, as disposições do Scorpios.

- **SICOBE-Gerencial**

Os estabelecimentos industriais têm acesso às informações controladas pelo Sicobe por meio do Sicobe Gerencial, cujo acesso dar-se-á, obrigatoriamente, mediante utilização de certificado digital e, após a verificação do mesmo, inserção de *login*/senha do usuário fornecidos pela Coordenação-Geral de Fiscalização (COFIS) da Receita Federal do Brasil (IN RFB nº 869/2008, art. 11, § 4º e IN RFB nº 1.517/2014).

SICOBE - SISTEMA DE CONTROLE DA PRODUÇÃO DE BEBIDAS

INSTALAÇÃO E MANUTENÇÃO:
- A instalação e manutenção do SICOBE cabe à *Casa da Moeda do Brasil* com supervisão da RFB.
- O SICOBE efetuará a identificação do tipo de produto, embalagem e sua marca comercial.
- As bebidas controladas serão, ainda, marcadas em cada unidade, em lugar visível, conforme o tipo de embalagem, por processo de impressão com tinta de segurança indelével, com códigos que possibilitem identificar a legítima origem, a diferenciação da produção ilegal e a comercialização de contrafações.

- A COFIS, mediante Ato Declaratório Executivo (ADE), deverá estabelecer a data a partir da qual o estabelecimento industrial envasador de bebidas estará obrigado à utilização do SICOBE.
- Ao SICOBE são aplicadas, no que couber, as disposições do SCORPIOS.

- **SISCOBE-Gerencial**
Os estabelecimentos industriais têm acesso às informações controladas pelo SISCOBE por meio do SISCOBE-Gerencial, cujo acesso dar-se-á, obrigatoriamente, mediante utilização de certificado digital e, após a verificação do mesmo, inserção de login/senha do usuário fornecidos pela COFIS da RFB.

Base legal

RIPI – Regulamento do Imposto sobre Produtos Industrializados (BRASIL, 2010)

Art. 373, *caput* e § 1º (I e II), § 2º e § 3º;

Art. 374, I e II;

Art. 375;

Art. 376, *caput* e § único;

Art. 380;

Instrução Normativa RFB nº 869/2008 (RECEITA FEDERAL DO BRASIL, 2008)

Art. 1º, *caput* e § 1º e § 2º;

Art. 2º, *caput* e § 1º, § 2º e § 3º;

Art. 4º, I, II e § único;

Art. 8º;
Art. 11, *caput* e § 1º, 4º, 5º e 8º;
Art. 12, caput, § 1º, § 2º, § 3º.

Resumo do capítulo 19

BEBIDAS CAPÍTULO 22 DA TIPI

- **Remessa de bebidas para o comércio de varejo**

As bebidas, inclusive as estrangeiras importadas a granel e recondicionadas no país, somente serão remetidas ao comércio varejista, expostas à venda ou vendidas no varejo, acondicionadas em recipientes de capacidade máxima de 1 litro.

Os recipientes e as NF de remessa deverão indicar a capacidade do continente.

- **Exportação**

Será feita pelo estabelecimento industrial, diretamente ao importador no exterior.

Será admitida:

I – a saída dos produtos para uso ou consumo de bordo em embarcações ou aeronaves de tráfego internacional (pagamento em moeda conversível);

II – a saída, em operação de venda, diretamente para as lojas francas;

III – a saída, em operação de venda a ECE, com o fim específico de exportação, diretamente para embarque de exportação ou para recintos alfandegados, por conta e ordem da ECE.

- **Bebidas nacionais destinadas à exportação encontradas em território brasileiro:**

Serão consideradas, para todos os efeitos legais, como produtos estrangeiros introduzidos clandestinamente no território nacional (sujeitos à pena de perdimento), salvo se em trânsito, diretamente entre o estabelecimento industrial e os destinos referidos nos itens de I a III acima, ou seja, uso ou consumo de bordo em embarcações ou aeronaves em tráfego internacional, lojas francas e empresas comerciais exporadoras.

- **Medidores de vazão e aparelhos de controle da produção**

Os fabricante dos produtos das posições 22.01 e 22.02 da TIPI (águas, refrigerantes etc.) e da posição 22.03 (cervejas), ficam sujeitos à instalação de equipamentos medidores de vazão, condutivímetros e dos aparelhos para o controle, registro e gravação dos quantitativos medidos.

- **Inacessibilidade para ações de configuração e lacração dos equipamentos**

Os medidores de vazão e de controle da produção, em condições normais de operação, deverão permanecer inacessíveis para ações de configuração ou para interação manual direta com o fabricante, mediante utilização de lacre de segurança, nos termos e condições estabelecidas pela RFB.

- **Inoperância dos medidores de vazão e aparelhos de controle da produção**

A ocorrência deverá ser comunicada à unidade da RFB com jurisdição sobre o domicílio fiscal do estabelecimento, no prazo de 24 horas.

O controle do volume de produção deverá ser mantido enquanto perdurar a interrupção.

- **Exigência da escrituração para as operações com bebidas sujeitas aos medidores de vasão**

O estabelecimento industrial deverá apresentar, em meio magnético, nos prazos, modelos e condições estabelecidos pela RFB:

I – quadro resumo dos registros dos medidores de vazão e dos condutivímetros, a partir da data de entrada em operação dos equipamentos;

II – demonstrativo da apuração do IPI.

- **Controle da Produção**

Os estabelecimentos que industrializam águas, refrigerantes, cervejas, e análogos, ficam obrigados a instalar equipamentos contadores de produção, que possibilitem, ainda, a identificação do tipo de produto, de embalagem e sua marca comercial, cabendo à RFB estabelecer a forma, os limites, as condições e os prazos para a aplicação da obrigação.

SICOBE- Sistema de Controle da Produção de Bebidas

- A Casa da Moeda do Brasil (CMB) sob supervisão, acompanhamento e observância aos requisitos de segurança e controle fiscal, estabelecidos pela RFB, será responsável pela integração, instalação e manutenção (preventiva e corretiva) dos equipamentos que compõem o SICOBE.
- O SICOBE efetuará, também, a identificação do tipo de produto, embalagem e sua respectiva marca comercial.
- As bebidas controladas deverão ser, ainda, marcadas pelo Sicobe, em cada unidade, em lugar visível, conforme for mais apropriado ao tipo de embalagem, por processo de impressão com tinta de segurança indelével, com códigos que possibilitem identificar a legítima origem, a diferenciação da produção ilegal e a comercialização de contrafações.
- O SICOBE permite à RFB o controle, em tempo real, de todo o processo produtivo de bebidas no país, mediante a utilização de equipamentos e aparelhos para registro, gravação e transmissão das informações à sua base de dados.
- A COFIS, mediante Ato Declaratório Executivo (ADE), deverá estabelecer a data a partir da qual o estabelecimento industrial envasador de bebidas estará obrigado à utilização do SICOBE.
- Ao SICOBE são aplicadas, no que couber, as disposições do SCORPIOS.
- **SISCOBE-Gerencial**

Os estabelecimentos industriais têm acesso às informações controladas pelo SISCOBE por meio do SISCOBE-Gerencial, cujo acesso dar-se-á, obrigatoriamente, mediante utilização de certificado digital e, após a verificação do mesmo, inserção de login/senha do usuário fornecidos pela COFIS da RFB.

Capítulo XX

INDUSTRIALIZAÇÃO POR ENCOMENDA

Sumário: 20.1. Conceito; 20.2. Suspensão ou destaque do imposto; 20.3. Obrigações acessórias e documentos fiscais; 20.4. Conflito de competência – incidência de outros impostos (LC 116/2003).

20.1. CONCEITO

O processo de obtenção de um determinado produto pode ser bastante complexo, envolvendo diferentes etapas de industrialização. Com frequência, algumas destas etapas precisam ser executadas em outros estabelecimentos industriais, pertencentes à própria pessoa jurídica ou a terceiros, recebendo a denominação de industrialização por encomenda.

A **industrialização por encomenda** é, portanto, a operação na qual um estabelecimento encomendante remete insumos (matérias-primas, produtos intermediários, material de embalagem, moldes, matrizes ou modelos) para industrialização em outro estabelecimento denominado industrializador ou executor, que realiza a industrialização por conta e ordem do encomendante.

Note que a industrialização realizada fora de um estabelecimento, ainda que por sua conta e ordem, mas na qual não ocorra a remessa de insumos pelo encomendante, mesmo que indiretamente, ou seja, quando os materiais e insumos são fornecidos integralmente pelo industrializador, não caracteriza a industrialização por encomenda, mas a simples aquisição de produto industrializado e, do ponto de vista do industrializador, saída de produto sujeita à incidência do IPI.

Também não pode ser caracterizada como operação de industrialização por encomenda a **simples remessa de especificações técnicas**.

Na industrialização por encomenda, os insumos podem ser remetidos diretamente pelo encomendante ou podem ser remetidos de um fornecedor ao estabelecimento executor, por conta e ordem do estabelecimento encomendante. Não obstante, além dos insumos recebidos do estabelecimento encomendante, o executor pode utilizar materiais adquiridos de terceiros no mercado interno, materiais importados, ou ainda, materiais de sua própria fabricação.

Pode ocorrer, ainda, que para a realização da mencionada operação, seja necessário o envio de máquinas e equipamentos do ativo imobilizado do estabelecimento encomendante, os quais deverão retornar ao estabelecimento de origem, tão logo seja concluído o processo.

Vale lembrar que, nos termos do art. 9º, IV, do RIPI/2010, os estabelecimentos comerciais encomendantes equiparam-se a estabelecimentos industriais, para o efeito da incidência do imposto.

No que se refere à destinação, observa-se que o produto poderá retornar ao estabelecimento encomendante para comercialização, utilização na fabricação de outro produto ou para incorporação ao seu ativo imobilizado, bem como poderá ser destinado a outro estabelecimento do encomendante ou de terceiros (atacadistas ou de varejo), ser enviado a armazéns ou depósitos gerais, ou ainda, ser remetido, diretamente, ao consumidor final. Além disso, os destinatários dos produtos industrializados por encomenda poderão estar localizados na mesma unidade da federação do encomendante, em outras unidades da federação, ou mesmo em outros países.

As diferentes situações, abordadas, produzem diferentes efeitos tributários e fiscais, notadamente quanto à suspensão ou lançamento do imposto, às obrigações acessórias e aos documentos fiscais exigidos, bem como em relação à incidência de outros impostos sobre as referidas operações, qualificando a existência de um conflito de natureza tributária.

20.2. SUSPENSÃO OU DESTAQUE DO IMPOSTO

- **Remessa para industrialização por encomenda**

A remessa de matérias-primas, produtos intermediários e embalagens por parte do estabelecimento encomendante poderá ser feita com suspensão do IPI, com amparo no art. 43, inciso VI, do RIPI/2010.

Nas operações em que o estabelecimento encomendante adquire os insumos e manda remetê-los diretamente do fornecedor para o estabelecimento executor, o fornecedor deverá efetuar o destaque do imposto, cujo crédito poderá ser aproveitado pelo estabelecimento encomendante.

- **Retorno de produtos industrializados por encomenda**

Em relação ao retorno dos produtos industrializados para o encomendante, a questão da suspensão ou lançamento do imposto é mais complexa. Dependerá da destinação final do produto industrializado, da origem do material empregado pelo executor e do tipo de insumo enviado pelo encomendante.

> **Produto destinado ao comércio ou a uma nova industrialização**

Nos casos em que o encomendante destine o produto industrializado a comércio ou o utilize em nova industrialização, e que o executor aplique na industrialização somente os insumos remetidos pelo encomendante, ou ainda, que aplique além destes insumos, apenas materiais adquiridos de terceiros, o produto industrializado poderá retornar ao encomendante com suspensão do imposto, tanto em relação ao valor do insumo remetido, quanto aos valores da mão de obra e dos materiais utilizados pelo executor.

Entretanto, nos casos em que o encomendante destine o produto industrializado a comércio ou utilize em nova industrialização, mas que o executor aplique na industrialização materiais importados ou de fabricação própria, o valor dos insumos remetidos pelo encomendante poderá ser suspenso no retorno, porém, os valores da mão-de-obra e dos materiais aplicados na industrialização são tributados.

> **Produto destinado ao consumo do encomendante**

Quando o destino do produto industrializado for o consumo pelo encomendante, então, independentemente da origem dos materiais empregados pelo executor, tributa-se os valores da mão de obra e dos materiais aplicados na industrialização, e também os insumos remetidos pelo encomendante, salvo neste caso, se os insumos remetidos forem materiais usados.

> **Quadro resumo – retorno de produtos industrializados por encomenda**

Abaixo, quadro resumo da forma de tributação no retorno dos produtos industrializados para o encomendante:

DESTINAÇÃO DO PRODUTO PELO ENCOMENDANTE	ORIGEM DO MATERIAL EMPREGADO PELO EXECUTOR	MÃO-DE-OBRA EMPREGADA	MATERIAL EMPREGADO PELO EXECUTOR	INSUMOS REMETIDOS PELO ENCOMENDANTE
NOVA INDUSTRIALIZAÇÃO OU COMÉRCIO	MATERIAIS ADQUIRIDOS DE TERCEIROS ⇒	SUSPENSÃO	SUSPENSÃO	SUSPENSÃO
NOVA INDUSTRIALIZAÇÃO OU COMÉRCIO	MATERIAIS DE FABRICAÇÃO PRÓPRIA OU IMPORTADOS ⇒	TRIBUTADO	TRIBUTADO	SUSPENSÃO
CONSUMO PELO ENCOMENDANTE	QUALQUER ORIGEM ⇒	TRIBUTADO	TRIBUTADO	TRIBUTADO (Exceto materiais usados)

20.3. OBRIGAÇÕES ACESSÓRIAS E DOCUMENTOS FISCAIS

Considerando-se as peculiaridades da industrialização por encomenda, há uma maior complexidade das exigências em relação à emissão dos documentos fiscais que acobertam as operações.

- **Remessa para industrialização por encomenda**

Nos casos em que o encomendante remete para o executor as matérias-primas, produtos intermediários e materiais de embalagem, deverá emitir a nota fiscal, com a indicação "Saído com Suspensão do IPI" (Operação 1 do quadro abaixo).

Nas operações em que o encomendante mandar industrializar produtos, com matéria-prima, produto intermediário e material de embalagem, adquiridos de terceiros, os quais, sem transitar pelo estabelecimento adquirente (encomendante), forem entregues diretamente ao industrializador, o fornecedor dos insumos deverá emitir duas notas fiscais: (i) uma em nome do estabelecimento adquirente, com a qualificação do destinatário industrializador pelo nome, endereço e números de inscrição no CNPJ e no Fisco estadual, a declaração de que os produtos se destinam a industrialização, e o destaque do imposto, se este for devido (Operação 2 do quadro abaixo, NF 1); (ii) outra nota em nome do estabelecimento executor, para acompanhar as matérias-primas, sem destaque do imposto e com a qualificação do adquirente, por cuja conta e ordem é feita a remessa, bem como a indicação, pelo número, pela série, se houver, e pela data da primeira nota fiscal, além da declaração de ter sido o imposto destacado na mesma nota, se ocorrer essa circunstância (Operação 2 do quadro abaixo, NF 2).

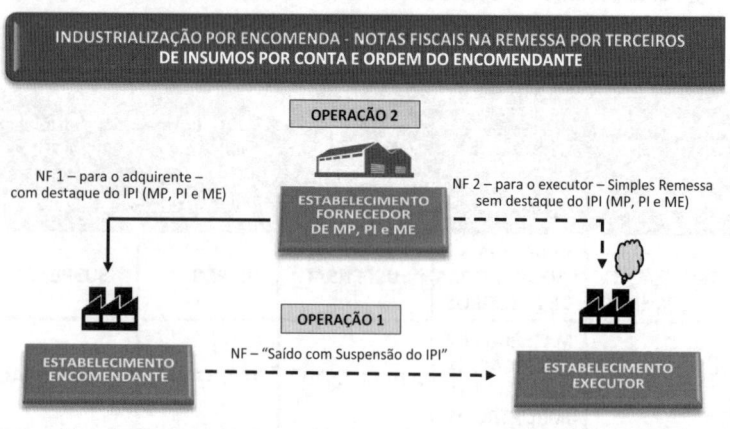

INDUSTRIALIZAÇÃO POR ENCOMENDA - NOTAS FISCAIS NA REMESSA POR TERCEIROS DE INSUMOS POR CONTA E ORDEM DO ENCOMENDANTE

OPERAÇÃO 2

NF 1 – para o adquirente – com destaque do IPI (MP, PI e ME)

ESTABELECIMENTO FORNECEDOR DE MP, PI e ME

NF 2 – para o executor – Simples Remessa sem destaque do IPI (MP, PI e ME)

OPERAÇÃO 1

ESTABELECIMENTO ENCOMENDANTE

NF – "Saído com Suspensão do IPI"

ESTABELECIMENTO EXECUTOR

- - - Operação com suspensão do IPI ou sem destaque do IPI;
── Operação com destaque do imposto;

OPERAÇÃO 1: remessa de MP, PI e ME para industrialização por encomenda.
OPERAÇÃO 2: remessa de MP, PI e ME de fornecedor para estabelecimento executor, por conta e ordem do encomendante.

- **Retorno de produtos industrializados por encomenda**

No retorno dos produtos industrializados, o executor deverá emitir nota fiscal em nome do encomendante, com: (i) a qualificação do remetente das matérias-primas e indicação da nota fiscal com que forem remetidas; (ii) o valor total cobrado pela operação, com destaque do valor dos produtos industrializados ou importados pelo estabelecimento, diretamente empregados na operação, se ocorrer tal circunstância, e (iii) o destaque do IPI, se este for devido (Operação 3).

INDUSTRIALIZAÇÃO POR ENCOMENDA - NOTA FISCAL NO RETORNO DO PRODUTO INDUSTRIALIZADO

OPERAÇÃO 3

Retorno do produto para comércio/nova industrialização com materiais de terceiros
NF - *sem destaque do IPI* sobre mão-de-obra, materiais empregados e insumos remetidos.

Retorno do produto p/ comércio/nova industrialização c/ materiais do executor ou importados
NF – *destaque do IPI* sobre MO e materiais empregados e *sem destaque do IPI* para insumos remetidos.

Retorno do produto para consumo do encomendante
NF – *com destaque do IPI* sobre mão-de-obra, materiais empregados e insumos remetidos.

⬅ Retorno ao estabelecimento encomendante;
-- Suspensão do IPI ou operação sem destaque do IPI;
— Destaque do IPI;
OPERAÇÃO 3: retorno de produto industrializado ao estabelecimento encomendante.

- **Remessa de produto industrializado por encomenda a outro estabelecimento que não o do encomendante**

Na remessa dos produtos industrializados, efetuada pelo executor, diretamente a outro estabelecimento que não seja o encomendante, o executor deverá emitir nota fiscal em nome do estabelecimento encomendante, com: (i) a declaração "Remessa Simbólica de Produtos Industrializados por Encomenda", no local destinado à natureza da operação; (ii) a indicação da nota fiscal que acompanhou as matérias-primas recebidas para industrialização e a qualificação de seu emitente; (iii) o valor total cobrado pela operação, com destaque do valor dos produtos industrializados ou importados pelo estabelecimento, diretamente empregados na operação, se ocorrer essa circunstância e (iv) o destaque do imposto, se este for devido (Operação 4 do quadro abaixo, NF 1).

Nestes casos, o encomendante deverá emitir nota fiscal em nome do estabelecimento destinatário dos produtos, com destaque do imposto, se este for devido, e a declaração do local de onde sairá o produto (Operação 4 do quadro abaixo, NF 2).

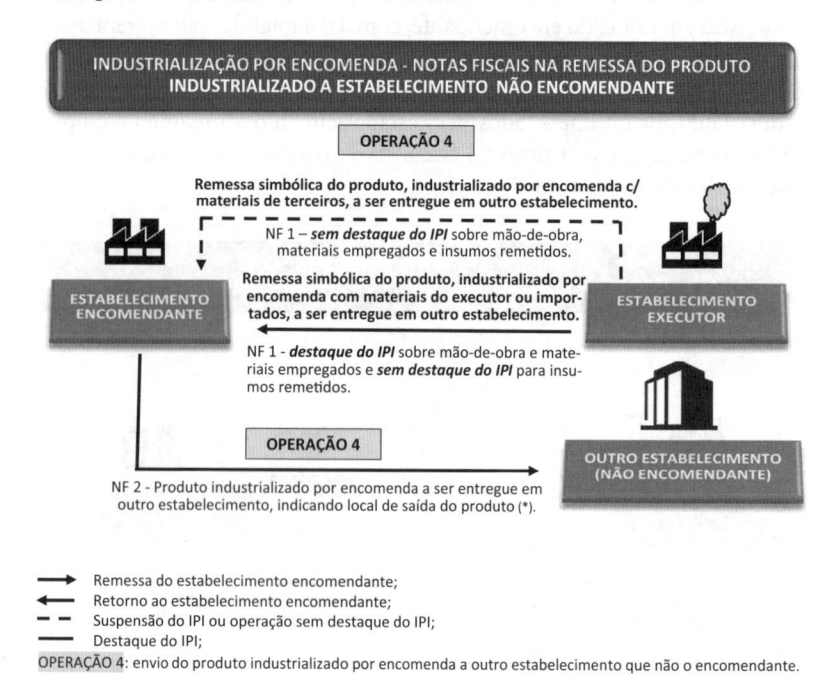

INDUSTRIALIZAÇÃO POR ENCOMENDA - NOTAS FISCAIS NA REMESSA DO PRODUTO INDUSTRIALIZADO A ESTABELECIMENTO NÃO ENCOMENDANTE

OPERAÇÃO 4

ESTABELECIMENTO ENCOMENDANTE → ESTABELECIMENTO EXECUTOR

Remessa simbólica do produto, industrializado por encomenda c/ materiais de terceiros, a ser entregue em outro estabelecimento.
NF 1 – *sem destaque do IPI* sobre mão-de-obra, materiais empregados e insumos remetidos.

Remessa simbólica do produto, industrializado por encomenda com materiais do executor ou importados, a ser entregue em outro estabelecimento.
NF 1 - *destaque do IPI* sobre mão-de-obra e materiais empregados e *sem destaque do IPI* para insumos remetidos.

OPERAÇÃO 4 → OUTRO ESTABELECIMENTO (NÃO ENCOMENDANTE)

NF 2 - Produto industrializado por encomenda a ser entregue em outro estabelecimento, indicando local de saída do produto (*).

→ Remessa do estabelecimento encomendante;
← Retorno ao estabelecimento encomendante;
- - Suspensão do IPI ou operação sem destaque do IPI;
— Destaque do IPI;
OPERAÇÃO 4: envio do produto industrializado por encomenda a outro estabelecimento que não o encomendante.

- **Aquisição pelo executor por encomenda**

Quando o produto industrializado, antes de sair do estabelecimento industrializador, for por este adquirido, será emitida nota fiscal pelo industrializador, em nome do encomendante, com: (i) a qualificação do remetente dos produtos recebidos e a indicação da nota fiscal com que estes foram recebidos; (ii) a declaração "Remessa Simbólica de Produtos Industrializados por Encomenda"; (iii) o valor total cobrado pela operação, com destaque do valor dos produtos industrializados ou importados pelo estabelecimento, diretamente empregados na operação, se ocorrer essa circunstância e (iv) o destaque do imposto, se este for devido (Operação 5 do quadro abaixo, NF 1).

O encomendante emitirá nota fiscal em nome do adquirente (o próprio executor da industrialização), com destaque do imposto, se este for devido, e a declaração "Sem Valor para Acompanhar o Produto" (Operação 5 do quadro abaixo, NF 2).

INDUSTRIALIZAÇÃO POR ENCOMENDA - NOTAS FISCAIS NA AQUISIÇÃO DO PRODUTO PELO ESTABELECIMENTO EXECUTOR

OPERAÇÃO 5

Remessa simbólica do produto, industrializado por encomenda com materiais de terceiros, adquirido pelo executor.

NF 1 – *sem destaque do IPI* sobre mão-de-obra, materiais empregados e insumos remetidos.

ESTABELECIMENTO ENCOMENDANTE

Remessa simbólica do produto, industrializado por encomenda com materiais do executor ou importados, adquirido pelo próprio executor.

NF 1 - *com destaque do IPI* sobre mão-de-obra e materiais empregados e *sem destaque do IPI* p/ insumos remetidos.

ESTABELECIMENTO EXECUTOR

NF 2 - Produto industrializado por Encomenda adquirido pelo executor

→ Remessa do estabelecimento encomendante;
← Retorno ao estabelecimento encomendante;
-- Suspensão do IPI ou operação sem destaque do IPI;
— Destaque do IPI;

OPERAÇÃO 5: aquisição do produto pelo industrializdor por encomenda.

- **Valor da operação**

Nas notas fiscais emitidas pelo executor em nome do encomendante, o preço da operação, para destaque do imposto, será o valor total cobrado pela operação, acrescido do valor das matérias-primas, dos produtos intermediários e dos materiais de embalagem fornecidos pelo autor da encomenda, desde que os produtos industrializados não se destinem a comércio, a emprego em nova industrialização ou a acondicionamento de produtos tributados, salvo se tratar-se de matéria-prima, produto intermediário e material de embalagem usados.

20.4. CONFLITO DE COMPETÊNCIA – INCIDÊNCIA DE OUTROS IMPOSTOS (LC 116/2003)

A fronteira entre as operações de industrialização e as de prestação de serviços pode ser tênue. Observe que determinadas operações que dão origem a produtos novos e, portanto, sujeitos à incidência do IPI, a operação de beneficiamento, por exemplo, podem ser vistas como um tipo de prestação de serviço, principalmente, quando o produto é remetido a outro estabelecimento industrial apenas para a sua execução.

Neste sentido, a Lei Complementar nº 116/2003, qualifica como prestação de serviço a operação de beneficiamento de quaisquer objetos, embora tal atividade seja qualificada como operação de industrialização pelo regulamento do IPI (LC nº 116/2003, lista de serviços anexa, item 14.05 e RIPI/2010, art. 4º, inciso II).

Os serviços sujeitos ao ISS foram listados, originalmente, no anexo ao Decreto-Lei nº 406/1968, que trata do tema em seu art. 8º[1]. Sobre o assunto existem duas correntes: a que entende que a lista de serviços exclui somente a incidência do ICMS, não impedindo a incidência do IPI, e a que sustenta que os serviços listados são tributados exclusivamente pelo ISS.

A primeira corrente sustenta que o Decreto-Lei nº 406/1968, assumiu caráter de diploma de normas gerais de direito tributário e que as suas disposições somente podem ser invocadas para dirimir conflitos de competência entre Estados e Municípios, no tocante à incidência do Imposto sobre Circulação de Mercadorias (atual ICMS) e o ISS, porquanto somente estas espécies constam expressamente do texto legal. Alega-se que o inciso III, do art. 156 da Constituição Federal[2], faz referência somente à exclusão do ICMS. A consequência jurídica disto é que nos casos em que a prestação do serviço se consubstanciar numa operação de industrialização, é perfeitamente possível a incidência do IPI e do ISS, à luz das respectivas regras-matrizes de incidência fixadas na Constituição vigente.

Nesse sentido manifestou-se a Secretaria da Receita Federal por meio do Parecer Normativo nº 83/77, *in verbis*:

> "O fato de quaisquer dos serviços catalogados na lista anexa ao Decreto--lei nº 406/68, ou que foram ou venham a ser posteriormente incluídos, se identificarem com operações consideradas industrialização, "ex vi" do RIPI, é irrelevante para determinar ou não a incidência do IPI."

A corrente contrária alega que o parágrafo 1º, do art. 8º, do Decreto-Lei nº 406/1968, determina, expressamente, que os serviços incluídos na lista ficam sujeitos apenas ao ISS, ainda que sua prestação envolva fornecimento de mercadorias. Tal mandamento não faz distinção ao IPI, o que resultaria em exclusão do campo de incidência desse tributo, dos casos de prestação de serviços tributados pelo ISS.

---

1. Art. 8º O imposto, de competência dos Municípios, sobre serviços de qualquer natureza, tem como fato gerador a prestação, por empresa ou profissional autônomo, com ou sem estabelecimento fixo, de serviço constante da lista anexa.
   § 1º Os serviços incluídos na lista ficam sujeitos apenas ao imposto previsto neste artigo, ainda que sua prestação envolva fornecimento de mercadorias.
   § 2º O fornecimento de mercadorias com prestação de serviços não especificados na lista fica sujeito ao Imposto Sobre Circulação de Mercadorias.
2. "Art. 156. Compete aos Municípios instituir impostos sobre: (...) III – serviços de qualquer natureza, não compreendidos no art. 155, II, definidos em lei complementar (Redação dada pela Emenda Constitucional nº 3/93)".

Esse entendimento foi amparado pela Súmula 143 do extinto TFR[3], que faz referência expressa a não incidência de IPI em serviços de composição e impressão gráficas personalizadas previstas no Decreto-Lei nº 406/1968, e, posteriormente, foi chancelado pelo STJ na Súmula 156[4].

No entanto, a matéria ganhou novos contornos com a edição da Lei Complementar nº 116/2003, a qual revogou o art. 8º do Decreto-Lei nº 406/1968 e apresentou, em anexo, nova lista de serviços sujeitos ao ISS, dispondo literalmente, em seu artigo 1º, § 2º, que os serviços relacionados na lista anexa à Lei Complementar não ficam sujeitos apenas ao ICMS, ainda que sua prestação envolva o fornecimento de mercadorias:

> Art. 1º. O Imposto Sobre Serviços de Qualquer Natureza, de competência dos Municípios e do Distrito Federal, tem como fato gerador a prestação de serviços constantes da lista anexa, ainda que esses não se constituam como atividade preponderante do prestador.
> (...)
> § 2º. Ressalvadas as exceções expressas na lista anexa, os serviços nela mencionados não ficam sujeitos ao Imposto Sobre Operações Relativas à Circulação de Mercadorias e Prestações de Serviços de Transporte Interestadual e Intermunicipal e de Comunicação – ICMS, ainda que sua prestação envolva fornecimento de mercadorias.

Com o impedimento apenas da concomitância de incidência do ICMS com o ISS, a tributação da operação pelo IPI independeria da incidência do ISS. Se a operação se enquadra no conceito de industrialização, está sujeita à incidência do IPI, que abrange os produtos industrializados, quer nacionais, quer estrangeiros, aí incluídos os tributados à alíquota zero, excluindo-se os produtos que constarem da TIPI com a notação NT (Não Tributado), os produtos alcançados pela imunidade tributária, vez que esta consiste em limitação ao poder de tributar do Estado, e as operações excluídas do conceito de industrialização pelo próprio Regulamento de IPI.

Apesar da edição da Lei Complementar nº 116/2003, a possibilidade de incidência do IPI e do ISS em uma mesma operação de industrialização por encomenda ainda não foi sedimentada nos Tribunais superiores, permanecendo a controvérsia. Por outro lado, a Secretaria da Receita Federal

---

3. Súmula 143 do TFR: Os serviços de composição e impressão gráficas, personalizados, previstos no art. 8º, § 1º, do Decreto-Lei nº 406, de 1968, com as alterações introduzidas pelo Decreto-Lei nº 834, de 1969, estão sujeitos apenas ao ISS, não incidindo o IPI.
4. Súmula 156 do STJ: A prestação de serviço de composição gráfica, personalizada e sob encomenda, ainda que envolva fornecimento de mercadorias, está sujeita apenas ao ISS.

tem se manifestado reiteradamente, mediante Soluções de Consulta, que a incidência do IPI nestas operações, independe da incidência do ISS.

Base legal

RIPI – Regulamento do Imposto sobre Produtos Industrializados (BRASIL, 2010)

Art. 9, IV;

Art. 43, VI, VII (a, b);

Art. 414;

Art. 493, I (a, b), II;

Art. 494, I (a, b), II;

Art. 495, I e II;

Art. 496, I e II;

Art. 497.

Lei complementar nº 116/2003 (BRASIL, 2003)

Lista de serviços anexa.

Súmula 156 do STJ (SUPERIOR TRIBUNAL DE JUSTIÇA, 2015)

Resumo do capítulo 20

INDUSTRIALIZAÇÃO POR ENCOMENDA – IPI

- **Industrialização por encomenda**: operação na qual um estabelecimento encomendante remete insumos (MP, PI e ME, moldes, matrizes ou modelos) para industrialização em outro estabelecimento (industrializador ou executor), que realiza a industrialização por conta e ordem do encomendante.
- **A simples remessa de especificações técnicas** não caracteriza uma operação de industrialização por encomenda.

REMESSA PARA INDUSTRIALIZAÇÃO POR ENCOMENDA

- A remessa de MP, PI e ME do estabelecimento encomendante para o executor poderá ocorrer com <u>suspensão do IPI</u>.

O encomendante emitirá uma <u>Nota Fiscal com a indicação "Saído com Suspensão do IPI"</u> (Operação 1).

- Nas operações em que o estabelecimento encomendante adquire MP, PI e ME de terceiro (fornecedor) e manda remetê-los, diretamente, ao estabelecimento executor, <u>haverá destaque do IPI</u>.

O fornecedor emitirá duas notas: NF 1 para o adquirente (encomendante) com destaque do imposto e NF 2 de simples remessa, sem destaque do imposto, para o estabelecimento executor (Operação 2).

A Nota Fiscal 1 deverá conter:

I – a qualificação do destinatário industrializador pelo nome, endereço e números de inscrição no CNPJ e no Fisco estadual;

II – a declaração de que os produtos se destinam a industrialização;

III – o destaque do imposto, se este for devido.
A Nota Fiscal 2 deverá conter:
I – a qualificação do adquirente, por cuja conta e ordem é feita a remessa;
II – a indicação, pelo número, pela série, se houver, e pela data da outra nota fiscal (NF 1);
III – a declaração de ter sido o imposto destacado na mesma nota (NF 1), se ocorrer essa circunstância.

RETORNO DA INDUSTRIALIZAÇÃO POR ENCOMENDA

- **Produto destinado ao comércio ou a nova industrialização:**
  - **Materiais empregados** (além dos insumos remetidos) adquiridos de terceiros: **o produto industrializado poderá retornar ao encomendante com suspensão do imposto**, tanto em relação ao *valor do insumo remetido*, quanto aos *valores da mão de obra* e dos *materiais utilizados pelo executor*.
    NF sem destaque do imposto, suspensão (Operação 3).

  - **Materiais empregados** (além dos insumos remetidos) fabricados pelo executor ou importados: *mão-de-obra e materiais retornarão com destaque do IPI*, apenas os *insumos fornecidos pelo encomendante ficarão suspensos*.
    Nota fiscal com destaque do imposto (Operação 3).

- **Produto destinado ao consumo do encomendante**:
Independentemente da origem dos materiais empregados pelo executor, tributa-se os valores da mão de obra e dos materiais aplicados na industrialização, e também os insumos remetidos pelo encomendante. **Exceto** se os insumos remetidos forem materiais usados. Nota fiscal com destaque do imposto (Operação 3).

REMESSA DE PRODUTO PARA OUTRO ESTABELECIMENTO (NÃO ENCOMENDANTE)

- O executor deverá emitir nota fiscal em nome do estabelecimento encomendante, contendo:

I – a declaração "Remessa Simbólica de Produto Industrializado por Encomenda" (natureza da operação);
II – a indicação da nota fiscal que acompanhou as matérias-primas recebidas para industrialização, e a qualificação de seu emitente;
III – o valor total cobrado pela operação, com destaque do valor dos produtos industrializados ou importados pelo estabelecimento, diretamente empregados na operação, se ocorrer essa circunstância;
IV – e o destaque do imposto, se este for devido (Operação 4, NF 1).

- Nestes casos, o encomendante deverá emitir nota fiscal em nome do estabelecimento destinatário dos produtos, com *destaque do imposto*, se este for devido, e a declaração do local de onde sairão os produtos (Operação 4, NF 2).

AQUISIÇÃO PELO INDUSTRIALIZADOS DOS PRODUTOS INDUSTRIALIZADOS POR ENCOMENDA

- Será emitida nota fiscal pelo industrializador (NF 1 – Operação 5), em nome do encomendante, contendo:

I – a qualificação do remetente dos produtos recebidos e a indicação da nota fiscal com que estes foram recebidos;
II – a declaração "Remessa Simbólica de Produtos Industrializados por Encomenda";
III – o valor total cobrado pela operação, com destaque do valor dos produtos industrializados ou importados pelo estabelecimento, diretamente empregados na operação, se ocorrer essa circunstância;
IV – o destaque do imposto, se este for devido.

- Será emitida nota fiscal pelo encomendante (NF 2 – Operação 5) em nome do adquirente (o próprio executor da industrialização), com destaque do imposto, se este for devido, e a declaração "Sem Valor para Acompanhar o Produto".

VALOR DA OPERAÇÃO

Nas notas fiscais emitidas pelo executor em nome do encomendante, o preço da operação, para destaque do imposto, será o valor total cobrado pela operação, acrescido do valor das

MP, PI e ME fornecidos pelo autor da encomenda, desde que os produtos industrializados não se destinem a comércio, a emprego em nova industrialização ou a acondicionamento de produtos tributados.

Exceção: quando se tratar de MP, PI e ME usados.

CONFLITO DE COMPETÊNCIA

- Em relação ao IPI e ao ISS, pois as operações de industrialização por encomenda e as prestações de serviços se assemelham.
- A Lei Complementar nº 116/2003 estabelece as operações qualificadas como serviços e que, portanto, estão no campo de incidência do ISS.

Súmula 156 do STJ:
A prestação de serviço de composição gráfica, personalizada e sob encomenda, ainda que envolva fornecimento de mercadorias, esta sujeita, apenas, ao ISS.

Apesar da edição da Lei Complementar nº 116/2003, a possibilidade de incidência do IPI e do ISS em uma mesma operação de industrialização por encomenda ainda não foi sedimentada nos Tribunais superiores, permanecendo a controvérsia. Por outro lado, a Secretaria da RFB tem se manifestado reiteradamente, mediante Soluções de Consulta, que a incidência do IPI nestas operações, independe da incidência do ISS.

BIBLIOGRAFIA CONSULTADA

BRASIL. Presidência da República. Código Tributário Nacional. **Lei nº 5.172, de 25 de outubro de 1966**. Disponível em: http://www.planalto.gov.br/ccivil_03/Leis/L5172.htm. Acesso em: várias datas de 2015.

BRASIL. Presidência da República. **Constituição da República Federativa do Brasil, de 5 de outubro de 1988**. Disponível em: <http://www.planalto.gov.br/ccivil_03/Constituicao/Constituicao.htm>. Acesso em: várias datas de 2015.

BRASIL. Presidência da República. Lei de Informática. **Lei nº 8.248, de 23 de outubro de 1991**. Disponível em: <http://www.planalto.gov.br/ccivil_03/leis/L8248.htm>. Acesso em: várias datas de 2015.

BRASIL. Presidência da República. **Lei nº 9.363, de 13 de dezembro de 1996**. Disponível em: <http://www.planalto.gov.br/ccivil_03/leis/L9363.htm>. Acesso em: várias datas de 2015.

BRASIL. Presidência da República. **Lei nº 9.440, de 14 de março de 1997**. Disponível em: <http://www.planalto.gov.br/ccivil_03/leis/L9440.htm>. Acesso em: várias datas de 2015.

BRASIL. Presidência da República. **Lei nº 9.826, de 23 de agosto de 1999**. Disponível em: <http://www.planalto.gov.br/CCivil_03/LEIS/L9826.htm>. Acesso em: várias datas de 2015.

BRASIL. Presidência da República. **Medida Provisória nº 2.158-35, de 24 de agosto de 2001** (a). Disponível em: <http://www.planalto.gov.br/ccivil_03/mpv/2158-35.htm>. Acesso em: várias datas de 2015.

BRASIL. Presidência da República. **Lei nº 10.276, de 10 de setembro de 2001** (b). Disponível em: <http://www.planalto.gov.br/ccivil_03/leis/LEIS_2001/L10276.htm >. Acesso em: várias datas de 2015.

BRASIL. Presidência da República. **Lei nº 10.451, de 10 de maio de 2002** (a). Disponível em: <http://www.planalto.gov.br/ccivil_03/leis/2002/L10451.htm>. Acesso em: várias datas de 2015.

BRASIL. Presidência da República. **Lei nº 10.637, de 30 de dezembro de 2002** (b). Disponível em: <http://www.planalto.gov.br/ccivil_03/leis/2002/l10637.htm>. Acesso em: várias datas de 2015.

BRASIL. Presidência da República. **Lei nº 11.033, de 21 de dezembro de 2004**. Disponível em: <http://www.planalto.gov.br/ccivil_03/_ato2004-2006/2004/lei/l11033.htm>. Acesso em: várias datas de 2015.

BRASIL. Presidência da República. **Lei Complementar nº 116, de 31 de julho de 2003**. Disponível em: <http://www.planalto.gov.br/ccivil_03/leis/lcp/lcp116.htm>. Acesso em: várias datas de 2015.

BRASIL. Presidência da República. Lei do Bem. **Lei nº 11.196, de 21 de novembro de 2005**. Disponível em: <http://www.planalto.gov.br/ccivil_03/_ato2004-2006/2005/lei/l11196.htm>. Acesso em: várias datas de 2015.

BRASIL. Presidência da República. **Lei nº 11.484, de 31 de maio de 2007** (a). Disponível em: <http://www.planalto.gov.br/ccivil_03/_ato2007-2010/2007/lei/l11484.htm>. Acesso em: várias datas de 2015.

BRASIL. Presidência da República. **Lei nº 11.488, de 15 de junho de 2007**. Disponível em: <http://www.planalto.gov.br/ccivil_03/_ato2007-2010/2007/lei/l11488.htm>. Acesso em: várias datas de 2015.

BRASIL. Presidência da República. Regulamento do Imposto sobre Produtos Industrializados. **Decreto nº 7.212, de 15 de junho de 2010**. Disponível em: <http://www.planalto.gov.br/ccivil_03/_ato2011-2014/2012/lei/l12715.htm>. Acesso em: várias datas de 2015.

BRASIL. Presidência da República. **Lei nº 12.546, de 14 de dezembro de 2011** (b). Disponível em: <http://www.planalto.gov.br/ccivil_03/_ato2011-2014/2011/lei/l12546.htm>. Acesso em: várias datas de 2015.

BRASIL. Presidência da República. **Lei nº 12.688, de 18 de julho de 2012** (a). Disponível em: <http://www.planalto.gov.br/ccivil_03/_ato2011-2014/2012/lei/l12688.htm>. Acesso em: várias datas de 2015.

BRASIL. Presidência da República. **Lei nº 12.715, de 17 de setembro de 2012** (b). Disponível em: <http://www.planalto.gov.br/ccivil_03/Leis/L5172.htm>. Acesso em: várias datas de 2015.

BRASIL. Presidência da República. **Lei nº 12.995, de 18 de junho de 2014**. Disponível em: <http://www.planalto.gov.br/ccivil_03/_ato2011-2014/2014/Lei/L12995.htm>. Acesso em: várias datas de 2015.

BRASIL. Presidência da República. **Lei nº 13.097, de 19 de janeiro de 2015** (a). Disponível em: <http://www.planalto.gov.br/ccivil_03/_Ato2015-2018/2015/Lei/L13097.htm#art169>. Acesso em: várias datas de 2015.

BRASIL. Presidência da República. **Lei nº 13.241, de 30 de dezembro de 2015** (b). Disponível em: <http://www.planalto.gov.br/ccivil_03/_Ato2015-2018/2015/Lei/L13241.htm>. Acesso em: várias datas de 2015.

BRASIL. Presidência da República. **Decreto nº 7.555, de 19 de agosto de 2011** (a). Disponível em: <http://www.planalto.gov.br/ccivil_03/_ato2011-2014/2011/Decreto/D7555.htm>. Acesso em: várias datas de 2015.

BRASIL. Presidência da República. **Decreto nº 7.660, de 23 de dezembro de 2011** (c). Disponível em: <http://www.planalto.gov.br/ccivil_03/_ato2011-2014/2011/decreto/d7660.htm>. Acesso em: várias datas de 2015.

BRASIL. Presidência da República. **Decreto nº 8.656, de 29 de janeiro de 2016**. Disponível em: <http://www.planalto.gov.br/ccivil_03/_Ato2015-2018/2016/Decreto/D8656.htm>. Acesso em: várias datas de 2016.

OLIVEIRA, Waldemar de. **Regulamento do Imposto sobre Produtos Industrializados: Decreto nº 7.212 de 15.06.2010 anotado e comentado**. 22ª ed. São Paulo: FISCOSoft Editora, 2013.

PAULSEN, Leandro. **Direito Tributário, Constituição e Código Tributário à Luz da Doutrina e Jurisprudência**, 6ª edição, Livraria do Advogado ESMAFE, 2004.

RECEITA FEDERAL DO BRASIL. **Instrução Normativa SRF nº 420, de 10 de maio de 2004**. Disponível em: <http://normas.receita.fazenda.gov.br/sijut2consulta/link.action?visao=anotado&idAto=15321>. Acesso em: várias datas de 2015.

RECEITA FEDERAL DO BRASIL. **Instrução Normativa RFB nº 769, de 21 de agosto de 2007**. Disponível em: <http://normas.receita.fazenda.gov.br/sijut2consulta/link.action?visao=anotado&idAto=15717>. Acesso em: várias datas de 2015.

RECEITA FEDERAL DO BRASIL. **Instrução Normativa RFB nº 842, de 30 de abril de 2008** (a). Disponível em: <http://normas.receita.fazenda.gov.br/sijut2consulta/link.action?visao=anotado&idAto=15798>. Acesso em: várias datas de 2015.

RECEITA FEDERAL DO BRASIL. **Instrução Normativa RFB nº 869, de 12 de agosto de 2008** (b). Disponível em: <http://normas.receita.fazenda.gov.br/sijut2consulta/link.action?visao=anotado&idAto=15827>. Acesso em: várias datas de 2015d.

RECEITA FEDERAL DO BRASIL. **Instrução Normativa RFB nº 1.053, de 12 de julho de 2010**. Disponível em: <http://normas.receita.fazenda.gov.br/sijut2consulta/link.action?visao=anotado&idAto=16019>. Acesso em: várias datas de 2015.

RECEITA FEDERAL DO BRASIL. **Instrução Normativa RFB nº 1.432, de 26 de dezembro de 2013.** Disponível em: <http://normas.receita.fazenda.gov.br/sijut2consulta/link.action?visao=anotado&idAto=48865>. Acesso em: várias datas de 2015.

SANDRONI, Paulo. **Novíssimo Dicionário de Economia: a mais completa obra sobre o assunto já publicada no Brasil.** 11ª ed. São Paulo: Best Seller, 2002.

SUPERIOR TRIBUNAL DE JUSTIÇA. "**Súmula STJ nº 411**". Disponível em: < http://www.stf.jus.br/portal/cms/verTexto.asp?servico=jurisprudencia Sumula&pagina=sumula_401_500>. Acesso em: 19 jun. 2015.

SUPERIOR TRIBUNAL DE JUSTIÇA. "**Súmula STJ nº 156**". Disponível em: < http://www.stj.jus.br/SCON/sumulas/toc.jsp?tipo_visualizacao =RESUMO&livre=%40docn&&b=SUMU&p=true&t=&l=10&i=390>. Acesso em: 19 jun. 2015.

EDITORA jusPODIVM
www.editorajuspodivm.com.br

Pré-impressão, impressão e acabamento

GRÁFICA SANTUÁRIO

grafica@editorasantuario.com.br
www.editorasantuario.com.br
Aparecida-SP